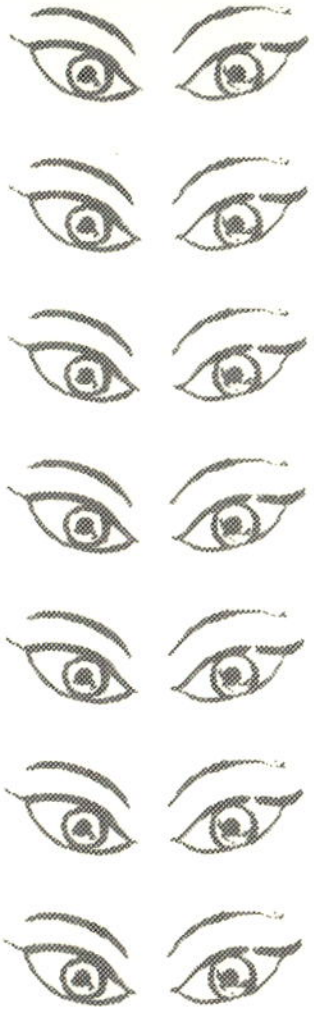

一つ目小僧と瓢箪

性と犠牲のフォークロア

飯島吉晴

新曜社

序　文

本書は、ここ十年ほどの間に発表した論考のなかから、性および犠牲をテーマにしたものを選んで整理したものである。いずれも、竈《かまど》神や厠《かわや》神などの家の神を研究する過程で出会ったテーマであり、内容的には前著『竈神と厠神』（人文書院、一九八六年）の系譜をひく著作といえる。

性の神や性的儀礼の問題は、これまで強い生命力による辟邪防災の機能または類感呪術による豊饒多産の祈願という視点から論じられることが多かったが、本書では世界創造神話にみられるような「原初の時間」や「はじまりの時」への回帰という観点から捉えてみた。具体的には、東日本を中心に分布する年頭の「裸回り」の風習や福島県の中通りや会津地方の新築儀礼にともなう「火伏せ」の呪物、道祖神信仰、厠神信仰、霜月祭りの火の神祭祀などの問題を取り上げて、それらのなかの性的儀礼や性的な諸要素の民俗学的な意味を考える際に、原初への回帰という視点から解釈を試みたのである。同時に、この「性」の問題が「火」と結びついていることに改めて気づかされた。火鑽《ひきり》杵と臼による発火法は、火打ち石とは対照的に、二つの木を擦り合せ摩擦することで火を起こすものであるが、しばしば男女の性行為にも喩えられてきた。「火遊び」や「燃える」などの表現は、色恋沙汰が火と同様に熱く危険なものでもあることを示している。比喩だけでなく、実際の民俗儀礼でも囲炉裏や竈などの家の火所《ひどころ》をめぐって性的な所作や行事がともなう事例が多いのである。すでに縄文時代中期の屋内炉には、長野県御射山原遺跡のように男根形の石棒を組み込んだ例もみられる。また花嫁の入家式でも、火を跨いだり竈神を拝んだりする風習がみられたし、小正月の道祖神祭りでも生殖器をかたどった神体を火のなかに投ずる地域がある。

火には、光明性と燃焼性、精神性と物質性など相反する二つの性質が宿っているが、すべてを焼尽してあらゆるものを無に帰すると同時に、火はタタラ製鉄のように新たに金属を生み出したり、罪ケガレを燃やして浄化し再生する機能も有している。このため、万物がみな蘇る年頭や再生すべくすべてのものが一旦死ぬ年末には、火と結びついた性の儀礼が少なくないのである。火は、生のもの（自然）を火にかけることで消費可能な調理されたもの（文化）に変換する機能をもつが、これは実際の生活の上だけでなく民俗的な思考の上でも同様で、人が理解し利用できるものへ変えたのであった。阿部謹也は、

人間が住む空間である小宇宙は大宇宙のなかに位置をもっているのですが、それは大宇宙のなかでかろうじて人間が制御しうる限りで大宇宙の諸力をとりこんだ空間でした。たとえば家のなかにはカマドがありますが、カマドの火は本来大宇宙のものでした。プロメテウスの神話やダンテの『神曲』にみられるように、神の国や地獄の業火など人間が制御しえないものの一つが火であったことはよく知られている通りです。（中略）カマドは大宇宙の諸力の一つである火を人間がかろうじて閉じこめた場所でしたから、家のなかでも極めてあやうい場所でした。人間はカマドを聖なる場所とし、家の中心としたのです。ところによっては家の中の家、それがカマドであるといわれています。また、カマドの下には穴があって、地中深くに燃えている火とつながっているという伝説もあ

ります。いずれにしても人間はカマドのなかに大自然の火をとりこんだとき、大宇宙の力である火に対して最大限の儀礼を営んで扱ったのです。近世に入っても嫁入りしてきた女はカマドのまわりを三回まわって初めて家の人間として承認されたし、家長は何か重大な決定をするときカマドに手をついて命令を下したといわれています。（『甦る中世ヨーロッパ』日本エディタースクール出版部、一九八七年、四二─三頁）

と述べているが、このことは日本の火や竈の信仰にもあてはまる。

近藤喜博は、日本のカミの発生が自然の猛威との長期にわたる呪術的対立から、自然のデモンのもつ巨大な威力を知り、逆にこれを人間の側に有効なデモンとして馴致し模倣していったことにあると考えており、たとえば山城国の稲荷山の神とされる竜頭太《りゅうのとうた》に関して、

既に変化推移しているとはいえ、面貌は竜のごとく、顔の上に光あり、夜を照らすこと昼に似ていたというあの怪物竜頭太は、現代氾濫しつつある怪獣ものの小型とも思われるが、これが後退しつつ中世まで残存した稲荷山の神であったといい、また火の神として、竜頭太がカマドの上に懸けられるというのは、人間生活における火の根源というものが、何処からきたのかという点にもかかわっているに違いない。猛威の気象を通じて恐れられた山のデモンは、虚空のデモンとも表裏した。それは電光・雷鳴にも通ずる要素にして、そうした山の怪物をカマドに掛けることにより、カマドの火の荒びを制圧することの可能性を、人々は対立するものへの呪術として信じてきたことによるのであろう。（中略）神へと昇華するであろう要素をもった、こうした原始的なデモンと対立し、

しかも人間と交渉の深刻な場として山・川・海などの中心のある地点が求められ、そこで対立の呪術が繰返されてくると、そうした地点や場所が、聚落生活におけるタブーの場として、ゆくゆくは神社成立の地点として深くかかわったこと申迄もない。（『日本の神』桜楓社、一九六八年、一八―九頁）

と述べている。ここには、陸前の竈神の面とも連なる竜頭太の話のほか、犠牲を要求する水神のミズチを瓢簞で制圧した話など、本書で扱われるテーマのポイントが的確に示されている。カオス（混沌）からコスモス（宇宙）へと、新たな秩序を確立していく際に、とくに火や性は自然から文化への移行に重要な役割を果たす。しかし、一旦秩序が確立すると、これらは穢れに敏感なものとして厳しいタブーの対象となる。人間の生命に直接結びつき、根底でささえる「性」は、意識のコントロールを逸脱する部分があり、社会や文化の秩序を脅かしかねないからである。火や性は元来自然に属するものであるが、思考も含めて人間がかろうじて制御できる文化へ変形させ秩序を確立する時には「犠牲」を要したのである。逆に、社会的文化的な秩序はある意味で脆弱なものであるから、秩序を更新する機会ごとに混沌に立ち返ると同時にこの「犠牲」の儀礼を繰り返してきたのである。

犠牲のテーマは、一つ目小僧やタタラ製鉄、異人殺戮伝説などの論考で直接取り上げたが、広い意味では本書全体を貫いているものである。今回、既発表の文章を整理していて同じ主張が何度も繰り返され、ワン・パターンに陥っている場面が少なくないのに気づいた。思考の柔軟性が乏しいという印象とともに、それだけ無意識のうちに自分が強いこだわりをもつ問題であることがわかった。たとえば、それはレヴィ＝ストロースの『生のものと火にかけたもの』（『神話学1』一九六四年）のなかの次の一節、

すなわち、

盲目あるいは跛者、片目あるいは片手などの形象は、世界中の神話にしばしば登場し、われわれに当惑を感じさせる。なぜならば、彼らの状態は、われわれには、欠如であるように思われるからである。しかしながら、要素の除去によって不連続にされた体系が、数の上ではより貧しいにもかかわらず、論理的にはより豊かになるのとまったく同じように、神話はしばしば不具者や病者に、正の意味を付与する。つまり、彼らは、媒介の諸様式を実現しているのである。われわれは、不具や病気を普通、あるべきものを喪失した状態であり、それゆえ負（悪）であると考える。しかしもし、死が生と同様に現実的であり、それゆえすべてが存在であるとするならば、病的状態をも含めてあらゆる状態は、すべてそれなりに正であるといわなければならない。「より少なき存在」は、体系のなかで十全な位置を占める権利をもつ。なぜならば、それは二つの「全き」状態の間の移行の考え得る唯一の形態であるからである。

というものである。この文章に初めて巡り会ったのは、英訳本（Claude Lévi-Strauss, *The Raw and the Cooked*, Happer Colophon Books, 1975, p. 53）のなかでも、一九七八年）であった。拙稿「炉をめぐる習俗」（『農村文化論集』創刊号、一九七八年）のなかでも、この部分をすでに引用しているので早くから注目はしていたのである。しかし、それは年中行事の節分やコト八日などに一つ目の妖怪が出現することの説明として援用し、主に年や季節交替など大きな時間の折り目と不具神との関係を論じたものであった。さらに、御霊信仰や鍛冶神などの問題も同様の文脈で考えるようになった。いわば、レヴィ＝ストロースの見解を援用してさまざまな民俗事象を説明していたわけである。実は、この一節はジョルジュ・デュメジルの『ゲルマン人の神々』（松村一男訳、日本ブリタニカ、一九八〇年）の冒頭の「解説」で吉田敦彦が詳説しており、今村仁司はいち早くこれに注目して「神話と暴力」（『現代思想』一九八一年二月号。のちに『暴力のオントロギー』勁草書房、一九八二年所収）で取り上げたのである。今村の場合は、社会哲学の立場から暴力の問題を深く追究するなかで神話の世界にも博捜の手を伸ばしたというが、私の場合は逆に単なる民俗事象の説明のみに終始するばかりでなくより原理的抽象的なものの解明を求めていたのである。従って、今村の論文やその「第三項排除」論との出会いは筆者にとっては決定的な影響力をもつものとなった。それまでバラバラな形で理解していたものが有機的に関連づけられるようになり、民俗事象を深いレベルで解釈することが可能となったのである。鍛冶神の不具形象の問題も、この仕事にたずさわる人の職業病から解釈する強力だがやや自然すぎる説明では満足できなくなり、異なった視角から考える方向をめざしてきたのである。

本書では、それぞれのテーマに即して、自然から文化へ、大宇宙から小宇宙へという移行の問題を論じているが、性と犠牲は社会的な秩序を確立する上での基本的な枠組みを構成するものといえる。ジョルジュ・バタイユは、その『エロティシズム』（澁澤龍彥訳、二見書房、一九七三年、二一一—三頁）のなかで、

私たちは非連続の存在であり、理解できない運命の中で孤独に死んで行く個体であるが、しかし失われた連続性への郷愁《ノスタルジー》をもっているのだ。私たちは、偶然の個体性、死ぬべき個体性に釘づけにされているという、私たち人間の置かれている立場に耐えられないのである。この死ぬべき個体の

持続に不安にみちた望みをいだくと同時に、私たちは、私たちすべてをふたたび存在に結びつける、最初の連続性への強迫観念《オブセッション》をも有している。

と述べている。このバタイユの見解は、レヴィ＝ストロースがコスモス創成に際して説いた連続に切れ目を入れる非連続の過程とは反対に、非連続な存在が連続性へ回帰することをエロティシズムの本質とみるものである。今村は、両者はそれぞれ社会と文化の根本動態に注目し、その文化システムの両側面のうちの片側を強調したものとみており、社会形成の論理は生命体と同様に過剰から過少へ、過少から過剰へのサイクルを反復して一サイクルをなすのだと言い、こうして「われわれは、社会関係の創成および維持と運動の両面に内在する根源的暴力性のもつ意味を知ることができる」（『暴力のオントロギー』前掲、二三二頁）と言う。バタイユは、エロティシズムを「死にまで至る生の称揚」と捉えて、聖なるもの、死、暴力、侵犯、祝祭などは存在の連続性とは同じではないが密接な関係をもち、これらを介して存在の連続性に至ろうとする行為こそ人間の生を生たらしめるものとみている。この世で一個体の生と死が同時に存在することが実際には不可能な状況のなかで、なんとか社会を形成し維持していくために、人々はどのような知恵を生みだし神話や民俗などの形で表現してきたのか。このようなことを民俗の森に分け入って探るのは、興味の尽きない試みといえるが、本書はそうした試みの一端でもある。

凡例

一、柳田国男の著作からの引用は、ちくま文庫版の『柳田國男全集』によった。

一、『古事記』『日本書紀』『風土記』からの引用は、岩波古典文学大系本によったが、読みやすさを考えて一部改めたところがある。

一、本書には、「盲者」「跛者」「不具」などの差別的な用語が登場するが、歴史的資料的な意味で使用しているので、ご了承いただきたい。

一つ目小僧と瓢箪——目次

III　性の神と家の神

IV　異人と闇の民俗

装幀——加藤俊二

I

一つ目小僧とタタラ

放浪人《うかれ》と一つ目小僧——共同体とその外部

何の頼むところもない弱い人間の、ただいかにしても以前の群とともにおられぬ者には、死ぬか今一つは山に入るという方法しかなかった。従って生活のまったく単調であった前代の田舎には、存外に跡の少しも残らぬ遁世が多かったはずで、後世の我々にこそこれは珍しいが、実は昔は普通の生存の一様式であったと思う。(柳田国男『山の人生』)

1　山人から「日本人」へ

柳田民俗学の主要な関心は、水稲耕作を営む里の定着耕作民と祖霊信仰を中核とするその固有信仰に置かれてきた。しかし、これは大正中期以降に日本民俗学が体系化されてくる過程で、とくに「常民」とそれが担う生活文化が民俗学の対象とされた結果である。それ以前の初期の柳田民俗学では、むしろ逆に山中を漂泊移動し焼畑耕作を営む「山人《さんじん》」や山神信仰の研究に重点が置かれていた。この山人は、平野の水稲耕作を基盤とする定着農耕民とは系譜を異にする先住民族の末裔ともみられた。柳田国男の「山人外伝資料」(ちくま文庫版全集四巻、一九八九年、四一二頁)によれば、

山人とは我々の祖先に逐われて山地に入り込んだ前住民の末である。彼等の生活は平地を占拠していた時代にもいたって粗野なものであったが、多くの便宜を侵入民族に奪わるるに及んでさらに退歩した。ことに内外の圧迫が漂泊を余儀なくさせたために、彼等は邑落群居の幸福を奪われ、智力啓発のあらゆる手段を失った。

とある。一九三四年五月より三年計画で開始されたいわゆる「山村調査」は、全国各地の五〇カ所余りの山村を百か条の統一項目で調査した画期的なものであったが、正式には「日本僻陬諸村における郷党生活の資料蒐集調査」と称し、最初の組織的で実証的な村落調査というだけではなく、平地とは異なった系統の文化の痕跡を探る調査という意味も含まれていた。たとえば、倉田一郎は「山村社会の異常人物の考察」(『山村生活調査第一回報告書』一九三五年)で「僻陬山村社会に於て、如何なる人物が異常のそれと観られるか、またそれがその社会に於て有する所の地位・特質・血統・信仰は如何なる様相であるか、またそれへの村落社会の成員の批評は如何なるものか」を問題とし、大食・大力・大酒・悪食・健脚・おどけもの・うそつき・詩歌上手など各地の人並みでない人物に関する各地の事例を報告している。しかし、結果としては、山村調査は平地とは異なった「山人の文化」が一つの幻想であったことを実証的に示すことになった。民俗学は、十九世紀の近代国民国家の形成過程における国民や民族意識の確立と深い関わりをもち、民俗は「想像の共同体」を文化的に支えるものと見なされた。初期の柳田民

俗学は、山人やそれに関する言説に大きな関心を寄せ、山人の系列に連なる山男・山女・山姥《やまんば》・山神・鬼・天狗・荒神《こうじん》・木地師《きじし》・サンカ・イタカなどのほか、巫女・毛坊主《けぼうず》・特殊部落などを主要なテーマとしてきたが、これは常民さらには日本人といった不安定な意識の境域を定着させる試みでもあった。初期の柳田民俗学の形成には、台湾の高砂族の統治問題をはじめとする植民地主義や、ハイネの『諸神流竄記』などがかなり影響を与えたと見られているが、このなかの征服者と被征服者、外来文化と土着文化、キリスト教と異教といった両者の関係は、天孫族と国津神、水稲耕作民と焼畑耕作民、里の定着民と山の漂泊民などというように日本人とその外部の存在である山人との関係に反映されていった。

しかし、山人は単に日本人の外部性として存在するのでなく、いわば「内なる外部」として日本人の思考や心性の内的な構造との関係で理解する必要がある。内田隆三は、山人＝異人の変貌過程について、

一面では異人が無残にも日本人に追われ、滅ぼされる過程であるが、他面では異人が日本人の言葉を話し、日本人に成りすます過程でもある。この二重の過程が同時に進行していくとき、異人と日本人という両極のあいだに人びとの心は戯れる。偽善と怖れの影がその戯れには交錯している。だが、その不安定な戯れもやがて緩やかなものとなり、恐怖と偽善の記憶は人びとの胸臆に沈潜していく。戯れは信仰によって浄化された交流の形式をとるようになる。こうして異人の存在それ自体としては消滅し、生々しい心の戯れが無意識の地層に堆積していく過程に、いわゆる日本人の「人」としての生成という過程が対応している。不在の異人を象徴するさまざまな幻覚は、ただ日本人の眠りのなかに、内面のもっとも深い部分に、その幽かな命を保つのである。（『社会記序』弘文堂、一九八九年）

と述べている。柳田の山人論の一つの帰結である『山の人生』(郷土研究社、一九二六年)では、山人はその実在を確認できない幻想であったとしている。しかし、里人が抱く山人への恐れの感覚やその実在に関する言説は、繰り返し語られ広く確認できるものとして実定性を有している。常民や日本人としてのアイデンティティは、この山人への恐れの感覚や幻想を媒介としてつくり上げられたものであった。柳田民俗学における、山人から常民へという研究対象の移行は、すでに日本人の対偶としての山人のなかに最初からはらまれていたといえる。日本人という一つの「想像の共同体」が成立する過程で「山人殺し」が行なわれたのであり、逆に山人を惨殺したという恐ろしい経験が共通の幻覚として人々に抱かれることで、確固たる根拠をもたない「日本人」の実定性がつくり出されたのである。山人への恐れの感覚は、自らが犯した罪への恐れでもあり、日本人の起源を隠蔽するものであった。

2　放浪人《うかれ》と祝福芸人

山村調査の最終報告書である柳田国男編『山村生活の研究』(民間伝承の会、一九三八年)には、「村に入り来る者」(鈴木棠三)という報告がなされている。これは村の外からやってくる物売りや民間宗教者などの訪問者についての報告であり、ここでは「其生業が土と直接の交渉を持たざる者全体」という意味での「職人」が扱われている。具体的には、巫女、修験者、札売り、春駒、大黒舞、神楽《かぐら》(獅子舞)、萬歳、猿廻し、巡礼、瞽女《ごぜ》、座頭(盲僧)、人形芝居、芝居(村芝居・歌舞伎)、浪花節(浄瑠璃・祭文語り)、箕直し、漆掻《うるしか》き、鍛冶鋳掛屋、屋根葺、木地屋、その他(紺屋・蚊帳の染替・大工・

左官・石工・桶屋・土方）で、いわゆる定着農耕民とは異なり、村を漂泊遊行して歩き村人の求めに応じて祈禱や芸能をしたり仕事をして報酬や金品をもらう民間宗教者や祝福芸人、特殊職業者である。かつての伝統的な農村というと、自給自足の生活をし閉鎖的であるというイメージが強いが、これは小農が自立し家業共同体としての「家」が一般的に成立する近世以降にみられるようになった現象で、比較的新しいものといえる。むしろ、逆にそれだけ自立的な生活が営めるほど社会や経済が発達し、旅に出なくても物資の移動や交易が日常的に安定した形で行なわれるようになったのであり、市場経済の恩恵を受けつつ同時になるべくそれから身を守ろうとする姿勢をとったのである。自給自足的な土着の生活を維持するには、自分の村で生産できない必要最小限の物資や情報を入手するために、今日では想像できないほどの多大なエネルギーを交通や交易に費やしてきた。高取正男も、

都市に出るのがなにほどか出世を期待できる雰囲気になったのは、明治以降と考えてよい。以前は生まれた村に生涯を送り、土着の生活をつづけられるのが最大の仕合せで、都市への出稼ぎと移住は仕方なしになされることであった。（中略）村落における共同生活のシステムが自然に発生したものではなく、村の成員すべての意識、無意識の努力によって構成され、禁忌に守られた習俗として伝承されたのも、村の生活を守るのがなにより大切であったからである。しかも、そうした土着者による自給自足をむねとする村落生活というとき、そこにあった人たちの移動と交易の努力を無視することはできない。（『日本的思考の原型』講談社現代新書、一九七五年）

と述べている。

このように村落共同体は、村人の生活の拠所として重要な存在であったが、そこでは客観的事物に主観を預託し象徴させる「ことよせの論理」が働いて共同体の秩序や人々の連帯が維持されてきた。生産が順調に推移し、共同体がうまく機能している間は問題はないのだが、飢饉や疫病、自然災害など天災や予期せぬ事故に見舞われた場合には、共同体の成員すべての生存を保障するシステムは必ずしも採用されていなかった。危機を予想しふだんから土地を所有しない零細民を抱えていたほどの時代にあっては、逆に共同体の延命のために平気で弱者を犠牲にする弱肉強食の非情な論理がしばしば顕在化したのである。全身全霊を託し絶対の信頼を置いてきた共同体に裏切られ、禁忌意識に守られてきた個人の魂のよるべが失われたとき、個人のエゴのもつ拒絶反応は負の方向に暴発して茫然自失や自暴自棄の状態に陥り、自殺や反発のほかに、根拠のない噂につき動かされて皆の前から神隠しや発狂したかのように姿を消したことが考えられる。他の侵犯を許さない個人の魂の奥底には、共同体の危機に際して自滅することで他の者を生かす安全弁の役割を果たす属性がみられたのである。非業の死をとげた祀り手のない霊魂は、怨霊や御霊《ごりょう》となってさまざまな災厄をもたらすと信じられたが、この御霊信仰の背景には、かろうじて生き残ることのできた村人たちの犠牲となった弱者への負い目もあったのではなかろうか。

高取正男は、近世の飢饉による流民の発生がいずれもちょっとした契機によって始まっており、少し冷静に考えればおかしな噂やとりとめもない風説を信じて、「魔がさした」かのようについふらふらと村を出て結局は行方不明になってしまうのだとしている。こうして、高取は

狼に追われる羊の群れがひとかたまりになり、必死になって逃げるうち、なかの一匹がなにかのはずみで気が違ったように群れからはなれ、あらぬ方向に走りだして狼の餌食になり、その結果、仲

間が助かるのとおなじからくりが、人間の群れにもあるように思えてならない。民衆宗教とよばれるものが、いつの時代にもくりかえし行なってきたことのなかにも、通じるものがあると思う。眼前にすばらしい奇蹟を生じ、人々を窮迫から解放してくれる救世主の出現とか、超能力保持者の実在を信ずるのも、ことの本質はおなじだろう。そこで説かれることがどれほど途方もない幻想であっても、人々が真剣になって耳を傾け、信じないではいられなくするものは、たんなる生産のゆきづまりや窮乏ではない。そのために生じた現実生活の亀裂と解体、共同体の崩壊感覚がさまざまな幻覚をうむ。この世によるべを失い、みずからの主観をことよせる対象を失ったものから、まるで夢遊病者のように行動をはじめたといえるだろう。とすると、こうした現象は、明らかに人間の歴史とともに古いはずである。生まれ落ちた村からはなれ、群れから斥出されて「旅」の身となり、「うかれ人」のなかに身を投じたものの姿は、太古からあったのではなかろうか。(同前)

と述べている。共同体や群れから二次的に脱落したり遁世して「うかれ人」になり、それが山に入った場合には山男や山女になるというのではなく、共同体はそもそもの始まりから「うかれ人」をつくり出す属性を備えていたというのである。

共同体からの浮浪や逃亡、あるいは放浪人《うかれ》といった存在は古来異常なものとして支配者側からは把握されてきた。しかし、数百万年に及ぶ人類の長い歴史からみれば、定住生活の方が新石器革命によって開始されたごく新しい生活様式であってたかだか一万年にすぎず、むしろ漂泊や移動といった遊動生活の方が一般的であったのである。村落生活の安定をみた近世社会においても、自発や他発を問わずさまざまな理由で群れを離れ旅をすみかとする遊動生活の伝統が絶えてしまったわけではなく、まして時代を古くさかのぼればさかのぼるほどそれは当たり前の生存様式なのであった。日本の縄文時代にも、すでに石器の材料その他の交易が活発に行なわれていたことが知られており、移動と定住の差が小さく人口流動の活発な時代が長くつづいてきたのである。これに対して、自ら旅に身をやつさなくても村落生活が営めるだけ安定した時代になったのは、生産力が大きく発達し交通交易の手段が整備された近世以降のことといえるだろう。移住と定着を繰り返す生活様式が決して珍しいものでなかったとはいえ、社会的経済的に何らかの形で追いつめられた結果として移住するわけであり、高取正男は「その退転と入住の中間にある『旅』の空間は、仏を背に背負い、神に導かれなければ、常人として歩けるものではない。この世とあの世との境目をぬい、夢心地のうちになされたとしか、いえない」(同前)ものであったと言い、ここに「マレビト信仰」の根底のひとつがあると見ている。なお、今日でも、蒸発して家族のもとから姿を消したり、ちょっとしたきっかけで都市の自由民となってしまうことは珍しいことではなく、普通の人々も旅行やレクレーションの形で遊動《ノマド》生活に一時的に戻り活力を得ているのである。

網野善彦は、南北朝の動乱を契機に日本社会に根底的な転換がもたらされ、大規模な人口流動の結果、日本人としての意識がめばえはじめたが、日本列島の文化が統一的に把握されはじめたのもこの時期以降のこととしている。この南北朝の動乱は、天皇や神仏の権威を著しく低下させて、それらに直属する職能民の地位にも影響を与え、そのため「聖なるもの」のあり方も大きく変化したという。網野によれば、

中世前期までの職能民の多くは、遍歴してその生業を営んだ。それ故、これらの人々の専ら活動する舞台は、山野河海、河原、道路、境など、だれのものでもない「無所有」の場、「境界的」な場

であった。遍歴する人々の蝟集する市の立ったのも河原・中洲・浜・境などであり、当時の人々にとって、こうした場は神仏の力の働く「聖なる場」だったのである。国家の成立後、制度的には、このような場は王権の支配下に置かれる形をとるのがふつうである。日本の場合も同様であった。（中略）古代以来、山野河海、交通路は天皇の支配権の下にあり、中世に入ってから、東日本の交通路については将軍の統治権下に置かれたが、西日本の交通路の支配には、少なくとも南北朝動乱の初期まで、天皇の実質的な力が及んでいたのである。非人を含む職能民が、関所料等の交通税免除、自由な通行権の保証を天皇に求め、神仏の権威を背景にそれを実現した理由の一つはここにあるといってよい。（『中世の非人と遊女』明石書店、一九九四年）

という。しかし、中世後期になると、多くの手工業者や商人、廻船人などは富の力で危機を乗り越え、津や泊《とまり》に定着して、都市民として社会的に身分を確立していったが、神仏の権威に依存し漂泊や遍歴の生活を依然として続けていた呪術宗教民や一部の芸能民などの場合、とくに職能自体が直接生死など社会的に忌避された「穢《けが》れ」と関わる人々は、聖なるものとのつながりを失うと、かつて持っていた特権が逆に差別の要因に転化されていったのである。職能民のみごとな技術、芸能、呪術などの背後には、神仏の力が働いているとみられ、彼らは聖俗の境界にあって、異界の聖なる神仏の力をこの世に導く媒介者の役割を果たし、神仏の化身としてこの世の人々を祝福し、穢れを清めて歩いたのである。

こうした職能民や芸能民は、近世社会やさらに近代社会にもみられた。『守貞漫稿』巻七の「雑業《ごうむね》」の部には、神道者、ワイ〳〵天王、鹿島ノ事触《ことぶれ》、虚無僧、大神楽、マカショ、住吉踊、庚申ノ代待《だいまち》、乞胸、綾取、猿若、江戸万歳、辻放下《ホウカ》、カラクリ、浄瑠璃、説教、物真似、仕形能、物語、講釈、辻勧進、獅子舞、首掛芝居、葛西踊、西国順礼、六十六部、四国辺路、宿《しゆく》ノ者、女太夫、犬拾ヒ、猿曳、癩病人、節季候《せきぞろ》、大黒舞、鳥追、砂画、掃除、一人相撲、河童ニ扮ス、乞食芝居、神楽ミコ、スタ〳〵坊主、親孝行ノ扮《フン》、樽負ニ扮ス、髪結ニ扮ス、和尚今日《おしようこんにちわ》、古札納めなどが挙げられている。また近世中期の『只今の御笑草』（『日本随筆大成』二期二〇巻、吉川弘文館）にもさまざまな祝福芸人が絵入りで登場しているが、この本の題名自体が、狭い路地を二、三人で掛合い芝居をして歩き、他の一人が「只今の御笑い草」と言って両側の家から銭を乞う放浪芸人の一種になっている。ここには他に、とぞ申ける、こんこん坊、二人乞食、大坊、ありやりんと、立石熊之丞、伊勢大神宮、おちよ舟、長太郎坊主、摺子木閻魔、黒座頭、与吾連太夫、はりがね売、そゝそ、山猫まわし（本名傀儡師）、長松小僧、スタ〳〵坊主、仙人、赤坂亀、方斎念仏、松川鶴市、歌比丘尼、御祓納、高野行人、お七が菩提、大八、芥子之助、角力とろん、泥鰌《どじよう》、可愛がつて、仙台おばァ、よいやなァ、金作小僧、二十三夜、小僧と盲目といった芸人が登場する。元禄初期に刊行された『人倫訓蒙図彙』巻七の「勧進餬部《かんじんもらい》」には、

夫《それ》勧進とは、在家の男女に、上なき仏法を説きかせ、又は無常迅速のことはりをしめし、無明の夢をさまするすゝめをなし、これによつて法施《ほつせ》をうくるを勧進といふなり。然ば施するもの大ゐに功徳をえ、僧は法施をなすの役者なれば、衆生に功徳の種をうへさするゆへに、僧を福田《ふくでん》とはいふ也。然るを、いま時の勧進は己が身すぎ一種にして、人をたぶらかし、偽をいひて施をとる。是全盗にひとしき也。号《なづけ》て唱門師といふ也。

とあり、勧進がもはや本来の宗教的な意義を失って身すぎ世すぎの一種となって、人をたぶらかす盗人

のような存在になっているという否定的な見方をしている。この『人倫訓蒙図彙』にはやはり絵入りで、鐘鋳勧進、針供養、庚申代待、門経読、腕香《うでごう》、箸供養、御優婆《おうばの》勧進、粟嶋殿、仏餉取、哥念仏、鉢ひらき、事触、大原神子、八打鐘、念仏申、鉢敲、代神楽、獅子舞、哥比丘尼、似瀬《にせ》順礼、高屐《たかあしだ》、与二郎、太平記読、猿舞、夷《えびす》舞、文織《あやおり》、門説経、放下《ほうか》、住吉踊、猿若、四ツ竹、謡、風神払、門《かど》談義、雪駄直《せったなおし》、船頭非人、姥等《うばら》、節季候、万歳楽、鳥追、祭文、ごほうらい、厄払、物吉《ものよし》など祝福や厄払いに訪れる民間の宗教芸能民が紹介されている。

定住社会が成熟しはじめた十四世紀の南北朝の動乱以降は、漂泊遍歴の民に対する定着民の優位が確立していき、神仏を演じ人々にその託言を伝える者として畏敬の眼差しで見られていた聖なる来訪者という性格は薄れて、漂泊遍歴の民はもっぱら侮蔑と賤視の対象となりさがっていったのである。聖賤の分離が進行して、神仏と乞食がはっきりと区別され、それまで畏怖の感情でみられていたものが賤視されるようになっていったのである。定住生活が成熟し自立的な共同体が出現するには公式の交通交易システムの確立が不可欠といえるが、一旦そうしたシステムが出来上がってしまうと、それまで共同体間を媒介していた漂泊遍歴の民は必要性が薄れ、どの共同体にも属さぬ者として逆に賤視されるようになっていくのである。物を直接生産することなく、物を商品として共同体間に流通させることで利潤を稼ぐ商業の民は、貨幣のように、羨望と賤視の入り混じった複雑な感情で見つめられてきた。俗権の支配者層と結びついた大規模な商業者は社会的に身分を確立することができたが、それ以外の弱小の商人や漂泊遍歴の職人は神仏などの聖なるものに依存するほかなかった。そうしたなかで、とくに神仏の言葉や芸能といった無形のものを商わなければならなかった祝福芸能民は、共同体に定着していない異人として、人々を祝福すると同時にその穢れを一身に託され清める役割を担わされたため、より一層賤視されることになったのである。神仏の言葉の語りは「騙《かた》り」となり、共同体間を漂泊し定住しないがために畏怖の感情でみられ穢れを浄化する霊力をもつと信じられていたのが、穢れを負うた者として侮蔑と賤視だけの対象となっていったのである。近世にはまだ生き残る余地が残されていた漂泊遍歴の芸能民も、明治に入ると政府の芸能人鑑札制度の強化や国家神道体制の整備による山伏や行者などの民間宗教者の追放によって、にわかに衰えはじめた。こうして近代になると、都市の肥大化とともに、かつてのコツジキ（行乞）からさらに神仏や芸能とは関係のない単なるコジキ（乞食）や物貰いといった社会的な依存者が分離し増加していった。古くは単に物や銭をもらうだけの乞食は少なく、多くは身体障害者や業病に侵された者が逆にその欠損ゆえに人々の哀れみを誘って食物や金銭の勧進を受けたのであって、ただ受け身的に都市社会によりかかった形態は新しいものといえる。

乞食は、『万葉集』巻十六の「乞食者詠《ほかいびとのうた》二首」が示すように、古くは「ホカイビト」や「ホイト」と呼ばれ、元来神仏の祝福の言葉を人々に伝えるという神聖な役割をもった祝言職の一種であった。彼らは、当初は神仏に仕えその代理を務める畏怖される存在とされ、賤視に打ち勝てるだけの誇りを抱いていたが、社会が漂泊遍歴の民や放浪の徒を許容しないような時代になると、一定の場所に集住させられてさまざまな規制を受け賤視され差別されていったのである。こうして、列島を縦横に移動し河川沿いに山間奥地まで入りこんだ古代海民の系譜を引き、農耕をせず定住しない放浪の民であることによってもっていた誇りや神聖さも、かなり減じてしまい一種の不自由な民となったのである。現代の都市自由民が、共同体や人間関係の複雑なしがらみから一定程度解放されているのとはやや異なっている。近代家族は、非血縁者を排除した濃密な人間生活の営まれる場であり、一面である種の息苦しさを抱えてきたのである。

農村などでは、祝福芸人の代わりに、子供組や若者組の成員が仮面仮装して各家を神仏に成り替わって訪問し祝福したり厄払いをして歩いた。とくに、神仏がこの世を訪れたり死者と生者が交歓する正月や盆などの季節に、こうした来訪神の行事が多くみられた。金品を強要したり物乞いしたりする風習と多く結びついていたため、文明開化の風潮のなかでしばしば当局から野蛮な陋習として禁止されたものもあるが、異界からの神聖な力をこの世に導入し共同体の秩序を更新する行事として来訪神の風習は重要なものであった。しかし、村外からの祝福芸人とはちがって、来訪神の風習は古来のマレビト信仰にもとづくものとはいえ、共同体に飼い慣らされているだけに強度はやや乏しいといえる。村落共同体では、村レベルでは鎮守の氏神が、家レベルでは仏（祖霊）がそれぞれ役割分担してその内的な秩序を維持してきた。来訪神は、元来、共同体に属さぬ異世界からやってくる神であり、自然の草木をまとったり蓑笠で仮面仮装をした異様な形姿にもそれは如実に示されている。従って、来訪神は長居をしないように仕組まれ、豊饒や富をもたらすと同時にこの世の穢れや厄災を持ち去ってくれる存在とされてきた。来訪神は、その逸脱した強烈な霊力で共同体の秩序にひびを入れ活性化する役割をもっていたのだが、やがて祖霊信仰の循環システムに取り込まれ弱体化する場合もみられた。しかし、とくに正月行事や農耕儀礼などをみると、生命力や豊饒の源泉はこの世である共同体の内部にはなく、山や海などの異界からもたらされると考えられる場合が多い。また、古くは富や豊作を積極的に祈願することよりも、防災儀礼の方がむしろ基本的なものでなかったかという指摘もなされている。その場合も、厄災や穢れを祓ったり清めたりするには、村落共同体の外にそれらを送り出し排除する儀礼が辻や村境などで行なわれた。

したがって、共同体が存立するにはどうしてもその外部や他者を必要としているのであり、それ自身では成立しえないのである。共同体の秩序を維持するためには、その内部に他者を意図的につくり出すことさえあり、飢饉など自然災害の際に放浪人や漂泊者を分泌して弱肉強食的な負の生き残り策をとるだけではなく、急速に成り上がった村内の資産家には「六部殺し」や「憑きもの」といった悪い噂を嫉妬や羨望から言い立てて婚姻関係を忌避し村づきあいから排除することもあったのである。

3　鍛冶神と一つ目小僧

一つ目小僧は、鬼や河童などとともにおなじみの妖怪の一つであり、舌を出した片目片足の古傘のお化けが有名なものだが、かつての神の零落した姿とみられてきた。では、一つ目や片目（両者は厳密にいえば異なるが）の神とは一体どのような神であったのだろうか。すぐに思い浮かぶのが、『古語拾遺』所載の天岩戸神話に登場する作金者（鍛冶の神）の天目一箇神《あめのまひとつのかみ》である。金属をつくり出す神がなぜ一つ目や片目とされてきたのかという点に関しては、諸説が説かれてきた。それらには、金属神の天津麻羅を念頭に置いて物を生み出す男性器（マラ）から天目一箇神を一つ目（片目）とみる加藤玄智説、刀剣の曲直を片目をつぶって見る鍛冶屋の風習から出たという井上通泰説、火神の根源たる天空の太陽神から日神一眼を説く高崎正秀説、金属製錬のタタラ作業で火の色を長年見つめるため片目がつぶれたという若尾五雄や谷川健一の職業病説などがある。鍛冶神や金属製錬を司る神々はしばしば身体的な欠損をもつ者として広く表象されてきており、ギリシアのヘファイトスは跛者であり、その手下のキクロウペは一眼の巨人とされている。またドイツのフォルンドやフィンランドのワイナモイネンも不具者とされており、このように跛《びっこ》や片目などの肉体的な欠損者が鍛冶の仕事に従事している神話伝説は世界各地に見られる。日本の熊野の山中にも一眼片足の一踏鞴《ひとつたたら》という兇賊が昔住んでおり、弁慶と同様に大力無双

狐の一ツ目入道
（『丹後国変化物語』）

で雲取山の旅人を脅かしたり、妙法山の大釣鐘を奪ったりしたため、三山の衆徒が大いに苦しみ、狩場刑部左衛門という勇士に頼んで退治してもらったという。この一踏鞴は兇賊とされているが、別に一本タタラという怪物の伝承もあることから、やはり鍛冶や金属製錬と何らかの関係をもった妖怪と考えられている。日本の山中には、この他にも、一目入道、一つ足、ユキンボ、山鬼、山父《やまちち》、山爺、セコ子、山の神など一眼一足の一つ目小僧系統の神や妖怪が住むという伝承が多く語られてきた。

柳田国男も、「目一つ五郎考」（『一目小僧その他』ちくま文庫版全集六巻、一九八九年、三〇三—四頁）のなかで、

眇《すがめ》をカンチというのは鍛冶の義であって、元この職の者が一眼を閉じて、刀の曲直をためす習いから出たということは、古来の説であるが自分には疑わしくなった。秋田県の北部では、カジというのは跛者《はしや》のことである。おそらく足の不具なる者のこの業に携わった結果であって、別に作業のためにそんな形を真似たからではあるまい。作金者天目一箇の名から判ずれば、事実片目の者のみが鍛冶であったゆえに、眇者を金打《かぬち》と名づけたと解するのが自然である。本来鍛冶は火の効用を人類の間に顕わすべき最貴重の工芸であった。同時にまた水の徳を仰ぐべき職業でもあった。日本では火の根源を天つ日と想像し、雷をその運搬者と見たがゆえに、すなわち別雷《わけいかづち》系の神話は存するのである。これを語り継ぎ述べ伝えた忌部《いんべ》の一派が、代々目一つであったにしても怪しむに足らぬ。

ただそれが一転して猛く怒りやすい御霊神となり、また多くの五郎伝説を派生するに至った事由のみは、上代史の記録方面からは説き尽くすことがむつかしいのである。

と述べている。ここには、片目や跛の者のみが鍛冶の作業に従事したことおよび片目伝承と雷神信仰さらには御霊信仰との深い関連も指摘されているが、片目伝承自体はやはり犠牲の習俗から説明している。

これに対して、若尾五雄は、鍛冶と片目との関係を信仰ではなく実際の金属製錬の作業から説明し、タタラでは火色の判断と送風がもっとも重要な作業であって、片目とは金属を溶かす炎の色を確かめつつ火勢に気を配る姿に由来するものであり、片足とは地上に一方の足を置き、フイゴの吹き板に他方の足をのせて代わり番子《ばんこ》でタタラを踏み続ける姿にもとづいたものとした。これが、鍛冶の神が片目片足と言われる所以であり、里神楽で道化役を勤める「ヒョットコ」(口をとがらせて火を吹く姿から「火男」と俗にいわれるが、聖徳太子を職祖と崇める太子信仰から「ショートク」の訛したものともいう)も片目を閉じてタタラを踏む動作で舞うことが多いことから鍛冶神の末裔だと、若尾は論じている(「ひょっとこと金工」『金属・鬼・人柱その他』堺屋図書、一九八五年)。その根拠の一つとされたのが、石塚尊俊の『鑪《たたら》と鍛冶』(岩崎美術社、一九七二年、一九二頁)にある報告で、タタラ師の頭である村下《むらげ》が

村下は年中火の色を見ておりますから、だんだん目が悪くなっていきます。火を見るには一目をつむって見ねばなりません。両眼では見にくいものです。右目が得手の人や左目が得手の人や、人によって違いますが、どのみち一目で見ますから、その目がだんだん悪くなって、年をとって六十を過ぎる頃になると、たいてい一目は上がってしまいます。私なども一時は大分悪くなっておりまし

たが、中年から吹きませんので、この頃また少しなおりました

と語っていることである。若尾とほぼ同時期に、谷川健一もこの報告などを根拠にして、

この片目のたたら師こそが天目一箇神であったにちがいないと私は思う。たたら炉の炎の色を見つめるものがかならず眼を悪くするということは、私たちが鉄工場で飛び散る火花をみただけでも眼を痛くすることからたやすく想像がつく。そこで六十をすぎる頃になると、たいてい片方の目はだめになってしまうという事実は、洋の東西を問わず、銅や鉄の精錬に従事する人たちの宿命であったろう。片目の神というのはたたら師たちの職業病とでも称せられるものの異なる表現であったのだ。(中略)私はこうしたたたら師たちを神としてみる時代があったのではないかと考える。その理由は金属精錬の仕事というのは狩猟や農業や漁業とちがって、容易に真似のできない特別な技術を要するからである。そしてその製品も今日では想像がつかないほどに貴重なものとされていた。

と述べ、一本足に関しても

たたらを踏むのは中国地方では、伯耆大山に後向きに登るように辛い作業だと言われていた。そこで足や膝を酷使して疾患も起りやすく、足萎えになりやすかったのではないかと想像するのである。少なくとも一本足の神を一つたたらとか一本たたらとか呼んでいるのは、送風装置のたたらと一本足とが関連をもつことを暗示している。(『青銅の神の足跡』集英社、一九七九年)

と説明している。実際の金属精錬の過酷な作業を基礎としたこれらの説は、現実に接近しすぎている感は否めないものの、十分に強力なものである。鍛冶やら鉱石から金属を取り出す作業は、出産の過程にしばしば喩えられ、人間技を越えたものとしてこれまで地獄絵のなかにも描かれてきた（次章「タタラと錬金術」参照）。このため鍛冶師は、しばしば畏怖と賤視の対象とされ、文化によっては世界の創造者やシャーマンとして王権と結びつき神聖な支配者の地位についていることもあった。鍛冶神や鍛冶師が不具者や醜悪な姿の者とされ、死や死体を嫌わず鬼とも深い関係をもつという伝承は、彼らがこの世にあってこの世ならざる存在であることを示している。鍛冶師は、いわば自然と文化の仲介者として、大自然から秘術を尽くして新しい生命や世界を創造する者と見られたのであり、それゆえ神聖視されると同時に危険な者として社会的に忌避されてきたのである。

4 暴力と犠牲の民俗――コスモス創生と身体欠損

しかし、片目や片足の神の伝承は、鍛冶や金属の神と深い関係があるとしても、単にそれだけに還元できない広い文脈をもっているのである。柳田国男は、「一目小僧」（『一目小僧その他』ちくま文庫版全集六巻、二六七―八頁）のなかで、日本各地の一つ目小僧関連のさまざまな史資料をひと通り渉猟したあと、

一目小僧は多くの「おばけ」と同じく、本拠を離れ系統を失った昔の小さい神である。見た人が次

第に少なくなって、文字通りの一目に画にかくようにはなったが、実は一方の目を潰された神である。大昔いつの代にか、神様の眷属にするつもりで、神様の祭の日に人を殺す風習があった。おそらく最初は逃げてもすぐ捉まるように、その候補者の片目を潰し足を一本折っておいた。そうして非常にその人を優遇しかつ尊敬した。犠牲者の方でも、死んだら神になるという確信がその心を高尚にし、よく神託予言を宣明《せんみょう》することを得たので勢力を生じ、しかも多分は本能のしからしむるところ、殺すには及ばぬという託宣もしたかも知れぬ。とにかくいつの間にかそれが罷《や》んで、ただ目を潰す式だけがのこり、栗の毬《いが》や松の葉、さては箭《や》に矧《は》いで左の目を射た麻、胡麻その他の草木に忌が掛かり、これを神聖にして手触るべからざるものと考えた。目を一つにする手続もおいおい無用とする時代は来たが、人以外の動物に向っては大分後代までなお行われ、一方にはまた以前の御霊の片目であったことを永く記憶するので、その神が主神の統御を離れてしまって、山野道路を漂泊することになると、怖ろしいことこの上なしとせざるを得なかったのである。

と述べている。ここには、大正はじめ頃から柳田が繰り返し読んだとされる、王殺しをテーマとしたJ・フレーザーの『金枝篇』の影響もうかがわれる。「一目小僧」の論文は、最初『東京日々新聞』に大正六年に二四回にわたって連載されたものであり、柳田には珍しく祭りの度ごとに神主を殺すという殺伐とした風習をテーマとし、しかもこれほど明確な結論を仮説にしろ提出することは極めて稀であることから、それだけフレーザーの影響が大きかったということを示している。またここには、本拠を離れ系統を失った神は零落して妖怪になるという考えも述べられており、こちらの方はハイネの『諸神流竄記』の援用といえる。柳田の初期の山人論も、台湾の高砂族の統治のあり方からかなりの影響を受けており、柳田民俗学がその形成期にはむしろ文化人類学の枠組みから多くの示唆を受けていたことがわかる。

日本の場合だけを考えても、片目・片足の形象をもつ神は鍛冶や金属に関連した神に限らないことは明らかである。たとえば、雷神、山の神、田の神、年神、庚申の神なども同じ伝承をもっているし、醜いとか恥ずかしいので暗いところを好むといった伝承をもった神とか、あるいは聾とか骨無し、小人など何らかの身体上の欠損をもつ神々ならさらに広い範囲に及んでいる。とくに、片目・片足の神霊や妖怪などが、正月はじめ、コト八日、三月十八日、卯月八日、十一月二十四日（大師講）など年や季節の交替期に多く出現して、この世と異界、生と死、新と旧など対立する二つの世界や時空間の移行や媒介に大きな役割を演じている点は、注目される。また柳田の論文にも記述されているように、片目の魚や神などの諸伝説は、鎌倉権五郎伝承を介して、御霊信仰や八幡社の放生会とも深い関係を有している。鎌倉権五郎は後三年の役で片目を弓で射られながら敵を倒したという平安時代の武将であり、非業の死者ではないが、その名が五郎＝御霊に通じることから御霊信仰と結びつき八幡神の従者として境内に祭られたり、歌舞伎十八番の『暫《しばらく》』という顔見世の荒事にも毎年登場して活躍し悪者を次々と退治し秩序を回復する。御霊は、生と死を急激に圧縮された存在であり、圧殺されたことで雷のようなこの世に納まり切れぬ大きなエネルギーを発生し、さまざまな災い（カオス）もたらすが、それを丁重に祭って異界に送り出すことで逆にこの世の秩序（コスモス）を更新するものともなる。御霊は、ある意味でこの世の秩序を再構築するための「暴力」を形象化したものであり、一種のスケープゴートともいえる。また八幡神も、御霊と同様に一つの強力な今来《いまき》の神として登場し、その神体は薦包《こもづつみ》の黄金とされ、宇佐の菱形池の辺に鍛冶の翁あるいは童子の姿をとって出現したと伝えられている。片目の魚は神社境内などの神池や御手洗池に住むとされることが多く、しかも八月十五日の八幡放生会では生きた魚を池にいけにえとして放つことが行なわれる。これらの点から、八幡神と鍛冶や片目伝承との関連は決して浅いものではない。しかし、金属に関連した伝承も含めて、片目・片足伝承のさらに一層深いレベルでの共通性を探る試みをする必要があると考えられる。

片目伝承の背景にあるものは、柳田の説によれば、生きたまま神の贄《にえ》として生かしておくイケニエ（生贄・犠牲）の思想にあるとされる。村の氏神が、栗の毬《いが》、松の葉、茶、胡麻、麻、黍《きび》、胡瓜《きゅうり》のトゲなどで目を突いて片目となったため、その植物を栽培したり食べないといった植物禁忌伝承も広くみられる。たとえば、四月八日に薬師様がトコロ（野老）でつまずきウドで目を突いて片目になったため、これらを食べないという伝承は各地に分布する。四月八日は花祭りが行なわれ一年の大きな折り目の一つであるが、薬師の縁日でもあり、薬師はしばしば医療とくに目の神として信仰されてきた。目の神と信じられている神仏は、季節交替や秩序の更新に関連した境界の神であることが多く、また目をめぐる信仰や習俗にも異界との交通を主題とするコスモロジカルな性格のものが多くみられるのである（本書「目の民俗」参照）。季節交替や年の替わり目には、二つの異なる世界を媒介してコスモスの構築を行なうために、片目・片足など身体欠損の神がしばしば登場する。レヴィ＝ストロースは、『生のものと火にかけたもの』（『神話学1』一九六四年）のなかで、

盲目あるいは跛者、片目あるいは片手などの形象は、世界中の神話にしばしば登場し、われわれに当惑を感じさせる。なぜならば、彼らの状態は、われわれには、欠如であるように思われるからである。しかしながら、要素の除去によって不連続にされた体系が、数の上ではより貧しいにもかか

わらず、論理的にはより豊かになるのとまったく同じように、神話はしばしば不具者や病者に、正の意味を付与する。つまり、彼らは、媒介の様式を体現しているのである。われわれは、不具や病気を普通、あるべきものを喪失した状態であり、それゆえ負（悪）であると考える。しかしもし、死が生と同様に現実的であり、それゆえすべてが存在であるとするならば、病的状態をも含めてあらゆる状態は、すべてそれなりに正であるといわなければならない。「より少なき存在」は、体系のなかで十全な位置を占める権利をもつ。なぜならば、それは二つの「全き」状態の間の移行の考え得る唯一の形態であるからである。

と明確に述べている。不連続な要素（死）の導入によって、逆に社会の連続性（生）が維持され回復されるわけである。鍛冶神と片目片足伝承との結びつきも、実際の金属精錬作業に由来すると説くことも可能であるが、むしろ鍛冶神がこの世と異界を媒介しコスモス創成に深く関わる宇宙論的な存在であることから解釈すべきであろう。

ところで、今村仁司は、『暴力のオントロギー』（勁草書房、一九八二年）で、このレヴィ＝ストロースの記述が、「社会関係（コスモス）の秩序の成立のためには、『原初集合』からある部分が暴力的に抹殺されることを不可欠の条件とする」ことを明らかにしたものと述べている。さらに今村は、「社会関係＝コスモスの原基形態を二項対立的相互性とみなすならば、この相互性の成立は、必ず第三項の排除・抑圧・抹殺……を同時的におこなっているはずである」として、交換論から暴力論へと問題を展開させ、社会関係に内在する暴力や闘争の論理を「第三項排除」という犠牲の論理として取り出している。人間関係はどのようなものであれ三角形的であり、二人の人間が交通しあうためには必ず第三者を排除

しなければならないというのである。ルネ・ジラールは、

共同体は、ひとりの人間を犠牲にすることによって、全体の連帯性をとりもどすのです。しかし、犠牲者のほうは、自分を守ることができないばかりか、復讐を企てることもまったくできません。犠牲者の不運が新たに混乱を引き起こすことも、再び危機を生じさせることもありえません。全員がまとまって犠牲者に反対しているのですから。供犠はやはり一つの暴力行為、他の暴力行為に加えられる暴力行為にほかなりません。しかしそれは最後の、究極の暴力行為です。(『世の初めから隠されていること』小池健男訳、法政大学出版局、一九八四年、三四―五頁)

と述べている。この共同体の全員によって一人の犠牲者を暴力的に血祭りにする「犠牲のメカニズム」は、神話や未開社会の血なまぐさい儀礼だけに限らず、人と人との交通が成立するためには必然的に生み出されるものである。常民と対偶関係にある山人やその系譜に連なる漂泊遍歴の宗教芸能民も、実はこうした犠牲者であり、村落共同体の周辺にあってその罪や穢れを絶えず吸収させられてきたのである。

今村仁司は、

犠牲の論理は、近代以前の現象に限ったことではなく、人間の社会存在にとって普遍的なことがらであって、近代資本制経済もこの普遍的現象と普遍的論理を免れることはできない。近代市場で「媒介」の役割を果たす貨幣こそ、人類に普遍的な「犠牲のメカニズム」を近代社会特有の形式をもって内蔵したものである。ある意味では、近代資本制経済は、一見不合理にみえる犠牲のメカニ

> ズムをきわめて合理的に処理したところに成立したといえるのである。近代の経済合理性は、血がしたたかに流れた現実的な暴力と死にまみれた犠牲の儀礼形式から、血なまぐさい付着物を徹底的に削除し、単なる交換形式にまで純化したところに独自性がある。（前掲、二三三頁）

と述べている。未開や文明を問わず、恐るべきことに、人間社会は、一人の犠牲者にすべての罪や悪、穢れを負わせることで、共同体の他の成員はそれらから免れるという論理を働かせてきたのである。

　暴力や戦争は、静態的な常民の民俗社会とは無関係のようにみえるが、日本各地の平家の落人伝説をはじめ、トカラ列島の七島正月、あるいは正月に特定の家や一族が餅を食べたり搗《っ》いたりしないという餅無し正月、数かずの栽培植物禁忌など、その起源や由来を戦さや異人虐待に帰しているものがかなり見られる。たとえば餅無し正月の由来について、坪井洋文は、

(1)　先祖伝説として、先祖の困窮克服が子孫の今日をあらしめたという型
(2)　戦争とか落人とかかわりながら、その異常な状態が今日も持続するという型
(3)　異郷人虐待によって、正月の餅搗きを禁じられたという型

の三つの型に整理し、これらに共通する点は「ある特定の状況から、別の特定の状況に転移したことであり、その転移の契機が新年の前後と餅ということである」（『イモと日本人』未来社、一九七九年）と述べている。正月は新旧の時間の移行であり、万物がよみがえる一年の最大の折目であるが、その新しい時間や世界への移行の背後にはコスモス創成の暴力が隠されているのである。レヴィ＝ストロースの『アスディワル武勲詩』（西沢文昭・内堀基光訳、青土社、一九七四年）のなかに、従兄弟との結婚を拒む王女をめぐるツィムシアン族の神話が載っている。すなわち、

傲慢で冷酷でもあった王女は従兄弟に、顔を傷つけることにより自分への愛情を見せてくれと要求する。彼は刃物で顔を傷つけたが、すると彼女は、その醜さの故に、彼を拒む。絶望に陥った彼は死のうと思って旅に出、畸型の王「悪疫」の国を冒険する。《悪疫》は、厳しい試練に耐え抜いた彼を魅力的な王子に変えてやる。今度は従姉妹が彼を熱愛するが、彼は逆に彼女がその美しさを犠牲にするように求める。(が、それはただ皮肉を言ったにすぎなかった。)醜くなった王女は《悪疫》の同情を惹こうとする。すると、彼の宮廷に仕える不具の人々が彼女に襲いかかり、骨を砕き体を引き裂いてしまう。(五二―三頁)

という話である。これは、婚姻制度の起源を説明したものとされている。またもう一つの話は、王子と王女の結婚が行われると、青年のオジの部族は動き始める。同時に娘のオジの部族も動き始め、両者の間で戦闘が行われる。両軍は石を投げ合い、双方に多くの怪我人が出る。傷痕は……契約の証しのようなものだ。(同前、五四頁)

とあって、結婚に伴う儀礼的な戦闘の記述になっている。今村仁司は、これらの話が社会関係の形成に伴う戦争と暴力の物語であり、「悪疫」の国は第三項問題の端的な表現であって、

不具・畸型・暴力・死に照らしてはじめて、健全な「市民社会」はようやく自立できるにすぎない。

構造的には、上部構造としての「市民社会」（相互性、二項関係、一般交換）は、下部構造としての死・暴力・不具の世界によって「決定されている」かぎり、原則的に自律できず、つねに「土台」によって他律化されている。（前掲、三九頁）

と論じている。このように、共同体や市民社会をはじめとするこの世（生）の社会システムは、死や暴力によって生み出されただけでなく、絶えず死（暴力）によって維持されつづけているのである。日本の民俗事象のなかの「一つ目」表象も、単なる古い伝統的な伝承ではなく、社会システムを存立させている「隠れた構造」を示しているのである。

タタラと錬金術——物質変容の精神史

1　問題の所在——物質と精神の変容過程

ただ今、ご紹介いただきました飯島です。私は、日本で柳田国男が創始しました民俗学を勉強している者ですが、主に農耕儀礼ですとか竈神《かまどがみ》などの家屋の中に祀られている神々について研究しています。ですから、鉄やタタラに関しては全くの門外漢でして、こうした場でお話することに若干当惑しています。この飯石郡吉田村という地名と自分の名前のうち、「飯」と「吉」の二字が同じであるということぐらいしか関係がないのです。ただ、金属の民俗学的研究では第一人者である若尾五雄によると、飯島という姓は砂鉄産出地のことだといわれたことがあります。飯石、飯田、飯島など「飯」の文字のついた地名は、ドジョウすくいの滑稽な所作で踊られる有名な安来節や和鋼記念館のある安来市の飯梨川もそうですが、みな砂鉄に関係のある場所のようです。なお、このフイゴを象徴したヒョットコのお面をつけて踊る安来節は、間違っているかも知れませんが、魚のドジョウではなく、元来は土壌すなわち砂鉄を選鉱する所作に由来するものと思われます（補註参照）。片目を閉じ口をすぼめて息を吹くヒョットコは、火男の意味であり、男性器のシンボルともされていますが、鍛冶屋など金属技術者と深いかかわりのあるものなのです。また「吉」という名前は、乗岡憲正の「藤吉名義考」によると、金売り吉次の例のように中世の鋳物師や咄の者に意外に多く、「橘」と記されることもあるという。鍛冶、鋳物、タタラなどの金属技術者や道化者に関係のある文字といえましょう。

すでに一九八六年から、これまで五年間にわたり「人間と鉄」をテーマとして五回のシンポジウムが行なわれており、多くの専門家の方々がそれぞれの立場からタタラや鉄について報告されています。実は、さきほど刊行されたばかりの総集編『人間と鉄』(鉄の歴史村地域振興事業団出版、一九九一年)を購入してざっと目を通したのですが、私の関連分野では伊藤清司、谷川健一、山口昌男、中沢新一の諸氏が民俗学や文化人類学あるいは宗教学などの観点から発言しており、だいたい主要な材料は出尽くしている気がしました。これまでのシンポジウムの内容を、さっきはじめて知りましたので、私がお話しようと考えていたことはもう発表済みのことがらに属しており、内心とても焦っていてうまく話せるかどうか不安を感じています。そこで、最初に今日のお話のポイントを述べて、話がどの方向に行ってもいいようにしたいと思います。

私の話は、以前に発表した「金工と錬金術」(『竈神と厠神』所収)というエッセイに基本的には依拠していますが、鍛冶、鋳物、タタラなどの伝統的な金属技術が物質と同時に精神の変容過程を反映したものであり、その意味では黄金製造や不老長生の丹薬製造をめざしていた錬金術や錬丹術とも深い部分で通底しているというのが結論です。このことは、鍛冶師をはじめとする金属加工に従事する人々の間に伝えられてきたさまざまな技術伝承やその守護神をめぐる儀礼および伝説などの分析を通して明らかにすることができます。とくに伝説や技術用語を含めた「言葉」がこの場合重要となります。

2　地球と鉄

さて、人間の祖先がこの地球上に出現して以来二百～三百万年の時間が経過したとみられていますが、人類がそれまでの遊動的な生活から定住生活を開始したのは新石器時代になってからのことであり、せいぜい一万五千年ぐらい前からです。打製石器からより進んだ磨製石器が製作され、土器が発明されたり、やがて農耕や牧畜が開始されるようになったのはまさにこの時代なのです。人類の長い歴史からみると、それはほんの一瞬のあいだの出来事にすぎません。なにしろ、時間的にみれば、全体の一パーセントにも満たないのですから。しかし、この間に、人類の文明は驚異的な飛躍をとげて、核時代を迎え、人類を月や宇宙空間にまで送ることに成功しています。その一方で、定住生活が抱え込んだ過剰性はストレスや、深刻な地球環境の破壊をも生み出しています。

ところで、地球のいわば表面を構成している地殻は、大陸部では二五～五〇キロ、海洋部では五～六キロの地球の表層部で、人間生活ともっとも関係が深い部分ですが、地球全体の質量の一パーセントにも満たないのです。重量比でみてみると、その約半分が酸素、四分の一がケイ素、残りの四分の一はアルミニウム、鉄、カルシウム、ナトリウム、カリウム、マグネシウム、その他で占められます。半導体の材料となるケイ素は酸素についで多いのですが、金属ではアルミニウムが最も多く、鉄は二番目で、マグネシウムがこれに次ぎます。貴金属とされる金、銀、銅はやはりわずかしかありません。さらに、地球全体の化学組成でみてみますと、鉄（ニッケル、コバルトを含む）が三八パーセント、酸素（イオウを含む）が三二パーセント、ケイ素が一五パーセント、マグネシウムほか（ナトリウム、カルシウム、アルミニウム、その他）が一五パーセントという割合になっており、これら四元素が地球内部の主成分でありまして、隕石の分析結果ともこれは一致するのです。

人類の文明が石器から銅、青銅を経て鉄器時代となったのも、鉄が地球のいたるところに多量に存在しているためであり、それなりの必然性があるといえます。航空機はじめ、缶や窓枠など今日多くの日用品に使用されている、地殻中で最多の金属であるアルミニウムは、製錬の難しさからその利用の歴史は百年ほどしかなく、日本でつくられるようになってからも五十年余りにすぎません。またシリコンを半導体の基盤として多用するようになったのは、戦後かなりたってからのことです。半導体産業は先端技術の中核をなしていますが、産業として大発展するのは小型電卓ブームによってであり、それはつい最近のことです。重厚長大産業の代表である製鉄業は、鉄は国家なりとか、鉄は文明の尺度であると言われ、その育成発展には近代国家の大きな関心が注がれました。現代は、産業のソフト化にともない軽薄短小が尊ばれる時代になっており、半導体が鉄にかわって「産業のコメ」などと言われています。それでも、鉄のもつ重要性は変わりません。われわれの目に実際に見えにくくなっているだけであり、潜在化してしまったのです。

とにかく、地球に多く存在するものを有効に利用する形で、人類の文明は進んできたといえます。鉄の歴史は長い苦難の歴史でしたが、これほど文明の進展に貢献しそれを加速させたものはないのです。鉄によって、人類の文明は大きくその歩みを変え、今や鉄の惑星である地球自体の運命にさえ関与しようとしているといえましょう。

3　文明と鉄——農と鉄

地球にある百余りの元素のうち、およそ八割は金属元素です。金属は可塑性があり、熱伝導性が高く、独特の光沢をもつことを特徴としていますが、これらは金属のなかの自由電子の機能に基づくものとされています。人間と金属の関わりは新石器時代に遡り、紀元前四〇〇〇年ぐらいまでには金、銀、銅、隕鉄などの天然金属の使用をはじめたとされています。古代オリエント時代（紀元前四〇〇〇～一〇〇〇年）に入ると冶金技術が発明され、金、銀、銅、鉛、錫、アンチモン、青銅などが製造されました。ギリシア・ローマ時代（紀元前五〇〇～紀元三〇〇年）は、銅や青銅から鉄器時代への移行期にあたり、水銀や真鍮が製造されました。採鉱冶金学が確立されたのは、中世から近代初期（紀元一〇〇〇～一六〇〇年）にかけてであり、鉱山熔錬所が設置されたり、石炭や水力が利用されました。十八世紀半ばから十九世紀半ばにかけては、いわゆる産業革命と鉄鋼時代であり、機械技術の進歩によって産業構造が変化し、金属文明の基礎固めがされた時代でした。この簡単な金属利用の歴史（『現代の博物誌 金』教養文庫）をみても、鉄の利用が文明の進歩にあたえた影響の大きさが推測できると思います。

製鉄業はまず鉱山業として発足しました。日本でも、鉱山局が長い間行政の担当にあたってきました。世界の製鉄業は、鉱山技術から鉄鋼技術へという形で発展してきました。そこで、これは遡れば農業とともに古い産業の一つといえます。たとえば、アグリコラは有名な『デ・レ・メタリカ（鉱山冶金論）』（一五五六年）のなかで鉱山業は、産業経済のすべての部門のうちで決して農業より古くはないかのように見える。ところが、鉱山業は事実、農業よりも古いか、少なくとも同じくらい古いのである。なぜなら、道具がなかったら農耕はできなかったのであり、そうした道具は、その他の諸技術も同様であるが、金属からつくられているか、あるいは金属の助けを借りないではつくられなかったからである。このように、鉱業は人間たちにとってこの上なく必要なものであり、道具なしにはなにもつくられないのである。

と述べています。

日本では、紀元前三世紀頃に大陸から西日本に鉄製品がもたらされ、弥生時代の後半にはすでに製鉄技術がうまれて、九州から中国、近畿などの各地方に普及していったとされています。長崎県壱岐郡芦辺町の原ノ辻遺跡および壱岐郡勝本町のカラカミ遺跡からは、弥生後期のものと思われる多くの鉄製品が前漢末の貨銭や漢式土器とともに出土しました。それらは、農耕具（鍬先、鋤先、鎌）、木工具（手斧、やり鉋《かんな》）、狩猟具漁具（刀子《とうす》、鏃《やじり》、銛《もり》、釣り針）、その他（鉄塊、鉄片）の生産用具が多く、刀剣類は出土していません。しかも、それらはすべて鍛造品で、鋳物類がないのが特徴的です。中国の『魏志』東夷伝の「弁辰」の条には、「国、鉄を出し、韓、濊《わい》、倭みなしたがってこれを取る。諸市買うにみな鉄を用い、中国の銭を用いるが如し。またもって二郡に供給す」とあります。こうした点から、岡崎敬などは古代日本の製鉄技術はまず地金の鍛造加工から開始されたのではないかという説を提出しています。なお北日本には、北アジアから独自の製鉄技術が早くから渡来していたという説もあります。最近は縄文農耕論が盛んに唱えられていますが、一般には弥生時代に水稲耕作として農耕が開始されたとされています。弥生時代を代表する登呂遺跡からは、水田跡などから多くの木製品が出土しましたが、その加工には金属器を使用したことが確かめられています。本格的な農耕が成立するためには、開発や農具の形で鉄器などの金属器が必要なのです。時代はくだりますが、薩摩藩主の島津斉彬（一八〇九〜五八）は、「勧農ノ第一」を農具製造にあるとし、「農ハ国ノ本ナルハ和漢洋何レノ国モ同ジ、農ノ本ハ鉄ナリ」と述べています。

記紀や風土記には、神話や伝説の形で鉄に関する物語が多く記されていますが、すでに農業用語に置き換えられたものもあります。ましてや民間伝承では、イモが鋳物でなく里芋のことと解され、かつての金属の祭祀から農耕儀礼になってしまったものも多いのです。稲作農耕を日本文化の中心に位置づける従来の日本民俗学では農民が主たる対象であり、金属関係の民俗はほんのつけたしでほとんど問題にされてきませんでした。金属関係の民俗自体が地名や社寺名、民話伝説などにかすかな痕跡をとどめるにすぎない場合が多く、聞書きや一定の地域だけの調査ではらちがあかず、大胆な推測と同時に広域にわたる比較や遺物、地理などを注意深く観察する必要が出てきます。このため、谷川健一の仕事が公刊されるまでは、金属関係の民俗を研究する者はマイナーというだけでなく、異端視されていたのです。たとえば、若尾五雄は奥さんが鳥取県日野郡宮内の楽々福《ささふく》神社の神主の娘であったことから、タタラや鉱山など金属関係の民俗に昭和三十年代からずっと取り組んできて膨大な成果を発表しています。しかし、対象や方法が独特なことから、最近までその説を認める人はほとんどいませんでした。山人やイタカ、サンカなど非定着農耕民に大きな関心を寄せていた初期の柳田国男も、民俗学の確立とともにもっぱら稲作農民の研究に力を注ぎました。柳田の「炭焼小五郎が事」（『海南小記』ちくま文庫版全集一巻）は、炭焼長者伝説と八幡信仰との関わりを論じたもので、初期の金属民俗への関心を表明した代表作です。とにかく、金属や鉱山関係の民俗は、かつては先端技術に属したものですが、民俗学の研究からは問題とされなくなってしまいました。

　われわれの生活と金属、とくに鉄とは深い関係をもっていますが、忘れられ潜在化してしまっているのです。たとえば、正月の注連飾《しめかざ》りには、橙、エビ、譲り葉、炭などが用いられ鏡餅にも載せられますが、これらはみな死と再生のシンボルであり、かつ製鉄とも関連が少なくないと思われます。鉄は戦前までは「鐵」と表記され、「金の王なる哉」を意味し、もっとも役立つ金属とされていました。たとえば、三浦梅園は『価原』（一七七三年）のなかで、「金とは、五金の総名なり、分っていへば、金、銀、銅、鉛、鉄、合せていへば皆金なり。五金の内にては、鉄を至宝とす。銅これにつぐ。鉛これにつぐ。如何となれば、鉄は其の価廉にして、其の用広し。民生一日も無くんば有るべからず」と述べています。また佐藤信淵も『経済要録』（一八二七年）で、「鉄は人世に功徳あること七金中第一たり」と述べていますが、七金とは金、銀、銅、鉄、錫、鉛、水銀のことです。この他、馬場貞由（オランダ通詞）も、『泰西七金訳説』（一八五四年）のなかで、鉄の有用性を高く評価して、「鉄は人間の日用に暫くも闕くべからず。即ち器具となし、且つ薬用となして、其の功、最も貴重すべきものなり」と述べています。

　ところで、中沢新一によると、金属変成の技は隠されてあるものをあらわに暴いたりあるいは隠されているものを出できたらすという意味をもつ「テクネー」という概念の典型をしめすものであり、同じ自然に対する人間の活動でありながら、技術のあり方が農業とは異なっているのだといいます。すなわち、

　　農業の技術は稲というやさしい植物のポエイシスに介入する。（中略）ひとつのまぎれもない技術

でありながら、農業はテクネーのもつ「挑発性」をゼロ度に近づけていく、ポエイシス的な技術として、「職人の世界全体」とむかいあうようになる。(「技術のエコソフィアへ」『東洋の不思議な職人たち』平凡社、一九八九年、二二六頁)

のです。農業は、自然のプロセスをそのままなぞっていく女性的な技術といえます。それに対して、山や海などの大自然と身体を介して直接触れ合う技術は男性的なものが多いようです。山(サン=産)や海(ウミ=生)も、大きくみればウムという女性的な原理に貫かれているわけですが、そこには穏やかさや優しさよりも自然の荒々しい力が顕在化しており、里(この世)とは異なった世界と想像されたのです。そこから自然の富を引き出してくる技術は、危険性をはらんだ技(テクネー)とみられたのです。われわれはふだんは文化や自我というものに守られていて、直接無媒介に大自然や無意識の強烈でスキゾフレニックな世界に触れることはないのです。そういう危険な世界と交渉するためには秘密の技や儀式が必要とされたのです。逆に、農耕民の立場からみると、大自然と直接わたりあうような危険きわまりない技術は自分たちの日常性や秩序を侵犯しかねないので、祀り上げてしまうかまたは周縁的な領域に押し込めて差別しておこうとしたわけです。

また、金属の代表である鉄は生産用具として生産力を飛躍的に高めて社会的な富や財産を蓄積する上で大きな貢献をし文明を進歩させましたが、同時に武器としても使われ多くの生命や血を犠牲にしながら社会の階層化や再編を促しもしたのです。このように、鉄自体に二つの大きな役割と意味があったのです。

4　タタラ製鉄の意義

日本は明治維新の後、欧米の科学技術を積極的に導入することによって、直ちに近代化したわけではありません。欧米の技術を無批判にやみくもに直輸入した場合は失敗に終わることが多く、日本の条件に対応した技術が日本人の手で創造されたとき、はじめてそれは軌道にのり成功したのです。受け入れのための技術と創意が不可欠だったのです。製鉄の場合も例外ではなく、多くの失敗と苦労があったようです。

野呂景義は、『鉄業調』（一八九一年）のなかで、

夫レ鉄ハ工業ノ母、護国ノ基礎ナリ、製鉄ノ業起ラザレバ万業振ハズ、軍備整ハズ、此業ノ盛否ヲ視テ国運ノ如何ヲ知ルニ足ルトハ、能ク人ノ確認スル所ナリ。欧州諸国ノ如キ製鉄ヲ以テ各業ノ首座ニ置キ、邦国ノ富強ヲ説クモノ先ヅ指ヲ製鉄ノ業ニ屈ス。近時我国ノ工業駸々トシテ降盛ノ域ニ赴クニ似タリト雖モ、独リ之ガ根本タル鉄業ニ至テハ未ダ然ラズ

と述べています。鉄鋼業の確立が近代文明の基礎であることをこれは明言しています。このことは、まさに当時の時代状況を言い当てています。以後、軽工業から重工業へと日本は工業化を推し進めていくわけです。

伝統的な技術であるタタラ製鉄は、幕末から明治半ばにかけての西洋の製鉄技術の導入によって、直

ちに置き換えられたのではありません。釜石高炉銑の生産が中国地方のタタラ銑の生産を追い越すのは明治二十七（一八九四）年で、日清戦争の頃のことです。以後、タタラ製鉄は急激に衰えていくのです。また官営八幡製鉄で銑鉄生産が軌道にのるのが明治三十七（一九〇四）年で、これは日露戦争の頃のことです。コスト高のタタラ製鉄が八幡、釜石に圧倒されて、消えていくのが大正十年頃で、吉田村の菅谷鑪《たたら》はその最後の名残りです。明治の産業革命が鉄材料の面では、輸入鉄とタタラ鉄とを基礎に遂行されたことがわかります。昭和十年代にはタタラ製鉄は戦争にともなう軍刀の需要増加のため一時復活しましたが、近代におけるタタラ製鉄は各戦争が節目となっていたようです。鉄と戦争は深いつながりがあるのです。鉄は実用面だけでなく、認識の上でも新しい見えないシステムや力を導入したわけで、一種の「暴力」といえるでしょう。なお、安来（島根県）の日立金属などでは今でも、砂鉄採取を工具鋼生産のために継続しているようです。

中世から近世初期にかけて、農業の発展や建築の増加のために鉄需要が膨らみ、日本の製鉄技術は大きな二つの変革をとげます。一つは鉄穴掘りから鉄穴流しへの移行であり、もう一つは野ダタラからタタラ炉（高殿、鑪）への発展であります。野ダタラは露天操業であり、操業も年間約百カ日間と限られていましたが、タタラ炉では年中操業が可能となって、三昼夜を一代としますと一年に六〇代は操業できることになりました。タタラ製鉄によってつくられた玉鋼は、現代の最先端の技術をもってしてもつくれないという優れたものであります。とくに、芸術品ともいうべき日本刀はこの玉鋼の質に左右されているわけです。関ヶ原の戦い以前につくられたものは古刀と呼ばれていますが、時代が遡れば遡るほど優秀なものが多いというのは驚異です。これは、出雲産砂鉄の純良さ、木炭という不純物の少ない燃料、製錬温度の低いことの三点から、昔の玉鋼の方が優れているためだといわれています。タタラ製鉄にはまだ科学的に解明されていない部分が多く存在し、その技術の大部分は世襲的な村下《むらげ》（タタラ作業の頭）によって伝えられてきました。しかも村下は自らの技術を固く秘して、他に明かすということは決してしなかったのです。タタラ製鉄では、直接鉄を還元して玉鋼をつくる直接法をとるのですが、うまく鉄が沸いてより多くの良質の玉鋼が得られるかどうかは、ひとえに村下の腕にかかっていました。その時の温度、湿度、砂鉄や木炭の質、土炉の土質や構造、風量の調節や木呂竹の角度など多くの諸条件が関わるので、計算ずくではうまく鉄を沸かすことはできず、どうしても村下の長年の勘やコツがものをいったのです。村下は、自分の身体や感覚を通して細心の注意をはらいながら操業したのです。そこには計器だけに頼ってモノを見る目が衰えている現代とは異なる状況があり、全身を目や耳として少しの変化も見逃すまいとする姿勢がみられます。一回一回が異なった条件下にあったので、タタラには絶えず新しい事態に挑戦するという側面とともに不安もつきまとっていたと思われ、これが金屋子《かなやご》神への厚い信仰の背景をなしていたといえます。

5　タタラ師の両義性——聖と賤

タタラや鍛冶などの金属変成技術は、ことに伝統的な社会では、人間わざを越えたものあるいは神わざと考えられてきました。このことはすでに伊藤清司が第一回目のシンポジウムで述べています。大地のなかの鉱石や砂鉄から火の力によって金属を取り出し優れた生産用具や武器をつくり出すという不思議な技のために、金属製錬関係者は古くはあるいは今日でも何か呪術的な魔力があると見られていたのだと言っています。そうした畏敬の念は一方では非常な尊敬、他方では恐れと忌避といった相反する両義的な形で表わされました。鍛冶屋の文化人類学的研究で知られている田村克己によりますと、アフリカにおいては、西アフリカやコンゴの農耕文化地帯では鍛冶屋を尊敬し、鍛冶屋は高い技術と地位をもち宗教的儀式でも重要な役割を果たしているのに対して、ハム系の牧畜民族が分布するサハラ砂漠南縁と熱帯雨林の間の地域から東アフリカの大湖へ南下する地域一帯では製鉄技術も低く鍛冶屋を軽蔑しているといいます。この二つの態度に共通する背景には、鍛冶屋の技術や存在自体が社会秩序や神のタブーを侵犯している点があるようです。つまり、鍛冶屋は神に定められた（社会の）規範を越え、超自然の領域（神的世界）と交渉する、「俗と聖の境界に位置する者」であるというわけです（「鍛冶屋と鉄の文化」森浩一編『古代日本文化の探求　鉄』社会思想社、一九七四年）。このことはまた、鍛冶屋が世界や宇宙の創造に関係しているものであることを示しています。

日本でも、鍛冶屋に魔除けのおはらいをしてもらったり火を清めてもらったりします。地方によっては、鍛冶屋の子供と喧嘩すると祟られるとか、金糞が出る鍛冶屋跡を忌地として使うことを避けたりしています。日本神話のなかでは、鍛冶神である天目一箇神が天石屋戸での祭祀に登場しています。鍛冶屋だけでなく、鍛冶屋のつくった鉄も呪力があるものとみなされ、しばしば魔除けとして使用されます。また海の神や龍宮の神は金物を嫌うため、海に落としたりすると神が怒るとか清めねばならないといいます。このように、鉄はとくに河童や蛟《みずち》（水の霊で、蛇や龍の姿をとる）などの水神に対して威力をもっていると考えられ、これは世界的な俗信にもなっているくらいです。

ところで、タタラの神として信仰されている金屋子神《かなやごしん》は、『鉄山秘書』（下原重仲の著述になり、『鉄山必用記事』とも称す。『日本庶民生活史料集成』一〇巻、三一書房、一九七〇年所収）の「金屋子神祭文」によれば、雨乞いの結果七月七日の申《さる》の上刻に雨とともに高天が原から播磨国志相郡岩鍋というところに最初に降臨し、のちに白鷺に乗って西方の出雲国能義郡黒田の非田（比田）に行き山林の桂の木に羽を休めている時に、夜、犬を連れて狩りに来ていた安部正重に発見されたといいます。急いでそこの長田兵部朝日長者に告げて、金屋子神のお宮を建て安部氏が自ら神主になって祀るとともに、神の教えのままに火の高殿を造らせました。そして金屋子神は自ら村下となって鞴《ふいご》をつくり、朝日長者が炭と粉鉄とを集めて、鉄を吹いたところが神通力で限りなく鉄が沸いたとあります。同書の別伝では、金屋子神は村下《むらげ》とともに天降ったとあります。この他、金屋子神の最初の降臨地は「真金吹く吉備の中山」の古歌で有名な吉備津神社のある備中の中山であって、そこから比田へ行ったのだという口碑もあり、一説ではむしろこちらの伝承の方が古いものではないかといわれます。吉田村の菅谷鑪《たたら》でも、金屋子さんははじめ備中の吉備の中山というところに降りられ、そこからさらに西に飛んで出雲の西比田へ白狐に乗って降りられた。この時、四つ目の犬に吠えられ、麻苧に絡まって倒れて死んでしまった。それで金屋子さんは犬と麻が嫌いなのだと伝えています。またここでは金屋子さんは村下一人、十五になるお松というオナリ一人の都合三人で降臨したとも伝承しています。『鉄山秘書』の「金屋子神祭文」が、陰陽五行思想の強い影響下でつくられたものであることは、申・酉（鷺）・戌（犬）という干支や、酉の方位と関連する西・白・金によって祭文が巧みに構成されているのをみてもわかります。ただし、作為的な文書ではあっても、そこには重要な要素も含まれているのです。たとえば、牛尾三千夫は、問題にすべき事項として、次の六点をあげています。すなわち、

(1) 神典に見えない神であること
(2) 性別がわからぬこと
(3) 白鳥（水鳥）と関係があること

(4) 桂樹に天降り託宣したこと
(5) 安部氏が狩猟を好み、後村下になったこと
(6) 朝日長者なるものがいたこと

であります（「信仰と歌謡」『菅谷鑪』島根県教育委員会、一九六八年、六〇頁）。金屋子神に関してはいろいろと考察されているがまだ不明な点が多くあります。金屋子神は古い文献にもみられず、また近世にはこの神の代わりに金屋荒神を同様の神として祀っているところも少なくなかったことから、金屋荒神が金屋子神になった可能性もあります。ただ金屋子神は金鋳子神とも記されるように、タタラ師の意識のなかではケラ（鉧《ケラ》。タタラ吹きで黒い真砂《マサ》からつくられる和鋼の大きな塊り）をこの神の神体と考えていたのではないかとみれなくもありません。金屋子神が山の神（醜い女神で女性を嫌う）、田の神（タタラ唄には作業も含めて田植唄と共通する点が多くみられる）、荒神《こうじん》（火の神）などと共通する伝承をもつことは、今後とも注意すべき点でありましょう。

鍛冶屋の技術の起源が、神話や伝説のなかではしばしば天上界や地下界にあると語られ、しかも鍛冶神や鍛冶屋は雷神と深く結びつけられ、巨人や小人あるいはビッコ、片目、せむしといった身体に障害をもつ姿で表象されるのが普通です。つまり、この技術は常人やこの世とは別の世界に属するものと想像されたのであります。タタラの金屋子神も高天が原から天降りされたと伝承されています。また高殿は縦横七間四方の建物で、高さは二八尺、広さは二八坪につくるものとされ、これは「天」という字が二と八からなっているからだといいます。建物自体が火内《ほうち》と大雲《だいうん》とで二の字、これに垂木をうちつけて八の字として地に届くほどにし、天を形どっていることになります。つまり、高殿（タタラ）は、地下《じげ》（里の農村）とは異なった世界である天界を表象していたのです。

鍛冶やタタラは地獄絵などに多く描かれ、天とは反対に鬼の姿をした地獄の獄卒の作業としても想像されていました。鉄を溶解させるほどの強烈な火炎は、地獄の業火としか想像できなかったのでしょう。いずれにしろ、金属変成の技術は普通の民百姓の想像を絶した異界の技とされていたのです。タタラには金屋子神が天降ったとされる桂の木が植えられていますが、海幸山幸神話のなかで失われた釣り針を求めて龍宮を訪問する山幸も、まず宮殿の門前の井戸のそばの桂の木にのぼって、やがて豊玉姫と結ばれたのです。山幸はコノハナサクヤヒメが火中誕生で生んだ三柱の神の一人でホオリノミコト、またの名をヒコホホデミノミコトといい、彼自身が剣をつぶして釣り針をつくるなど鍛冶の技術を持っていたのです。とにかく、タタラや海神宮の前にたつ桂の木は、この世と異界の境界にたつ神聖な木とされていたようです。

現実のタタラ師たちの社会は、どうだったのでしょうか。そこは、「山内《さんない》」と呼ばれる独特の閉鎖的な集落だったようです。かつての足踏みフイゴの時代には、とくに「番子《ばんこ》」と呼ばれ、タタラ作業中に交替でフイゴで風を送っていた人たちのなかには流れ者や荒くれ者も少なくなく、地下《じげ》に出れば即捕縛されるような人もいて、山内は一種のアジール（避難所）として警察権も及ばない特別の場所だったようです。タタラ者として地下の百姓社会からは差別されていた一面もあり、またあまり交流することもなかったのです。タタラの技師長である村下《むらげ》も自分の技術は秘して他言しなかったといわれ、一般に黙々と働いて世間話など絶対にしなかったようであります。タタラ師は主に米で賃金が支払われたこともあって白米を常食としていましたが、普通の百姓は祭りや盆正月などにしかこれを口にできなかった。それほど、山内の生活様式は里とは異なっていたのであり、特殊な技術をもち世間とは隔絶した生活を営んでいたのであります。「山」やそこに住むタタラ、木地師、猟師、金掘師などの山人は、里人からみると異様な世界であり人々だったのです。

6　タタラと赤不浄

タタラでは、「オナリ」という月経があがって月厄のない女を賄《まかな》い婦として食事の世話などをさせた以外は、いっさい女性を排除した男の世界でした。金屋子神は醜い女の神さんなので、女性を嫌うのだといいます。狩りの神である山の神も醜い女神とされ、女性を嫌い、狩りの間は猟師の妻は化粧などしないといいます。同様に村下の女房も、村下がタタラにいる間は、髪も結わず、化粧もせず、乱れ髪のままでいなければならなかったといいます。とくに若い女が化粧して赤子を背負ってくるのは嫌われたといいます。タタラではとくに血の忌に厳しく、このため女の月経や出産に伴う「赤不浄」や「白不浄」は忌まれ、さらに産む性としての女性自身も嫌われたのです。これは一体なぜでしょうか。

女性は月経や出産など自然のプロセスにより近い存在であるのに対して、男性は文化のコードに従って生きています。男だけで女の出産のように何かをこの世に生み出すためには文化的な装置を設ける必要があるのです。タタラ師は、火によってこの世に鉄を生み出す「産婆」であります。タタラの中心をなす土炉は「ホド」と呼ばれ、これは女性器を古く「ホト」と呼んだのと同じ意味合いをもっています。神武天皇の妃はホトタタライススキヒメですが、「ホト」という名を嫌って後にヒメタタライスケヨリヒメに改めたと『古事記』にあります。この妃はセヤタタラヒメと丹塗矢と化した三輪の大物主との間に生まれた娘なのです。タタラと男女の性との結びつきがよく示された話といえます。沖縄では今も女性器を「ヒー」や「ピー」（火）と呼んでおり、女性器と火とは古来深く結びついているのです。それに対して、フイゴや送風管はしばしばヒョットコにみられるように男性器とみなされています。男女のトイレをオカメとヒョットコの絵で表示しているところもあります。英語で道化を意味するfoolの語源は、フイゴの意味のラテン語のfoolisにいきつくといいます。フイゴは一方では言葉＝実体のない風としてホラや大言壮語するものを意味しますが、他方では実体を欠くことで精霊、呼吸、生気といった霊的精神的な意味も持ちます。フイゴは風を送り出すものですが、この風には破壊するものと、生かし再生するものという二つの意味があるのです。タタラでのフイゴの象徴的な役割は、この霊や生命を吹き込むことにあるといえるでしょう。なお、フイゴ＝革袋は、肉体的下層である胃袋（大食）やボウコウとも結びつけられました。タタラは重労働なので大食しないともたなかったようです。とにかく、炉とフイゴとは男女両原理を表象していたといえるのです。

中沢新一は、文脈が異なるが儀礼的同性愛に関連させながら、

「男の世界」は固いコードでできあがっている。自然のプロセスをそのままの形で利用することを拒否して、それをいったん否定した上で、人工的につくられた体系の中に組み込む、というやり方で自然を利用する。そのために、男の世界では、自己鍛錬や禁欲ということが、とても大きな意味をもつようになる。（『森のバロック』せりか書房、一九九二年、三五六頁）

と述べています。タタラで砂鉄から玉鋼をつくり出す過程は、地下で長い時間をかけて行なわれる胎生学を火の呪力によって時間を加速させ極めて短時間で達成しようとする試みであります。冶金学は産科学であるともいわれるように、タタラでは鉄がこの世に産み出される行為がなされるのです。壊された

土炉の中からケラが出される過程は、まさに一種の出産の場面といえるのです。タタラから女性が排除されるのは、女性に固有の出産という自然の過程を男性だけの世界で文化的な行為として営むための儀礼の上の手続きだからなのです。もし女や出産という自然の生命の過程をタタラのなかに無媒介に導いたとするならば、鉄を産み出そうとする男の行為は実際上も認識上も混乱してしまうでしょう。そこでタブーを設けることで、カオス状態を避け文化的な秩序を構築しようとするわけです。まさに自己鍛錬と禁欲とによって、鉄は生まれるのであります。

血は生命の根源をなし自然の過程をそのまま反映したものであり、意識のコントロールを容易にすりぬけて他のものと混じりあったり世代をこえて増殖してしまう性質があります。そこで血はしばしばタブーの対象にされてきたのです。山の神も赤不浄（血忌）や白不浄（産忌）を嫌うのですが、「山立根源記」と称するいわゆる狩猟文書では、盤次盤三郎という猟師はあえてタブーを無視して山の神の出産を助けたために以後どこでも狩りをすることが許されたのだと記されています。儀礼上はタブーとされながら、起源神話のなかではそれがあえて侵犯されているのです。だが、一旦侵犯され秩序が確立した後は再びそれはタブーとされ、その起源は隠蔽されてしまうのです。獲物という形で自然の富を受け取り、その生命を絶つことで肉や毛皮を利用する狩猟では、その動物の霊を儀式によって神の世界に戻すことで人と神、人と自然（動物）とのバランスをとっているのですが、文化の枠をはみだす大自然や生命の過程に直接身体を介して接触し交通する人々はとても危険性を帯びているのです。ここでも自己鍛練と禁欲によって文化的なアイデンティティが維持されるわけです。大地から鉄を取り出そうとするタタラの技術に関してもやはり同様で、中沢は前回のシンポジウムでこの技術は、人間にむかって、自然界の力と富を開きあたえることができますが、それができるためには、技術者は自分の体内に普通の人間とは違うレベルの、異常な能力をかかえこんでなければならない。危険な領域にタッチできるための、「危険性」を帯びていなければならない。(『東方的』せりか書房、一九九一年、二三六頁)

と述べており、このタタラの技術と魂や心の探求との類似性を指摘しています。

アフリカのマサイ族の間で鍛冶屋が嫌われるのは、彼らがつくった武器が流す血のためだといいます。日本神話では、イザナミは火の神カグツチを産んでホトを焼かれて病死するのですが、その吐り《たぐ》(嘔吐物)のなかから金山彦神が生まれ、また怒ったイザナキがカグツチを斬り殺した時に剣についた血からはタケミカヅチ(雷神)が生まれたと語られています。血は暴力や生命と結びつき自然の過剰性をはらんでいるのであります。タタラで血が忌まれるのは、雷神が血を見ると怒るという俗信があるように、落雷を嫌ったからだともいいます。血液が赤いのはヘモグロビンによるものであり、これはやはり鉄分を主成分としているのであります。鉄は生命や秩序を維持すると同時にそれを破壊するものでもあり、血と同様にこの世の秩序を逸脱する性質を帯びているようです。

7 タタラと黒不浄

タタラで赤不浄を忌むということは、『鉄山秘書』にも「鉄山ニ血ノ穢ヲ忌嫌事」として月経の女は七日間、出産した時は三十三日間はタタラの内に入らず、産の場合は夫も七日は入らず、産後の女とは三十日間同火のものを食べないことが記されています。ところが逆に、タタラでは死の忌である黒不浄は忌まないという伝承が広く見られるのです。たとえば、金屋子神は死人が好きだと言い、鉄が涌《わ》かない時には死人を負うて歩けばよいとか、死人が出ると棺桶はタタラの中でつくったとかと言いました。鍛冶屋でも調子が悪い時には死体を括りつけたとか、また炭を焼く時に棺桶の木を海から拾ってきてくべるとよいなどとも言いました。『鉄山秘書』には、金屋子神が村下となって七カ所のタタラを見回っていた時に、道にいた犬に追われ、高殿の前で麻苧に足の小指が絡まって転倒しそのまま死んでしまいました。みなが途方に暮れていると、神託があって神の死骸をタタラの元山押立の柱にたてて鉄を吹いたところ、元どおりに鉄が再び涌いて繁盛しました。そこで、タタラでは犬と麻は嫌うが、死穢は忌まないのだ、とあります。また同書には、昔の村下の死骸をそのまま宮社に納めたのが金屋子神の御神体であり、各地から鉄が涌かないと尋ねられた時に安部氏が昔の降下《むらげ》（村下）の髑髏に向かって祈念加持するとその髑髏の色が変わってタタラ内の善悪をすべて顕知するという奇怪な記事も出てきます。

元来清浄であるべき火のもとで死忌を嫌わないというのは、不思議な伝承です。しかし、海の漁師の間でも女や血忌に対してはやかましいのに、海上での水死体は「エビス」と呼ばれかえって豊漁をもたらすものとして喜ばれます。また炭焼長者譚とも関係の深い竈神起源譚や芦刈説話などでも、竈のそばで死んだ者を竈神などとして祀ると語っています。「大歳の客」や「大歳の火」といった民話には、火所で死骸が黄金に化成するモチーフがみられます。これらには死と再生の思想を見ることができますが、タタラと死との結びつきには同時に金属を生み出すための犠牲という考えが背景にあるのではないかと思われます。実際、中国の干将莫邪《かんしょうばくや》の夫婦の話をはじめ、製鉄や剣の製作にあたって死を説く話は、日本以外にも広く見られます。いわば人の生命や霊魂を犠牲として一旦溶解し再び金属やその魂として甦らせるのであります。

タタラでは生命に直接結びつくものを嫌いますが、死や死骸はかえって鉄が涌き金が生まれるもとになると言って喜ぶのです。つまり、タタラは死から生を練成し生み出す特別な場なのです。熊野修験は死の宗教ともいわれ鉱山や金属とも関係が深いのですが、『沙石集』には熊野修験が死ぬことを「金になる」と言っている説話が掲載されています。菅江真澄の『筆のまにまに』（内田武志編『菅江真澄随筆集』平凡社東洋文庫、一九六九年、八二頁）には、秋田の阿仁銅山の話として（阿仁は猟師のマタギでも有名）、

鍛冶屋と鬼（岐阜県不波郡南宮大社の掛本尊）

> 真鉱《まかがね》を燃《やく》に、其釜ごとに張木とて、ここらの木を積み、大炭とて炭いたく籠おき、また衣とて稲藁を覆ひ着《かく》る也。衣は、いなはらをはじめ、萱・蕨柴を刈れど、塵塚に捨てたるもの、わきて穢れたるもの、産舎《うぶや》に敷けるわら、また葬式に用ひ捨たるわらにてまれ、莚《むしろ》にてまれそれを衣にとり覆ふを、山々の吉例《よろこび》にて、金良《きんよく》、出制《うまる》といへり

とあります。ここでは、とくに穢れたものを衣として燃やすと、金がよく生まれると言っており、興味深く思われます。ただ、産舎の藁を使用する点は、タタラで産忌を嫌うことからみると納得できませんが、竈のそばに再生を願って胞衣《えな》を埋める習俗もみら

れることでもあり、やはり死からの再生を意図したものでしょう。死や穢れなど否定的なものが火によって光り輝く高貴なものへと変換されるところに金属製錬の重要な点があるのです。

ついでに触れておくと、鍛冶屋は、目に見えない隠されたものでありかつ死や否定性とも結びつく鬼を嫌わないという伝承もあります。鍛冶神の掛軸にはフイゴに多面多臂の神が乗り両脇には鬼が控えている図や、鍛冶屋の向槌を鬼が打っている図などがあります。若尾五雄によれば、鬼は隠れたものということから鉱物やさらに金属技術者を意味するようになり、鬼伝説や鬼退治の話が伴うところはだいたい鉱山がある場所と考えられるといいます。修験山伏がよく本尊として崇めている金剛蔵王権現も、仏教には存在せず、埋蔵された金属を支配する王の意味ではないかとされています。蔵王権現とともに本尊とされているのが、火炎に包まれ恐ろしい容貌をした不動明王です。不動は大日如来のやつした姿ともされ、極めて両義的な神であり、その目は片目を薄く閉じた日月眼でこの世と冥界の二つの世界を見通しているのです。降魔の剣には倶利加羅龍《くりからりゅう》（不動明王の化身）が巻きついていることもあります。これらの点から不動明王は、鍛冶屋の神としても祀られているのです。

8　タタラと魂の変成

タタラの技術は単に金属製錬という物質の変成にかかわるものでなく、同時に魂の変容や鍛練という精神的な側面も有しています。

まず、鳥のシンボリズムからそれを検討してみたいと思います。中空を飛ぶ鳥、とくに白鳥は長い間ヤマトタケルの伝説に示されているように霊魂のシンボルとされてきました。また記紀には、垂仁天皇の子のホムチワケは海幸山幸と同じように火中誕生したのですが、大人になってもものを言わず、白鳥をみてはじめて口を動かした。アメノユカワタナは、その白鳥を追っていって捕らえた功績によって鳥取造《みやつこ》という姓を賜ったといいます。『古事記』には、ホムチワケが出雲の大神を拝んでものを言うようになったので、鳥取《ととり》部、鳥甘《とりかい》（養）、品遅《ほむち》部、大湯坐《おおゆえ》、若湯坐を定めたとありますが、谷川健一によればこれらはみな鍛冶の技術集団と関連づけられるといいます。法隆寺の釈迦三尊像の作者も鞍作止利《くらつくりのとり》（鳥仏師）とされており、鳥は鍛冶など金属技術と関係のある言葉であったようです。古くフイゴは羽《は》鞴《ぶき》と呼ばれましたが、これは鳥が羽をバタバタさせて風を送ることに基づいています。古代中国でも、フイゴは一足の怪鳥に連想されていたといいます。また熊野地方の妖怪ヒトツタタラは、椿の槌と三本足の鶏を使い、釣鐘をかぶって矢をよけたといいます。風はプネウマという言葉が示すように、目に見えない生命や霊魂を送り込むものでもあるのです。餅を的に射たところ白い鳥となって「飛び翔けりて山の峯に居り。伊禰奈利《イネナリ》生ひき」という『山城国風土記』の記事や、北から来た白い鳥が「餅と化為《な》り、片時の間にまた芋草数千許株と化《な》りき」という『豊後国風土記』の記事に登場する白い鳥は、吉野裕によると穀霊でなく鉄霊だといいます（『風土記世界と鉄王神話』三一書房、一九七二年、一九九―二〇〇頁）。餅や芋は普通の食物や作物でなく、製錬された鉄や鋳物を意味するわけです。金屋子神の祭文でも、神は白鷺に乗って西の比田に降り、犬に吠えられたとあります。炭焼長者譚では、炭焼は嫁に手渡されたものがお金と知らず買物の途中で水鳥あるいは犬に投げてしまって手ぶらで戻り、そんなものなら炭竈のまわりにたくさん転がっているといって黄金を発見することになっています。

タタラでは金屋子神が犬に追われて死んだため、犬はタブーで話題にもしませんでした。犬は出産や水（井戸）と密接な関係をもつ動物でありますから、火の世界のタタラでは嫌われるのかも知れません。

しかし、犬は冥界の門を見張る番犬とされたり、また死霊を導き赤子に霊を付与して霊魂の導者となり、二つの世界の霊魂の交通に重要な役割を演じている動物としても広く信仰されています。井本英一によれば、古代イランでは風と犬（とくに四つ目の犬）が同一視され、両者とも魂の導者とされていたといいます（『境界・祭祀空間』平河出版社、一九八五年、三三四頁）。また、古代中国の寧風《ねいふう》という風鎮めの祭儀でも四つ目の斑犬が犠牲にされたといいます。風と犬とは同一神格とみられ、刃物で犬を殺すことは風神を殺すことを意味したのだといいます。四つ目の犬は、目や耳の上に斑のある犬のことで、生と死の二つの世界の境界的存在であるとされています。吉田村の菅谷鑪では、白狐に乗った金屋子神が西比田にまさに降りようとした時に、四つ目の犬に吠えられ、逃げようとして麻苧に絡まって死んだので、金屋子神は犬と麻が嫌いだと言っています。赤不浄と白不浄（生）は排除し黒不浄（死）は受け入れるという形で秩序を維持し鉄を生み出しているタタラの世界では、生と死の境界にあって両界に関係している犬は、千々に乱れまた命長緒《いのちながお》として長寿（生）のシンボルともされる麻苧と同様に秩序を逸脱するものとして禁忌の対象とされたのではないでしょうか。

鳥にしろ犬にしろ霊魂との関わりは深いといえますが、鉱山などでは小鳥や犬を危険を感知する動物として大切にしていたという一面もありました。「喜多院職人尽絵屏風」では、鍛冶屋の作業場の柱に小鳥の入った籠が吊るされています。なお、田村克己は、鳥と鍛冶屋との結びつきは、鳥が火を人間にもたらしたという火の起源神話の延長上にある考えであり、火が橋渡しになっていると述べています（同前、二二一頁）。天空を飛ぶ鳥は天と地の中間にあって媒介者であり、また鍛冶屋は自然と超自然の境界にあって、天から降りてきたり雷や風など空にあるものと結びつくことから、雷神―鳥―鍛冶の関係が成立したのだといいます。

タタラや鍛冶などの金属技術は、包丁師や大工などの職人とともに中世以来の地獄絵のなかによく描かれてきました。実際に、タタラや鍛冶屋の技を見ていなければ描けないほど迫真の絵になっています。日本の地獄観を集大成した源信の『往生要集』によって、等活・黒縄・衆合・叫喚・大叫喚・焦熱・大焦熱・阿鼻（無間）のいわゆる八大地獄の様相をみますと、まず等活地獄では獄卒の鬼に鉄の棒で罪人は砂の塊のように打ち叩かれたり、鋭利な刃物で魚肉のように切り刻まれますが、涼風が吹くと甦り再び受苦するといいます。黒縄地獄では、罪人は熱鉄の縄で身体に線を引かれ熱鉄の斧、鋸、刀で切り割かれたり、熱い鉄鑊《てつかま》に落とされ摧《くだ》き煮られます。衆合地獄では、罪人は鉄山に追い込まれて二つの鉄山に挟まれて砕かれたり、鉄の臼と杵とで砕かれたり、あるいは鉄山が落ちてきて押し潰されます。また熱鉄の獣や鉄炎の嘴をもつ鳥に食われたり突つかれ、鬼には鉄の鉤のある熱い赤銅の河に投げ込まれたり刀葉の林に連れていかれます。叫喚地獄では、獄卒の鬼の頭は金のように黄色で、目は火を吹き、赤い衣を着て、手足は長大で風のように走るといいます。鬼は罪人を鉄棒で打って熱鉄の地を走らせ、熱い鍋で炙り、熱い釜で煎じ、猛炎の鉄室に追い込みます。また金鋏で口を開いて熱い銅を流し込むといいます。焦熱地獄では、鬼は罪人を熱鉄の地の上にのせ大きな熱鉄の棒で打ち突いて肉団子のようにします。獄卒は罪人を極熱の大きな鉄鍋の上に置いたり、鉄串を貫いて炙り焼きにし、また鉄釜に入れたりします。また罪人が鉄の楼に置かれると鉄の火が盛んに燃えて骨髄を通るといいます。大焦熱地獄は遠くからみると、大炎が燃え、罪人が哭き叫び悲しみ愁いています。獄卒の鬼は恐ろしい顔で、手足は熱く、雷が吼えているような声を出し、鋭い刀を持っています。その上、太い腹は黒雲の色をし、目の炎は橙色で、牙は鋭く、筋骨隆々としています。鬼は「罪人を焼くのは薪草を焼くのと同じだが、これは悪業を焼くことだ」と言っており、炎の激しさは悪業の激しさだと言います。阿鼻地獄は、七重の鉄城と七層の鉄網があり、城の四隅には銅の犬がいます。城内の鉄幢《てつどう》の上から火があふれ、四門には銅がたぎって涌き出て城内を満たしています。鬼は鉄丸や猛火を放ち、鉄の大蛇は毒や火を吐き鉄丸を降らしており、また何億万もの虫が嘴から火を流しています。罪人は焼熱の鉄と炭を盛り満たした箕を持って、大きな熱鉄の山に登らされます。さらに罪人は舌を抜かれ、皮を剥がれ鉄釘を打たれて牛皮のように張られます。熱鉄の地に仰向きにされ、金鋏で口を開けられて熱い鉄丸やたぎった銅を注がれると、それは喉を焼き臓腑を通って流れ出るといわれています。

このように地獄の描写をみると、そこはまた鍛冶、鋳物、タタラなど金属変成技術のオンパレードであります。地獄絵はこれを絵画的に生き生きと表現したものですが、渦巻く火炎と血で地獄は真っ赤に描かれています。これは、日野（火野）という地名が示すように、かつて天を火炎で焦がしていた野タタラの時代に、中国山地のあちこちで展開されていた光景と同じものといえるでしょう。大きく恐ろしい獄卒の鬼に対して、罪人の男女は裸で赤子のように小さく描かれていることが多く、魂の姿のように思われます。地獄では悪業が猛火で焼かれるというように、ここは罪で汚れた魂が溶かされ再び鍛え直されて浄化される場所のように考えられます。北アジアでは、鍛冶屋が同時にシャーマンでもあるとされ、そのイニシエーション儀礼では、シャーマンの肉体は切り刻まれても再び骨から再生するといいます。地獄でも、切り刻まれ焼かれた身体が活活という呪文や涼しい風ですぐに甦り何度も責めさいなまれるのです。前述のホムチワケの故事にも、鷺や樫を呪文でたちまち活かしたり死なせたりする話が出てきます。金属技術には、シャーマニズムの世界に通じるような魂を練成し鍛練するという精神的な一面が存在するのです。地獄では鉄を鍛えるように、魂が鍛えられるのです。

9　御霊信仰と片目伝承

御霊信仰とは、非業の死を遂げた者がこの世に怨念を抱きいつまでも成仏できずにさまよいさまざまな祟りをなすという信仰であり、平安時代の御霊会《ごりょうえ》から発展したものです。御霊のなかでは、死後、雷神となって激しく祟りを現わした菅原道真が最も有名であり、のちに天満宮に天神として祀られました。鳥海三郎に左目を射られながら勇敢に戦った鎌倉権五郎景政という武将も御霊として有名な存在であります。御霊とは本来はミタマのことですが、とくに非業の死を遂げた者の霊魂は雷の怒りのごとく容易に鎮めることができないほど激しい力に満ちていると信じられ、干ばつ、疫病、害虫の発生などさまざまな天変地異や自然災害を引き起こす原因とされたのであります。逆に、そういう事態が生起した時には御霊の祟りではないかとして丁重な鎮魂の儀礼が行なわれたのです。日本では、祟り神は祀り上げられるとしばしば守り神や福神に転換するという特徴があります。激しい魂の力の発現は、この世に害を加える反面で、うまく導入すれば魔除けや降魔となり、結果として招福にもなるというわけです。御霊とは、大自然のなかに隠された強度がそのまま人の霊魂の形をとって出現したものですから、大地を荒々しく切り裂き焦がす雷としばしば同一視されたのです。雷神が天神として神の代表者とされたり、また鍛冶など金属技術の神として信仰されたりする風は広く、それだけ金属技術は、大自然の強度と直接わたりあう激しい危険な技としてみられていたのです。ところで、御霊信仰の背景には、天神の子を人間の女が宿す神子《みこ》(御子)誕生の信仰があったともいわれています。八幡信仰はその一例であります。天の神は雷神で、女は玉依姫という巫女的な存在とされることが多く、神の子ははじめは畏敬の目でみられましたが、あまりの乱暴さで猛威をふるうために次第に害悪をなすものとされ、それが非業の死を遂げた者が祟りをなすという御霊信仰と結びついたのです。神の子は雷神小童として、小子部《ちいさこべ》スガル、道場法師、金太郎などみな恐るべき力をもった怪童とされています。これらの神子は父親が知れないか父親がないという異常出誕の子供ですが、父親を捜させると天目一箇神、大物主神などたいてい雷神の性格をもっていることがわかります。『播磨風土記』の荒田の地名伝説（天目一箇神）、『山城国風土記』の賀茂社の条（丹塗矢神話）、『常陸国風土記』の哺時《くれ》臥山《ふしやま》伝説などはそのよい例であります。さらに注意すべきは、こうした雷神が同時に鍛冶神の性格をもっていることです。

歌舞伎の荒事の背景にはこの御霊信仰があるとされ、舞台が一種の祭儀の場となって魂鎮めが演じられたのでありますが、御霊は佐倉宗五郎とか鎌倉権五郎のような「五郎」（＝御霊）の名前でよばれて登場したのです。ところで、炭焼長者譚の主人公である炭焼の名前をみてみると、やはり五郎、五郎兵衛、権五郎、小五郎、藤五郎など御霊信仰と関連するものが多くみられます。山梨県西八代郡九一色村の炭焼長者の話では、

京都の長者の娘が八月の祭に行方がわからなくなり、供の二人の腰元は川に身投げして死ぬ。姫は道に迷い、駿河の猪之頭に来る。炭焼藤次郎の所に行って女房になる。姫は、藤次郎の炭竈の傍で、もってきた福槌で小判出ろといって叩き、藤次郎は拾って俵につめる。藤次郎夫婦は長者になり、炭竈の下に池を掘って鮒や鯉を飼うと、みな片目になる。この池を「長者が池」と呼び、その魚を捕って食ったものは病気になる。（関敬吾編『日本昔話集成』二部1、角川書店、一九五八年、三八四—五頁）

とあります。炭焼には五郎系とともに、金売り吉次の父である藤太はじめ、藤平、藤次郎、藤五郎など藤某という名前も多く、一説では、藤はその様が水神の蛇のごとき蔓状をなすところから、水脈の発見や井戸掘などの宗教的技術者に多い名前といわれていますが、タタラでは金屋子神が犬に吠えられて逃げた時に藤につかまって助かったので藤を好むとか、藤葛につかまって天降りしたので最初の炭竈に供えるなどの伝承があり、またタタラの送風管である木呂竹には割れぬように藤が巻きつけられています。なお若尾五雄は、百足《むかで》（鉱物鉱脈）を射（鋳）た田原（燻《たばる》）藤太や炭焼藤太のトオタを淘汰（選鉱）と解して、金属技術に関連させています。田原（燻）とは、木を燻製にして炭を焼くことであるといいます（「百足と金工」『金属・鬼・人柱その他』堺屋図書、一九八五年）。

山梨の炭焼長者の話に戻りますと、八月の祭りとは八幡神（鍛冶神、御霊、雷神と深い関係があり、武将に信仰された）の放生会であろうと思われ、犠牲、池、片目の魚などの要素がみられます。この話は、金属製錬と魂の信仰との関連性をはっきりと示していますが、とくに片目の伝承に注目してみたいと思います。古代の天目一箇神以来、片目と鍛冶との結びつきは知られてきましたが、なぜかという点になると犠牲説、陽根説、矯正説など諸説があります。最近有力なのは、若尾五雄や谷川健一による一種の職業病説とでもいうべきものであります。すなわち、タタラでは村下が炉の火色を見てすべての作業が進められますから、火を見ることは最も重要なことでありますが、長い間仕事をして年をとるとどうしても片方の目が見えなくなってしまうといいます。こうして実際のタタラ作業で火を見つづけてきた目を失う人は少なくなかったといいます。出雲の一畑薬師などは目の神というので、タタラ師は盛んに参拝したといいます。このことから、鍛冶神が片目であるという説が生まれたというのです。タタラの実際の作業から片目を理解する視点はたしかに有力なものですが、しかし片目やビッコの神は単に鍛冶神に限らず、山神、年神、農神、雷神、竈神、カカシ、オダイシサマなどがあり、さらに動物や植物にまで関連の伝承がみられます。しかも、これらの神々は季節交替や作業の折目など秩序が更新される機会に多く登場してきます。また片目魚伝説は、鎌倉権五郎や八幡の放生会とも結びつき、御霊信仰とも深い関係を有しています。犠牲をささげることで、秩序を新たに固め（片目）ることに、これらの伝承はかかわっているのです。御霊信仰も、災害や疫病などカオス的な状況を鎮魂によって浮遊する霊魂を慰撫し祀り上げることで、もとの安定したコスモスを回復するところに一つの意味があるのです。

松江から吉田村にいたる道筋には、日本文化デザイン会議の山の下に目を描いたポスターがやたらと目につきましたが、ポスターの「一つ目」にはやはり人をそのまま固定し動きを止めてしまうようなパワーを感じました。前章で詳述しましたが、人類学者のレヴィ゠ストロースは、『生のものと火にかけたもの』（『神話学1』）で、「盲目あるいはビッコ、片目あるいは片手などの形象は、世界中の神話に頻出するが、彼らは媒介の様式を体現しているのである」と述べています。今村仁司は、世界秩序（システム）は差異の体系であるから、不連続システムが生成するためには、連続し充実した状態から何かを欠如させなければならないと述べ、それゆえ社会形成あるいは文化形成の起源を考える時には常に暴力が出てくると論じています（『暴力のオントロギー』勁草書房、一九八二年）。南北アメリカ、ポリネシアなど世界各地の神話で、原初の世界秩序の創造者の役割がビッコや盲目などの不具者によって果たされたと語られているのも、このためであります。金属変成の技は、カオスからコスモスを創出する世界創造神話と同様の意味があるのであり、片目の神はそれを示しているのです。

10　錬金術的思考

錬金術は通常卑金属を黄金に変えることを目的としたもので、化学の前身であると理解されています。しかし、錬金術は、あらゆる真理や宗教の本質をなしているのであり、高次の現実を問題とするのであって、諸現象の実証的な解明をめざした学問とは異なるものです。錬金術は、「すべての事物をあらゆる場所で永遠に完成させること」をめざし、「自然や生命や死や、永遠や無限のもっとも深い秘密を解明する」（スタニスラス・クロソウスキー・デ・ロラ『錬金術』種村季弘訳、平凡社、一九七八年）わけです。P・J・ファーブルは『化学の秘密』（一六三六年）のなかで、

錬金術は単に金属変成の技術もしくは学問であるだけではなくて、むしろ神学者たちの用語にいうところの生命の精神である、あらゆる事物の中心をいかにして認識するかをわれわれに教えてくれる、真正の具体的な学問である。

としています。金属変成は物質的でありかつ霊的でもあるような過程であって、錬金術は上と下、物質と精神、天と地、見えるものと見えないものとの間をつなぐものなのです。錬金術は黄金をつくり出すという物質的な目的や操作だけでなく、同時に魂の浄化や永遠の生命の獲得といった精神的な聖なる技でもありました。錬金術で重んずる黄金とは、不変で完全で祝福された状態の魂のシンボルであり、黄金の獲得をめざすことは同時に悟りの境地のように意識が根源的に変革されて高次の認識水準に達する

ことをも意味したのです。

タタラでは三日三夜なり四日四夜を「一代《ひとよ》」といって操業の単位としており、ケラ押方（鉧《ケラ》をつくるタタラ作業で、赤目《アカメ》という砂鉄を用いて銑《ヅク》をつくるヅク押方に対する）の場合は第一日目を「コモリ」、第二日目を「ナカビ」、最後の三日目を「クダリ」といい、ケラをいよいよ出す朝を「オオクダリ」といいます。操業の間は、諸状況をみて炭と粉鉄の質と量を加減しながら一定の間隔で炉に投入し続けるわけですが、タタラでは火の調節が最も重要であり、村下はそのために細心の注意を払います。一般には、コモリには朝日ののぼる赤色に、ナカビには日中に太陽のかがやく白光色に、クダリには夕日が沈む時の暗赤色（紫色）に吹けといわれています。村下は年中火の色を片目をつぶって見つめているので、どうしても火を見る方の一眼が六十を過ぎると見えなくなってしまうといわれています。十一月八日のフイゴ祭には鍛冶屋ではミカンをまくが、これも火や金の色のシンボルでありましょう。十月初子《はつね》の秋の金屋子神の祭りには、比田の本社では蜜柑市がたってにぎやかであったといいます。また長門（山口県）の別府村には、「むかし天目一箇神がなぶられてきた。目の一つしかない、人相の悪い姿だったので、犬がほえかかった。しかし神は蜜柑の木に登って助かられた。それで今でも鞴祭《ふいごまつり》のときには蜜柑を供える」という話も伝わっています。『鉄山秘書』に「今ノ世ニ村下十人寄レハ十品ニテ、鉄吹事ノ不定事ハ、往古ノ村下奥義ヲ未伝内ニ神去坐ス故、師流マチマチ也トカヤ」とあるように、村下は自分の技術は秘して決して他の者には明かさなかったのです。タタラでは、金屋子神の祭日や仕事始めの日は子《ね》の日にし、この日を大切にしていました。十二支の最初にくる子《ね》は、ものごとの開始にふさわしい日とされたのです。またタタラは年中ほとんど休みなく操業しましたが、元旦の朝にオオクダリ（鉧出し作業）をむかえると「歳金《としがね》」と言って喜んだといいます。金は、「大歳の火」の民話が示しているように、新しく生まれ変わった再生の象徴ともされたのです。タタラの仕事は、世界創造神話の反復とみなしうる面がありますから、ものはじまりや甦りということにはとくに敏感なのです。この点で、錬金術とタタラ製鉄にはさまざまな面で対応する部分が少なくありません。

さて、錬金術師は物質と非物質との間に深遠な並行関係が存在し、自然法則と心霊法則との同質性を確信していましたから、大地の中で長い時間かかって卑金属から黄金になる過程を実験室で短時間のうちに達成することで、同時に精神的な高次の変容を遂げようとしたのです。黄金への金属変成を目的とする実践的錬金術では、「賢者の石」の探求が行なわれましたが、これは卑金属を黄金に変える赤くて重い石であり、液化すると延命長寿の霊薬となり、またあらゆる病気に効く万能薬ともなりました。この錬金術の秘術に関しては、謎や暗号に満ちた難解な秘密のテキストとして記され、また奇妙な図像として多く描かれました。これらを読み解くことはたいへん難しく困難な作業ですが、錬金術でもやはり秘密の保持が不可欠の要素だったのです。錬金術の知識は破壊的な力があるのと、自己犠牲なくしてはそうそう簡単には秘術には近づかせないためだともいいます。悟りの境地には容易には到達できないのです。

ここで、主にスタニスラス・クロソウスキー・デ・ロラの『錬金術』によって錬金術の大いなる作業（アルス・マグナ）をみてみましょう。錬金術の実践的な作業では、第一原質（マテリア・プリマ）の準備からはじまります。これはいわば大地から掘り出された原鉱であり、錬金術師の石にあたります。この石が秘術によって変形され完全なものにされると「賢者の石」となるのです。錬金術の文献では、第一原質は、「不完全な肉体を持ち、不変の魂、効験あらたかな錬金薬液《エリキサー》、明るく透明で、揮発性の、動きやすいメルクリウス（水銀）を備えている。そしてその胸中には錬金術師の黄金と賢者の石を抱いている」とあります。つまり、第一原質は錬金術の直接材料であり、それぞれ硫黄と水銀を多量に含む物質からなっていて、その準備からしてたいへんだったようです。作業は準備から身を浄め、はじまりにふさわしい春（とくに牡牛座の記号の下で）に開始されます。この作業にはたいへんな熟練と忍耐と労力が必要とされます。まず、第一原質と隠された火（一種の塩）を用意して乳鉢ですり潰します。これを「哲学者の卵」という密閉容器に入れ、錬金炉（アタノール）の中に置きます。哲学者の卵は世界創造の雛形でもあります。そして、卵が孵化するように外から火で温めてやります。この火の加減がとても難しいとされています。卵の中では、太陽的な、温かい、男性的な原理（硫黄）と、月的な、冷たい、女性的な原理（水銀）という第一原質のなかの相反する二つの原理が結合し相互に作用しあいます。いわゆる「哲学的結婚」です。普通赤い衣の王と白い衣の王妃で硫黄と水銀の結合が象徴され、塩はときに司祭の姿で表わされます。これらの材料はレビス（石）と呼ばれ頭が二つで体が一つの両性具有者で象徴されますが、両者の結婚＝結合のあと、最初の黒色が現われます。これは腐敗の段階で、結合のあとの死を表わし、死体、骸骨、カラスなどで象徴されます。つぎに、「石」は次第に白くなり、甦ります。これが肉体と魂との合体による復活の段階で、白色は普通白鳥で表わされます。ここで作業をやめると諸金属を銀に変える白い石が得られます。さらに、火によって加熱すると虹のすべての色合いを経て、最後に石は輝かんばかりの赤色を帯びます。これが赤化の段階で、灰の中から蘇生する不死鳥、ペリカン、「哲学の卵」の中に閉じこめられた戴冠した若い王などで象徴されます。この段階で、卑金属を黄金に変え、霊薬や万能薬ともなる赤い「賢者の石」が生まれるわけです。「哲学の卵」から取り出した赤い石は、溶けた金と混ぜられ一定の処理を経ると、質的にも量的にも限りなく高まり増大します。こうして完成した「賢者の石」をもつ者は、姿を消したり空を飛んだり、あらゆる不思議な力を得ることができるといいます。

　この錬金術の物質的作業は、錬金術師の精神的作業（心的体験）と厳密に対応するものと考えられました。錬金術の物質変容は、錬金術師の魂が死と再生の過程を経て浄化され甦る過程をも反映しているのです。秘教（ヘルメス）的錬金術では、錬金術師がめざした黄金は金属（物質）ではなく、魂の浄化を象徴した霊的黄金であり意識の至高状態をいうのです。錬金術は堕落し汚れた人間と世界を前提とし、それらの浄化と完成を一つの目的としましたが、自らの魂の変成によって世界の秩序を更新しようとする点には、世界と人間、大宇宙と小宇宙の対応がみられます。ここには、ヘルメス哲学の根本原理である万物の全一性、すなわちありとあらゆるものはみな一つの母胎から生まれ、神秘的な絆で結ばれ、互いに親和関係にあるという考えが存在します。錬金術師は自然になりかわって自然の作業を成就し、卑金属を黄金へ変成させて自然を完全なものとし、ついには時間にとってかわろうとします。「哲学の卵」の中の死と蘇生は、原古のカオスとそこからの宇宙創造の過程の反映でもあるのです。

　若尾五雄は、修験道は元来薬草や鉱物などによって永遠の生命の探求をめざした煉丹術（錬金術）と同じものだったと考えており、

本来の修験は水銀から煉金術によって金を得、それを服用することにより肉体のまま永遠の生命を得るために山中に入ったものなのにもかかわらず、その手段が最終の目的であるかのように変形されてしまっている。つまり、山中の苦難は水銀あるいは金を採集するための苦難なのだが、その苦難が最終の目的のようになってしまっているのである。また、修験者の服装や持物も、前人未踏の地に水銀、金を探すために必要なものであることが忘れられてしまっている。（「百足と金工」前掲、

一三一頁)

と述べています。なお、各地の「丹生《にう》」という地名や神社名は水銀鉱脈の分布と一致しているとされ、空海の開いた高野山も全山これ水銀鉱床だといいます。

11 火の支配者

エリアーデは、火は自然がゆっくり成長させるものを、より早く成長させ、自然に存在しないものをつくり出すことができるとして、「火は世界を改変することが可能な、だからこの世界に帰属しない呪術―宗教的な力の顕現だったのである。このことが大多数の未開文化が聖なるものの専門家――シャーマン、呪医、呪術師――を、『火の親方』とみなす理由である」(『鍛冶師と錬金術師』大室幹雄訳、せりか書房、一九七三年、九四頁)と述べています。修験山伏のように、これらの火の支配者は燃えている炭を飲み込んだり、赤熱した鉄を手で扱ったり、火の上を歩いたりするわけです。錬金術師や金属変成の技術者も、地球内部での活動を火を用いてごく短い間に達成し、金属を純粋状態でとり出したり黄金をつくり出そうとします。これは、自然や神の技の模倣でもあり、世界創造や魂の変成の過程に対応するものです。「最初の鍛冶、シャーマン、陶工は兄弟である」という諺も、みな火の支配者であり、同時に魂を練成する者だからです。

中沢新一は、変成の技に取り組む人々は、その過程で物質のなかに隠されてあるピシュスを一瞬間だけこの世界に裸のままあらわにし、すぐさまこれを他の物質形態のなかに押し隠していくというマジカルなプロセスに決定的な関与を行なうが、このために彼らは強烈な自然の力に触れなければならず、社会的に危険視されるのだと述べています。タタラの場合、真っ赤に溶けた液状の金属（実は金山彦神はこのたぎる金属から生まれたのだが、『古事記』ではこれを「吐《たぐ》り」と称している）が何らかの形態を付与されるまでのわずかな時間、タタラ師はどんな物質形態にも属さない、金属の魂のようなものに触れるのです。宇宙飛行士が宇宙から帰還すると宗教活動にはいる人が多いのも、地球から離れて神を見たという体験が大きいとされています。

鍛冶屋は未開社会では司祭やシャーマンを兼ねたり、神話では発明や創造を司ったりするものとされています。さらに、英雄や道化としてこの世に文化をもたらしたり、活性化したりする存在ともされ、同時に差別されたりもします。これらはみな鍛冶屋とその技術がこの世の秩序を逸脱し危険性をはらんでいるためであります。錬金術の図像には、ウロボロスといって、われとわが尾を咬んだ蛇がよく登場します。これは、「無限にして永遠なる一者」の象徴であり、動にして不動たる宇宙の巨大な循環をも反映し、古今東西に広く分布しています。心理学的には、母と一体化して母胎の中でまどろんでいる状態であり、自我がいまだ目覚めていない段階にあることを意味しています。実は、龍蛇を退治する英雄神話は、無意識の大きな世界から自我が自立する過程を表象したものとされています（エーリッヒ・ノイマン『意識の起源史』上、林道義訳、紀伊國屋書店、一九八四年）。八岐大蛇《やまたのおろち》を退治したスサノオが天叢雲《あめのむらくも》剣《つるぎ》を得てイナダヒメと結ばれたことは、出雲神楽でもよく演じられていますが、今までの連続した状態に裂け目を入れ、鉄文化を導入して新しい秩序を形成したことを表わしています。日本では、ウロボロス表象は「伊勢暦」の表紙に描かれた行基式の日本地図を龍蛇が囲んでいる絵に見ることができます。常陸の鹿島沖（東方）で龍蛇は頭と尾が結びつき一つの輪となって日本をとり囲んでいるのですが、

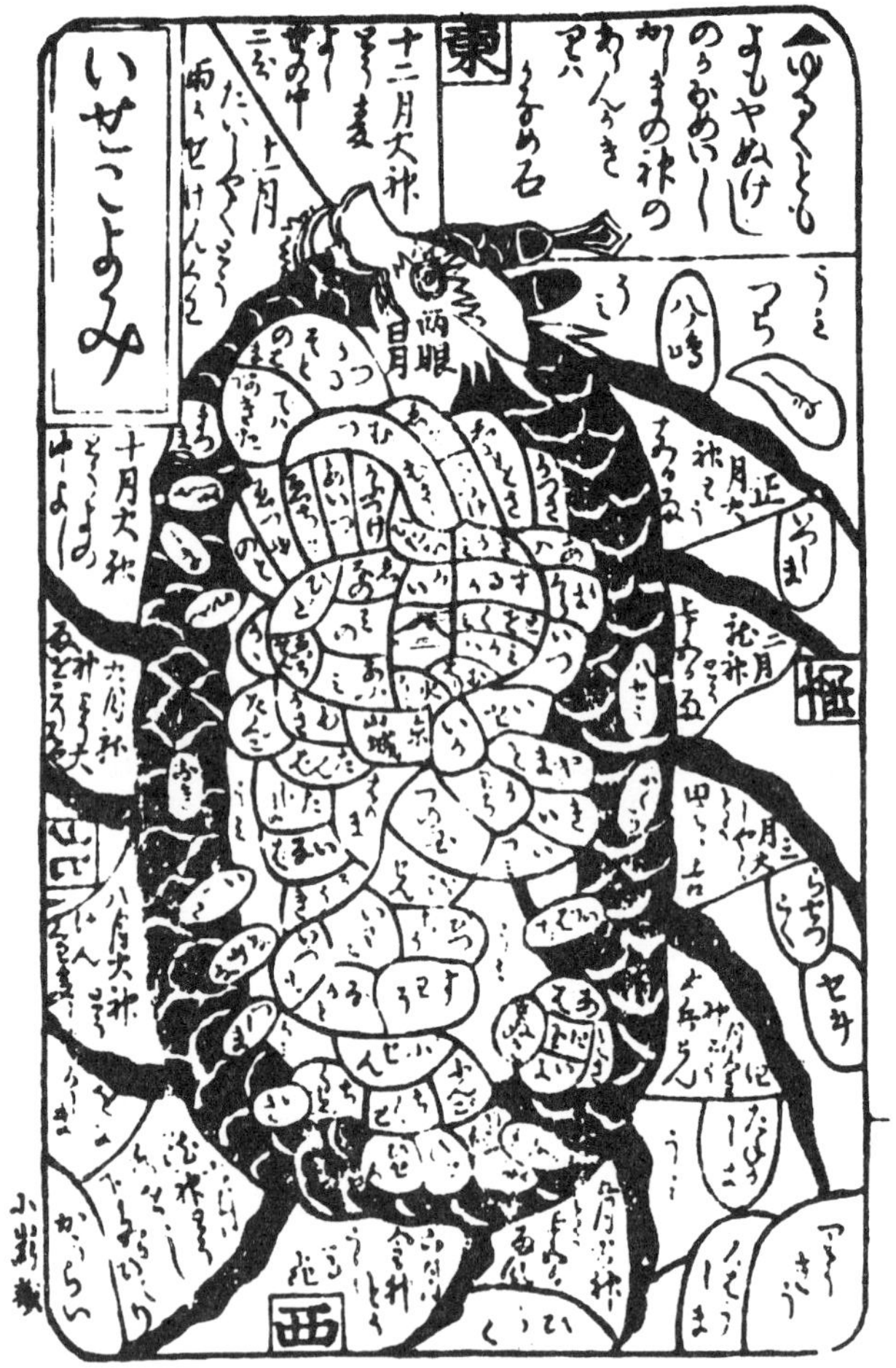

ウロボロスを表象する「伊勢暦」

鹿島大神（建御雷神）が要石や剣でそこを押さえているのだといいます。この龍蛇は地震鯰の原形であり、頭と尾の押さえがゆるむと地震を引き起こすのです。世の中（世界）の富が片よると、地震が起きて地底から金属（大判小判）を吹き上げて不平等さを解消しバランスを回復するわけです。中沢によると、地中に隠されていたものを無理やり立ち上がらせ顕わにしてしまう過程がテクネーの意味でありますが、技術文化も実はこのテクネーによって生み出されてきたのであります。しかし、これらはパラドキシカルなもので、人間に富や豊かさをもたらす一方で、人の手を離れ自律的な運動をはじめると環境破壊や精神の荒廃をもたらすことにもなるわけです。つまり、これは魂を忘れたり、魂を失った場合の技術文化の凶暴さでもあります。

今日は、金属変成の技術が単に物質変容だけでなく、同時に精神や魂の変容過程でもあることを中心にお話してきましたが、そろそろ時間のようですのでこのへんでやめたいと思います。ご清聴有難うございました。

補註

窪田蔵郎『鉄の生活史』（角川新書、一九六六年）によれば、安木節のドジョウ掬いの滑稽な所作は、確かに揺鉢で砂金などを川底の土壌から採集する形によく似てはいるが、江戸時代以降の砂鉄を大量に採取する鉄穴流しの形にはほど遠いものであると指摘している。ドジョウ掬いが、泥鰌ではなく土壌であるという説はどうも成り立たないようである（同前、二三二―四頁）。なお、この本には地獄と原始製鉄の鉄山の風景が類似していることも指摘されており、巻末の「鉄をめぐる話」はこのように本章と関連する話が多くとくに興味深い。

目の民俗

目は世界を認識する上で重要な道具であり近代社会のように文字や視力による認識がますます重視されるようになると、それは決定的となった。盲目の者は、按摩など限られた職業以外に選択の余地がなくなってしまった。しかし、盲目ということは逆に不可視のものを視る力をもつと信じられ、東北のイタコのような巫者のなかにその名残りがみられる。目や眼力が本来こうした不可視のものさえ見通す呪力をもち、霊界（異界）と深いかかわりを有することは、初春の歌舞伎の仕初めの際に市川団十郎が行なうニラミの儀礼や古代の天皇による国見の儀礼をはじめ各地に伝えられている民間伝承や信仰のなかにもさぐることができる。

1　眼病の神

灯火などの照明が暗く、煙が家の中いっぱいにたちこめる家屋の中で暮らすことが多かった時代には、保健衛生や栄養面での知識の不足もあるが、眼を病む人が絶えなかった。マタギなどの猟師には視力聴力の優れた者がみられるが、一般に農家の出身者の場合、腰をかがめる作業や夜なべ仕事などが多いこともあって、概して視力は弱かったたし、また目をめぐる環境もよくなかった。

さまざまな祈願をこめて奉納される小絵馬のなかにも、「め」の字をたくさん書いて眼病の治癒を願った絵馬がみられる。とくに、薬師はあらゆる病いの治癒神とされているが、十二大願の第一が光明普照であることから、民間ではとりわけ眼疾の神として広く信仰されている。この種の絵馬には、「め」の字を両眼の形代として二つ向かい合わせた「向い目」をはじめ、目の形や字を年の数とか八、十二、十六個など数多く向きあわせたものなどがある。この他、田螺《たにし》の絵馬を奉納して眼病平癒を祈願するところもある。田螺は方言で「ツブ」と称されるが、これはツブラ（眼、円）に通ずるためかも知れない。田螺を絶って信心すれば眼病がなおるというところもあり、また埼玉県幸手町の菅谷不動は俗に「田螺不動」と称され、眼病の神として信仰されている。

四月八日の花祭りには灌仏会として小さな釈迦像に甘茶をかける行事が行なわれるが、この日に薬師を祀るところが少なくない。四月八日には各地で山遊びなどが行なわれ、季節の大きな折目とされているが、この日に薬師様がトコロ（野老）につまずきウドで目を突いて片目になったという伝承を伝えているところもある。このため、青森県の五戸町などではトコロとウドをたべると目を患うといっている。またこの日の甘茶で目を洗うと、眼病がなおるというところもある。四月八日と目をめぐる伝承とは、季節交替という点を媒介にして密接に関連しているように思われる。

薬師や不動のほか、東北地方では竈神、オシラサマ、オコナイサマ、オタナサマなどの家の神が目や眼病の神とされている。たとえば、岩手県では、オシラサマは木の棒にオセンダクという布きれを何枚もかぶせた男女二体の神で、気が荒い神という反面、さまざまな御利益がある神とされ、とくに目の病気にはよく効くといわれており、一部の地域では「目くら神さま」とも呼ばれている。目の病気に罹っ

目競《めくらべ》（鳥山石燕『画図百鬼夜行』）

向い目（石子順造『小絵馬図譜』）

たときには、このオシラサマを借りてきてこするとか、オセンダクをもらってきて、それで目をこすったり、目薬を浸して目に塗れば必ず治るといわれている。また山形県の置賜地方を中心に分布しているオタナサマも、目や眼病の神とされている。オタナサマを拝めば目がよくなるといって、目の悪い人が色紙の衣をもって拝みに行き、家の人に着せてもらうという。こうした東北地方の家の神は共通して、眼病を治す力をもつだけでなく、しばしば目に祟るともいわれている。

オタナサマの場合、その祭日は秋の収穫が終わり新穀を食べる新嘗祭や大晦日であり、季節や年の大きな折目になっている。目の神というのは、何らかの意味で時間や空間の「移行」や「交替」とかかわる神のように思われる。衣更えが季節の更新を示すように、家の神に新たにオセンダク（衣）や注連《しめ》を重ねることで時間を新たなものにしたのであろう。目の悪い人がオセンダクや衣をおさめるのも、悪い目を良い目に転換させるためと考えられる。オタナサマは目の神というだけではなく、百日咳の神や喉の神、さらには喉―咳―関―境界の連想から悪病や悪疫を防ぐ神としても信仰されており、塞《さい》の神のような境界神的な性格を有している。一般に、目の神と信じられている神は、季節交替や秩序の更新に関連した境の神であることが多いようである。

2　眼病を治す呪法

実際のモノモライやヤンメ（トラコーマ）といった眼病を治す呪法にも面白い習俗がみられる。たとえば、埼玉ではモノモライを「メカゴ」と称し、井戸の上でモノモライになった方の顔を半分出して「メカゴを治してくれればみんな見せます」と唱えるという。また篩《ふるい》、箕《み》、ザル、摺子木《すりこぎ》などの道具を井戸の上で半分見せ、「治ったら全部見せます」と言うところもある。あるいはメカゴになった人は障子の穴から手を出して他人から何か物をもらったり、隣の家でムスビをつくってもらうと治るという。また長野県では、櫛をあたためて目にあてたり、櫛を火にあぶって出る油をつけるとよいともいう。この他、便所の神に摺子木を見せるとか、便所へ行って下前の褄《つま》で患部をなでるといった風習もある。

以上のような風習は各地で聞くことができるが、井戸や便所は異界への参入口であり、また箕や篩などの道具はその目を通して異界をのぞくことができる呪具でもある。それらは、モノモライを箕や篩で異界へふるい落としたり払い落とすことで、眼病を治そうとした呪法と見ることができる。異界に呪具で働きかけ、この世と異界との交換を通して、病気を異界へ追い払ってしまおうとしたのである。障子という一種の境(この世と異界の境)を通して物をもらったり、他家で握飯などをもらうことも、モノモライという病気をその代償として与えるという「異界との交換」がその基本にあるのである。

ヤンメの場合も同様で、栃木県などでは、ヤンメに罹ったら米と唐辛子を手拭に包んで道へ置いておき、それを拾った人に眼病がうつって自分は治るという。あるいは「やん目大安売」と書いて銭を置いておき、その銭を拾った人が眼病になって自分は治るという。これに対して、長野県などでは「病眼《やんめ》荒神どす荒神おらうち来れば小便柄杓で飯くれる」と言えば病眼はうつらないという。この他、目に埃やゴミが入った時には「お前の眼には何もない、烏《からす》の眼には土一杯、爺と婆とごみかきでかき出せ〳〵」と言って擦るとか、「目にゴミが入ったから、向う山のババア、米一升、灰一升、麦一升まつるから目のゴミを出してくれ」と言って唾をはくとゴミが出るなどともいう。また目の悪い時には「景清の一目に輝す水鏡後の世まで曇らざりけり」と三度唱え「アビラウンケンソワカ」と言うとよいとか、目の曇りを治すには「眼の曇りややっと晴れて行く日本一のおんしやく師様アビロオンケンソワカ」と三度唱えて目に息を吹きかければ治るという。

いずれにしても、目や眼病に関しては、異界とこの世の交換を表現したさまざまな興味深い呪法がみられる。大仏開眼とか画竜点睛などの言葉や、目から鱗が落ちるという言葉が示すように、目は新しい世界を開く扉や心の窓でもあり、一つの世界から別の世界へ移る際の通路の役割を果たしているといえる。また「にらめっこ」などの子供の遊びにも、目のもつ呪力や神話における猿田彦と天鈿女《あめのうずめ》とのニラミアイの反映をみることができる。このように、目は二つの異なった世界を結びつける役割をもつために、目をめぐる習俗や信仰には、異界との交換を主題とするものが多く見られるのである。

3 片目伝承

目の民俗のなかで、最も有名なのは「片目」をめぐる諸伝承である。日本には一つ目小僧などの妖怪をはじめ、片目魚の伝説、植物禁忌（神が目を突いて片目になった植物を忌む）、各地の神社の門客神《かどまろうどがみ》（神社の門に立つ老壮二神の武人像で、片目がつぶれているものがある）、鎌倉権五郎（片目を射貫かれた武士。八幡の従神として祀られ、御霊信仰とも深く結びついている）、代々神主をつとめる旧家の主人が片目または片方の目が小さいという伝承、あるいは八幡社の放生会で放った魚が片目となる伝承などのように、片目に関連した多くの民俗が伝えられてきている。

片目伝承の背後にある考え方は、生きたまま神のニエとして生かしておくイケニエの思想にあるとされている。神が片目をつぶされたという伝承は、神の代理である神主や尸童《よりまし》の身の上におこった出来事が伝説化したものであると考えた柳田国男は、次のような大胆な仮説を提出した。すなわち、ずっと昔の大昔には、祭の度ごとに一人ずつの神主を殺す風習があって、その用に宛てらるべき神主は前年度の祭の時から、籤《くじ》または神託によって定まっており、これを常の人と弁別せしむるために、片目だけ傷つけておいたのではないか。この神聖なる役を勤める人には、ある限りの款待と尊敬を尽し、当人もまた心が純一になっているために、よく神意宣伝の任を果し得たところから、人智が進んで殺伐な祭式を廃した後までも、わざわざ片目にした人でなければ神の霊智を映し出し得ぬもののごとく、見られていたのではないかというのである。(『一つ目小僧その他』ちくま文庫版全集六巻、一九八九年、二四三—四頁)

と論じている。この仮説は、フレーザーの『金枝篇』の王殺しを想起させるところもあるが、片目をつぶすことや片目であることが常人でない神聖な印であることをはっきりと述べている。万葉歌人の柿本人麿も、民間では片目の神として信仰されている。たとえば、栃木県佐野市小中町の人丸神社には古来の一説として、

柿本人丸朝臣は手負ひになりて此土地に来り、小中の黍畑へ逃げ込み敵を遣り過ごして危難を免かれたるも、黍殻の突りにて片眼を潰ぶし暫く此地に止まりたるがために、土人其霊を祀りて柿本人丸大明神と号すると云ふ、是等のために小中に於ては以来黍を作るを禁じたりと云ふ。(『安蘇史』)

と伝えている。また明石の柿本神社では、筑紫から盲目が詣でて「ほのぼのとまこと明石の神ならば、

我にも見せよ、人丸の塚」と詠むと、たちまち両眼が開いたと伝えている。民間では、人丸は「火止《ひと》まる」とか「人生《ひとう》まる」と解され、火防や安産の神とされているほか、ヒトマル＝一丸＝一眼《いちげん》＝慈眼として片目の神とか眼疾の神としても信仰されている。栃木県では柿本人丸を祀った神社の境内には神木として柿が植えられ、湧水池などもあって水の神として信仰されている。栃木県の藤岡町の四社《ししゃ》神社では、湧水池の水は病気にきくといい、これをつけて目を治した人もいるという。柿本の「柿」は垣＝境に通じ、やはり一つの境界の神となっていることが注意される。

片目伝承は、御霊信仰、犠牲、境界、季節交替など、カオスをコスモスへと変換させ、新しい秩序をうみだす信仰や儀礼と深くかかわっている。片目はカタメ＝固めに通じ、古い世界を新たな世界に更新し確固たるものにする（カタメル）意味を有している。また、生と死を急激に圧縮した者は、まっとうな生をとげた者とは異なって、圧死されたことで逆に大きなエネルギーを発生させるため、祀り上げの儀式を通して丁重に異界へ送り出さなければならない。これが御霊信仰である。したがって、御霊信仰でもスケープゴート（犠牲羊）と類似したメカニズムが働き、異風を導入して衰弱した秩序を新たなものへと変換させるわけである。片目伝承はこの意味で、古くなった時間や秩序を転換するための一つの仕掛けと考えることができる。伝統的な民俗社会においては、一年のうちの節目節目にこの片目の伝承を思いおこさせるような信仰行事が組み込まれていたのである。たとえば、コト八日（二月八日と十二月八日）には一つ目小僧が来るとか一眼が大きくもう一眼の小さい怪物が来るといい、こうした怪物を追い返すために目の多い目籠を吊したり臭気のあるものを門口において忌籠る風習があった。

鍛冶神や鍛冶師をめぐる伝承と片目との関わりも、以上のような観点から説明できるように思われる。

4　片目と鍛冶神

鍛冶神が片目であることは、雷神と同時に鍛冶神でもあった神代の天目一箇神《あめのまひとつの》にもうかがえる。また神奈川県足柄下郡湯河原町鍛冶屋は元来鍛冶屋集落であり、ここの鎮守は鎌倉権五郎景政を祀った五郎社である。鎌倉権五郎は鳥海三郎に左眼を射られたため、片目の武人として多くの伝説をともなっており、御霊信仰とも深い関係を有している。鎌倉権五郎が射られた目は左眼（『保元物語』）とか右眼（『平家物語』ほか）とかいわれて説が分かれているが、左縄や左回りなど左方向が多く冥界（死）や神聖（不浄）といった非日常性と深いかかわりをもつところから、左眼の方がふさわしいようにも思われる。「片目の爺」という昔話では、本物の爺は右片目であるのに、爺に化けた狐は左片目で現われたために正体を見破られて、米俵に詰められ火棚でいぶされたと語られている。鍛冶と無関係でないヒョットコ（火男）も左片目になっていることが多い。

柳田国男は、常人とは異なった片目を神と人との媒介をなす者の印であるとし、さらに権五郎景政の景や政は清などと同様に依女《よりめ》、依童《よりわらわ》と縁をもつ言葉であると述べている（同前）。

片目と鍛冶との関係には、前章の繰り返しになるが、古来諸説あり、刀剣の曲りの矯正のためという説や天津麻羅《あまつまら》から出た陽根説のほか、鍛冶職を営む者はその眼一箇を神に捧げる信仰があったとする柳田説などが代表的なものである。片目の者を「メッカチ」というのも、鍛冶師が片目・片足のものであるという伝承（跛《カジ》―鍛冶―眇《メカンチ》）に由来するという。柳田国男が片目をこの世と霊界を媒介する者の印とし、鍛冶が聖なる職業のために、それにたずさわる者も片目となったと述べたのに対して、実際のタタ

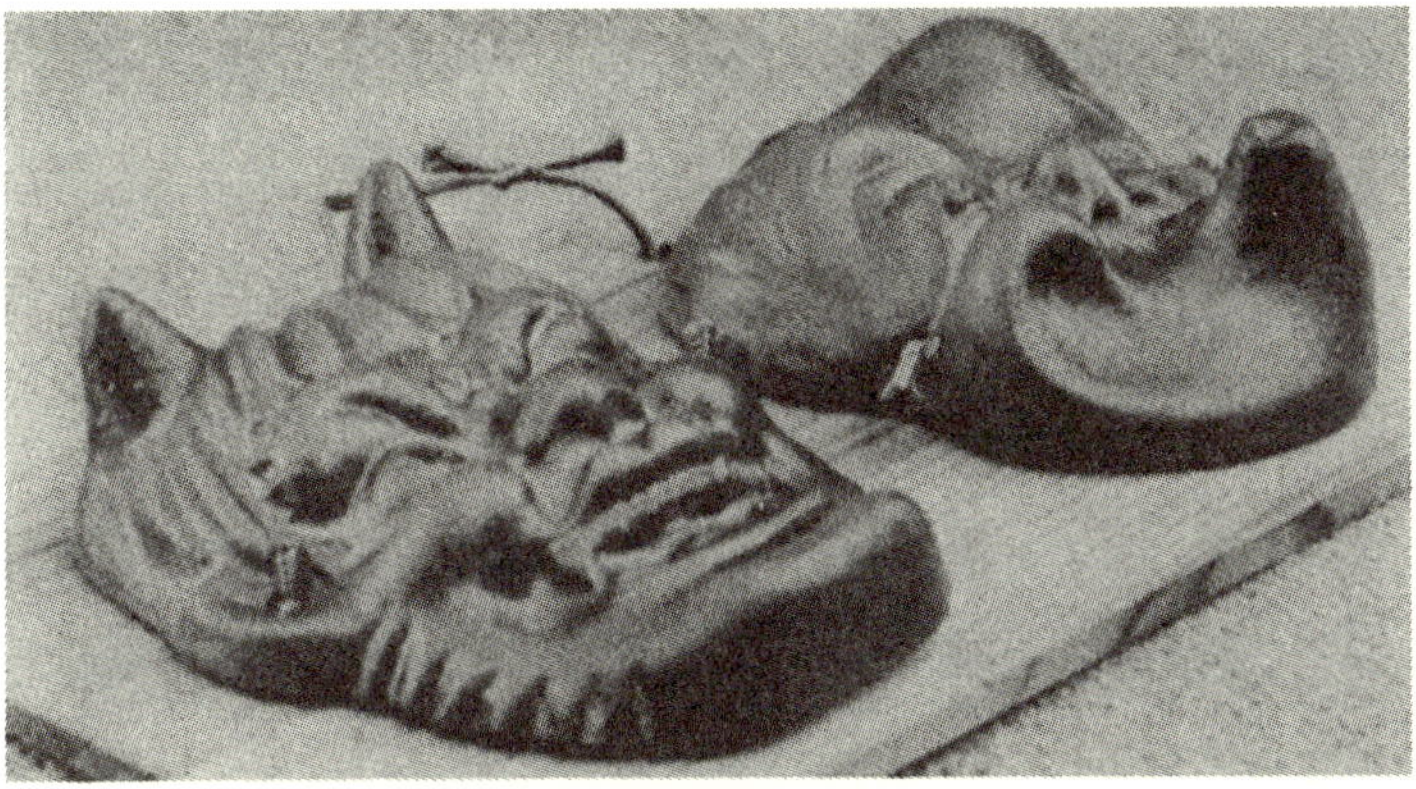

ヒョットコ（右）と鬼の絵馬（青森県岩木山神社）

ラの作業から片目の由来を説いた職業病説もある。タタラの仕事では火の色と送風が重要であるが、タタラ師は火の色を片目で見るために次第に左右どちらかの目が悪くなって片目になることが多いといわれている。若尾五雄は鍛冶と片目との関係をこの点にもとめている（「ひょっとこと金工」『金属・鬼・人柱その他』堺屋図書、一九八五年）。実際に、タタラ師や鋳物師には片目になっている者がみられる。

高崎正秀は、雨乞の神である多度山権現が蛇体であり、暴風をおこしたり火玉となって遊幸し、かつ一眼であったこと、また雷神が一つ目の七、八歳の赤い少童の姿で出現する伝承などから、なぜ雷神が一つ目とされたのかと問い、次のような答えを与えている。すなわち、

雷神は日神の半面のお姿であった。であればこそ一眼である。天目一箇神と共に顔の真中に一眼ありといふのは、つまり太陽そのものゝ人格化であるからで、これが山の神独眼の起因であり、一目小僧の源流である。（高崎正秀『金太郎誕生』人文書院、一九三七年、二三頁）

この説は、日神＝雷神の一眼性から鍛冶神の片目を導こうとしている点で興味深い。四月八日の天道花《てんとうばな》をはじめ、五月節供や祇園祭などの鬚籠や鉾などは日神を表わしたものであり、雷神の依代ともされている。このように季節の折目に日神＝雷神が招きよせられていることは片目伝承を理解する上で注意すべきことである。

タタラの火の色や送風といった実際の作業から鍛冶師や鍛冶神の片目・片足の原因を説くのは有力な視点であるが、片目・片足の神は単に鍛冶の神に限らず、山神、農神、年神、竈神、雷神、案山子《かかし》、オダイシ様（大師講）など他のさまざまな神にも同様の伝承がみられ、さらに片目魚や栽培植物禁忌と結びついた各地の鎮守の神や一つ目小僧、山鬼、山爺、一踏鞴《ひとつたたら》などの妖怪にも片目や片足の伝承がみられるのである。また片目魚伝説は、鎌倉権五郎伝承を介して、御霊信仰や八幡の放生会とも結びついている。しかも、注目されるのは、こうした神々や妖怪が出現する日がいずれも年や季節の替り目や農作業の区切りの日にあたっていることである。つまり、この世と異界がまじわるこれらの日には、両界を媒介する者として不具者など常人とは異なった者が民俗的思考の上ではどうしても必要であったのである。なぜならば、レヴィ＝ストロースも『生のものと火にかけたもの』（『神話学1』）のなかではっきりと述べているように、彼らはこの世（生の世界）にあって、二つの異なる世界を媒介する様式を体現している唯一の存在であるからである。

鍛冶神に片目や片足の伝承がともなうのは、火の色を見たりフイゴを片足でふんで送風する実際の作業に由来すると説くことも可能だが、むしろ鍛冶師の作業は出産にたとえられるように、ただの石から金属を生みだすという常人にはまったく想像できぬような不思議で神聖な作業であり、宇宙創造神話の過程と同様なものとみなされてきたのである。つまり、鍛冶師は異界からこの世に生命をもたらす創造者として、二つの異なる世界を媒介する者とみなされたのである。このために、多くの文化で鍛冶師は王として神聖視される一方で、卑賤な職業者や道化と深いかかわりをもつオコ（烏滸）の者ともされたのである。鍛冶神や鍛冶師が不具者や醜悪な姿の者とされたり、死や死体をいとわず鬼とも深い関係を有するという伝承は、この世にあってこの世ならざる存在であることをよく示している。地獄絵巻など地獄での鬼の責苦の様子には、金属を溶解し鍛えるという一連の鍛冶やタタラの作業を想起させるものが多い。これは、鍛冶師がこの世に新しい生命や秩序を生みだす者として異界（死の世界）と深い関わりを有していたからであろう。片目・片足伝承をはじめとして鍛冶神や鍛冶師をめぐる諸伝承には、単なる実作業をこえた、宇宙論的な性格をみることもできるように思われる。

柳田国男の妖怪論

1　『妖怪談義』——妖怪と幽霊の区別

ちくま文庫版『柳田國男全集』六巻所収の『妖怪談義』および『一目小僧その他』は、柳田国男の初期の民俗学研究の考え方や方法を知る上で、格好のテキストといえる。しかし、柳田の文章は必ずしも読みやすいといえず、扱われている素材が多彩で興味深いものに満ちているために、つい脇道に気をとられて、いったい何を述べているのかわからなくなってしまうことが多い。文章の枝葉にとらわれず、すばやく的確に柳田の意図するところを把握するために、一つの読み方がある。それは、各段落ごとに最初と最後の文章を見ていけば、そのパラグラフの要旨や結論が簡潔に表現されており、短時間で柳田の意図が理解できるのである。これは、学生時代に千葉徳爾から教わった読み方であるが、かなり有効な方法の一つである。

さて、『妖怪談義』は、日本の高度経済成長の始まった時期にあたる昭和三十一年に修道社から刊行されたが、その「自序」に刊行の理由や妖怪を問題にする視点が記されている。柳田は生涯「問い」を発しつづけ、自明とされ顧られざるものに注意を払ってきた。ここでも、「問えば必ず誰かが説明してくれるものと、あてにしていたこと」の失望が刊行理由の一つとされており、また「我々の畏怖《いふ》というものの、最も原始的な形はどんなものだったろうか、何がいかなる経路を通って、複雑なる人間の誤りや戯れと、結合することになった」のだろうか、という中心的なテーマが問いの形で述べられている。

『妖怪談義』所収の諸論文は、明治四十二年の「天狗の話」が最も古く、「妖怪名彙《めいい》」が昭和十三、四年で発表年では最も新しく、かなり論文発表の年代に開きがある。方法論的にみて重要なのは、昭和五年から十一年に書かれた「妖怪談義」「かはたれ時」「妖怪古意」「おばけの声」「盆過ぎメドチ談」の諸篇である。昭和十年は、民間伝承の会が結成されて、機関誌『民間伝承』が刊行され、日本民俗学の学史の上ではアカデミズムのなかに市民権を得た画期的な年であるが、この前後に柳田は民俗学の理論的な著書を多く刊行している。

柳田は、民俗学研究の上で「言葉」を非常に重視し、各地に残っている言葉（昔話、伝説、方言など）の綿密な比較考証を通して、言葉の内的な感覚（＝心意）を明らかにしようとした。柳田にとって、言葉は単なるコミュニケーションの手段ではなく、事（行為）や心意と一体となった本質的なものであったのだ。たとえば、「妖怪古意――言語と民俗との関係」という論文では、「言葉がどの程度にまで人間の心の動きを、永い後の世に痕《あと》づけているか」を、各地の化け物の呼称を手掛りにして論じ、その古意（原形）を明らかにしている。すなわち、「ガゴゼ」（元興寺）や「モウコ」（蒙古）に付会されている妖怪の名称が「咬《か》もうぞ」と言って出現した妖怪の声に由来することが明らかにされている。柳田は共有財産として多くの民俗語彙集を刊行したが、「妖怪名彙」は同じ資料整理の方法にもとづくものといえる。今野円輔『日本怪談集　妖怪篇』（現代教養文庫、一九八一年）も、同様の系譜に属すものといえる。

柳田の妖怪論では、妖怪は神の零落したものと捉えるのが特徴になっている。すなわち、「いずれの民族を問わず、古い信仰が新しい信仰に圧迫せられて敗退する節には、その神はみな零落して妖怪となるものである。妖怪はいわば公認せられざる神である」（「一目小僧」）というのである。柳田は、「幽冥談」（『新古文林』一巻六号、明治三十八年九月、ちくま文庫版全集三一巻所収）のなかで、「ハイネの『諸神《しょしん》流竄記《りゅうざんき》』と云う本がある。僕はそれを読んだ時に非常に感じた。それは希臘《ギリシャ》の神様のジュピターを始めとしてマルス、ヴィナスと云うような神様が基督教に負けて、人の住まない山の中に逃込んだ」と述べ、日本の幽冥教のなかでは天狗の問題が一番重要であるとしている。「天狗の話」は、この「幽冥談」に関連する論文で天狗を先住民である山人と見て、昔の人の生活を知るために天狗の問題に注意するようになったのだという。里人と異なった山人、山男、山姥などの先住異民族の存在に対して、柳田国男はその民俗学研究の初期に強い関心をよせていた。最初は山人の実在性を主張していたのだが、のちには幻想としてかたづけるようになり、かわって『妖怪談義』に登場するようなさまざまな妖怪や精霊が取り上げられ、それらは古い民間信仰の名残りや神の零落したものと考えられていくのである。妖怪を神の零落したものと考える柳田の妖怪論は、十九世紀の進化主義の影響を受けたものとして批判されている。たとえば、小松和彦は、神と妖怪ははじめから併存するもので、祀《まつ》られる超自然的存在を「神」、祀られぬ超自然的存在を「妖怪」と規定し、神が妖怪になることもあれば、逆に妖怪が祀られ神に昇格することもあるとして、共時論的分析の必要性を主張している（『憑霊信仰論』ありな書房、一九八四年）。柳田自身も、先の「幽冥談」のなかでは、善神と悪神の対立や神の両義性に触れている。

しかし、柳田の妖怪論のポイントは、妖怪そのものを正面から取り上げて、あれこれと論ずることにはなく、むしろ妖怪に対する人々の考え方や態度の変化を通して、からめ手から前代の人々の自然観や精神構造をさぐる点にあった。「盆過ぎメドチ談」のなかで柳田は、人が化け物に対する態度には三つの段階があったとして、化け物思想の進化過程を論じている。すなわち、第一段階は、化け物の出現を恐れ、敬して遠ざける。第二段階では、化け物の存在を疑うが、内心では気味悪いという、半信半疑の状態にある。第三段階では、大半の人が化け物を信じず、逆に人の知力などがまさって、化け物の正体をあばき、退散させるのである。その結果、妖怪現象が現われることにもなる。現代はこの第三段階にあたっているといえる。柳田は、「妖怪はつまり古い信仰の名残で、人がその次の信仰へ移って行こうとする際に、出て来てこういう風に後髪を引くのである。日本の新旧宗教はことに入り乱れている。そうして今日はおばけの話をとおしてでなければ、もはや以前の国民の自然観は窺い知ることができなくなった」と述べている。

柳田が妖怪そのものを論ずることはさほど多くないが、『妖怪談義』では妖怪と幽霊の区別をはっきりさせている。妖怪は出現する時刻や場所が一定（境界的な時空間）しており、人をえらばず不特定多数の人に交渉するのに対して、幽霊は都市の複雑な人間関係の下で発生しやすく、うらみを抱いた特定の人に対してどこまでも追いかけていき、出現するのはたいてい真夜中の丑三《うしみ》つ刻《どき》である。妖怪変化自体の時代的な変遷やさまざまな角度からの分類に関しては、大正十二年刊行の江馬《えま》務『日本妖怪変化史』（中公文庫）が詳しい。しかし、柳田の『妖怪談義』が、批判があるとはいえ、われわれ読者の共感をよび、なるほどと納得がいくことが多いのは、言葉の内的意味（心意）を解明せんとした柳田の方法意識によるのである。

妖怪は、われわれの深層心理に根ざしたものもあり、合理的に説明のつきかねる現象である。妖怪研究史において、柳田以前に、妖怪に関して正面から精力的な調査研究を行なったのが、お化け博士と称された井上円了である。井上は、明治十九年に日本の幽霊、狐狸、天狗、犬神、巫覡《ふげき》などを研究する会である不思議研究会を組織し、明治二十年には『妖怪玄談』を刊行、明治二十六〜七年には「妖怪学」という連続講義を東京の哲学館で行なった。その後も、妖怪関係の著書を数多く刊行し、また実地調査の足跡は全国二一五カ所にも及んだという。井上は、あらゆる怪異現象を集めて分類し、それに合理的な説明を加えたが、いわゆる世間の妖怪はほとんどが迷信から出たもので、真に明らかにすべき妖怪は真怪という超理的妖怪であるとした。その結論はともかく、ここにいたる過程で怪異現象を客観的にデータ化した点は評価される。というのは、科学的合理的な説明にもかかわらず、井上の収集した怪異現象が消滅することなく、そのまま現代社会に生きつづけているからである。柳田は、「僕は井上円了さんなどに対しては徹頭徹尾反対の意を表せざるを得ないのである。この頃妖怪学の講義などと云うものがあるが、妖怪の説明などは井上円了さんに始ったのではない。徳川時代の学僧などに生意気な奴があって怪異弁談とか弁妄とか云うような物を作って、妖怪と云うものは吾々《われわれ》の心の迷いから生ずるものであって決して不思議に思って怖るべきものでないと言っている。それもある点までは方便かも知れない。また徳川時分の学者の説に不可思議説と不可思議でないと云う説とある。また物理学によって説明しているものもあるが、その物理学は今見るともとより一笑に値するのでその愚な事が分る。井上円了さんなどは色々の理窟をつけているけれども、それは恐らく未来に改良さるべき学説であって、一方の不可思議説は百年二百年の後までも残るものであろうと思う」(「幽冥談」)と述べ、井上円了を批判している。

宮田登は、妖怪研究史を検討しつつ、妖怪を単に古い信仰の残存や神の零落したものと捉えるのではなく、「現実のわれわれの日常生活には、不可思議な世界が生き残っており、しかもそれが現実に機能しており、そして何かの意味を日常生活のなかにもたらしているのだ」(『妖怪の民俗学』岩波書店、一九八五年）と考える必要があると述べている。実際、妖怪変化のイメージは都市文化のなかから生み出されたものが多く、室井忠『都市妖怪物語』（三一書房、一九八九年）のような都市の怪異譚の資料集が相次いで刊行されている。妖怪に対する人々の態度や信仰から、その精神構造や社会の変化をみていこうとする柳田の視座は、今日でもまだ有効性を失っていないのである。

2　『一目小僧その他』――伝説と信仰

『一目小僧その他』は、昭和九年に小山書店より刊行された伝説関係の論文集で、所収論文は大正六年から昭和七年までに発表されたものである。柳田の伝説研究の著作は他に、『山島民譚集』（ちくま文庫版全集五巻所収）、『伝説』『木思石語』（以上、ちくま文庫版全集七巻所収）などがあり、『日本伝説名彙』という伝説の分類資料集も刊行している。

伝説は、昔話と異なり、人々がその内容を信じていること、具体的なもの（神社仏閣、塚、樹木、石、井泉、池、橋、坂など）に結びつけて語られること、語りの形式が定まっておらず自由に表現できること、絶えず合理化され時代とともに変化することの四つを特徴としている。そこで、柳田にとって伝説研究の目的は、古い信仰を明らかにし、信仰を変化させた歴史的社会的事情を知ることにあった。このほかに高木敏雄や藤沢衛彦などの伝説研究では資料の分類や伝説集の刊行の面で大きな成果をあげたが、伝説自体の研究は柳田以後はほとんど進展していないのが現状である。

『一目小僧その他』所収の論文は、そのテーマは多岐にわたるが、使用している資料は各地に伝えられている伝説ではなく、古い文献史料のなかに偶然記録されたものがほとんどである。柳田は、すでに明治三十四年に『日本伝説目録』と題して、近世の随筆類からさかんに伝説を抜書きして、整理していたという。『山島民譚集』はじめ、初期の『郷土研究』時代の「巫女考」(ちくま文庫版全集一一巻所収)や「毛坊主考」(同)なども、使用している資料は口頭伝承を採集したものではなく、文献史料から採用したものであった。扱っているテーマも、古い民間信仰や習俗を取り上げたものが多く、「一目小僧」「目一つ五郎」「鹿の耳」は生贄《いけにえ》の慣習、「橋姫」は境を守る神の問題、「隠れ里」「魚王行乞譚」では木地師《きじし》や遊行《ゆぎよう》の盲法師であるボサマなど伝説の運搬者の問題、「流され王」では異国神渡来伝説、「物言う魚」では魚が人語した伝説、「餅白鳥に化する話」では的射《まとい》や神霊去来の問題、「ダイダラ坊の足跡」では巨人伝説、「熊谷弥惣左衛門の話」では稲荷神の問題が論じられている。『一目小僧その他』は、「およそこの世の中に、『人』ほど不思議なものはない」という一つの結論でしめくくられているが、これには伝説自体や伝説に対する人々の信仰のあり方から、日本人の古い信仰や精神構造を探ろうとした柳田の姿勢がよく出ている。

最後に『妖怪談義』でも論じられ、『一目小僧その他』の主要テーマでもある「一つ目」の問題について述べて、この解説をとじたい。「自序」にも「私の書いたものにはことごとく結論が欠けている」とあるように、柳田は明確に結論を述べないのが普通であるが、「一目小僧」にはめずらしいことに一応の仮説が提出されている。すなわち、

一目小僧は多くの「おばけ」と同じく、本拠を離れ系統を失った昔の小さい神である。見た人がしだいに少なくなって、文字通りの一目に画にかくようにはなったが、実は一方の目を潰された神である。大昔いつの代にか、神様の眷属《けんぞく》にするつもりで、神様の祭の日に人を殺す風習があった。お

そらくは最初は逃げてもすぐ捉まるように、その候補者の片目を潰し足を一本折っておいた。そうして非常にその人を優遇しかつ尊敬した。犠牲者の方でも、死んだら神になるという確信がその心を高尚にし、よく神託予言を宣明《せんみよう》することを得たので勢力を生じ、しかも多分は本能のしからしむるところ、殺すには及ばぬという託宣もしたかも知れぬ。とにかくいつの間にかそれが罷《や》んで、ただ目を潰す式だけがのこり、栗の毬《いが》や松の葉、さては箭《や》に矧《は》いで左の目を射た麻、胡麻その他の草木に忌みが掛かり、これを神聖にして手触るべからざるものと考えた。目を一つにする手続きもおいおい無用とする時代は来たが、人以外の動物に向っては大分後代までなおも行なわれ、一方にはまた以前の御霊の片目であったことを永く記憶するので、その神が主神の統御を離れてしまって、山野道路を漂泊することになると、恐ろしいことこの上なしとせざるを得なかったのである。

と。この論文は『東京日々新聞』に大正六年に二四回連載されたものであるが、神祭りに生贄として神主を殺す風習があったという、柳田には珍しい殺伐とした記述が注目される。実は、柳田は、「王殺し」をテーマとしたイギリスの人類学者フレーザーの『金枝篇』全十三巻（縮約版の翻訳が岩波文庫にある）を、大正の初め頃から繰り返し読んでいたといわれ、それが「一目小僧」にも大きな影響を与えたと思われる。最近、日本では、天目一箇神《あまのまひとつのかみ》をはじめ、金属文化に関連する神や人の特徴として、「一つ目」が論じられている。炉の火色を見て作業するタタラ師や鍛冶師はきき目をいためて片目になることが実際に多いことから、片目は鍛冶師の職業病であり、それが神話や伝説に取り込まれたという説である。
たとえば、谷川健一は

たたら炉の仕事に従事する人たちに、一眼を失する者がきわめて多く、それゆえに、彼らは金属精錬の技術が至難の業とされていた古代には、目一つの神とあおがれたと私は考える。（中略）片目の神というのはたたら師たちの職業病とでも称せられるものの異なる表現であったのだ。（『青銅の神の足跡』集英社、一九七九年、九三―四頁）

と述べ、さらに片目の神や片目の魚の伝説が金属文化と深く結びついたものであることを論証している。

　鍛冶神が片目や不具者であるという伝承は日本だけでなく、広く世界各地にみられる。しかし、片目片足の神がみな鍛冶神であるとは限らない。日本では雷神、山の神、年神、庚申の神なども同じ伝承を有している。こうした神々は、コト八日や卯月八日など年や季節の折目に多く登場し、この世と異界、生と死など対立する二つの世界の移行や媒介をなす存在となっている。同様に、鍛冶師の鉱石から金属を生み出す作業は、宇宙創造の過程にしばしばたとえられ、鍛冶師は大宇宙と小宇宙を媒介する存在として文化によって神聖視されたり、逆に卑賤視されたりしている。さらに、日本の片目や一つ目伝説が、柳田の論文にもみられるように、御霊《ごりよう》信仰と密接に結びついている点は注意する必要がある。御霊とは非業の死をとげた怨霊であり、さまざまな災害や疫病はその祟《たた》りが原因とされた。そこで、御霊を祀り上げ、もろもろの災厄を払うために御霊会《ごりようえ》や夏祭りが盛んになったのである。災厄は人と自然の調和が乱れ無秩序（カオス）になった兆候であるから、秩序回復（コスモス）のために、御霊を祀るのである。社会形成や文化形成の「起源」を考える際にほとんど例外なく、暴力が登場することは、今村仁司が『暴力のオントロギー』（勁草書房、一九八二年）のなかで明らかにしている。本書の「放浪人と一つ目小僧」で詳述したように、一つ目の問題も実はこの文脈のなかで考えるべきものである。この点で柳田が神への生贄として一つ目の問題を論じているのは興味深い。フランスの構造主義人類学者レヴィ＝ストロースも、『生のものと火にかけたもの』（『神話学1』）のなかで、「片目、片足など身体欠損の形象は、世界中の神話に登場し、媒介の様式を体現したものである」と論じている。

このように、一つ目小僧の民俗は、単なる妖怪や伝説としてかたづけられないほど、深く広い問題を宿している。これは、ある文化や社会が生成する際の「起源」や「根源」と密接にかかわった重要なテーマなのである。柳田が『一目小僧その他』の「自序」で、「私の目的は、これがある人間の半生を費して、なお説明してしまわれない問題だということを、報告しておけばそれで達する」と述べているのは、意外に本心なのかも知れない。

II　裸回りと柱の民俗

裸回りの民俗

天理教には、元の理を説いた「元初《もとはじ》まりの話」とか「泥海古記《どろうみこふき》」と呼ばれている創世神話に相当する聖典が存在する。ここでは、それとは直接関係ないのであるが、民間の正月行事の一つとして各地に伝承され、イザナキ・イザナミの国生み神話ともしばしば結びつけて論じられてきた「裸回り」の諸事例を紹介し、あわせて若干の考察を試みてみたい。なお、ハダカマワリ（裸回り）という用語は必ずしも民俗語彙ではなく、現地では「アボヒボ」（粟穂）とか「オオボブラブラ」（大穂ぶらぶら）という唱言に由来する名称で呼ばれていることが多いようである。他に適切なものがなく、かつ、ある程度一般に流布していることから、ここでもこの用語を用いることにする。

1　裸回りの諸事例

裸回りは、正月に夫婦が裸になって囲炉裏のまわりを三回まわりながら粟や稗の予祝をする儀礼で、旧家筋の家を中心に各地に伝承されてきた。現在までに五十例余りが報告されているが、まず手元にある資料を北から順にできるかぎり紹介してみたい。

事例1　青森県の某村

小正月の十六日に或人が或村を通りかかつた時家の中で夫が褌をあてず妻は腰巻なしでワキ穂出ろ出ろと叫びながら家の中を廻つて歩いて居つたさうです。そこでその人は笑ひながら見て居つたそうですがその人も真面目な顔して家に入り着物を脱いで褌を取つて三人でワキ穂出ろ出ろと叫んで歩いたさうです。それがすんだらその人に沢山御馳走したそうです。（石塚建一「田植の行事」『大銀杏』創刊号、一九四六年、五—六頁）

事例2　青森県上北郡東北町添の沢

大晦日に家の中を、女が「きわれだ、きわれだ」、男が「穂並いい、穂並いい」、子が「わきぼもそろた、わきぼもそろた」と唱えて回る。（『青森民俗会報』年中行事特集号、一九七二年）

事例3　秋田県仙北郡豊川村堰の下（現・中仙町豊川）の長八家

①正月十五日の晩、主人夫婦が丸裸体で囲炉を次の文句を唱へ乍ら、ぐるぐる廻はるのである。

妻、割れた割れた　コラ割れた

夫、ふとたふとた　ヤエボが下つた

これは勿論同家の秘事であつて、他人になど見せる性質のものではない故、語る人々に依つて唱言も相違してゐる。単に二人が、

ヤエボーが下つた

やれコラ割れた

と唱へ乍ら廻はると言ふ人もあり、又

夫、垂れた垂れた粟穂が垂れた

妻、割れた割れたコラ割れた

と二人別々に唱へると語る人もある。（武藤鉄城「裸体行事二つ」『郷土研究』六巻三号、一九三二年、一六四—五頁）

②豊川村の堰の下の長八といふ旧家で四、五十年前まで行つた小正月の行事は注目に価する。雪深い土地だが、当夜十時頃になると、子供も雇人も戸外に出してしまつて、主人夫婦はまるはだかになり、囲炉裏の端を四つ這ひになつてまはりながら、女房が「さがつた、さがつた、八重穂がさがつた」ととなへると、亭主が「われた、われた、コラわれた」と返すのである。誰にも見せない行事が知られたのは、不審に思つた雇人がひそかに屋根裏に忍んで見聞きしたのを伝へたのだといふ。「コラわれた」は、豆などに実が入つてはちきれることだと説明された。（臼田甚五郎「日本文学の発生と性」『国文学解釈と鑑賞』三一巻八号、一九六六年、三四頁）

事例4　秋田県仙北郡西明寺村潟野（現・西木村西明寺）の糸井三左衛門家

長八家程有名ではないが、同じ家列のある家が仙北郡にもう一戸ある。それは郡の北隅、田沢湖畔に出る間近くの潟野村にある糸井三左衛門と言ふ家である。同家も矢張り正月十五日の晩であるが、唱句は

妻、下つた下つたヤエボが下つた

夫、割れた割れたコラ割れた

である。長八家では只裸体で囲炉端を廻はると語られてゐるが、此の家では丸裸体で而も四つ這ひになり乍ら廻はるそうである。なお、仙北郡田沢湖町角館東前郷の某家では、正月十五日の朝、夫婦が裸で餅を焼くという。（武藤鉄城「裸体行事二つ」『郷土研究』六巻三号、一九三二年、一六四―五頁）

事例5　秋田県仙北郡西仙北町字江原田

正月十五日の夜、夫婦が裸になって、囲炉裏のまわりを三回まわり、

夫が、粟穂ぶっさがった

と言うと

妻は、実がえって割れた

と答えるという。（長山幹丸ほか『秋田農村歳時記』秋田文化社、一九七六年、一一頁）

事例6　秋田県由利郡鳥海村、秋田市太平野田

由利郡鳥海村や秋田市太平野田などには、（一月）十五日早朝「あわぼぶらぶらー」といわれる予祝行事があった。十五日朝未明、誰も起きないうちに、一家の主人夫婦が裸で炉のまわりを、

あわぼ　ぶらぶら　こらわり　はじめた

と、唱えごととして三べん回るというのがあった。（今村泰子「秋田県の歳時習俗」『東北の歳時習俗』明玄書房、一九七五年、二〇〇頁）

事例7　秋田県北秋田郡向秋田の某家

年とりの晩に、裸の男女がむきあって、いろりの周囲をまわりながら、たがいに「粟穂さがった」「あんまりみよってビーわれた」と唱えかけたという。ただし、男鹿市脇本百川の老女が、その地の出身の仲間から聞かされたもので、あまりこまかなことはわかっていない。（大島建彦「日本の民俗における性」『ジュリスト増刊総合特集　人間の性』二五号、一九八二年、七七頁）

事例8　宮城県栗原郡一迫町長崎十七軒

昔、長崎十七軒のある旧家で、小正月の女の年取りに家人が寝静まってから行なわれる奇習がある。当主が「どこで年取っぺや」と言いながら家の回りをまわると、おかみさんが「どうぞ、入って年取らえん（取りなさい）」と言って、招き入れる。それから囲炉裏でドンドン火を燃やし、夫婦が真っ裸になり、亭主が四つん這いになって男根を振りながら、「粟穂も稗穂もこのとおり」と唱えて炉端をまわると、その後から女房がこれも四つん這いになって、片手で女陰を叩きながら、「割れた、割れた、実入って割れた」と唱えて三度まわるという。同郡花山村浅布にもこうした奇習があったという。（佐々木徳夫「栗駒の艶笑譚」『季刊民話』七号、一九七六年、二九頁）

事例9　宮城県加美郡宮崎町柳沢

宮崎町柳沢のさる家で、十四日の夜遅く当主と妻女が素裸になり、主人が「粟穂下がった」と唱え、妻女が「実入って割れた」と応えながら、炉を三度回る。同様の行事は、泉町根白石・宮城郡宮城町大原などにもあり、「何処で年取るべや」も一緒に行われている。（三崎一夫「宮城県の歳時

習俗」『東北の歳時習俗』明玄書房、一九七五年、一四八―九頁)

事例10　宮城県宮城郡泉町(現・仙台市泉区)福岡、根白石

(正月)十四日の晩に、主人と奥さんが真裸で行なう行事がある。泉町福岡では主人と奥さん(「おやじ」と「がが」という)が、「アワボが下がった、実入って割れた」と言いながら這って歩くそうである。泉町根白石では、旦那とががが「アワボさあがった、実入って割れろ」と言いながら、ニワのアガッパから座敷まで這っていくのだそうである。これも現在ではない。他にも現在でも行なっている家があるという話を聞いたが、その家では他言しないので本当のことは分らなかった。(竹内祥子「宮城県下の小正月行事」『日本民俗学会報』六四号、一九六九年、六四頁、六九頁)

事例11　宮城県宮城郡宮城町大倉大原、愛子

正月十四日の夜、「何処さ宿を取るべな」の後で、夫婦が全裸で炉を三回まわりながら、男は「粟穂が下がった」、女は「実入って割れた」と唱えた。(『東北民俗』二輯、一九六七年)

同町愛子にも同様の習俗があった。(『東北民俗』六輯、一九七二年)

事例12　宮城県玉造郡岩出山町

昨夏(昭和四十一年)八月、岩出山町上山里大字葛岡の梅林寺の佐々木みよし女(明治三十六年生)が、小正月行事として、さる家に行われていたことを記憶していた。夫妻は互いに、「粟穂さがった」、「実入ってわれた」と唱えながら囲炉裏を廻ったというのである。男根・女陰の形状を以

て穀物の豊熟にたとえたのである。（臼田甚五郎「江戸時代の春歌」『国文学解釈と鑑賞』三二巻五号、一九六七年、二二一頁）

事例13　宮城県古川市宮沢
年取の晩に炉を三回まわりながら、男が「粟穂が成った」、女が「実入って割れた」と唱える風習があった。宮城県加美郡中新田町上田多川にも同様の風習があった。（万城目喜一氏調査）

事例14　宮城県（地域は不明）
大晦日に、半裸体でいろりを這い回る夫の後を妻がのぞきながら、「粟穂が垂れた、粟穂が垂れた」と唱える。（『宮城県史』一九巻〔民俗Ｉ〕、一九五六年）

事例15　宮城県仙台市北部（童謡）
正月十四日に、座敷に置いた俵に挿した餅花を見て、「粟ン穂下がた、実イ入って割れた」と歌う。（仙台中央放送局編『東北の童謡』一九三七年）

事例16　山形県最上郡真室川町、鮭川村、金山町
昨春（昭和四十年）野村純一君の採訪によると、真室川町木ノ下の門右衛門・真室川町川ノ内三滝の沓沢十次助・真室川町大沢岩ノ脇の小野孫右衛門・鮭川村小反の栗田七助・鮭川村曲川居口の新田藤右衛門の諸家では大晦日の夜の行事、金山町金山の岸重右衛門家では節分の行事である。夫

婦が裸になって囲炉裏端を廻るのだが、家によると、頭に鉢巻をしたりする。これを〆縄を張ると称してゐるといふことでも知れようが、神聖な資格を持つてゐることを示してゐる。女が「粟穂さがつた」と言ふと、それに対して、男が「こうら割れた」と答へる。（臼田甚五郎「日本文学の発生と性」『国文学解釈と鑑賞』三一巻八号、一九六六年、三四頁）

事例17　山形県最上郡安楽城村（現・真室川町）

正月十五日の夜二三の家では、夫婦が裸になり、ユルリの廻りを三べん、又家の廻りも三べんめぐるのである。此時男が「コーラガワレタ」と唱へると女が「アワボが下る」と答へるさうで、ひどく卑猥な場面が想像される。（山口貞夫『地理と民俗』生活社、一九四四年、三一一頁）

事例18　山形県最上郡鮭川町

正月十五日の夜、いろりのまわりを「こうらがわれた」「あわんぼさがた」と唱えながら数回まわる。（『最上地方民俗会報』二号、一九六七年）

事例19　山形県最上郡金山町有屋稲沢

一月十五日の行事。アワボー。若夫婦がイロリをまわる呪法。（山形県教育委員会編『山形県の民俗資料』一九六五年、一九九頁）

事例20　山形県最上郡大蔵村

小正月十五日。「アワボ」。夜中。主人と主婦が裸で、「アワンボがさがった、コウラがわれた」と唱え、炉を三周する家があった。（佐久間昇「大蔵村肘折、沼の台周辺の年末年始の行事」『最上地方民俗会報』九号、一九六八年、四―五頁）

事例21　山形県米沢市簗沢

年取の晩、囲炉裏には太い年取根っこをくべ、戸の口の戸を開けておく。夫婦が尻まくりをして囲炉裏の周囲を四つん這いになって廻る。女は「アワボサガッタ」と言うと、男が「ミイッテワッチャ」という。（『置賜の民俗』六号、一九七四年、五四頁）

事例22　山形県米沢市入田沢（旧・南置賜郡三沢村）

米沢市旧三沢村大字入田沢の関場亥之助（明治三十二年生）家のしきたりをば、三井久味子君が昨夏（昭和四十年）採訪した。ここでは、正月元日の早朝になつてゐるが、炉の周囲を、夫婦が裸になつて三度廻る。その際、妻から夫に向つてといふ順序で、「今年豊年だ、日照りで割れた。豊年で、粟穂がさがつた」と唱へる。残念なことに、一緒に唱へるのか、別々に唱へ答へるのか分からない。（中略）関場家は入田沢の一番奥にあり、本家と分家の二軒だけで、亥之助氏の家は分家の方である。天文の頃会津の北方町の在所から来た木地屋だといふ。（臼田甚五郎「日本文学の発生と性」『国文学解釈と鑑賞』三一巻八号、一九六六年、三四―五頁）

事例23　山形県西置賜郡小国町

①小正月。ハダカマワリがある。（金儀右衛門『年中行事読本』私家版、一九五九年、一三二頁）

②小正月の夜に夫婦が囲炉裏をまわって、女房がヘラで亭主のものをたたき、亭主はスリコギで妻の尻をたたきながら、「粟穂はさがった、実が入って割れた」と唱えて祝っていた家もあった。（臼田甚五郎『子守唄のふる里を訪ねて』桜楓社、一九七九年、二九頁）

事例24　山形県南置賜郡中津川村、同村数馬（現・西置賜郡飯豊町）

（正月元日）若水は若主人が、柄杓に昆布・麻・松・柿・栗などを紙縒でしばりつけたものを持って汲みに行き、「ナナドコイハヒヤツトコセ」という。帰つてくると年男は、塩水で囲炉裏を清め、夫婦で擂粉木と擂鉢を持ち、裸で囲炉裏の周りを三回まわる。それから若水を釜にあけて餅の支度をする。数馬の或る家でも元日の朝爺と婆が一番早く起きて裸になつて四つんばいになり、アキの方向を向いて、爺は「アワボがわれた」といい、婆は「アワボが下つた」ととなえ言をいいながら、囲炉裏のまわりを三回廻りそれから囲炉裏に火をたきつけるという。（『昭和二十九年度　民俗採訪』一九五五年、二九頁）

事例25　群馬県吾妻郡六合村

①同村赤岩部落では、その（道祖神祭の）晩、炉を中心に夫婦が裸体となり、四ツ這いになつて、ぐるぐる歩き廻ります。そのとき夫は男根を振り乍ら

　粟穂も稗穂もこの通り

と唄います。妻はこれに唱和して、女陰を叩きながら

大きなカマスに七カマス
と言いながら夫の後に従い、唄は絶えまなく繰返えされます。この行事を大正年間まで踏襲した家があり、情景を目撃したひとの話では、「炉を通して見えるところに床があり、猿田彦の掛物や灯明、供物が見えます。山の一月十四日といえば極寒ですから、炉には火が燃えたぎつています。全裸の男女が呪文に近い調子で、交互に唄う姿は、無気味で怖しい感じがします。節分の豆まき、といつた浮かれた様子はありません」と。（中略）平野地帯では播種が終ると夫婦とも畑に出て夫は男根を、妻は裾をまくり、右と同じ仕草と唄を繰り返します。（鈴木繁『性神考』上毛文化協会、一九五四年、二〇五—六頁）

②「アワボもヒエボも」と称した行事は、群馬県吾妻地方で行われた「囲炉裏めぐり」の行事で、同地方出身の島崎氏の談話によると、この行事は、正月十四日の夜の道祖神まつりの際に行われたのであって、全裸の夫婦が獣のようによつんばいになって、夫が「アワボもヒエボも、このとおり」と唱えると、それに和して妻が「大きなかますになながます」と唱えながら、火の燃え盛る囲炉裏の周囲をめぐったそうである。このことは、鈴木繁氏の『性神考』（一九五四年）にも記載してある。（高野進芳「穀物栽培における農耕儀礼について」『民族学研究』三四巻二号、一九六九年、二〇一—二頁）

③六合村教育長で、郷土史研究家である湯本貞司氏の話によると、十五日の夜、おそくなって、全裸の夫婦が炉端をめぐりながら、男は男性の象徴をたたいて「あわぼう、ひえぼう、このとおり」とはやすと、それにつづいて女が自分のおなかをたたき「わたしのカマスもこのとおり」と、こたえて、豊年と子孫繁栄の祈りをする風習があったのだそうである。（柳原敏雄「味をたずねて」27、

『日本経済新聞』昭和三九年一月十二日夕刊）

④正月十四日夜。すりこぎとすりばちを持って、夫婦ともに「アーボにヒェーボ、それいれるカマス」と唱える。あるいは、夫が「ヒエボアワボこのとおり」、妻が「うちのカマスもこのとおり」と唱えるともいう。（井田安雄氏調査）

事例26　群馬県北群馬郡子持村

子持山の下から私共に来てゐた作男の話にあの辺の村では粟穂稗穂のまじなひをする相です。誠に滑稽ですが参考に書いておきましょう。それは小正月に家の夫婦が粟穂稗穂の前で男が「粟穂も　ひいぼもこのとおり」と尻まくりをして股間の粟穂をぶらつかせて歩くと内儀さんが「この様なカマスに十叺《かます》」と云つて同様にカマスを出して歩いて一めぐりするのだといふのです。もちろんこれも農産豊饒を祈る言葉に相違ありません。（今井善一郎『習俗歳時記』煥乎堂、一九四一年、三八一九頁）

事例27　群馬県勢多郡赤城村（歌謡）

「アーボヒーボ　この通り　このよなかますに　十かます」と、勢多郡赤城村滝沢の老婆が子供に歌って聞かせていた。この唄は、今井善一郎の『習俗歳時記』の中にも採録されている。（都丸十九一「ツクリモノの語らく」『あるくみるきく』九五号、一九七五年、二二頁）

事例28　群馬県利根郡新治村の某家

小正月の十四日の晩に、裸の男女がそろって、いろりの周囲を這いまわり、たがいに「粟穂も稗穂もよくみのれ」などと唱えながら、めいめい自分の股の所を叩いたものだという。ここでも新治村西峯須川の婦人が、同じ村内の老人から聞かされていただけで、もうほとんど忘れられている。(大島建彦「日本の民俗における性」『ジュリスト増刊総合特集　人間の性』二五号、一九八二年、七七頁)

事例29　埼玉県比企郡嵐山町

①粟穂稗穂ぶらぶら。正月十四日の夜、じいさんが湯から上って真っぱだかのまま「アワボ、ヒエボ、ブラブラ」と唱えながら囲炉裏の周りを廻る、するとおばあさんも「叺《かます》持って参りマショウ。」とこれを裸のまま唱和した。粟稗の豊作は生活の安泰を保証するもので、家運の衰亡の原因は子孫の断絶によるものが多いことから、粟穂、稗穂を男根、叺は女陰になぞらえ、生命力の象徴としたものである。(『嵐山町誌』一九六八年)

②嵐山町杉山猿谷戸の内田イッケと嵐山町太郎丸の旧家の中村家、今は小川町中爪になった松本家でもやっていた。その時言う言葉もやり方もよく分からない。(新井栄作「粟穂稗穂ぶらぶらについて」『埼玉民俗』七号、一九七七年、九九頁)

事例30　埼玉県比企郡嵐山町杉山猿谷戸の内田家

正月十四日の晩、イロリのまわりを、三回まわり、男と女が裸になって、「アボー、ヒボー、ブーラブラ」「アトからカマスモッテ、マイリマショウ。」と唱えたという。当の内田家では、祖父から行なった話を聞かされたという。(新井栄作「粟穂稗穂ぶらぶらについて」『埼玉民俗』七号、一九七

七年、九九頁）

事例31　埼玉県比企郡嵐山町千手堂の内田家

内田家は昔から「源兵衛大尽」とか「献木大尽」といわれ、川越の殿様（松平大和守）が城普請する時、裏山の欅を差上げ、その功績で、苗字帯刀を特に許されていたという家柄である。この家では、毎年、正月十四日の朝早く暗いうちに、囲炉裏のまわりを真裸のおじいさんとお婆さんが、口を揃えて「アボ、ヒボ、ブラブラ。」「カマス、モッテ、マイリマショウ。」そのあとに「チンコカネ。」「カ（マ？）ンコカネ。」と続けていいながら、三回まわったという。それが終わると、老夫婦は、差しむかいで、お神酒を一杯祝ってから、老主人が自ら肥桶を担いで畑まで下肥出しに行くことになっていた。尚、同家では、この行事を、大正の初めまで続けていたらしいが、今は、やっていない。また家のまわりを裸でまわったともいう。（新井栄作「粟穂稗穂ぶらぶらについて」『埼玉民俗』七号、一九七七年、九九―一〇〇頁）

事例32　埼玉県比企郡小川町中爪の松本家

かなり以前（曾祖父の前の代頃）まで、自分の家もアボヒボをやっていたらしいが、その素振りとか唱え言についてては全然聞いていていない。（新井栄作「粟穂稗穂ぶらぶらについて」『埼玉民俗』七号、一九七七年、九九頁）

事例33　埼玉県比企郡都幾川村

イロリにおけるオカマサマのまわりを、小正月に粟や稗の農作を祈ってまわるというハダカマワリの儀礼を上サと中カ耕地のお宅で聞くことができた。いずれも九十四歳、八十二歳の高齢の老婆からであり、その祖母から聞いたという話である。

小正月にオカマサマのまわりを夫婦が陰部を出して、

夫　アーボ　ヒーボ　ブーラブラ

妻　そおれいれろ　カーマス

と、唱えながらまわる。この唱え詞は中カ耕地では少し違っていて、後の妻の唱え詞が「そおれいれる、二斗カマス」となる。カマスとは女陰のことであるという。（津田旬子「オカマサマ」『日本民俗学』一一七号、一九七八年、二八頁）

事例34　埼玉県比企郡滑川村月の輪

元旦に、奉公人の夫婦がカマドのまわりを、

アーボ　ヒーボ　ブラブラー

と、唱えてまわったという。お婆さんが子供の頃行なっていたという。（津田旬子「オカマサマ」『日本民俗学』一一七号、一九七八年、二八頁）

事例35　埼玉県大里郡岡部町

①正月の十五日に、大黒柱に藁づとを縛りつけ、大きい鎌と小さい鎌をさして、そのまわりを素裸となり、親父さんが○○○を両手でブラブラと振ると、内儀さんも股をひろげ○○○が大きく口

をあけるようにして、鉦を叩いて廻るという家があったという。（新井栄作「粟穂稗穂ぶらぶらについて」『埼玉民俗』七号、一九七七年、一〇一頁）

②正月十五日の晩に、夫婦が素裸になって、囲炉裏のまわりを、男は鍋の蓋とオタマ、女は釜蓋とシャモジを持って叩き、文句を唱えながら三遍まわった。（新井栄作「粟穂稗穂ぶらぶらについて」『埼玉民俗』七号、一九七七年、一〇一頁）

事例36　埼玉県大里郡川本町菅沼の飯野家、同町明戸の瀬山家

物作り（正月十四日）の晩に十六繭玉（蚕繭玉）が吊されてある座敷の囲炉裏のまわりを、年寄夫婦が、家族が全部寝静まった頃を見計らい、素裸になり股を拡げ〇〇〇を両手で、ブラブラさせながら「アーボー、ヘボォ、ブーラブラ。」と、ぢいさんが言って歩き出すと、後から婆さんも、ひろがるように大股で「コノ叺ウ、コノ叺ウ。」「カマースモッテ、メーリマス。」と唱和しながら三遍まわった。又這ってまわったともいう。「アボヒボ、ブーラブラ。」と男が唱えると女は「アトカラ叺、ショッテ、メーリマス。」といったともいう。（新井栄作「粟穂稗穂ぶらぶらについて」『埼玉民俗』七号、一九七七年、一〇二頁）

事例37　茨城県那珂郡東海村押延の某家

東海村押延の某家については、「押延の〇〇と人間のどんのくぼは見たことがない」という言葉がある。それは某家の先祖は、いろりで餅を焼いて、オッチャマがひとつ、カカがひとつ持ってどちらもコロハダカで、いろりの廻りを男は右から女は左から廻って、ぶっつかってからもとに戻り

着物を着て食べるからだといわれる。（『茨城の民俗』二号、一九六四年、六九頁）

事例38　茨城県勝田市の某家

大晦日に、ある農家の主人と主婦が囲炉裏を囲んで座る。やがて、両者は裸となり、互いに反対方向にまわり、出会ったところで抱き合い性行為をする。（圭室文雄・宮田登『庶民信仰の幻想』毎日新聞社、一九七七年、二〇七―八頁）

事例39　千葉県安房郡富山町旧平群村

正月二日。某家の夫婦が、真裸で囲炉に集い、「稲の穂ぶらり、粟の穂ぶらり」と主人が言うと、おくさんの方は「そら入れ叺一杯そら入れろ俵へいっぱい」とお互いに言いあいながらそこでおどる。（渡辺欣雄『上総富津の正月・安房平群の年中行事』一九六七年、一六―七頁）

事例40　千葉県、栃木県（地域は不詳）

（高崎正秀の発言）武藤鉄城さんが、秋田の大晦日、秘密の儀式の例を報告なさいましたね。その後、栃木県へ、戦争中勤労動員で行つて聞いてみると、この辺にもあるらしいと言うんです。千葉県に行つてもやはりあるらしい。ただニヤニヤ笑つていてはつきり言いませんが、夫婦が裸になつてイロリの周囲を廻るんですが。天の御柱めぐりの「そのなりなりてなりあはざるところ云々」と同じものですね。それを現代語に訳しただけの形です。だから民間においてやつていることは、国においても天子様が代表してやつておられるんじゃないか。一家では主人と主婦が、いろりを廻るんですがね。西角井君のお話では、まだどこやらでも聞いたと言つていましたので、これは天の御柱めぐりだろうと言つたら、笑つていましたが、となえる文句まで同じですから。(「座談　春の民俗」『民間伝承』二〇巻四号、一九五六年、六頁)

事例41　神奈川県横浜市鶴見区

正月十四日の夜、いろりでハダカマワリをした。詳細不明。(『神奈川県の歴史　県下の民俗篇　上』)

事例42　神奈川県藤沢市鵠沼神明の某家

同市鵠沼神明の某家で、大晦日の夜に、夫婦が正月の用意をととのえると、火吹き竹で炉の火を吹いてから、裸で炉のまわりをまわって、たがいに「〇〇ぶらぶら」(詳細不明)などと唱えていたという。このおかしなしきたりも、やはり豊作のまじないであったと伝えられる。(大島建彦「日本神話研究と民俗学」『講座　日本の神話』一巻、有精堂、一九七七年、一〇二頁)

事例43　神奈川県秦野市南区今泉の綾部家

大晦日の晩に、大神宮棚から大神宮の祠を座敷の真ん中におろして、その祠のまわりを、ダンナが箕をもって種をまく真似をしながら「粟穂に、稗穂に」と唱えると、奥さんが箕をもって「取入れ、カマス」と唱えたという。この家は綾部姓の本家筋にあたり、大正十年位までこの行事を行なっていたが、関東大震災後やめたという。(飯島調査)

事例44　神奈川県秦野市戸川字諏訪丸の村上家
　元日の早朝に、爺と婆がそれぞれ「粟穂に、稗穂」「それ入れろ、カマス」と唱える儀礼を行なっていた。これをすると、粟でも米でもよくとれたという。この家には、門松が根付いたという大きな松の木がある。ハダカマワリとは直接関係はないが、戸川部落には川の水を引き入れた池が以前あって、飲用水としていた。元旦には、この池からダンナと息子の二人が新しい柄杓で若水をくんだという。この時にも、「粟穂に、稗穂」と唱えたという。（飯島調査）

事例45　東京都八王子市
　八王子市でも、ハダカマワリの習俗が行なわれていたらしい。（大島建彦「日本神話研究と民俗学」『講座　日本の神話』一巻、有精堂、一九七七年、八八頁）

事例46　新潟県岩船郡朝日村高根の孫右衛門家
　朝日村高根の旧家である孫右衛門家には、正月十五日の早朝に、爺さんと婆さんが素裸になってイロリのまわりを四つん這いで三回まわる風習があった。この時、まず爺さんが「粟穂（八重穂ともいう）がさがった」と唱えると、婆さんは後からシャモジで女陰をたたきながら、「実がいってコラ割れた」と唱和して、イロリを三回まわったという。（飯島調査）

事例47　新潟県北魚沼郡
　同郡の守門村、湯之谷村など五つのムラで、ハダカマワリが明治末まで行なわれていた。オヤジが「アワボ、ブラブラ」「ヒエボ、ブラブラ」というと、オカカは杓子で女陰をたたきながら、「実が入って、エミ割れた」とか「このカマスで七カマス」といって、炉を三遍まわったという。こうすると、畑作によいという。

湯之谷村では、正月十四日の夜、夫はオメグリボウを振りながら「穂をふって、穂をふって」といい、妻はオツユシャモジで女陰をたたいて「実が入って、エミ割れた」と唱えたという。（水沢謙一氏調査）

事例48　新潟県中魚沼郡津南町貝坂

かつてあったと伝えられる行事で、（正月）十五日早朝、主人夫婦が裸になっていろりのまわりを這って廻りながら、まず夫が「あわぼふれ、ほふれ」という、妻がこれに唱和して「えみれ、えみれ、えみわれた」という。（滝沢秀一氏調査）

事例49　富山県東砺波郡利賀村（昔話「脇谷の栃の木」）

昔……。「栃の木」ちゅう、でかい家があってナァ、そりゃおまえ、下男やら下女もたくさん働いちょる長者のうちじゃった。毎年正月になると、若い下男や、下女が、だれも起きんうちに「あんま」と「あねま」が二人とも早よう起きては、なんやらはじめた。あんまが、

たったりや、たったりや栃の花
ちゅうし、
よんだりや、よんだりや、栗のいが

と、あねまが言うてナァ、囲炉裏のまわりを三回も、六回もまわって、踊ったり、唄ったりしていたそうじゃ。昔はナァ、正月の夫婦のつとめは、あらたかなもんじゃった。そうしちょるうちに、下女たちが起きて来て、だんだんにぎやかになってくるし……下男も起き出したそうじゃ。こうしちょるうちは「栃の木」の家も、どんどん栄えはしたが、この早起きの歌を唄わんようになったら、そりゃみじめなもんで、とうとう落ちぶれてなぁ……。とおくのなんとかいうとこへ夜逃げしてしもうたそうな。ぱっちりこ、柿の種三つ。(『利賀の民話』一九七二年、二二―三頁)

事例50　岐阜県大野郡白川郷

白川郷研究節分儀式断片

純朴自然其もののみが持つ瑞々しさ素直さ―愛と力の輝くがまゝに輝かしめた裸婦尊と裸夫尊とが合掌造の棟を支ふる大円柱の裾を廻つて踊つてゐる。円柱の前には天の美禄が大瓶に湛へられ両脇には三つ棒を交叉した上に土器に盛つた油火が燈心太く献ぜられ六尺にも近かろう囲炉裡には是れに相応しき鉄輪鉄笊を受け松明が神々しふ焚かれてゐる。茲へ天衣無縫の婦尊が先行で、曩《さ》きに寄進状へ掲載した古波夜の前唱から始まる。其の発声は神楽歌に似て抑揚愛度婉転玲瓏たる中にも自ら虔敬真実の風韻漾《ただよ》ひ、続く処の裸夫尊又全き神懸の状態で大切なお穂先を武々良々理々《ぶぶららりり》松明に光らせながら、愛哉目々々《えやめめめ》の後唱をなしつゝ附かず離れずの間隔を持つて後を逐ひつゝ舞ひ廻るのであるが頃合を計つて今まで水を打つた様な静かさにゐた参会の諸尊一斉に、於々古波夜《おおこはや》の唱和に入り式は最高潮に到達する。

此の儀式は古来尤も大事がられるもので由緒正しき家に由緒正しき人を据えてのみ行はるゝ定め、

式中古老は小紋上下帯刀で御穂先目附を相勤め雄尊の穂だち薫らひの如何に依つて其年一ケ年間の吉兆凶兆を占断し且つ祈り言を申上て式終りと成るのである。

唱え言は報告者によってかなり文飾が施されているが以下の通りである。

前唱 女 神「こはや、えやおはや、えやはや、をのこえや、ほほぶぶららりりええ、えやをおお」

後唱 男 神「こはや、えやめめ、えやはや、ぶらりをのおおお、をのほぶらり、えやほおお」

合唱 八百神「おおおこはや、えやめめめ、えやをのはや、ほほぶぶららりりえやはや、ほほぶぶららりりえやはや」

(山田白馬「郷土遺風信仰巡礼」『悲陀』創刊号、一九二九年、二七—八頁)

事例51 岐阜県飛驒地方

年讃秘譜。朝拝のあとの年讃め。是れは、今日僅かに伝ふる処の、田楽田舞等、その原始形態の片鱗と見へるもので又よごとやのりと等の断章でもあつた。

A 麻むつくり、稗むつくり

馬の腹の、まろらに、まろまろまろと。

B 穂ぶらり、穂ぶらり

わらが、垂り穂、しつこり。しつこり、

おゝ、おもた。

C たつたりや、栃の薹《とう》

ゐんだりや、栗の毬《いが》。

裸回りの図（山田白馬「火の信仰と習俗について」）

飛騨一円、殆ど限なく、十数年間にわたる巡礼の結果、私が古老から伝へ得た収録中此の章は特に傑出したものだと信じてゐる。伝ふる処によると、A、B、C、各々別な趣きがあつて、何れも発売禁止もの。茲に詳細い紹介、説明の出来ないのを甚だ遺憾とするが、大体歌詞に添ふた身振りを、全裸の現人神、男女二尊が型で行ふ呪術。謂はゞ年ほめの実践であり、斯く祈らねばならなかつた上代人の信仰面目躍如たるものである。（山田白馬「土俗断章序曲」『石冠』二巻三号、一九三四年、三七—九頁）

前号年讃秘譜の処で、全裸の男女二尊が型で行ふ信仰的呪術のある事を書きましたが、是らは皆、此の相継ぎて絶やさない処の聖火の力を受けて、其の力に授けられて身の幸ち、村の幸ち豊かなれと念ずる信仰に始まつたものと思はれるのです。則ち、年讃秘譜のB。是れは雑誌悲陀、昭和四年第一巻にやゝ詳敷く書いたと思ひますが、件の男女二尊が、近隣一系、環視合唱至念の中に相もつれて聖火を巡り、火の力を受けて動く処の現身の秀さきに生幸を念じ且つ占ふと云ふので。年讃秘譜AもCもほぼ同じ信仰行事に発祥を持つものと信じられるのであります。（山田白馬「火の信仰と習俗について」『ひだびと』三巻一号、一九三五年）

事例52　京都府丹後半島（昔話）

京都府の北端、丹後半島では、元旦の朝、「おおぼがぶらり」「まえたがわれた」「こぼまでぶらぶら」と祝いことばを浴びせあっていた。この祝詞の奥には一つの話がひかえている。

話の出所は半島のつけ根に当たる宮津市田原とされる。田原には湿田が多い。ここの人々は日照りで田が割れるような年を待ち望んでいる。そこで正月に、主人も女房もすっ裸になって、まず主人が「おおぼがぶらり」と唱える。すると女房が、「まえたがわれた」、しまいにこどもたちが、「こぼまでぶらぶら」と唱和する。はげしい日照りで、前田が割れた。秋がきて、稲の大穂がぶらりと垂れる。小穂までぶらぶら揺れる、という意味にとれる。（稲田浩二『昔話は生きている』三省堂、一九七〇年、八五頁）

事例53　兵庫県美方郡美方町（昔話「正月の裸踊り」）

①丹後の西隣り、兵庫県但馬地方でも「おおぼがぶらぶら」と言えば、昔話のことばである。

大歳を迎えて、男衆は休みをもらう。外出しかけたかれは、ふと足を止めて、ものかげにひそむ。そこへ旦那が、おもての間からす裸で現われる。奥さんも納戸からす裸で現われる。まず旦那が奥さんに呼びかける。「おおぼがぶらぶら」。それに奥さんが唱和していう。「きゃあがあったか、みてくれ」。そのとき作男は、思わずとび出して、「こぼまでぶらぶら」とつけ加えた。すると旦那が、「なんちゅう良えことを言ってくれるだ、まあ。お前は、こん家のあと取りになってもらって、こん家の福虫になってくれ」とたのむのである。

語り手の井上きよさんは、語りながら笑いこける始末であった。この話はまるで古事記の国生みの神話そのものである。イザナギ、イザナミの唱和を目の前に見るような昔話である。（稲田浩二『昔話は生きている』一九七〇年、八五―六頁）

②むかしい、あるところに大きな旦那衆さんがありまして、その家に、男衆さんを置いとりまして、とこが、正月になったところがまあ、餅よけ搗くだしして、まあ、「今は休みだすきゃあ、大年だすきゃあ、遊んでこい」って言われるもんで、遊びに行ったふうで、縁の下にそおとすくろんで、隠れて見とるとこが、おおじいさんは、おもてって、昔の者あ言いますだけど、おもてっていうところからでてきたあ、お嫁さんが出てくるとこは、このちょうでいっていうとこですだし、おおじいさんの方は褌もなんにも取って、「おーぼがぶらぶら」っておちんこを出いて、おかみさんは、ちょうでいから、お腰もなんにも取ってえて、「きゃーがあったかみてくれ、きゃーがあったか見てくれ」っておそそ出いて、出てきんさるだし、その男衆も、おかしゅうて、かなわんだけど、僕もまあ一つ頓知やって出よう、と思って、縁の下からして、「小ぼうまでぶらぶら」って出たら、「なんちゅうまあ、ええことを言ってくれるだらあ。お正月、げんのええことを言ってくれる」。「大ぼがぶらぶら」ちゅうのは、稲の穂大きくなりやんだあ、女子が、おそそ出あして、「きゃーがあったか見てくれ」ちゅうのは、稲の穂を出して、花をしたときに、実がのるのになあ、その男と女子との、まあメスとオスとがまああってなあ、そないしてまあ実がみのるっていう意味で、その「きゃーがあったか見てくれ」って言って、おばあさんの方は出るだし、おじいさんの方は、「大ぼがぶらぶら」おちんこ出して出てくるだししたら、男衆が、「小ぼうまでぶらぶら」って出ましたもんで、南中ええことといってくれるだ。まあおまえは。そのくりゃいええこと言ってくれるだったら、こん家の跡とり、この男衆においたるけど、なってもらって、こん家の福虫になってく

れ」ちゅうことで、たったそれだけのことを言ったばかりに、大きな旦那衆の息子さんにしてもらって、嫁サン取ってもらって、とっても運がようなったで、人間はなんでもが、頓知っちゅうことが、一番大事だすきゃあで、人がいよっても、ええ方に、「ああおかし」って言ったら、それが子にしてもらえんにじゃあ、「小ぼまでぶらぶら」って出ましたって。

それで、「稲の穂が小ぼうまでぶらぶらしせえしゃあ年がええ」ってって、そん家のおじいさんやおばあさんが喜んで、そん家のあととり、旦那衆さんの子にしてもらいましたって。(『美方・村岡昔話集』一九七〇年、二四〇頁)

事例54　兵庫県津名郡北淡路町室津(淡路島)

稲穂についての予祝の行事は、淡路においてきわめて多いが、その中でとくに興味をひく演戯的な行事が、特定の家で古く行なわれていたと伝えている。津名郡一宮町室津字大坪(現・北淡路町)の某家では、一月元旦の朝、主人夫婦がたがいに男女のものを出しあって、年棚に祭るオオトシサンの周りを廻りながら、最初に主人が「子まけもくろんだ、おうほうぶらり、ちんぽぶらり」ととなえる行事をしていたという。これも稲穂の垂れ下るのを象徴して、正月の年神に、かく大粒の稲穂の実ることを祈念したのである。(西谷勝也『季節の神々』慶友社、一九六八年、四五―六頁)

事例55　和歌山県西牟婁郡大塔村

正月元日に、部屋の中を親子三人が四つん這いになって、女が「前田がひびた」、男が「長穂でぶらり」、子が「大穗もこぼうもみなそろた」と唱えた。(『昭和五十一年度 民俗採訪』一九七七年)

事例56　岡山県勝田郡勝田町（昔話「大穂ぶらぶら」）

昔、奉公人がおって、奉公人がなあ、非常に頭のええ奉公人だったん。そうしたところが、毎年お正月が来ると、元日の朝、お餅を食べたら「遊びぃ行けえ」いうて、主人や奥さんが言うて、どうしても遊びぃ行きょうたん。どうも不思議に思うて、今度、お正月が来たらいっぺん調べてみちゃろ思うて、待っとったところが、お正月がやって来て、せえで、その元日の朝、お餅を食べたら、奥さんや主人が、また、遊びぃ行けえ言うもんじゃから、せえで、そこの前へ主人がなあ、その、前ぅはたけてなあ、そうして男の持物を出してなあ、「大穂ぶらぶら」いうて、おちんちんをぶらぶらっと振るんじゃ。そうしたら奥さんがなあ、また前ぅ開げてなあ、そうして、おめんちょを出して、「貝の口ぅ閉めた、閉めた」いう。へうで奉公人がそりょう聞いて、自分もひとつ祝うちゃろう思うて、小さいやつぅ出して、「小穂までぶらぶら」いうてなあ、言うたら、「どえらいめでたいことを言うてくれた」いうて、主人や奥さんが喜んで、大変御馳走してくれてなあ喜んでくれた。

（『美作の昔話』日本放送出版協会、一九七四年、二〇一―二頁）

事例57　鳥取県八頭郡若桜町（昔話「大穂ぶらぶら」）

ついたちの朝かな。お母さんが先出るんだな。「苗だがくるんだ」言って出たら、お父さんが、「大穂がぶらぶら」て言ったら、番頭が「こぶまでぶらぶら」て言ったら喜んで、ほうびもらったって言うことですな。

但馬の百姓家で、旦那がげんを祝おうとして「大穂がぶらぶら」と言って踊ると、おかみさんの方も「子どもぶらぶら」と言って踊った。

百姓の家で正月のげんを祝うため、旦那が、「大穂がぶらぶら」と言って踊ると、おかみさんが、「小穂もぶらぶら」と言う。そういうしきたりのあるところがあった。(『日本昔話通観一七巻 鳥取』同朋舎、一九七八年、七三二頁)

2 裸回りの研究小史

裸回りに関する研究は、これまで臼田甚五郎(1)、安田尚道(2)、大島建彦(3)、三谷栄一(4)、渡辺昭五(5)、高野芳進(6)、新井栄作(7)などによってなされてきた。しかし、裸回り自体を研究対象としたものは少なく、安田や新井の研究を除くと、他の大きなテーマの一部として裸回りに言及したものがほとんどである。しかも、それらの研究は裸回りとイザナキ・イザナミ神話の天之御柱巡りとの共通性の指摘、および裸回りは粟や稗の農耕儀礼であるという主張に要約できる。

唱言や所作に類似点があるところから、裸回りとイザナキ・イザナミ神話との共通性を指摘することは、とても魅力的な視点である。しかし、国家と家、神と人というレベルの相違がある上に、裸回りでは男女が四つん這いとなり、かつ二人の回る方向が同一方向であるのに対して、国生み神話では二神が回る方向が異なっており、さらに囲炉裏と天之御柱というように回る中心となる対象にも相違が見られる。そもそも、古代の神話と現存の民俗伝承とをただちに結びつけることには、もっと慎重であるべきだろう。しかもこの神話と儀礼の共通性の指摘は表面に現われている唱言と所作に集中しがちであり、両者の背後にある象徴的な深いレベルでの一致を説くことは意外に少ないのである。

また裸回りの唱言のなかに粟や稗の豊作を予祝するものが多いからといって、この習俗をただちに焼畑農耕の予祝儀礼とするのも、どうであろうか。さらに、岡正雄の日本文化形成論＝種族文化複合説や縄文農耕論などから、安田尚道がイザナキ・イザナミ神話が縄文時代後晩期に日本に渡来したろうと論じているのは、大胆で興味深い仮説だが、その論証はかなり困難であろう。裸回りの唱言には、粟や稗の予祝をする言葉が事例の上では確かに多い。しかし、なかには「稲穂がぶらり」「大穂がぶらり」「前田がひびた」「苗だがくるんだ」などと稲の豊作を予祝すると思われるものもあり、飛騨地方の例では栃や栗といった木の実さえも登場している。裸回りの唱言は、表現上は粟や稗の予祝だとしても、実際に粟や稗の豊作を祈願したものなのだろうか。筆者は、ここで、同じ唱言が正月元旦の祝い言葉や、若水汲みの唱言、さらに昔話や歌謡の形でも伝承されていることに注目したい。裸回りの事例は畑作地帯や山村から報告されているものが多く、唱言をそのまま素直に理解することもできるだろうが、筆者はむしろこれを一種の性的なメタファーとして解釈したい。

裸回りはたいてい、大晦日、元旦、小正月、節分などいずれも「年越」と呼ばれる一年の境目に行なわれている。新年と旧年という時間の交替がなされ、あらゆるものがみな甦り更新する正月は、再び宇宙や世界が創造される一つの「はじまりの時」であり、このような新しい秩序が創出される聖なる時空間では性的なメタファーが登場することが多いのである。そうした「原初の時」へ回帰する儀礼や伝承のなかで、この唱言は発せられているわけである。唱言によって男女の性器を表現するだけでなく、裸回りではスリコギとスリバチ、スリコギとシャモジといったさまざまな道具によって男女両原理を表わす事例も見られる。このように、裸回りには年頭の性的な儀礼という色彩が強いのである。

筆者も裸回りに関して何度か発表する機会があったが[(8)]、この儀礼の表面的な部分に注目するだけでなく、その深層にある宇宙論的な性格を明らかにすることが最も重要であると主張してきた。そこで、以下では、こうした観点から年頭の性的な儀礼と囲炉裏を三回まわることの意味を中心に裸回りの民俗について考えてみたいと思う。

3　年頭の性的な儀礼

裸回りの主要な構成要素を整理してみると、次のようになるであろう。

(1) 大晦日、元旦、小正月、節分という一年の替わり目に行なわれること。
(2) 夫婦が真裸で四つん這いになり囲炉裏の周囲を唱言を唱えながら三回まわること。
(3) 唱言は粟や稗の豊作を予祝しているが、性的なメタファーになっていること。
(4) 旧家筋の秘儀とされ神聖な性的儀礼となっていること。
(5) 儀礼の中心として囲炉裏や火所が重要なものになっていること。

このように、裸回りの特徴の一つが年頭の性的な儀礼にあることは明らかである。三谷栄一は、記紀の冒頭や説話文学の冒頭第一話になぜ性的描写が置かれなければならないのかという問題を取り上げたなかで、裸回りの他、元日の「柳の下の御事は」や新婚初夜の「柿の木問答」などにも言及し、「これらは農耕社会特有の説話であって、国家の安泰には新しい年が豊作でなければならない。畑作、稲作の生産に豊穣をもたらすようにと年のはじめに祈る儀礼として、性の神秘な呪力が重んじられたからに他ならない」[9]と述べている。性的な儀礼や描写をみな単純に農耕の予祝儀礼として片付けてしまってよいのだろうか。やや疑問である。繰返しになるが、表面に現われた機能だけでなく、その背後に隠された象徴的な機能にもっと注目すべきであろう。ここでは、まず裸回りとも深く関連している「柳の祝言」と「柿の木問答」の事例から取り上げてみたい。

事例58　柳の祝言

禁中にて毎年正月元日の詔り始めに皇后の言、「ゆの木の下の御事は」とのたまふ時、帝の「されば其事目出度候」と御挨拶遊ばす事恒例なりと云ふ。其故由は知らねども之を詔の始めと云ふ。又洛中洛外共に貴賤の人々元旦の詞始めに夫婦共清服を著し、妻女先づ「柳の下の御事は」と云ふ時、亭主「されば其事目出度候ふ」と言終りて、屠蘇を飲み雑煮を祝ひぬれば其年災を遁ると言習はされ、禁中にては柚の木の下、地下にては柳の下と言習はすと云々。（南方熊楠「柳の祝言」『郷土研究』三巻八号、一九一五年、二三―四頁）

事例59　柿の木問答

（兵庫県）加西郡九会村田原の山奥のムラで婦人たちから採取していたとき、結婚のことについて聞いていると、妙なことになり、まだ早いというわけであったが、一人がマアええやないか、というので教えてくれた。新婚の夜に、新夫と新婦が初めて床に入り、

あんたの家に柿の木がありまっか

へェ、おます

わしが登ってちぎってもよろしますか

へェ、どうぞちぎって下さい

そんならちぎらしてもらいます

というので、新婦の腹の上へ乗るのである。なお、これを若衆入りの晩にするムラもある。(赤松啓介「村落共同体と性的規範」『どるめん』二六号、一九八〇年、九四頁)

このように、ものごとの始まりにおいて性的な儀礼がしばしば行なわれることは注意される。福島県南会津地方には、建前の夜に新築した家の一部を板で囲って若夫婦を寝かせる「板囲い」という風習がみられた。また宮城県には「どこで年取っぺや」という行事が旧家を中心に五十数例行なわれているが、栗原郡一迫町長崎の某家では事例で紹介したように、この行事のあとに続けて裸回りを行なっている。

性的な儀礼は、日常生活での男と女という性別のある不連続の状態を脱して、男女両原理の統合(一種の両性具有)という聖なる連続の状態を創出する上で重要なものといえる。日常生活を規定している秩序を崩壊させ、日常性とは異なった聖なる秩序を現出させることが問題なのである。もっとも、世界の創造神話のなかでは、夫婦が協力して創造したり、あるいは夫婦間に生まれた子供が人類の初めであるとする夫婦型の創造はそれほど多いものではなく、日本も含めて太平洋をとりまく形で点々と分布しているにすぎない[10]。

さて、裸回りでは唱言や道具はそれが実際にもっている意味を超えて性的なメタファーになっていると述べたが、さらにこの儀礼が裸で行なわれていることにも注目する必要がある。

裸は衣服(文化)や日常性を身体から剝ぎ取り、生まれたままの自然の状態または非日常的な聖なる状態を表象している。しかも、四つん這いになって囲炉裏の周りをまわる事例が多くみられる。これは人間(文化)よりも動物や赤ん坊(自然)に近い所作といえよう。裸回りで夫婦が裸になり四つん這いの姿勢で儀礼を行なう例が多いのは、これらが原初の時の姿を表象したものであり、混沌（カオス）から秩序（コスモス）へ、自然から文化へ、動物から人間へと移行するために必要だったのであり、儀礼的な仕掛けの一つといえるだろう。

また裸は日常性の軛を脱し、あらゆる可能性に開かれた状態でもある。それは聖なる連続の状態への前提となり、その状態においてはすべての対立が統合され、超克されるのである。

男女の性的な儀礼をただちに類感呪術による農作物などの予祝儀礼とするのは、適切ではない。聖なる世界を現出させて、この世に潜在的なエネルギーを導入する回路をつくり出すことが重要なのである。山の神に男根を呈示する儀礼も、山の幸や霊力を導き出すための行為であり、コスモロジカルな性格を有しているのである。裸回りで、性的な力が衰弱している爺や婆が主役となって性的な所作をするのは、これが単に農作物の予祝のために行なわれるものでないことを示している。

男女両原理の統合を表わす性的な儀礼は、日常性とは異なった聖なる状況を現出させ、原初の宇宙的なエネルギーに満ちた特別の時空間を生み出す。その儀礼空間のなかでは、人の言動はそのまま呪術的な効力をもち、自然に対しても意図した効果を及ぼすと信じられたのである。裸回りにおける性的な唱言や所作は、潜在的なエネルギーを解放して聖なる状況をもたらすと同時に、その象徴的な秩序のなかで豊饒という形で自然への効果も期待されたのである。

4 囲炉裏を三周する儀礼

裸回りが行なわれる場所は、ほとんどが囲炉裏の周囲である。裸回りでは、囲炉裏のまわりを三回まわることが大きな特徴の一つになっているが、これには一体どういう意味があるのだろうか。囲炉裏を含めた火所やそこをまわることの意味、および「三」という数の意味がさしあたり重要な問題となる。昔話には「三回の繰返し」は頻出するが、ここでは、他の年中行事や人生儀礼などと関連させながら、この問題を考えてみたい。

裸回りと直接関連するわけではないが、『宇治拾遺物語』巻五の五話「陪従家綱兄弟互ニ謀タル事」のなかには、内侍所の御神楽の夜の余興として、

庭火しろく焼たるに、袴をたかくひきあげて、ほそはぎをいだして、「よりによりに夜のふけて、さりにさりに寒きに、ふりちうふぐりを、ありちうあぶらん」といひて、庭火を三めぐりばかり走りめぐらんとおもふ、いかがあるべき。

お鏡餅曳き（太田三郎『性崇拝』）

と、家綱が提案する場面がある。これも一年の大きな折目に滑稽な性的所作をしながら庭火を三周する儀礼とみれなくもない。さらに、次のような年中行事の諸事例はどうであろうか。

事例60　お鏡餅曳きと新参舞（江戸城本丸の大奥）
むかし、正月七日に江戸城本丸の大奥で行われたお鏡餅曳きの式のときには、中心をなすお鏡餅のすぐ後へ、御膳所の役人

が、炮六を一文字笠に代えて被り、きわめて大きい摺子木に跨って、揚々として続いたものであったが、云うまでもなくそれはファリュスであった。その前後へ、額へ飯杓子を交叉させて、それへおかめの面を附けたのや、腹部を妊娠状態に脹ませておかめの面を被ったのが列ったのによっても行列のテーマが、ものの繁殖に置かれたことはすぐ察せられる。

また、同じ本丸の大奥で、正月十一日の夜に、過去一年間に召抱えられた御膳所のお仲居やお末が、奥御膳所の板の間で、新参舞というのを行い、御台所が唐子の間から透き見をする儀式があった。踊るものはみな腰巻一つだけの裸となって、御膳所の中央の大囲炉裏の周りを三度廻るのであったが、そのとき、先頭に立つものの中の一人は一丈余の大摺子木を、一人は六尺に余る飯杓子を、一人はこれまた巨大な貝杓子（いずれも注連を張って聖化さる）を担ぐのが慣例であった。（太田三郎『性崇拝』黎明書房、一九五六年、二九六―七頁）

事例61　節分（冷泉家）

大豆は、台所のおくどさんで煎る。かつては、男衆が豆を大きな炮烙に入れて、大豆の枝でかきまわして煎った。その間、おくどさんの前に、木製の節分用の大しゃもじ（長さ102㎝）と、同じく大連木（れんげ・すりこぎ、長さ87㎝）を、足のついた膳の上に並べて置いておく。しゃもじには、白紙を巻きその上に水引きを懸け、ごまめ二匹と柊の枝を付ける。連木には御幣の付いた注連縄を巻く。

終戦までは、家族が見守る中、奥女中一人が「おめでとうございます」の挨拶の後、その大しゃもじを肩に担いで、おくどさんを北から南へ一廻りした。途中で豆を煎っている男衆とも正座して祝儀を述べた。連木の方は、御飯炊きの女中が肩に担いで、おくどさんを同様に、三廻りする。（冷泉貴実子「冷泉家の年中行事―節分・初午」『日本民俗文化体系』月報2、小学館、一九八三年、一四―五頁）

これらは摺子木《すりこぎ》や杓文字《しゃもじ》を担いで囲炉裏や竈などの火所を三回まわる儀礼であるが、同様のことは裸回りでもみられた。かつて加賀藩でも身分の高い家では、火所をまわる儀礼は伴わないが、節分の夜に、豆を撒く年男の後へ、若く美しい腰元に摺子木を握って従わさせ、年男が「福は内」と叫ぶ毎に「ごもっとも」と唱和して、その摺子木を上下に動かさせるのを嘉例としていた。その他、摺子木と杓文字を男女両原理を象徴するものとして用いる儀礼は、七草をはじめいろいろあるが、特に東京芝の愛宕山で正月三日に行なわれた「毘沙門《びしゃもん》の使《つかい》」は、頭に笊《ざる》と昆布と裏白とで組立てた兜をいただき、腰には大摺子木をさし、右手には大飯杓子をもった姿で練り歩くというたいへん印象的なものである。なお、正月に火所ではなく家の周囲を三回まわる儀礼もある。

事例62　どこで年取っぺや（宮城県）

年取りの夕食前またはその夜、当主が布団などを背負って家を出、屋敷の外から入ってきて「何処で年取るべや」または「今夜何処さ泊まるべや」とつぶやきながら、家の周りを三度巡り、家の中から妻女などが「おら家で年取らえ（または泊らえ）」と応じると、家に入って年取りの膳につく。七ケ浜菖蒲田では当主が便所に行き、「何処で年取るべや」と唱えてから正月の注連縄を張る。白石市小原では、臼に腰かけ同様に唱え、蕎麦練りを食べるなどの例もある。かつてこの行事は県内各地の旧家で行われており、現在その五十数例が確かめられている。（三崎一夫「宮城県の歳時習俗」『東北の歳時習俗』明玄書房、一九七五年、一四三頁）

事例63　ほがほが（東北地方）

①ほがほが。正月十四または十五日の晩の行事。旧南部領や津軽、秋田の北部などで行われる。桝などの中に、大豆の皮・蕎麦のから・豆腐がら・酒かすなどを混ぜて入れ、唱え言をしながらこれをまいて、家の周囲を廻り歩く。唱え言は、「豆の皮ほんがほんが、蕎麦ぬがもほんがほんが」などというものが用いられる。

②やあらすり。岩手県遠野市の一部で正月十五日夜の行事。「やぁら来た来た飛んで来た、銭こも金こも飛んで来た、銭こも金こも飛んで来た」と唱えつつ、家の周囲を蕎麦がらや粟がらを振りまいて三回まわる。その時、隅々に竹に何かをはさんで松の火で焼いてさすというのは戸窓塞ぎのような呪法と思われる。

③豆糠撒き。岩手県紫波郡で正月十五日の夕方の鳥追に先立って行う行事。「がいき・はな垂れ・やんまい疫病・ねこもの・はれもの・貧乏神はふん出はれ、福の神は内におんでやれ」と、一年中の病魔を駆逐する文句を唱える。東北地方の豆撒き行事には鬼打ちの意味にもまして、予祝行事の色彩が見られる。（鈴木棠三『日本年中行事辞典』角川書店、一九七七年、二六一頁）

性的な儀礼が伴うかどうかは別にして、年頭に家屋やその中心をなす火所をまわるさまざまな年中行事は、予祝や魔祓いの目的でなされているものが多いようである。魔祓いの基本は、邪悪なものや病魔、ケガレなどを祓い清めて浄化することであるが、結局それは時空間を新しいものに更新することでもある。その切り替えによって、魔が祓われたり、さらに積極的に福や富を招くことにも結果としてなるのである。したがって、まわることには、性的な儀礼と同様にものや時空間を新しいものに変換し甦らせる意味があると思われる。このような儀礼は、ものがみな改まる年頭ばかりでなく、新築祝いにもみられる。

事例64　火伏せの呪法（福島県南会津地方）

建前に、棟には火伏せの神として、男の物と女の物を形どって供える。南会津地方では、第二次大戦前までは必ず供えていたともいう。村によっていくらか差があり、男のものだけあげる地方、昭和村の大芦のように男根のみ二つあげるとか、布沢地区のように男根、女陰を対としてあげる地方などがある。その品物もお粗末の物から、写実的な見事な物、また細い物、太い物、長い物などいろいろある。布沢地方には色塗りしたもの、女陰は藁でつくったものから、厚い板に穴を掘ったもの、それには木目を利用して、恥毛を植えるなど、手のこんだ素晴らしい物さえみられる。

建前の夜は、新築した家の一部を手伝いの人が板で囲って、その中に家族の若夫婦を寝かすという習俗もあったという。（只見町教育委員会編『南会津・只見町過疎部落の民俗』一九七一年、一五頁）

事例65　四つの隅の呪法（岩手県）

山伏神楽の演ずるものに、シンガクというものがあって、やはり神楽と書く。新宅祝いなどに招かれて呪法的に行なわれるものである。猿田彦、塩を蒔いて歩く役目の男（紋服）、権現さま（獅子）、囃（笛、太鼓、手びら鉦）、シンガク（四人、鉢巻、肌脱、袴）の順序で縦隊をつくって、その家の大戸口から出て、右まわりに母屋のまわりを練り歩く。シンガク四人のうち、先頭と殿《しんが》りは刀をぬいてもち、中の二人は新しく作った竪杵をもつ。そして家の四つの角にくると、其処でシンガクが刀または杵を使って踊るのである。最後の角で踊ってから、一行は大戸口に進んで屋内に入る。屋内には、注連縄を張りめぐらし、一行がはいったあとで神楽を演じ、その式六番が終わると、ヘッツイ舞になる。即ち、予めニワに臼を据え、その上にシンガクの持っていた二本の杵を十文字に置く。そして猿田彦、国常立命、天照皇大神、ウケモチノ命、権現さま、藁馬に跨った者二人（頭にザイをつけ、襷、袴の姿）、囃（笛、太鼓、手びら鉦）、シンガク四人の順序で臼のまわりを三回まわり、一回まわる毎に騎馬の両人が竪杵で粢《しとぎ》（米の粉でつくる卵形の餅で、「シロモチ」とも称し、神の供物によく用いられる）を搗く。ヘッツイ舞が終れば、直ちに、シトギをナマダンゴのお供えにして、家の人々や親類の人々に分ける。ヘッツイ舞に使った杵には、式を行なった年月日や事由を墨書して屋根裏の棟木に結びつけるか、或は産土《うぶすな》の社《やしろ》に納めることにしている。（森口多里「四つの隅の呪法」『民間伝承』二三巻一号、一九五九年、一六頁）

建前に男女の性器をかたどったものを火伏せの呪物として棟に飾る風習は、福島県の中通り北部では主婦が男根のみを供える例が多く、中通り南部や会津地方では男根と女陰とを向かい合わせて若夫婦が供える例が一般的である（本書「火伏せの呪物」参照）。火と性は深い関係にあるが、何故この呪物が火伏せになるのかに関しては、性的交合によって水が出るからだと現地では説明している。むしろ、これは母胎や男女交合の造形といった家屋のもつイメージと関わりがあるのではなかろうか。家屋は、大宇宙（自然）から切り取られた小宇宙（文化）であり、家屋を建てることは一つの宇宙創造神話の繰り返しとみなすことができる。そうした聖なる神話的な世界を男女両原理を統合する行為や物で表象したのである。年初、家屋の建築、成年式、婚姻など新しい身分や時間を獲得し生み出す機会には、物の周りをまわったり性的な統合を象徴したりする儀礼がしばしばなされるのである。

誕生、婚姻、葬儀などの人生儀礼においても、火所をめぐる儀礼をみることができる。阿部謹也は、ドイツを中心にヨーロッパ社会の火や竈の民俗伝承を紹介したなかで、

竈は個人の生涯の節目においても大きな役割を果たしていた。生まれたばかりの赤子を抱いて竈のまわりを三回廻るのが仕来りとなっている。この行事によって赤子は家の住人として確認されるのである。結婚の際にもすでにギリシア時代において花嫁は花婿とともにまず新居の竈のところに行く。ローマでは花嫁は水と火を受け取るという。婚約の儀式がすでに竈のところで行なわれ、婚約者は客の前で竈を三回まわることになっている。竈の位置が家の中心から移され、壁面に接しておかれるようになるまでこの習慣はつづいていた。花嫁は料理用の杓文字を自在鍵にかけ、この行為によって主婦としての座を確保する。わが国の杓文字渡しの行事との大きな違いに注目させられる。この習俗のある地方では、花嫁は結婚と同時にこの行事を行ない、主婦となるのである。新婦はその前に椅子にのせられて家に入り竈のまわりを三回まわる。ところによっては竈のまわりで踊りが行なわれることもあった。人生の最後の節目である死の際にも竈は重要な役割を担っていた。スカンディナヴィア諸国では死体はかつがれて竈のまわりを三回まわり、ヴェストファーレンでも死体は竈のそばに安置された。こうした習慣はC・ラードマッヒャーなどのいうように死者がかつて竈

のそばに埋められたという前史時代の慣習に遡るものといえるかもしれない。死者が竈のまわりに生きつづけると信じられてもいたからである。花嫁だけでなく、下女や下男の採用のときにも竈のまわりを三回まわって採用が確認される。人間だけではない。新しく購入された家畜も花嫁と同様に竈のまわりを三回歩かされ、そののちはじめて家の構成員であることが認められる。（「火と竈をめぐる民俗」『ｉｓ』二一号、ポーラ文化研究所、一九八三年、一三頁）

と述べている。クルト・ザックスも、婚姻に関して、

（結婚舞踊は）その他の結婚の風習のように、花嫁と花婿は特殊な危険にさらされており、彼らを守るべき手段が採られねばならないという考えから発生した……。ここで考えねばならない主題はわずか三つである。第一は人生の一つの段階への推移だということ、第二は力の転移、第三は浄化の思想にこの主題は根ざしている。……（ドイツの）ゲーステムンデに近いブラムステトでは、よそからきた花嫁は持参金を持って三回カール大帝の騎士であるローランドの像のまわりを回らされる。暖炉や自在かぎのまわりを三回まわる風習も、今日の西ドイツではよく見られる。ダニューブ河畔のクレムでは、新婚の夫婦は菩提樹のまわりを三回踊って回るし、ウェストファリアでは樫の木のまわりを回る。また、ギリシア教会にもこの慣例があって、式を行なう牧師が祭壇のまわりを三回、新しい夫婦を連れて厳粛に回り、はじめて結婚式は終了したと考える風習がある。（『世界舞踊史』小倉重夫訳、音楽之友社、一九七二年、八七―八頁）

と述べ、三回まわりの儀礼の主題は別の段階への推移にあるとしている。日本と同様に、西欧でも必ず「三回まわる」ということは、文化伝播というよりもむしろ文化や地域をこえた共通の要素が背景にあると思われる。

日本でも、花嫁が実家を出立したり嫁ぎ先での入家式の際に炉辺を三まわりする風習は、東北、近畿、九州の各県でみられた。たとえば、山形県村山地方では嫁に来たらその家の竈を三度まわるといい、岩手県の遠野地方でも婚家に着いた嫁が炉辺を三めぐりしてから奥へ案内する風習があった。また奈良県山辺郡山添村では、嫁が入家する際に足を洗う真似をしてから土間に入り、オクドさん（竈）を裏の方から三度まわる風習があったという。江守五夫は

民族学の研究によれば、結婚式の際、嫁または婿が、あるいはその両人が、炉や竈のまわり、寺院その他の神聖な対象物のまわり、ないしは家屋のまわりを三廻りするという特殊な婚姻儀礼があり、この「三廻り」儀礼は嫁や婿を祓い清めるもので、その分布領域は、ヨーロッパから西アジアを経、内陸アジアを横断して中国や日本にいたる広汎な地帯にわたっている。（『日本の婚姻』弘文堂、一九八六年、三一六―七頁）

と述べており、この風習が悪霊の祓い清めの意味をもち、日本へは内陸アジアのアルタイ系民族から伝わったとしている。また、この婚姻儀礼の炉辺三まわりの習俗と裸回りとは、内容や分布などから同一系統のものとしている。さらに江守は、婚姻の他に産育や葬儀にも同様の儀礼が行なわれていることに注目している。これらは初宮詣りで嫁やその母が子供を抱いて拝殿を三回右まわりしたり、幼児の夜泣

きの呪法として夫婦が家の周囲を三まわりする風習や、葬儀の際に棺を庭で三回まわしてから出棺する風習のことである。これらは婚姻の場合と同じ形式の儀礼であるが、とくに出棺の習俗については仏教儀礼としての意味づけも可能であり、その発生の基盤は慎重な検討が必要であるとしている（同前、三二〇頁）。

中山太郎は、鳥取辺りでは地蔵の周りを三度まわると地蔵が笑い出すとか、三河の刈谷町辺りでは人の周りを三度まわるとまわられた人は気狂いになる、あるいは各地の神社の祭礼で社頭や社殿などを氏子が呪文を唱えながら三度まわる風習がみられることなどから、物の周囲をまわる儀礼は神の送迎儀礼であり、北方民族と共通する習俗であるとしている（「物の周りを廻る民俗」『信仰と民俗』一九四三年、四一―五六頁）。また同書のなかで、栃木県那須郡馬頭町で葬列が寺の庭を三回半まわるのをみて、中山が神を送迎した民俗の一残片と解したのに対し、友人のネフスキーはこの説に反対しアニミズム時代の悪霊の足跡を消す名残りと述べたと記している。

日本の場合、人生儀礼では火所に参る習俗はあるが、そこを三回まわるという事例は婚姻儀礼を除くとあまり見られないようである。明治以前には、名古屋市の若宮祭の時に、黒船の山車に乗る青年でその年に元服した者は、六月十一日の夜に祭宿で、巨大な摺子木に注連を張ったのを麻裃の肩にかつぎ、笛太鼓の囃子につれつつ、「ヘケベケノカワァカキヨロシ」と唱えて、座敷中を三度まわる儀式を行なったという。太田三郎は、これについて、「ファリュスの精力にみずからの前途を護持させようが為であったであろう」（前掲、二九八頁）と述べている。成年式の一種といえよう。

人生儀礼において火所その他を三回まわることの意味については、クルト・ザックスがあげている、人生の一つの段階への推移、力の転移、浄化の思想という三つに要約できるだろう。この三つは相互に深くかかわりあっており、同じものが見方によってこのように三つに表わされたともいえる。人生の各節目では、分離、推移（境界）、再統合という過程を経て次の段階へと移るわけだが、この世から分離されどっちつかずの状態は極めて危険なものとされるため、そこに悪霊払いや浄化という観念が入り儀礼と結びつく可能性が出てくるし、またこの世に再統合される再生の過程では困難の克服や力の転移が行なわれたりするだろう。結局、そうしてある状態から別の状態への移行がなされるのである。視角によって違いが出てくるが、この儀礼は別の段階への推移ということが基本主題なのである。

ところで、物の周囲を円形にまわったり踊ったりする儀礼は、中心にあるものと同一化したり身体と宇宙とが一体化するためであるともみられている。千田稔は、次のように述べている。

イザナギ・イザナミは、オノゴロシマを天の御柱と見立てて、その周囲をまわり、粟の儀礼であるハダカマワリは、火の周囲をめぐる。そして中国の少数民族の場合は、樹木の周囲を踊りめぐる。いずれも中心にシンボリックなものを置いている。いうまでもなく天の御柱は、天空と地上を結ぶものであって、それは神あるいは祖霊が降り下るものであった。またハダカマワリの火もまた生命のシンボルにほかならない。そのような天の御柱や樹木、あるいは火という聖なる中心に人々は出会うために、その周囲を旋回する。聖なるものと出会うということは、生の根源を獲得するものに他ならない。（『うずまきは語る』福武書店、一九九一年、二九―三〇頁）

裸回りでは、囲炉裏の火の周囲をめぐって儀礼が行なわれる。神話学者のJ・キャンベルが、家庭内の炉床、聖堂の祭壇は、地球という車輪の轂《こしき》であり、「宇宙母」の胎内であって、宇宙母の燃やす情火こそ生命の焰にほかならない。（『千の顔をもつ英雄』上、平田武靖・浅輪幸夫監訳、人文書院、一九八四年、五八頁）

と指摘しているように、囲炉裏は家屋という一つの宇宙の中心をなし、あらゆるものが生成される中心でもある。そこはまた、火を中心に自然と文化が媒介され、対立するものが併存し統合されるという特権的な場であり、異界へ通じる場ともなっている。この囲炉裏をまわる回数が裸回りではなぜ三回であるのかという問題は先にも問うたが、「三」という数字は、昔話にも頻繁に現われているように、異界へ働きかける要素や力を象徴しており、非日常的世界に参入する上で大きな役割を果たしている。これが囲炉裏を三周する理由の一つとみることができよう。

＊

正月に夫婦が裸になって囲炉裏の周囲を唱言を唱えつつ三度まわる「裸回り」の儀礼について、事例の紹介を中心に記述してきたが、これは決して奇習ではなく、「始まりの時」に回帰し宇宙の秩序を更新する神聖な儀礼であるということが明らかとなった。これは、「時間の初めからの再開始、即ち宇宙開闢の繰り返し」（エリアーデ）の儀礼といえるのである。この点で、イザナキ・イザナミの国生み神話とも深いレベルで共通するのである。通常は、両者の唱言や所作の類似を指摘するのだが、細部にはむしろ相違点が多いのである。また裸回りの唱言は粟や稗の予祝をしている事例が目立つが、これは農作物の豊饒を祈願しているだけでなく、同時に性的なメタファーともなっており、男女両原理の統合をめざした宇宙論的な側面が背後に隠されているのである。裸回りには多様な諸要素がみられ、それらが複雑に組み合わされて一つの豊かな儀礼になっているのだが、年初の年中行事として旧年から新年への時間や秩序の更新が主眼となっているのは間違いのないところだろう。

註

（1）臼田甚五郎「日本文学の発生と性」『国文学解釈と鑑賞』三一巻八号、一九六六年。
（2）安田尚道「イザナキ・イザナミの神話とアワの農耕儀礼」（『民族学研究』三六巻三号、一九七一年）、同「東北地方の裸回り」（『東北民俗』一五輯、一九八一年）。
（3）大島建彦「日本神話研究と民俗学」（『講座 日本の神話』一巻、有精堂、一九七七年）、同「日本の民俗における性」（『ジュリスト増刊総合特集 人間の性』二五号、一九八二年）。
（4）三谷栄一「説話文学の冒頭第一話と農耕儀礼」『国学院雑誌』八四巻五号、一九八三年。
（5）渡辺昭五『歌垣の民俗学的研究』白帝社、一九六七年。
（6）高野芳進「穀物栽培における農耕儀礼について」『民族学研究』三四巻二号、一九六九年。
（7）新井栄作「粟穂稗穂ぶらぶらについて」『埼玉民俗』七号、一九七七年。
（8）拙著『竈神と厠神』（人文書院、一九八六年）、同「釜神その他（上）」（『我楽苦多』三号、一九七五年）、同「炉をめぐる習俗」（『農村文化論集』一集、一九七八年）、同「秦野のハダカマワリ」（『あしなか』一八〇輯、一九八三年）。
（9）三谷、前掲、二一頁。
（10）大林太良「比較神話学からみた元の理」『講座 元の理の世界』一巻（元の理の人間学）、天理やまと文化会議、一九八七年、九一―四頁。

日本の柱信仰――世界樹としての柱

1　問題の所在

　およそ建築物の構造には大別して組積《くみつみ》式と架構式とがある。組積式は、石やレンガ、コンクリート・ブロックなどの厚い壁を中心につくられたものであり、一方、架構式は外部からかかる力や建物自体の重量を柱や梁など細長い材を架構してその堅牢性を保つ建築方式である。木材が豊富で石材に乏しかった日本では、その建築物の大半は架構式が中心であり、したがって柱は極めて重要なものとされてきた。それは「一家の大黒柱」のような日常語にまで及んでいる。厚い壁で外部から遮断される建築物とは対照的に、日本の伝統的な建物は「壁に耳あり障子に目あり」の諺のように壁や部屋ごとの仕切りは薄くまた融通性に富んでおり、床面積も柱間距離を基準にして計測されている。大きな建物を支えるには、それだけ太くて長い柱や梁が必要となるわけである。近年、石川県の真脇遺跡や群馬県の矢瀬遺跡など各地の縄文時代の遺跡から巨大なクリ材の柱根や柱穴が相次いで出土しており、こうした大型の建物や住居は一体どういった目的や方法で建てられたのかさまざまな論議をよんでいる。

　こうした実際の建築の上ばかりではなく、日本では柱は古くから宗教や芸能などの精神文化の側面においても重要な意味を担ってきている。それは神話、伝説、祭礼、年中行事、建築儀礼、民俗芸能、神社や民家など多くの分野において、神霊の依代、聖域や境界の標示、さらには世界や宇宙の表象・雛型として多様な現われ方をしている。柱は、別の世界や物との媒介をする橋・端・箸・梁・階《きざはし》に通じ、高く聳え天と地を垂直方向につなぐものとして、神霊の往還や世界創造の中心としての役割を果たしてきた。また柱や竿は斎串《いぐし》である杖・鉾・剣・櫛とも関連し、永遠・堅固・不動といったイメージを帯びることもあった。新井白石の『東雅』には、

> 我が国の俗、凡そ屋を作るには、柱立と云ひて、柱を立つるをもて、事始とするは、太古より遺俗と見えたり。旧事古事日本紀、並に延喜式祝詞等に、底津《そこつ》磐根《いわね》爾宮柱《にみやばしら》太敷立《ふとしきたて》といふは、此の事にして、室寿の詞の始めに、築立柱者此家長御心之鎮也《ついたつるはしらはこのいえきみのみこころのしずまりなり》といふもの是れ也。倭名鈔に、柱礎の字、ツミイシとも一にはイシズエとも読むと見へしは、底津磐根と云ひしもの、即ち是れ也

とある。柱は、いわば磐石の上に世界やその雛型を築く大本とされてきたのである。

建築物自体が世界の一つの表象とみられる由緒ある古社大社には、神聖な柱の儀礼が多くみられ、伊勢神宮の「心《しん》の御柱《みはしら》」、諏訪大社の「御柱《おんばしら》祭り」、出雲大社のある「うず柱」などはその代表的なものであるが、幕末に現われた天理教でもその神殿の中央部の「ぢば」には上下に六角形の板を取りつけた十三段からなる「かんろだい」と称する神聖な柱が地下から据えられており、世界や人が神によって創造された場を表象している。山から正月に門松や若木を迎えてきたり、あるいは卯月八日の天道花《てんとうばな》や盆花を取ってくる風習は、今日でも民間で行なわれているが、それぞれ年神、先祖霊、山の神霊（タマ）な

どを常磐木や花にたくして送迎したり、あるいは山の神霊を田の神や穀霊の形に変換させることで、世の中の生命霊や気の順調な推移をはかろうとしたものといえる。(1)柱は、こうしたアニミスティックな連続した神霊や生命霊の流れとまったく無関係ではないが、しかし自然のままの樹木や草花とは異なっており、一定の原理のもとに新たな世界を創造したり統合したりする文化的な意図をもつものとして、むしろ混沌としてまどろんでいる状態に非連続というか断絶を導入し、新しい秩序や時空間を創出する装置といえる(櫻井龍彦「境界に立つ柱」『日中文化研究』創刊号、勉誠出版、一九九一年)。この意味で、イザナキ・イザナミの兄妹二神による天の御柱をめぐる国生み神話の意義は決して小さいものではない。

2 湯津桂と月

最近、大阪の池上曾根遺跡から弥生時代最大級の神殿跡とみられる直径約二メートルの巨大な楠の丸太くりぬき井戸と大型の高床式建物の遺構が発見された。井戸は、祭祀のためにこの地域の首長が使用したものと推定されている。『古事記』上巻の海幸山幸神話のなかに、山幸が失った釣り針を求めて海神宮を訪問する話が出てくる。すなわち、海神の宮殿の門の傍らにある井戸の上に「湯津香木《ユツカツラ》」があって、その木の上に山幸が登っていたところに豊玉姫の従婢《まかだち》が水を汲みにきた。山幸が首の璵《たま》をとり口に含んで唾とともに水汲みの器に吐き入れると、その璵は器から離れなくなった。豊玉姫に見せると、「若《も》し人、門の外に有りや」と問われたので、婢は「人有りて、我が井の上の香木《かつら》の上に坐《ま》す。甚《いと》麗しき壮夫《をとこ》ぞ。我が王《きみ》に益《ま》して甚《いと》貴し。故、其の人水を乞はす故に、水を奉れば、水を飲まさずて、此の璵を唾き入れたまひき。是れ得離《えはな》たず。故、入れし任《まにま》に将《も》ち来て献りぬ」と答えた。そこで、豊玉姫は奇しと思って山幸と顔を合わせた。こうして山幸は海神の宮で歓待され、豊玉姫と結婚して三年間そこで暮らしたとされている。この神話で注目される点は、門のそばに井戸があり、その傍らには神霊や貴人が降臨する神聖な樹木である香木《かつら》が植えられていたことである。井戸やその傍らの樹木が、この世と異界である海神宮とを結びつけているのである。この他、『古事記』上巻の天若日子《あめのわかひこ》の反逆の場面でも「湯津楓《ユツカツラ》」が登場する。天照大御神と高御産巣日神《たかみむすびのかみ》の命令を受けた鳴女《なきめ》（雉）が、大国主神の女下照比《したてるひ》売《め》を娶《めと》りその国を獲得せんとして八年間も復奏しなかった天若日子を訊問するが、逆に射殺されてしまう。ところが、高天原まで射上げられた矢を高木神（高御産巣日神）が地上に投げ返すと、天若日子はその返し矢に当たって死亡してしまうのである。すなわち、『古事記』には、

> 故爾に鳴女、天より降り到りて、天若日子の門なる湯津楓の上に居て、委曲《まつぶさ》に天つ神の詔りたまひし命の如言《ごと》ひき。爾に天の佐具売《さぐめ》、此の鳥の言ふことを聞きて、天若日子に語りて言ひしく、「此の鳥は、其の鳴く音《こゑ》甚悪し。故、射殺すべし」と云ひ進むる即ち、天若日子、天つ神の賜へりし天之波士《はじ》弓、天之加久《かく》矢を持ちて、其の雉子を射殺しき。爾に其の矢、雉子の胸より通りて、逆に射上げらえて、天の安の河原に坐す天照大御神、高木神の御所に逮《いた》りき。是の高木神は、高御産巣日神の別の名ぞ。故、高木神、其の矢を取りて見したまへば、血、其の矢の羽に著けり。是に高木神、「此の矢は、天若日子に賜へりし矢ぞ」と告りたまひて、即ち諸の神等に示《み》せて詔りたまひしく、「或《も》し天若日子、命を誤たず、悪しき神を射つる矢の至りしならば、天若日子に中《あた》らざれ。或《も》し邪《きたな》き心有らば、天若日子此の矢にまがれ」と云ひて、其の矢を取りて、其の矢の穴より衝き返し下したまへば、天若日子が朝床に寝し高胸坂に中りて死にき。

とある。ここでは、高天原の命令者が天照大御神・高御産巣日神から天照大御神・高木神に変わっており、絶えざる生成の日の神である高御産巣日神は、同じ日の神である天照大御神との類縁性からか高木神に名を替えられている。高木神は、文字どおり巨木の世界樹を神格化したものを意味しており、高御産巣日神は祭儀の際に降臨する神木にちなむ神名かも知れない。この場面では、湯津楓が天若日子の門の傍らに立ち、天と地を媒介する鳥（雉）のやどる神聖な樹木になっている。また中国地方のタタラ製鉄の盛んな土地では、桂の木は金屋子《かなやご》神《がみ》の依代とされている。

中国では、桂は月にある木と想像され、これは日本の桂や月桂樹とは別物で、香木の総称であって、むしろニッケイ（肉桂）あるいは唐宋以後はモクセイ（木犀）をさすことが多くなったという。すでに『山海経』や『荘子』に、桂は珍しい木や常緑の香木とされており、芳香を放つ高貴なものの象徴となり、本草書では薬用植物とされてきた。古く前漢の『淮南子』には月に桂の木と蟾蜍《センジョ》（ひきがえる）がいると記されており、また唐代の『酉陽雑俎』には、罰を受けた呉剛という男が月にある五百丈の桂の巨木を伐っても伐ってもすぐに切り口が塞がってしまうという、月の満ち欠けや再生力と関連づけられる話が出てくる。このように中国では、桂は月に関係の深い樹木として、蟾桂《センケイ》、桂宮などは月の文学表現として、また桂園や桂月などは名号として使われてきたが、一方、江南の名所である桂林はこの地方に多い木犀に因んだ地名という。したがって、『古事記』の神話に出てくる「湯津香木」や「湯津楓」もカツラではなく、中国文化の影響を多分に受けた表現であり、聖なる神木を意味していたものと考えられる。日本では、月には玉兎が餅を搗いているイメージが広く流布しているが、これも中国では元来は不老不死の生命の霊薬を臼で調合していたのが、日本人にわかりやすく餅搗きに変わったものである。

日本で月に因む樹木は、桂ではなくむしろ「槻《つき》」と古来称されてきた欅《けやき》の木である。欅は巨木であり、武蔵野の農村を象徴する木であるが、筆者が生まれ育った千葉の農村辺りでも、屋敷に掘られた井戸の傍らにはたいてい欅の大木が植えられていたものである。『古事記』の雄略記には、長谷の百枝槻《ももえつき》の下で宴会をしていた際に、伊勢国三重の采女が盃に槻の落葉が浮かんでいるのに気がつかずに雄略天皇に献げたため危うく斬り殺されそうになるが、天皇讃歌の歌によって許された話がある。その歌に、

新嘗屋《にひなへや》に生ひ立てる百足《ももだ》る槻《つき》が枝は　上枝《ほつえ》は天を覆へり　中つ枝は東を覆へり　下枝《しづえ》は鄙《ひな》を覆へり

という文句があり、新穀の収穫祭を行なう新嘗屋の傍らに大きな槻が繁って世界樹となっていることが示されている。またこの時に大后も、

倭《やまと》のこの高市に　小高る市の高処《つかさ》　新嘗屋に生ひ立てる　葉広　五百箇《ゆつ》真椿《まつばき》　其が葉の広《ひろ》り坐《いま》し
その花の照り坐す　高光る日の御子に　豊御酒《とよみき》献らせ

と歌をよんでおり、ここでは市庭《いちば》などによく植えられ、八百比丘尼《やおびくに》も手にして歩いた椿が新嘗屋のそばに植えられていたとある。新嘗はニヘノイミで神に新穀をささげる前の物忌みを意味する言葉である。

折口信夫は、

「つき」というものを中心にして、日本の文学を考えてみると、槻の木を主題にしたものが多い。

「つきのもの」をみたとき、「つきや」または新嘗屋にこもる、それが「月ごもり」で、「つごもり」となったのだ。そして神がでてくるときが「つきたち」である。暦のうえの月を空の月というのは無理である。ここで考えられるのは、「つき」とは月経のことと、暦のうえの月をともに「つき」という。いずれが先でいずれが後かわからない。暦のうえの月が先だといってしまうのは簡単にすぎる。そしてもっと不思議なのは、「つきや」の傍に槻の木があった。これも困る。女が神を迎えるためにこもっているしるしに槻の木が植えられたのか、あるいは「つきや」の傍にあるのでつきの木というたのか。どちらが先かわからぬ。（折口信夫「月および槻の文学」『折口信夫全集』ノート編二巻、中央公論社、一九七〇年、一四三―四頁）

と述べ、「つき」には月経、暦の上の月、槻の木の三つの意味があり、屋敷の土居（土塀）のところに槻の木が立っていて、そこに「つきや」が建っていると考えると、『万葉集』の槻の歌の多くがわかってくるとしている。折口は、この考え方から雄略記の説話もさまざまな混乱はあるものの、元来は神に召されたしるしであった月経がこの時代には穢れとみられるようになり、血の穢れのまま天皇に奉仕したことが怒りをかったのだとしている。槻の木で最も有名なものは、法興寺（飛鳥寺）の西の広場にあった槻で、ここは大化改新に際して天皇・皇祖母尊・皇太子が群臣を召集して、誓約させる場とされたり、壬申の乱では近江方の使穂積臣百足が軍営として用い、後に殺害される場ともなった。また多禰島《たねがしま》人や蝦夷《えみし》を饗応したり、隼人《はやと》に相撲をとらせたりするのにも使用され、旧暦七月十五日の盆にはここに「須弥山の像」が置かれたりもした。この神聖な法興寺の「斎槻《ゆつき》」は、元来神の依る特別な聖樹として盟約や服属の儀礼の場とされてきたが、『今昔物語集』巻十一の二十二話「推古天皇本の元興寺を造りたまふ語」に語られているように、仏教の興隆とともに、その聖性は次第に剝奪されていった。

このように、古代の寺院や官衙の広場にはしばしば槻の大木が存在したが、中世以降にはこの巨木信仰は道祖神を祀る巨木に継承されていったとされている。(2)

3　世界樹としての巨木

世界樹としての巨木は柱と自然の草木との中間に位置するといえるが、『古事記』の仁徳記には巨木をめぐる次のような説話がみられる。すなわち、

此の御世に、免寸河の西に一つの高樹有りき。其の樹の影、旦日《あさひ》に当れば、淡道《あはぢ》島に逮《およ》び、夕日に当れば、高安山を越えき。故、是の樹を切りて船を作りしに、甚捷《いとはや》く行く船なりき。時に其の船を号《なづ》けて枯野《からの》と謂ひき。故、是の船を以ちて、旦夕《あさゆふ》淡道島の寒泉《しみづ》を酌みて、大御水《おほみもひ》献りき。茲《こ》の船、破れ壊れて塩《しお》を焼き、其の焼け遺りし木を取りて琴に作りしに、其の音七里《ななさと》に響《とよ》みき。

とある。免寸は一説では高石のことをさし、高安山は八尾市の東方の生駒山系の山であるから、この高樹は仁徳陵の西南にたつ一種の世界樹といえる。世界樹は、大地の中心にたつ天と地を結ぶ神聖な樹木であり、こうした巨大な樹木に朝日や夕日が当たってその影が遠くまで及ぶといった形式の巨木神話や巨樹伝説はすでに中国にも古くから存在し、建木《けんぼく》、若木《じゃくぼく》、桃都《とうと》の樹、東海にある扶桑などはその代表的なものである。

実は中国では、こうした神話的な巨木に太陽が宿り、それが湯谷で湯浴みし順繰りに木の枝にかかるなど一定のコースを運行して大地を照らすと考えられていた。たとえば、『山海経』海外東経には、

陽谷のほとりに扶桑があり、十個の太陽が水浴する所である。水の中において、大木が生えている。九つの太陽が下の枝にいて、一つの太陽が上の枝にいる。

とある。その図像的表現の最古のものの一つが、中国戦国時代の曾侯乙墓《そこういつぼ》から出土した漆塗りの衣装箱に描かれている。それは世界樹に宿る十個の太陽＝鳥のうち九個を弓矢で射落とした羿《げい》の「射日神話」を反映した図像とみられている。もっとも「十日神話」には二つの型がある。すなわち、一時に十日（十個の太陽）が出たのは聖人の徳の現われとする型と、十日が同時に天上に出現するのは正しい太陽の運行の乱れであり不吉な兆候とする型とである。複数の太陽の存在を語る射日神話は世界各地の諸民族にみられるが、中国の場合は殷周の王朝交替という政治的事件が神話に反映されているという見方もなされている。(3) 北方のツングース系民族の殷民は、独特の太陽崇拝をもち十日＝旬を単位とする暦を有していたことが今日ではほぼ定説になっており、それぞれの日には甲乙丙丁のいわゆる十干の名称が付けられていた。十干十二支の干支《えと》は、後漢の『論衡』以前には「幹枝」と書かれていたといい、そこで扶桑などの霊木の「幹」に宿る日＝鳥が大きな意味をもってくる。殷が周王朝に征服されることで、十日神話の構造も秩序の乱れと解釈され重大な変質を余儀なくされたのである。他民族の征服では、武力による制圧だけでなく、その祭祀権を剝奪し神々を籠絡してその精神的な紐帯を壊滅させることが何よりも重要であったのである。こうして、扶桑や若木などの樹木にやどる鳥＝太陽を射落とす図像は、旱魃

その他の災害を防ぎ豊作をもたらすおめでたい瑞祥《ずいしょう》の表徴とされ、宇宙の順調な運行と秩序を象徴するものとしてさまざまな画像に描かれたのである。日本でも年頭の頭屋祭りの「オビシャ」（御歩射）などに、日の中の鳥＝三本足の鳥の目や月の中の白兎を弓矢で射て年占をし豊作を祈願する行事が関東地方その他でみられることは、萩原秀三郎・法子がすでに指摘しており、この行事の根源的意味がやはり時間や秩序の更新にあったことを明らかにしている。[4]

仁徳記の説話と同様の巨木伝説は、この他にも各地にみられる。たとえば、『日本書紀』の景行天皇十八年の条には筑紫国御木の「歴木《くぬぎ》」の記事があり、『筑後国風土記』逸文には三毛郡の「楝木《おうち》」、『肥前国風土記』の佐嘉郡には「樟木《くすのき》」が登場する。また『播磨国風土記』逸文には、仁徳天皇の時代の話として、つぎのような説話も伝わっている。すなわち、

明石の駅家《うまや》。駒手の御井《みゐ》は、難波の高津の宮の天皇の御世、楠《くすのき》、井の上に生ひたりき。朝日には淡路島を蔭《かく》し、夕日には大倭《やまと》島根を蔭しき。仍《すなわ》ち、其の楠を伐りて舟に造るに、其の迅きこと飛ぶが如く、一楫《かぢ》に七浪を去《ゆ》き越えき。仍《よ》りて速鳥《はやとり》と号《なづ》く。ここに、朝夕に此の舟に乗りて、御食《みけ》に供へむとして、此の井の水を汲むに、一旦《あるひ》、御食の時に堪へざりき。故、歌作《よ》みして止めき。唱に曰はく、「住吉《すみのえ》の　大倉向きて　飛ばばこそ　速鳥と云はめ　何か速鳥」。

とある。前述の「枯野」と今回の「速鳥」とは、ともに難波の高津の宮の天皇つまり仁徳帝の時代の話で、井戸（泉）や巨樹のはえている場所は異なっているが、ほぼ同じ内容になっている。世界樹としての巨木は天と地を垂直方向に結ぶのであるが、この大きな樹木を伐って舟や琴にすると海上を航行した

り目に見えない音を遠くまで響かせ、いわば水平方向の往来に関連したものとなる。装飾古墳の壁画には、埋葬された死者の霊魂を冥界に導く舳《へさき》に鳥を描いた船もみられるが、船と鳥は天の鳥船やこの速鳥の例のように極めて近い関係にあると考えられていたようである。巨木のもとには必ず神聖な井戸（泉）があって、朝夕その水を汲んで神や天皇に献じるわけであるが、射日神話との関連で考えると、これらの説話は巨木に太陽（日）が宿り、昼は影を落としていた領域＝世界を照らし、朝夕は井戸（泉）で湯浴みする構図が浮び上がってくる。鳥船はいわば太陽のメタファーといえるのではないか。

これらの説話には、常に世界樹としての巨樹、神聖な井戸、太陽＝鳥・船といった要素がまとわりついている。この速鳥は、ある意味で、太陽の順調な運行の乱れを説話化したものともいえよう。しかし、平安末の『今昔物語集』の時代になると、古代的な巨樹信仰は衰微し、この物語集の最後をかざる巻三十一の三十七話「近江国栗太郡の大柞《おおははそ》の語」では、大柞の巨木のおとす広大な影が農耕を妨げるものとして伐採されるに至っている。(5)その一方で、こうした巨木伝説は、古代の文献だけでなく、西日本の諸神楽の「将軍」という曲目の祭文のなかにも出てくる。また『神皇正統記』に「東海の海中に扶桑の木あり、日の出所なり」とあるように、巨木たる扶桑は日出る国＝日本の別名ともなってきたのである。なお、天文元（一五三二）年の「桑実寺縁起絵」の冒頭にも、足利将軍義晴が自らの権威を示すために、大海原に立つ桑の巨木に金鳥（日光菩薩）と玉兎（月光菩薩）をそえた絵を画かせている。(6)

4　世界柱と鳥

卯月八日には釈迦の生誕を祝って寺院では灌仏会や花祭りが行なわれる。その一方で、民間では山遊びをしたり「天道花《てんとうばな》」などと呼ばれて山からツツジや山吹などの花を迎えてきて竿の先につけ軒先に高く掲げたりする風習が各地で行なわれてきた。保立道久は、平安以降の四月の氏神祭に高竿の先に「箒《ははき》」を結びつけて祀る風習が、のちに天道花になったのだとし、これが氏神や道祖神の巨樹の代行物だったのではないかと述べている。(7) 天道とは太陽のことであり、農耕開始に当たって農作物の順調な成育や豊作を太陽神に祈願したものといえる。関東東部では二月から四月にかけて、天道念仏といってやはり大地の恵みをもたらす太陽神を、塚や山と称する祭壇に梵天や日月を象徴したものをたててその周りを念仏を唱えながらまわる風習もみられる。ヨーロッパなどのメイポール(五月柱)も、牧畜など生業が異なり複雑な経緯や要素が複合しているものの、ほぼ同様の趣旨による祭礼と考えられる。中国華南の少数民族の間にも、類似した風習がみられた。(8) たとえば『貴州通志』の龍家の条には、「春時、木を野に立て、之を鬼竿と謂う、男女旋躍して配を擇ぶ」とあって、鬼竿の風習があったことがわかる。鬼竿は祖霊を祀る竿柱とされている。また雲南の苗《ミャオ》族には新年のはじめの五日間に「山の花を踏む」という意味の儀礼があり、豊饒の柱をたてた山上で若い男女の歌垣が行なわれるが、祭りの後にこの木柱は子授けのため不妊の家族のところに持って行かれたという。柱には豊饒を与える力があると信じられているのである。

ところで、『魏志』東夷伝の馬韓の条には、その土地の毎年の農耕儀礼を記述したあとに、

鬼神を信ずるも、国邑各一人を立て、天神を主祭し、之を天君と名づく。又諸国各別邑有り。之を名づけて蘇塗と為す。大木を立て、鈴鼓を懸け、鬼神に事《つか》う。諸亡逃して其の中に至るや、皆之より還らず。好んで賊を作す。其の蘇塗を立つるの義、浮屠に似たる有り。而して諸行の善悪異る有

り。

とある。ここで大木を立て祭具を懸けて農耕神たる鬼神を祭る「蘇塗」(ソッテ)は、一種の聖域を形成し逃亡者のアジールにもなっている。蘇塗をめぐっては諸説あるが、金関恕はこれを「古朝鮮語の鳥竿を漢字で表した語である」とし、この鳥竿を柵のように並べたために鬼神を祀る聖地も同様に蘇塗と呼ばれるようになったと論じている。(9)

今日でも、韓国では村の入口や境などに「チャンスン」(長柱)と称される天下大将軍・地下大将軍の木像または石像とともに、鳥竿=蘇塗がたてられている。チャンスンはほぼ日本の道祖神に相当する。一方、鳥竿は長い棒の先に鳥形をつけたもので、毎年正月の村祭りの際に新しいものが立てられ、古いものはそのままにしておく。鳥竿の周囲は小さな森をなし、「ソナンダン」(城隍堂)と呼ばれる聖域になっているという。馬韓の条に、鬼神とともに天上を祀るとあるように、蘇塗は鳥や樹木で天と地とを媒介すると同時に、鳥=日として天(太陽・世界)そのものを象徴した世界樹ともいえ、ここを中心として新しい秩序や時空間が創出される聖域でもあるのである。また金関は、中国の淮陰県高庄の戦国墓から出土した銅器の文様に鳥がとまった木が立ち並んだ情景があることなどから、蘇塗の起源はおそらく中国であり、それが朝鮮半島さらには日本に伝わったものと推定している。弥生時代の遺物には木製の鳥形や鳥装の人物像がよくみられ、蘇塗で囲まれた祭場で鳥装の司祭が神を迎え儀式を行なっていたのだが、古墳時代には国家統合が進み各国ごとの農耕儀礼が次第に統一化され国家祭祀の形に移行すると、古い儀式は馬鹿にされ祭りの後の直会《なおらい》に鳥装の俳優が滑稽な仕草の喜劇を演じるようになったのだという。(10)

世界軸または世界柱という宇宙的イメージは、とくに北ユーラシアの諸民族の間に広がっている。このイメージに結びつく代表的な観念は北極星を「金の柱」(オロチョン)とか「世界の柱」(ラップ)と呼ぶものだが、さらにシベリアの民族は世界柱や天柱を模倣し、サモエード族やケート族、ドルガン族では先端が鳥像で冠された聖なる柱があり、四角形の屋根がその鳥像の下につけられていることもあるという。蘇塗と同様のものだろう。アルタイ・タタールやブルジャート族などは、テント中央に立てられた棒も「天柱」と呼び、シャーマンはそこから天に昇るのである。ソヨート族では、この神聖な棒の先端がテントを突き抜けており、方角を表わすさまざまな色の帯で飾られてほとんど神(天の神)と同一視されているという。ネリー・ナウマンは、こうした事例を掲げた後、

三つの宇宙的領域(地下世界・地上・天)を互いに結ぶ中心軸は、こうした領域間の開口部とも考えられている。この開口部を通じて、たとえばエクスタシー状態にあるシャーマンの魂は上昇したり下降したりできる。「天への旅」を伴うシャーマンの施術は、世界軸を表す木あるいは梯子の上で完結することもある。シャーマンはある枝から別の枝へ、「ある天から別の天へ」と昇り、連絡肢や繋ぎの経路としてその木を用いるのである。したがって、世界の中心を形成する世界柱ないし天柱は、天が回転するときの支点、また天と地のあいだの意思疎通の手段として役立つ。それに加えて、天柱と天の神との同一視もみられ、ついにはこうした宇宙観が人間という小宇宙に繰り返されているのを認めるのである。(「天の御柱と八尋殿についての一考察」『哭きいさちる神=スサノオ』檜枝陽一郎・田尻真理子訳、言叢社、一九八九年、一五一頁)

と述べている。中国雲南省麗江県のナシ族でも、炉の側の家屋の中心的な柱を「ギメムトゥスジャ」(天を支える柱)と称し、天からナシ族の祖先が降りて来た象徴と信じ、婚姻儀礼その他で重要な役割を果たし、初穂をはじめ祭天の際の用具や縁起ものをこの柱に結びつける風習がみられる。

5　柱の民俗的意味

『日本書紀』の推古天皇二十八年冬十月の条に、

> 砂礫を以ちて檜隈陵《ひのくまのみささぎ》の上に葺く。則ち域外《めぐり》に土を積みて山を成す。仍《よ》りて氏毎に科《おほ》せて、大柱を土の山の上に建てしむ。時に倭漢坂上直《やまとのあやのさかのうへのあたひ》が樹《た》てつる柱、勝れて太《はなは》だ高し。故、時の人、号《なづ》けて大柱直《おほはしらのあたひ》と曰ふ。

とある。これは欽明天皇崩御五〇年目にあたる年の行事ではあるが、古墳のそばに土山を築き柱をたてて祀る風習が古くからあったことがわかる。この柱はやはり神霊の依代といえるが、さらに神や貴人などを「一柱」「一木」と呼ぶように柱は一種の身分標識ともなる。同書の崇神天皇十年には、「日は人作り、夜は神作る。故れ大坂山の石を運びて造る」という記事で有名な箸墓古墳の由来が記されている。この箸も民俗学的解釈では神の占有を示す一種の斎串であり、柱と同じく神の依代を意味するものであろう。

柳田国男は、『郷土研究』三巻(一九一五年)に尾芝古樟のペンネームで、「柱松考」の論文にはじまり「柱松と子供」「龍燈松伝説」「旗鉾のこと」「大柱直」「諏訪の御柱」「勧請の木」という『神樹篇』にまとめられた一連の論考で、神の依代の問題を集中的に論じた。折口信夫も同時期に「髯籠の話」「幣束から旗さし物へ」「まといの話」「だいがくの研究」「盆踊りと祭屋台と」などを競いあうように発表して、「標山《しめやま》」から展開したさまざまな神の依代を論じたが、これらの論考はすべて『古代研究』民俗学篇1（全集二巻所収）に収められている。このように大正の前半には、神の依代の問題は民俗学上の重要なテーマとされていたのである。[11] 因みに「神の依代」は、柳田の宿命のライバルであった折口の造語とされている。

柳田は、神社で柱をたてて祭る多くの事例を掲げたあと、

これら各地の柱は、単に柱が松明または御幣を高く掲げるだけの目的でなかったことを示すのみならず、神々の性質から推測しても結界占地を表章していたものであることを証し得るかと思う。すでに尋常民家の建築においても、地鎮のためにはすなわち柱を立てる。いわんや神のために清浄の地を取り分たんとするには、この類の記号を明らかにするのはもっとも自然のことで、その結果として神が柱に憑《よ》ると考うるに至ったか、ただしはまた神は喬木の頂に降りたまうという信仰から、その地に高いものを立てるに至ったかは、容易に決し兼ねるとしても、柱の起源が折口君のいわゆる標山《しめやま》にあることは、争われまいと思う。（「諏訪の御柱」『神樹篇』ちくま文庫版全集一四巻、一九九〇年、六四頁）

と述べている。さらに、柳田は

旗といい御幣といいないしは火祭籠または傘などというも、言わばこの柱を荘厳するための部落部落の思い附きであったのを、深く文字に拘泥するところからそれぞれ別様の物のごとく考え、ついに千差万別の口碑を発生するに至ったが、結局は鎮守の祭に幟を立てるのも、五月端午に鯉の吹流しを立てるのも、御幣竹《おんべだけ》もボンデンも、起源はすべて一に帰するものと思われる。(「大柱直」同前、五四頁)

とも主張している。神社と寺院は、屋根や壁をはじめその建築のあり方は対照的であるが、仏堂でも仏壇後ろの来迎柱や仏舎利をまつる塔の心柱にはやはり仏の依代の意味が窺える。

柱の起源がどこにあるにしろ、柱は芸能の上でも重要な役割を果たしている。能舞台や相撲の四本柱、蹴鞠の庭の樹木などは見立てによって世界を象徴する。見立てや言立てによって、存在しないものを眩惑のうちに現出させてしまう技術が芸能なのである。「柱立万歳《はしらたて》」では、里神楽の「柱尽くし」同様に、「一本の柱は金剛界、二本の柱は胎蔵界、(中略)十本の柱は不動の力柱と立てられける」と新築の家などを長々と讃め言葉で祝い立てる。郡司正勝は、

「柱立《はしらたて》」という、後世の儀式としての芸能は、八尋殿を見立ててきた大工の棟梁の祝言職としての職能であった。折口のいう祝福の芸能が、そこに伴っていた筈である。各地に残る小正月の田遊びに「一本植えれば千本」と唱え、「一粒万倍」と歌ってきたのも、この見立の力を信仰としてきたからである。しかも、「立てる」には、「新しい」という力がなくてはならなかった。(中略)こう

した古代からの見立が専門化し、職業化したものが、祝言職であって、下級の陰陽師や乞食法師たちが、「讃め言葉」によって「祝い立て」る呪術を持ち、民間を渡り歩いた。「館讃《やかたほ》め」や「門讃《かどほ》め」が、正月の事始の季節にやってくるようになったのが、民間芸能の「万歳《まんざい》」である。(「風流と見立て」『郡司正勝刪定集』六巻、白水社、一九九二年、二五四―五頁)

と述べている。蜘舞《くもまい》やつく舞のような柱による曲芸は、梯子乗りとも共通するが、柱や梯子に乗るものは民俗芸能では獅子、蛙、狐、荒神など神や動物であり、蜘蛛のように天から降りてくるという神聖なイメージが伴っているようである。また『道成寺』での後シテの柱巻きを原型とする歌舞伎の「柱巻の見得」でも、専ら座頭がこの役を務めているように、普通の人間でないものが柱によって出現すると想像していたようである。

エリアーデは、建築儀礼を世界創造神話を反復したものだと説明しているが、家屋をつくることは大宇宙に属する自然のなかに小宇宙(文化)をつくり出すという極めて危険なかつ呪的な行為とみられたのである。したがって、家作りを職業とする大工は、一種のマジシャン的な存在ともされたのである。建築儀礼に人形を供えたり女人犠牲譚が伴うのもこのためである。建築儀礼に伴う女人犠牲譚は、各地に伝えられているが、(12)大工が柱を短く切ってしまい困っていると、その女房がマス組にすればよいことを教える。それで危機をのがれるが、女房に教えられたことが知れるといけないので殺してしまう。それで、供養のために上棟式に櫛・鏡・口紅・髪などをあげるのだという話になっている。建築儀礼は世界創造神話の反復であり、自然(カオス)のなかに文化(コスモス)を創出する行為である。その秩序を生み出す過程での原初の供犠は、この話のなかで再現されつつ、同時に否認されているのである。あるいは神として祀り上げられることで、結局は祀り棄てられてしまうのである。こうして、供犠を経ることで秩序が確立し、柱は現実でもメタファーでも建物や家を支える堅固なものの中心として立ち現われるのである。

註

（1）大林太良「日本と東南アジアの柱祭」『古代日本と東南アジア』（東アジアの古代文化別冊）、大和書房、一九七五年。
（2）保立道久「巨樹信仰と道祖神」『史潮』三三・三四号、一九九三年。
（3）渡部武「中国古代の神話世界の崩壊」『画像が語る中国の古代』平凡社、一九九一年。
（4）萩原法子『熊野の太陽信仰と三本足の烏』（戎光祥出版、一九九九年）、萩原秀三郎『神樹——東アジアの柱立て』（小学館、二〇〇一年）。
（5）大林太良「巨樹と王権——神話から伝説へ」『日本伝説大系』別巻1、みずうみ書房、一九八九年。
（6）瀬田勝哉『木の語る中世』朝日新聞社、二〇〇〇年、五—一四頁。
（7）保立道久「巨柱神話と天道花」『へるめす』二六号、一九九〇年。
（8）松本信広「苗族の春の祭と柱」『民俗学』五巻三号、一九三三年。
（9）金関恕「高圧墓出土の画象紋について」『論苑考古学』天山舎、一九九三年。
（10）金関恕「呪術と祭」『岩波講座　日本考古学』4、岩波書店、一九八六年。蘇塗に関しては、金宅圭『勧告農耕歳時の研究』上巻、第一書房、一九九七年、一七三—二〇三頁、および諏訪春雄編『巨木と鳥竿』勉誠出版、二〇〇一年参照。
（11）この間の経緯については、池田弥三郎「解説　折口信夫研究」角川文庫版『古代研究I』（民俗学篇1）の解説、一九七四年参照。
（12）神野善治『木霊論——家・船・橋の民俗』白水社、二〇〇〇年、七一—一〇一頁。

神話のこころ・性の原風景——裸回り・覗き見の神話学

1　神話はなぜ性を語るのか

神話は、社会に現われる諸々の現象に存在根拠と意味を与えてくれる物語であり、世界、人間、文化、諸習慣の起源を語ることを通してわれわれの思考を基礎づけ、「思考のモデル」として機能する。近代の科学的思考からみると、たわいのない虚偽の物語といえないこともないが、それを持ち伝えてきた人々からは真実の物語と信じられ、神聖視されて、日常世界の秩序を認知し、世界を全体として説明する思考および表現形式の一つとなっている。そこでは、大宇宙と小宇宙、自然と文化、カオスとコスモスのせめぎあいが演じられ、世界の成り立ちや構成原理が率直に物語られる。人間は大自然の力の一部を切り取り、飼い馴らして、文化や社会をつくり上げてきた。性も元来自然（大宇宙）に属し、人間のコントロールをこえた危険な力をはらんでおり、文化（小宇宙）の秩序を破壊しかねないものであるが、しかし、これがなくては文化や社会が構成できないという両義的なものであった。

性は直接大宇宙の原理を反映したものであるが、陰陽といった二つの異なる原理の相互作用によって、世界の成り立ちや社会の諸現象を説明する文化的シンボルともされてきた。さらに、性は自然と文化が交渉する境界領域や、新しい秩序や事態が生成する時空間にも必ず登場し、重要な役割を果たしてきた。一方で、性は直接大宇宙と交通する手段となるため、この世の秩序を逸脱するものとしてしばしば禁忌や抑圧の対象ともされてきた。性が神聖なるものと同時に、穢《けが》れたものとしてみなされてきたことは、それが大宇宙（自然）の力や原理と直結していたことをよく示している。文化の秩序は、そうしたものの抑圧の上に築かれてきたのである。

性はいわば自然過程に属するものであるが、それに一種の暴力ともいえるさまざまな変形を加えることで、文化や社会的な秩序を形成してきたといえる。このため、性の問題は神話のなかで重要な位置を占めているのである。以下では、記紀のなかの日本神話に現われた神々を通して、性の原風景をさぐってみたい。

2　国生み神話と裸回り

日本神話のなかで、冒頭のイザナキ・イザナミの兄妹神によって日本の島々や神々が次々と生み出されていく国生み神話は、性的なメタファーに満ちたもっとも印象的な物語の一つといえる。この二神の前に登場する神々はみな独神《ひとりがみ》で、しかも神名のみで物語はなく、すぐに姿を隠してしまう存在だからである。『古事記』によれば、イザナキ・イザナミ二神が、天の浮橋から天の沼矛《ぬぼこ》をさし下ろしてかきまぜ、その矛先から滴り落ちた潮からオノコロ島ができたとある。この兄妹神はこの島に天降りし、天の御柱《みはしら》や八尋殿《やひろどの》をたてて婚姻儀礼を行なうのである。すなわち、是《ここ》に其の妹《いも》伊邪那美命に問曰《と》ひたまはく、「汝《な》が身は如何《いかに》か成れる」ととひたまへば、「吾が身は、成り成りて成り合はざる処一処《ひとところ》あり」と答白《こた》へたまひき。爾《ここ》に伊邪那岐命詔《の》りたまはく、「我が身は、成り成りて成り余《あま》れる処一処あり。故、此の吾が身の成り余れる処を以ちて、汝が身の成り合はざる処に刺し塞ぎて、国土《くに》を生み成さむと以為《おも》ふ。生むこと奈何《いかに》」とのりたまへば、伊邪那美命、「然《しか》善けむ」と答曰《こた》へたまひき。爾に伊邪那岐命詔りたまひしく、「然らば吾と汝《いまし》と是の天の御柱を行き廻《めぐ》り逢ひて、みとのまぐはひ為《せ》む」とのりたまひき。如此《かく》期《ちぎ》りて、乃ち「汝は右より廻り逢へ、我は左より廻り逢はむ」と詔りたまひ、約《ちぎ》り竟《を》へて廻る時、伊邪那美命、先に「あなにやし、えをとこを」と言ひ、後に伊邪那岐命、「あなにやし、えをとめを」と言ひ、各《おのおの》言ひ竟へし後、其の妹に告曰《つ》げたまひしく、「女人《をみな》先に言へるは良からず」とつげたまひき。然れども久美戸《くみど》に興して生める子は水蛭子《ひるこ》。此の子は葦船に入れて流し去《う》てき。次に淡島を生みき。此も亦、子の例《たぐひ》には入れざりき。

とある。この後、イザナキ・イザナミ二神は神議《はか》り太卜《ふとまに》（占い）をして、唱言を男神が先に唱える形に改め、次々と国土を生み出していくのである。

　この神話ではまず天の沼矛が男根のメタファーとして登場し、神婚の舞台であるオノコロ島を形づくる。この島自体が大海に浮かび、突き出た男根（ファルス）のイメージで想像されたようだが、国土の生成の最初の契機として男根で象徴されるものが現われ、いまだ定まらず漂える国土を固めて、カオス（混沌）のなかにコスモス（秩序）をもたらしたと語られている点が注目される。

　次に、イザナキ・イザナミ二神による婚姻儀礼が展開し、「性的交合によって万物のはじまりを娠《はら》む方法」が物語られる。二神の婚姻に際しては、天の御柱や八尋殿が設けられている。家屋の建築儀礼や婚姻儀礼は、しばしば世界創造神話の反復とみなされ、男女両原理の統合は世界のはじまりをしめす聖なるものとされてきている。吉野裕子は、家屋を「母の胎の造型であると同時に男女交合の造型」の呪物とみて、古代の婚礼に先立つ「屋作り」や奄美地方の「婚礼を世のはじまり」とみる風習などから、家屋や婚礼は「世のはじまりを示すもの」であると述べている（『祭りの原理』一九七二年）。

また新婚初夜の床入りの際や、男女がはじめて性的な契りを交わす際に「柿の木問答」などの問答をする地方もあった。たとえば、広島県の芸北地方では新婚夫婦の間で、「あなたの家には柿の木があるか」、「それによく柿がなるか」、「それにわたくしが上がって取って食べてもよいか」などといった問答を交わしてから床入りしたという。婚礼の席に男女の性器をかたどったものを出す風習も各地でみられた。これは単に子孫繁栄を願っての呪いではなく、その背景にはやはり男女両原理の統合によって世界のはじまりを示そうとした意図が隠されているように思われる。

イザナキ・イザナミ二神による天の御柱をめぐる婚姻儀礼に類似しているのが、正月に旧家筋の主人夫婦によって行なわれる「裸回り」の風習である。これは、正月に夫婦が真っ裸になって、主人が四つん這いで男根を振りながら、「粟《あわ》穂も稗《ひえ》穂もこの通り」と唱えると、主婦もその後から女陰を叩きながら、「割れた、割れた、実入って割れた」などと唱えて、囲炉裏の周囲を三回まわるというもので、この風習は今のところ東日本を中心に全国で約五十例余り分布することがわかっている（本書「裸回りの民俗」参照）。新旧の年（時間）の境目に、衣服（文化）をまとわず、真っ裸でしかも動物（自然）のように四つん這いとなって、唱言を唱えながら囲炉裏を三周するという、この「裸回り」の風習の意味は、単に粟や稗の農耕予祝というのではなく、むしろ旧い時間や秩序を更新し、新しい世界を創出することにあった。

国生み神話ではイザナキ・イザナミ二神は天の御柱を別々の方向にまわって互いに出合う形をとるのに対して、裸回りでは囲炉裏の周囲を同じ方向に三回まわるという相違はあるが、どちらも原初の時にたち返り、世界創造の過程を表現したものであるという点で共通する。裸回りでは、性的な所作だけでなく、摺子木と摺鉢などの一組の道具を夫婦がもつことで男女両原理を強調することもある。こうした所作や道具は、いずれも、性別のある〝不連続〟の状態を脱して、一種の両性具有とも言うべき男女両原理の統合という、聖なる〝連続〟の状態を創出するのに必要なのである。性はそれだけ大宇宙の原理と直接連なっているものであり、ふだんはそのためにタブーの対象とされることが多いのである。裸回りの中心となる囲炉裏も、異界に通じる特権的な場所であり、しかも生と死、善と悪、内と外、男と女といった対立するものが併存し統合する場となっている。したがって、ここでの性的な儀礼は、男女両原理の統合という対立物の統合を実現する聖なる行為とみることができる。

裸回りは、国生み神話と同様に、世界の更新を目指した「時間の初めからの再開始、即ち宇宙開闢《かいびゃく》のくりかえしの儀礼」という意味を有しているのである。

イザナキ・イザナミの国生み神話は、東南アジアから華南にかけて分布する兄妹始祖型洪水神話との関連が指摘されている。この洪水神話では、原初の洪水で人類が死に絶え、ただ兄妹二人だけが残されたが、兄妹ゆえに婚姻できないため、インセスト（近親結婚）のタブーを解く呪的儀礼のあと、二人は結婚して子孫を生んだと語られており、国生み神話は洪水神話の破片であるというのである。華南のミャオ族とヤオ族の神話では、上界と下界の代表者の間に争いが生じた結果、洪水がおき、兄妹二人は瓜類に乗って難を逃れる。兄妹だけが生き残ったので二人は結婚することになるが、臼を投げるか、物の周囲をめぐるか、煙が結合するかどうかで神意を占い、神の認可を得て結婚する。その結果、肉塊または不具児が生まれるが、これを切断すると肉片が人に変わり、人類が誕生したと物語られている。

またインドネシアの洪水神話では、原初に万物を蔽う大洪水があり、その水中から原初の岩がそびえ出てきて、そこに兄妹が天降り、人類の祖となったと語られている。これらの神話では兄妹は最初性交の方法を知らなかったが、鳥からこれを習ったとするものが多く、『日本書紀』神代上の四段の一書でもイザナキ・イザナミ二神は鶺鴒《せきれい》の所作から性交を学んだとある。このように、国生み神話は兄妹始祖型洪水神話と深い関連があることがわかる。とくに、ミャオ族やヤオ族の神話で、兄妹二人が物の周囲をまわったり最初に不具児を生んだりする点は、天の御柱を巡ったり水蛭子を生むモチーフとの類似を示すほか、イザナミが最後に生んだ火の神カグツチをイザナキが斬り殺して多くの神々を生み出した話とも対応する。

国生み神話は、男女の性的交合によって万物を生み出すという自然過程に、一見したがっているようにみえるが、しかし兄妹のインセスト・タブーの侵犯や、男女の秩序の逸脱によって生まれた不具児の遺棄など、秩序形成にあたって最初に加えられた暴力を隠蔽《いんぺい》しているのである。ここに神話の本質の一つがうかがえるように思われる。

3　黄泉国訪問神話と覗き見の禁忌《タブー》

イザナキ・イザナミ二神は十四の国を生み終えると、次にはさまざまな神々を生む。その多くは海神、風神、山神、野神などの自然神であった。最後にイザナミは火の神カグツチを生んで御陰《ミホト》を火傷し病んでしまうが、病気中にも金属の神、埴土の神、水の神、穀物の神などの生活神を生んだ。結局、この病いのために、イザナミは黄泉国《よみの》に神去《い》ることになったが、この間に二神は三十五柱の神を生んだことになる。

火の神カグツチの出産を契機に、イザナキ・イザナミの二神はこの世と黄泉国とに分離されることになる。より一般的には、イザナキは生み出した神その他から「天父」の性格をもち、一方イザナミは土や穀物といった生活神を生み黄泉国を司る大女神であることから「地母」の性格を併せ持ち、天と地、生と死、男と女の分離を物語る神話といえる。文化と自然を区別する上で重要な役割をもつ「火」によって、この分離が果たされている点が興味深い。なお、多くの火の起源神話では元来「火」は陰部に隠されていたと語られており、この世とは異なる世界に由来するとされている。女陰の方言などでも、「ホト」や「ピー」など「火」に因《ちな》んだ言葉が知られている。

黄泉国に去ったイザナミにどうしても会いたくなったイザナキは、黄泉国を訪問する。イザナキはイザナミにもう一度戻るように求めるが、すでにイザナミは黄泉戸喫《よもつへぐい》（黄泉の国の食物を食べること）をしてしまったので容易には帰れない。黄泉神と相談している間に、イザナキは待ちきれなくなり、「視るな」というタブーを犯して、櫛の一部を外して火をともしイザナミの醜い屍体を覗き見てしまう。イザナミは「吾に辱《はぢ》見せつ」と言って、黄泉醜女を遣わしてイザナキを追いかけさせる。イザナキは鬘、櫛、剣、桃などを次々に投げて黄泉国から逃走し、ついに死（闇）の国である黄泉国から逃れ、黄泉比良《よもつひら》坂を石で塞ぎ、これを道反《ちがへし》神、黄泉戸《よみどの》大神としたのである。

黄泉国から帰ったイザナキは、禊祓《みそぎはらい》をして多くの境界に関連する神々を生むが、最後に、左目を洗った時にアマテラス、右目からツクヨミ、鼻からはスサノオと三柱の貴子を生み、それぞれに高天原、夜食国《よるのをすくに》、海原《うなばら》を支配させる。しかし、スサノオは姉（アマテラス）の国に行きたがり大泣きをして高天原をカオスの状態にしたので、イザナキは怒って高天原から「神やらひ」（追い出すこと）してしまうのである。なお、イザナキの両目から日と月が誕生したという神話は、同系統の神話の分布などから古代中国の盤古の死体化生神話に連なるものと見られている。また「覗き見」の禁忌のモチーフは、イザナキ・イザナミの神話に限らず、鶴女房や蛙女房などの昔話や、豊玉姫《とよたまひめ》神話などの多くの異類女房譚にもみられる。小松和彦は、このタブーの侵犯が夫婦の愛の破綻を招く点では両者は共通するが、後者がもともと異界の女性との婚姻譚として設定しているのに対して、前者では同じ人間（神）の間の愛であり、そこには後者にない「死者との肉体的・精神的性愛、つまり屍愛・屍姦のイメージ」がつきまとっていると述べている（『神々の精神史』伝統と現代社、一九七八年、二三五頁）。

豊玉姫神話では、海神の女であるトヨタマヒメが夫のヒコホホデミに対して産屋を覗かないようにとタブーを課すのだが、好奇心からヒコホホデミはトヨタマヒメが元の姿である八尋鰐《やひろわに》となって出産している姿を覗き見し驚いて逃げる。トヨタマヒメは、「妾恒《あれつね》は、海つ道を通して往来《かよ》はむと欲《おも》ひき。然れども吾が形を伺見《かきまみ》たまひし、是れ甚怍《いとは》づかし」と言って海坂《うなさか》を塞ぎ海に帰ってしまう。イザナキ・イザナミ神話では死穢の国である黄泉国の話であり、豊玉姫神話の出産の場面とは対照的であるが、ともに正体を覗き見られ「恥をかかされた」ことが、二人を分離することになっている。

「覗き見」の禁忌の意味に関してはいろいろな解釈がなされているが、小松はこれを「女の本性を知ることの禁止」だと解し、「神話や昔話では、女の美しさは仮象のものでしかなく、本当の姿は腐乱屍体であり、蛇であり、動物であり、骸骨であるとして描かれている。神話はよく本質を見極めている」と論じている（同前、二三七頁）。男と女の間には「深くて暗い川」があるごとく、所詮は理解不能なのかもしれない。やや逆説めくが、それゆえにこそ、その隔たりを越えるべくさまざまな営為が東西古今でなされてきたのではなかったのだろうか。男と女の間のコミュニケーションの重要な手段である「性」の役割の意味も、そのへんに由来するのかも知れない。「性」は本来、識別や分類を意味し別にエロチックな意味はなかったが、分類しつつそれを乗り越えるという逆説的なところがある。バタイユは、非連続なものの「連続への回帰」にエロティシズムを見、「死にまで至る生の称揚」をその本質とした。エロティシズムはその本質で死とも密接に結びついているのである。

4　生命力の象徴としての性の神

『古事記』によれば、イザナキが黄泉国から帰り禊祓をして生んだ十二柱の神のうち、六柱は陸路の神、残り六柱は海路の神であるが、船戸神《ふなど》（岐神《くなど》）をはじめ、みな境界にあって悪霊や邪鬼を防ぎ祓う呪力をもった神となっており、現在の道祖神や塞《さい》の神の原形をなすものである。これらの神はしばしば生殖器形の神体をもち、境界にまつられてその呪力で邪悪な神霊を防ぐだけでなく、性の神として豊饒や子宝、性病に効験のある神ともされてきた。

性の神は多くの場合境界の神とされ、多様な機能を果たしてきたのであるが、農耕民と山民・海民とではそのあり方が異なっていたようである。後者は山や海という一種の異界を仕事の場とし、獲物を対象として直接生命の与奪にかかわってきており、実際の仕事の現場からは女性を排除しながら、女神である山の神や海の神をその守護神として信仰してきたのである。彼らはそれらの女神に対して男性の象徴たる男根やその形の物をささげることで、異界の生命や富を招こうとしてきた。一方、農耕民は、男女両原理の統合という大宇宙の原理を自分たちの小宇宙の作物に及ぼし、豊饒を招き寄せるために、コントロールした形で男女交合を行なって大自然の生命力を導こうとしたのである。

こうした性の原風景を見てくるとき、現在、一見さまざまな性の問題を抱えているかに見えるわれわれ日本人が、その遺伝子のなかに実は、性（自然）の秘密の力を理解し、感受し得る生命記憶のような叡知のコードを隠し持っているようにも思えてくるのである。

III　性の神と家の神

性の神

1　問題の所在――文化のなかの性

日本の民俗社会には、「昼むかし」といって昼間昔話を語ることを厳しく戒め禁じる風習がある。「昼むかしを語るとネズミに小便をひっかけられる」とか「ネズミに笑われる」などという伝承は、各地で聞くことができる。これは、昔話が本来、夜の世界、神の世界に属していることを意味している。昼間は一日の生活時間のなかで労働の時間であり、いわば人間の世界なのである。また一年の生活のなかでも、昔話は収穫の後や正月などの農閑期で、しかも人と神が交流するような時期に多く語られ、出産や葬儀など人生の節目にも産室や通夜の席で語る風習がみられた。昔話は、この世と異界の交通を主題とするものが多く、主人公が異界に行ってさまざまな困難を克服し、再びこの世に戻って来るというパターンをよくとる。昔話の担い手も、昼間の労働の世界では隅に位置づけられる老人と子供というのが一般である。昔話はこの世と異界の媒介を口承文芸のなかで果たしていると考えられるが、それ故に人と神が交流する夜に語られる必要があったのであり、また労働の世界である昼にはふさわしくなかったのである。ここには、人々のもつ世界観の反映をみることができる。

性や性行為といったものも、昔話と同様、昼や素面《しらふ》の状態では近づくべきでないと一般に考えられている。それらは秘すべきものであり、夜の世界に属すものとされているのである。直接生命と係わる現象は、しばしばタブーの対象とされるが、人間の文化はそうした自然の過剰な生命力を抑圧したうえに秩序立てられているのである。直接無媒介に、異界の孕んだ過剰な力と交流するのはきわめて危険とされ、人々はさまざまな儀式や儀礼などの手続きを通して異界とこの世の交流を図り、文化の秩序をつくり上げてきたのである。

人は自然の一区画を切り取って家や村をつくり、自然の力の一部を飼い馴らして自分たちの生活に供してきた。注意深く慎重に、自分たちの住む世界（文化、この世）の外の世界（自然、異界）と接触し、社会や文化を築いてきたのである。

性は、人間の自然の部分であるが、子孫を産み育てることで家族をつくり、婚姻を通して人と人とが結ばれて、社会を構成するという側面も有する。こうして、性は制度化されるわけである。橋本峰雄は、「産む性」の衝動ないし本能は、創造力であるとともに破壊力でもある。このエロスの力強い危険な力は、どうしても隔離され管理されなければならない。この隔離と管理の諸形式が人間の文化であり、社会の制度である。制度のチャンネルに流しこまれることによって、エロスの破壊力は創造力に転換される。それをフロイトは「快楽原則」から「現実原則」への移行として記述したのであった。自己目的的なエロスの「遊び」は生産的な「仕事」へと転換され、生殖本能の危険な「抑圧の欠如」はタブーによる「安全の保障」へと転換される。それは本能の全面的な満足ということからいえば、それの禁止であり、抑圧であり、フロイトのいったように人間の歴史であるということになる。（中略）人間の文明の歴史は、エロスの危険な力と、それを抑えるために人間がつくりあげたさまざまなタブーの体系との長い闘争の歴史であるといえる。（『性の神』淡交社、二二一—三頁）

と述べている。

性は自然（大宇宙）に属する人間のコントロールをはるかに超えた危険な力を孕んでおり、文化（小宇宙）の秩序を破壊しかねないものであるが、しかしこれがなくては文化や社会も構成できないという両義的なものでもあった。性に限らず、自然の諸力はすべて人間に対して同じような位置を占めている。人間が住んでいる空間（小宇宙）は、自然の諸力をかろうじて取り込み飼い馴らした空間なのである。阿部謹也は、中世ヨーロッパ社会を例にして、

小宇宙のなかで暮らす人間にとって大宇宙は未知な世界であって、そこからあらゆる災害がおしよせてくると考えられていた限りでおそろしい世界でした。小宇宙に住む人間は大宇宙に対してどのように対処していたのでしょう。基本的には互酬関係によって小宇宙の平和を維持しようとしていたといってよいでしょう。どういうことかというと自然の現象や人間の運命を左右する神々に供物をささげることによって何らかの保護をうけるという考え方です。農耕儀礼の他、死者供養や病気の治療、厄払いなどさまざまな儀礼が営まれていましたが、これらはみな大宇宙と小宇宙との関係を調節する互酬機能を果すものであったといってよいでしょう。（『甦える中世ヨーロッパ』日本エディタースクール出版部、一九八七年、四四頁）

と述べている。これと同様のことは、日本の民俗社会についてもあてはまるであろう。

性は直接大宇宙の原理を反映したものであり、また陰陽といった二つの異なる原理の相互作用によって世界の成り立ちやあらゆる現象を説明づけるシンボルともされてきた。さらに、大宇宙と小宇宙とが交渉する狭間《はざま》や、新しいものや事態が生成する場合にも、性は必ず立ち現われ、重要な役割を果たしてきた。このように、性は直接大宇宙と交通する手段となるために、小宇宙の中心を成す支配者や政治権力からは秩序を脅かすものとしてしばしば抑圧や弾圧を受けてきた。

たとえば、明治維新政府は、明治五（一八七二）年三月に太政官令で「従来遊女屋其ノ他各宿等ニ祭リアル金精明神儀風俗ニ害アルヲ以テ、自今早々取捨テ踏潰スベシ」という取締令を出している。これによって、当時、東京では日本橋から川に投げ入れられた男根形の金精様《こんせいさま》の神体で水面が埋まったと伝えられ、明治五年四月八日の『東京日日新聞』には次のような記事が載せられた。曰く、

頃日両国柳橋の絃妓等是まで神棚に鎮座ましませし金勢大明神の称を削りて玩物に下し、同所の川岸より悉く流したり。然るに件の陽物は底に土の重みある故、皆水面に〔亀〕頭を顕し陸続として浮み流れしが、其小なるは金色を帯び、其大なるは丹色を帯び実に一笑に堪へざる光景なり。（斉藤昌三『変態崇拝史』文藝資料研究会、一九二七年、一七頁）

と。これは東京の状況であるが、全国各地で同じようなことが行なわれたと推定される。盆踊りや子供組の行事、墓や埋葬に関する風習など、直接生（性）や死といった大宇宙の原理と関わる民俗儀礼も、政治権力の側から廃止や改変などの措置を受けたようである。民俗神の祀られる場所の多くは、大宇宙

と小宇宙の交渉がなされ、二つの世界が出合う特別の場所であるにもかかわらず、由緒正しい祭神のないものは統廃合を受けたり、社名や神名の変更も受けたりした。チンコ八幡が鎮国八幡に、カナマラ様が金山神社に変えられたのは、その一例である。

性は聖なるものと同時に穢れたものともみられる両義的な性質を有しているが、それは大宇宙（自然）の原理や力と直結したものであることを示している。文化の秩序は、そうしたものの抑圧のうえに築かれているからである。

2　日本神話における性の神

神話は神々の物語として大宇宙と小宇宙との関わりを述べ、世界の成り立ちや構成原理を率直に語ってくれる。われわれは、記紀の日本神話に現われた神々の物語を通して、性の神の原型を探ることが可能であるように思われる。

出口米吉は「我国古伝説中に於て、生殖器崇拝に関係を有するが如く思はるゝ神を求むれば、先づ指を高皇産霊神《たかみむすび》、神皇産霊神《かみむすび》、伊奘諾神《いざなき》、伊奘冊神《いざなみ》に屈すべし」と述べているが、前二者に関して

高皇産霊神、神皇産霊神の産霊《むすび》といへる語につきては、従来万物を生成する神霊の意に解せられ、平田篤胤の如きは『古史伝』一巻に於て、高皇産霊神を男神とし、神皇産霊神を女神とし、其霊代《たましろ》は必ず陰陽の形にて表せられたりと説けり。猶想像と類推とを以てすれば、此他にも同崇拝に出でたるかを思はしむる神祇なきにあらず。開闢の三神然り。男女耦生《ぐうせい》の神然り。殊に宗教は総て性を

基として成立すと云ふに於てをや（『日本生殖器崇拝略説』私家版、一九二〇年、五頁）

とも論じている。そこで、ここでは明確に性の神と関連すると考えられる神話として、次の三つのものを取り上げてみたい。

第一　国生み神話
第二　黄泉国《よみのくに》訪問神話と禊　祓《みそぎはらえ》
第三　天石屋戸《あまのいわやど》神話と天孫降臨《てんそんこうりん》神話

3　国生み神話

『古事記』によれば、前章でも紹介したように、イザナキ、イザナミが天の浮橋から天《あめ》の沼矛《ぬぼこ》を差し下ろしてかきまぜ、その矛を引き上げた時、矛先からしたたり落ちた潮から淤能碁呂島《おのころじま》ができたとある。二神は

其の島に天降り坐して、天の御柱を見立て、八尋殿《やひろどの》を見立てたまひき。是に其の妹伊邪那美命に問曰ひたまはく、「汝が身は如何か成れる」ととひたまへば、「吾が身は、成り成りて成り合はざる処一処あり」と答曰《こた》へたまひき。爾に伊邪那岐命詔りたまはく、「我が身は、成り成りて成り余れる処一処あり。故、此の吾が身の成り余れる処を以ちて、汝が身の成り合はざる処に刺し塞ぎて、国土を生み成さむと以為《おも》ふ。生むこと奈何《いかに》」とのりたまへば、伊邪那美命、「然善《しかよ》けむ」と答曰へた

まひき。爾に伊邪那岐命詔りたまひしく、「然らば吾と汝と是の天の御柱を行き廻り逢ひて、みとのまぐはひ為《せ》む」とのりたまひき。如此《かく》期《ちぎ》りて、乃ち「汝は右より廻り逢へ、我は左より廻り逢はむ」と詔りたまひ、約《ちぎ》り竟《お》へて廻る時、伊邪那美命、先に「あなにやし、えをとこを」と言ひ、後に伊邪那岐命、「あなにやし、えをとめを」と言ひ、各言ひ竟へし後、其の妹に告《つ》曰げたまひしく、「女人の先に言へるは良からず」とのりたまひき。然れども久美度《くみど》に興して生める子は、水蛭子《ひるこ》。此の子は葦船に入れて流し去《う》てき。次に淡島を生みき。是も亦、子の例《たぐひ》には入れざりき。

この後、唱言を男が先に唱える形に改めて、次々と国土を生み出していくのである。

この神話では、天の沼矛は男根にたとえられ、国土を生成する契機を成し、オノコロ島を生み出している。天の沼矛＝男根説は古くから唱えられ、古代日本において生殖器崇拝が存在した証拠とみられてきた。鈴木重胤は、

天之瓊矛は天神の御霊代にして、国生の御表物《みしるし》なるが、石見の女髄脳《ずいのう》に、天之瓊矛は交道の根なりと云ふは、然る説にて、平田翁説にも、こは天根玄牝《てんこんげんぴん》の象物にて、大地の玄牝女陰なる所を令画成《えがかしめなり》給はん料なりと云はれたる、共に謂はれたる言なりけりとぞ諾はれける。（『日本書紀伝』四）

と述べている。また、オノコロ島は『陰陽神石図』には島全体が男根状を成して描かれ、其の上に十数株の松が生えている。この島は、巨大な男根と想像されて、島には同形の石が散在すると言われていたようである。国土の生成の最初に男根形で象徴されるものが現われ、カオスのなかに有形のものを生じ

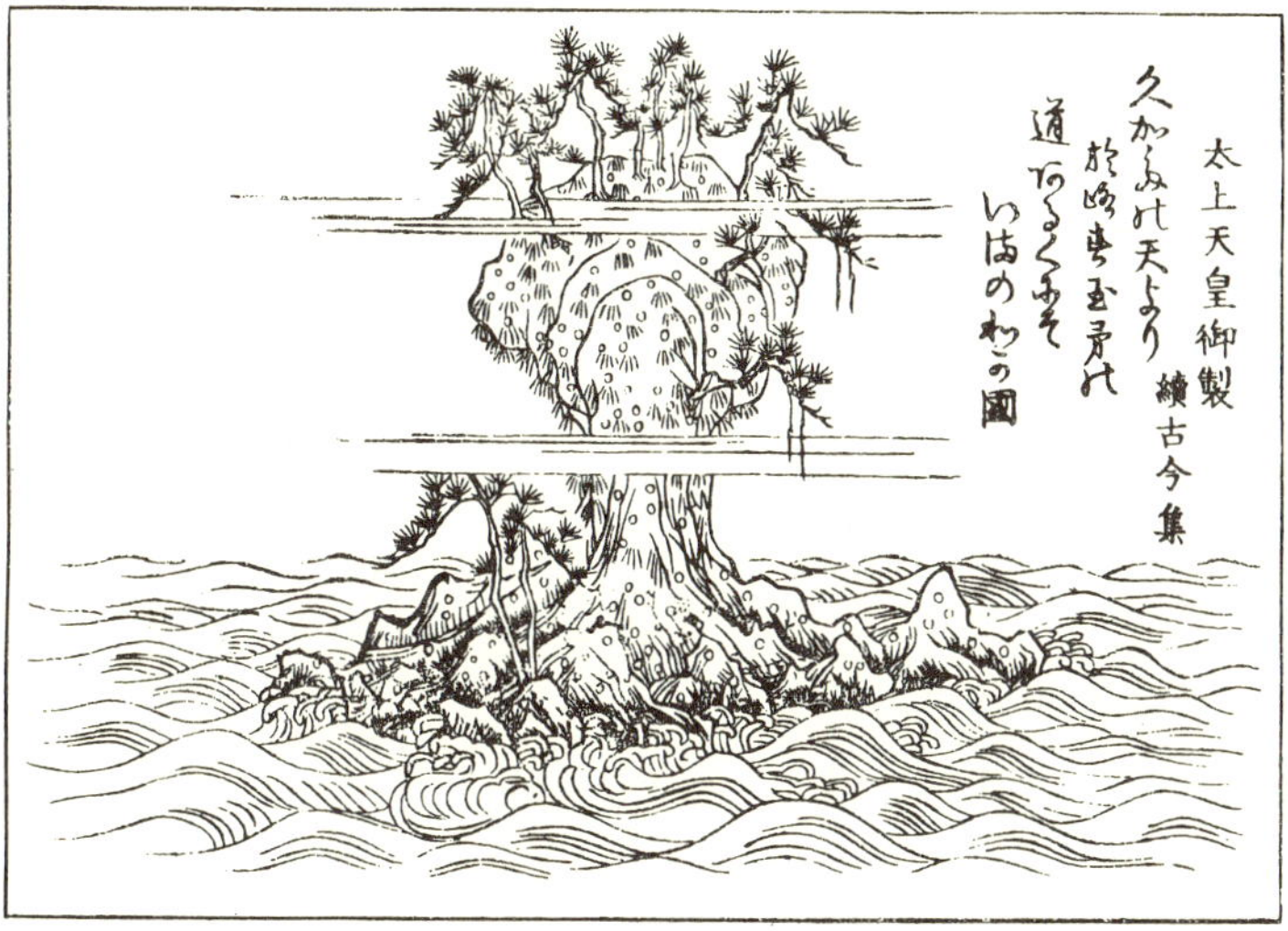

オノコロ島（斉藤昌三『変態崇拝史』）

させた点は、「性の神」を考えるうえで重要と思われる。

次のイザナキ・イザナミによる婚姻の儀式は、「先づ交合を以て万物の始りを娠《はら》む方法」（バックレー[1]）を表現したものだが、二神の婚姻の儀式に際して新屋（八尋殿）を設け、天の御柱（世界樹）をめぐる儀礼が行なわれた点が注目される。なぜなら、家屋の建築儀礼や婚姻儀礼は、しばしば宇宙創造神話を反復したものとみなされ、男女両原理の統合は世界の始まりを示すものとされたからである。

福島県の会津地方などでは、新築の家の建前《たてまえ》には男根と女陰を象《かたど》ったものをつくり、棟の上座に男根（陽）、下座には女陰（陰）を互いに向かい合うようにつけ、「火伏せの呪《まじな》い」とする風習があった。また、この儀式が終わると、建前をした家の中に一坪くらいの板囲いをつくって、その夜は若夫婦（または主人夫婦）が泊まる習慣であった。これは火災予防の呪いとされているが、昔はその家の子孫繁栄を祈って必ず夫婦で泊まるものであったという。大字宙である自然の空間を切り取って小宇宙である家屋（文化）を建てることは、一つの新しい世界の創造であり、こうした聖なる神話的な世界の始まりはしばしば陰陽を象った呪物や若夫婦の共寝という対立する両原理を統合するものや行為で表現されたのである。火災の発生は、こうした原理のアンバランスが招くものであり、男女の統合という調和のとれた状態は結果として火を防ぐことを意味したのであろう。吉野裕子は、家屋を「母の胎の造型であると同時に男女交合の造形」の呪物とみて、古代の婚礼に先立つ「屋作り」の風習や「婚礼を世のはじまり」とみる奄美地方の例などから、家屋や婚礼は「世のはじまりを示すもの」（『祭りの原理』慶友社、一九七二年）であると述べている。

新婚夫婦の床入りの際や、男女が初めて性的な契りをかわす時には、「柿の木問答」と呼ばれる問答を行なう地方が幾つか知られている。たとえば、岩手県の三陸地方では、床入りの時に新婚夫婦は、「あなたの家には柿の木がありましたべか」、「その木には柿がたくさんなっていましたか」、「わたしがその木に登って取って食べてもいいですか」と話し合ったといい、また広島県の芸北地方でも新しい夫婦の間で、「あなたの家には柿の木があるか」、「それによく柿がなるか」、「それにわたくしが上って取って食べてもよいか」などといった問答を交わしてから床入りしたという(2)。地方によっては嫁入りの際に柿の木を持参し、葬儀の際にその木を火葬の薪として使うという風習があった。柿の木の根は冥界に通じているとも言われていて、柿は生と死の境界に立ち、この世と異界をつなぐ聖なる木（世界樹）とみなされている。このため、柿は家や村のレベルにおいて、世界の始まりを示すのにふさわしい木と言える。また、婚礼の際に、男女の生殖器を象ったものを出す風習も各地でみられた。讃岐では、三三九度の盃の後に、嫁の前にハナツキメシを出すという。これは、膳の上に椀に山盛りの飯を盛り、その傍に大根、人参の類で陰陽の形につくったものを皿に盛って載せたものだという。また、摂津尼ヶ崎では、嫁取りの際に、子供たちがその家の前で「嫁さんのオカズは何オカズ、赤まらちんぽにさらおめこ」と唱えたという。結婚式の席に男女の性器の形をしたものを出す風習は、たんに子孫繁栄のための呪いではなく、その背景には男女両原理の統合によって世界の始まりを示そうとした意図が隠されているように思われる。これは、大宇宙の原理を小宇宙であるこの世に導入しようとした呪術であろう。

イザナキ・イザナミ二神による天の御柱をめぐる儀式に類似しているのが、正月に旧家の主人夫婦によって行なわれる「裸回り」の風習である。これは、夫婦が真っ裸になって、主人が四つん這いになって男根を振りながら、「粟穂も稗穂もこの通り」と唱えると、主婦もその後から女陰を叩きながら「割れた、割れた、実入って割れた」などと唱えて、囲炉裏《いろり》の周りを三回まわるというもので、この風習は今日まで全国で五十例以上分布することが知られている。

裸回りを構成する主要な要素は、

(1) 正月元旦、小正月、節分など年の替わり目の行事であること
(2) 夫婦が裸で囲炉裏の周囲を三回まわること
(3) 粟や稗の豊作を予祝する唱言を伴うものが多いこと
(4) 旧家筋の家例とされ性的な所作が伴うこと
(5) 囲炉裏や火が儀礼の中心として重要であること

などである。新旧の年の境目に、衣服（文化）をまとわず、しかも動物（自然）のように四つん這いで囲炉裏の周りを三回まわるという、この儀礼の意味は、旧い秩序や時間を更新して新しい世界を創出することにあった。国生み神話では二神は天の御柱を別々の方向にまわって出会う形をとるのに対して、裸回りでは囲炉裏の周囲を同じ方向にまわるという相違はあるが、どちらも原初の時に返り、世界を創

造する過程を表現したものとみることができる。この儀礼の中心となる囲炉裏は、家屋という小宇宙の中心を成すとともに、異界に通じる特権的な場所であり、しかも生と死、善と悪、内と外、男と女といった対立するものが併存し統合する場ともなっている。したがって、ここでの性的所作は、男女両原理の統合という対立物の統合を表現した聖なる行為と言える。

裸回りでは、性的所作だけでなく、摺子木《すりこぎ》と杓文字《しゃもじ》、摺子木と摺鉢《すりばち》などの一組の道具でも男女両原理を表象しているとみられる。こうした所作や道具は、性別のある不連続の状態を脱し、一種の両性具有ともいうべき男女両原理の統合という聖なる連続の状態を創出するのに必要なのである。性はそれだけ大宇宙の原理と直接に連なっているものであり、ふだんは厳しい規制やタブーのもとにおかれることが多いのである。

裸回りの唱言は、正月元旦の祝い言葉や若水汲みの唱言、さらに昔話や童歌などの形でも伝承されている。いずれの場合も、旧年と新年の交替がなされる正月に伴う唱言である点で共通している。正月は、一つの原初の時、始まりの時であり、境界的な時間なのである。

以上のように、裸回りはたんなる奇習ではなく、国生み神話と同様に、宇宙(世界)の更新を目指した「時間の初めからの再開始、即ち宇宙開闢のくりかえし」(エリアーデ)の儀礼という深い意味を有しているのである。

4　黄泉国訪問神話と禊祓

次に、黄泉国訪問神話と禊祓によって生まれた神々について考察してみたい。妻のイザナミに会いに

黄泉国を訪れたイザナキは、タブーを破ったため、追われることになる。そして、『古事記』には、

最後《いやはて》に其の妹伊邪那美命、身自《みずか》ら追ひ来りき。爾に千引の石《いは》を其の黄泉比良坂《よもつひらさか》に引き塞《さ》へて、其の石を中に置きて、各《おのおの》対《むか》ひ立ちて、事戸《ことど》を度《わた》す時、伊邪那美命言ひしく、「愛《うつく》しき我が那勢《なせ》の命、如《か》此為《くせ》ば、汝《いまし》の国の人草、一日に千頭絞《くび》り殺さむ」といひき。爾に伊邪那岐命詔りたまひしく、「愛しき我が那邇妹《なにも》の命、汝然為《いまししかせ》ば、吾一日に千五百の産屋立てむ」とのりたまひき。是を以ちて一日に必ず千人死に、一日に必ず千五百人生まるるなり。故、其の伊邪那美命を号《なづ》けて黄泉津大神《よもつおほかみ》と謂ふ。亦云はく、其の追ひしきしを以ちて、道敷《ちしきの》大神と号くといふ。亦其の黄泉の坂に塞《さや》りし石は、道反之《ちがへしの》大神と号け、亦塞《さや》り坐《ま》す黄泉戸《よみどの》大神とも謂ふ。故、其の謂はゆる黄泉比良坂は、今、出雲国の伊賦夜《いふや》坂と謂ふ。

と記されている。この後、イザナキは日向の橘の小門《おど》というところで禊祓をし、次々と神々が化生している。すなわち、

故、投げ棄《う》つる御杖に成れる神の名は、衝立船戸《つきたつふなどの》神。次に投げ棄つる御帯に成れる神の名は、道之《みちの》長乳歯《ながちはの》神。次に投げ棄つる御嚢《みふくろ》に成れる神の名は、時量師《ときはかしの》神。次に投げ棄つる御衣《みけし》に成れる神の名は、和豆良比能宇斯能《わづらひのうしの》神。次に投げ棄つる御褌《みはかま》に成れる神の名は、道俣《ちまたの》神。（中略）右の件《くだり》の船戸神以下、辺津甲斐弁羅《へつかひべらの》神以前の十二神は、身に著《つ》ける物を脱ぐに因りて生《な》れる神なり。

と。この部分は『日本書紀』では、イザナキが泉津平坂《よもつひらさか》で、

因りて曰はく、「此よりな過ぎそ」とのたまひて、即ち其の杖を投げたまふ。是を岐神《ふなとのかみ》と謂《まう》す。又其の帯を投げたまふ。是を長道磐神《ながちはのかみ》と謂す。又其の衣を投げたまふ。是を煩神《わずらひのかみ》と謂す。又其の褌を投げたまふ。是を開囓神《あきくひのかみ》と謂す。又其の履《くつ》を投げたまふ。是を道敷神《ちしきのかみ》と謂う。其の泉津平坂《よもつひらさか》にして、或いは所謂《い》ふ、泉津平坂といふは、復別《またこと》に処所《ところ》有らじ、但死《まか》るに臨みて気《いき》絶ゆる際、是を謂ふか。所塞《ふさ》がる磐石といふは、是泉門《よみど》に塞《ふた》がります大神を謂ふ。亦の名は道返大神《ちがえしのおほかみ》といふ。

となっている。この後に禊祓をして、八十柱津日《やそまがつひの》神、神直日《かむなほびの》神、大直日《おほなほびの》神のほか、住吉《すみのえ》大神などを生むのである。

　これらの記紀の記述で注意される点は、

(1) 黄泉国とこの世の境にある「黄泉の坂に塞りし石」
(2) 禊祓や泉津平坂で、イザナキが身につけたものを投げ棄てることで生まれた船戸神をはじめとする神々

の二点である。まず黄泉の坂に塞りし石は、今日の「塞《さえ》の神」に相当するものであり、道反之大神とか塞り坐す黄泉戸大神（泉門に塞ります大神）と呼ばれ、イザナキとイザナミ（黄泉津大神）、男神と女神、生と死、この世と黄泉国といった二つのものを分け隔てている。道反之大神は、黄泉国から追いかけてきたイザナミ＝黄泉津大神を追い返した神という意味であり、『延喜式』道饗《みちあえ》祭の祝詞に八衢《やちまた》比古八衢比売とある神とほぼ同じ神であろうと指摘されてきた。石が異界からの悪霊邪鬼の類いを防ぎ払う

呪的な力をもつという信仰は、境に祀られる塞の神、道祖神、地蔵などの神体や碑が多く石でつくられていることからもうかがえる。筑土鈴寛は

> 石が外敵侵入の通路にあって、之により所在を知り、しかも土地の限界の標識となり、この神は沈黙のうちに、内と外とを分明に見分けた。それは恐るべき侵入者のめじるしでもあるため、周囲は恐るべき処であったであらうし、石の静安堅固の感じは、道を通る人々の心理に、安心と平静とを与へたであろう。（「中世芸能とくに平家物語をめぐりて」『中世・宗教芸文の研究 二』せりか書房、一九七六年、二四三頁）

と述べている。

石は地上と地下、この世と異界、生物と無生物、生者と死者、現在と過去を媒介するメディアとして、境界領域と深く結びついている呪物と言える。

次にイザナキが禊祓の際に生んだ十二神のうち、衝立船戸神《つきたつふなどの》（御杖）、道之長乳歯神《みちのながちはの》（御帯）、時量師神《ときはかしの》（御嚢）、和豆良比能宇斯能神《わづらひのうしの》（御衣）、道俣神《ちまたの》（御褌）、飽咋之宇斯能神《あきぐひのうしの》（御冠）の六神は陸路の神であり、後の六神は海路の神になっている。『日本書紀』では、岐神《ふなどの》（杖）、長道磐神《ながちはの》（帯）、煩神《わづらひの》（衣）、開囓神《あきぐひの》（褌）、道敷神《ちしきの》（履）、道反大神《ちがへしの》（所塞がる磐石）の六神が、この世と黄泉国の境にあたる泉津平坂で出現している。これらの神々はみな結界を成す場所に関連しており、道の神であるとともに境の神となっている。とくに、岐神（船戸神）は、久名戸之祖神《くなとのさへのかみ》ともいい、「ここから先には来るな」ということを意味し、異界からの邪鬼の類いを防ぐ神となっている。

こうした塞の神や岐神の防禦機能は、生殖器またはその形を模したものがもつ悪霊や邪鬼を防ぎ祓う呪力と結びつき、さらに効果を発揮したと考えられる。『古語拾遺』には、御歳神の祟りで発生した蝗《いなご》の害を防ぐために、「牛の宍《しし》を以て溝の口に置きて、男茎形《をはせがた》を作りて之に加え云々」という方法が述べられている。また『扶桑略記』天慶二（九三九）年九月二日の条には、

近日　東西両京　大小路衢　刻レ木作レ神　相対安置　凡厥体像　髣二髴丈夫一　頭上加レ冠　鬢辺垂レ纓　以レ丹塗レ身　成二緋衫色一　起居不レ同　遞各異レ貌　或所又作二女形一　対二丈夫一而立レ之　臍下腰底刻二絵陰陽一　搆二几案於其前一　置二坏器於其上一　児童猥雑　拝礼慇懃　或捧二幣帛一　或供二香華一　号曰二岐神一　又称二御霊一　未レ知二何祥一　時人奇レ之

とある。この記事は『小野宮年中行事』道饗祭事の天慶元年九月一日の外記の記述と同一のものである。性器をつけた男女の人形を岐神《くなど》として祀る風習は、ショウキ（鍾馗）様、カシマ（鹿島）様、ニンギョウ（人形）様などと呼ばれる人形道祖神に直接連なるもの(3)であり、また男女並立の双体道祖神像の一つの原初形態であるといえる。この岐神が「御霊」とも呼ばれ、道饗《みちあえ》祭で祀られていたことは、興味深い。外部からのさまざまな災厄や悪疫の侵入を防ぐ岐神や塞の神は、非業の死を遂げ災厄の原因と考えられた御霊と結びつけられた、つまり災厄を防ぎ祓う神であると同時に、災厄をもたらす悪神とも考えられたのである。『今昔物語集』巻十三の三十四話の「天王寺ノ僧道公、法花《ホッケ》ヲ誦《ジュ》シテ道祖《サヘノカミ》ヲ救ヘル語《コト》」には、大樹の本に

道祖《サヘ》ノ神ノ形ヲ造タル有リ。其ノ形、旧《フル》ク朽テ多ノ年ヲ経タリト見ユ。男ノ形ノミ有テ、女ノ形ハ無シ。前ニ板ニ書タル絵馬有リ、足ノ所破レタリ。

とあり、この道祖神は多くの行疫《こうえき》神の前使となっていたが、法華経の功徳で救われて、道祖神の神像は柴の船に乗せられ海に流されたと語られている。平安時代頃から、御霊神や行疫神の信仰が盛んになり、京の四隅に岐神、衢《ちまた》神を祀って悪霊疫鬼の侵入を防ぐ道饗《みちあえのまつり》祭や、京の四隅や畿内十カ所の境では疫神祭が行なわれた。境を守って疫神を防ぎ祓い、また柴を手向けて行路の安全を祈る神である岐神や塞の神は、(4) しばしば性の神ともなり、縁結びや子供の神などにもなった。盛んな生命力のシンボルである生殖器には、死や病いをもたらす邪鬼の類を払う呪力が具わっていると考えられたためであるが、のちには除災よりも、むしろ性的結合による豊饒や子宝を求める招福の方に祈願の重点が移り、また性病の治癒を祈る風習も生まれてきたと思われる。有名な陸前国(宮城県)名取郡の笠島道祖神は、京都の出雲路の幸神《さいのかみ》の女とされ、『源平盛衰記』巻七には

国人是ヲ崇敬ヒテ神事再拝ス。上下男女祈願アル時ハ、隠相ヲ造テ神前ニ懸荘《かけかざ》リ奉リテ、是ヲ祈リ申スニ叶ハズト云フコトナシ。

とある。塞の神や道祖神は直接異界と交渉し、邪霊を祓うと同時に悪神と同一視されることもあって、『宇治拾遺物語』冒頭の説話にみるように、下位の神として周縁的な位置づけがなされてきた。このことは、境界というものがもつ象徴論的な意味とも関係があろう。山口昌男は、境界とは「内と外、生と

死、此岸と彼岸、文化と自然、定着と移動、農耕と荒廃、豊饒と滅亡といった多義的なイメージの重なる場」であり、

境界は多義的である故、そこには日常生活の中では位置を与えられないイメージが立ち現われる可能性をもつ。二つの矛盾するものが同時に現われることができる。そこではイメージ及び象徴が、言葉になる以前に絶えず立ち現われ、増殖し、新しい結合をとげる。（『文化と両義性』岩波書店、一九七五年、八一頁）

と述べている。この点で、本来境界石（男根形）であるヘルムと二つの相反する原理の間を自由に動きまわるヘルメス神とが結びつけられたことは興味深い。ヘルメスは、交易や市、盗人や旅の守護神として、対立するものを結びつけ仲介するトリックスターである。道祖神もこうした性質が認められ、市や交易、旅（行路）の神とされるほか、縁結びや豊饒多産をもたらす神ともされている。また道祖神に奇形の野菜や果物を供えたり、兄妹または父娘の近親相姦が由来譚として語られているものもある。道祖神は境界に祀られる両義的な性質を多分に孕んだ神として、低い位置づけがなされているが、一方では激しく祟る神でもあった。

性の神として岐神や道祖神をみた場合、これらの神が男女双体像や露骨な性愛像につくられて辟邪《へきじゃ》の機能を果たしたり、男女両原理の統合を示す場合もあるが、不思議なのは男根形だけの像を神体や奉納物とし、女陰形のものを欠いているものが多い点である。ここには、男根を呈示したり奉納することで、異界（女神の世界）から生命力や豊饒を引き出そうとした、一種の互酬的な関係をみることができるか

もしれない。橘南谿の『東遊記』巻三にも、

出羽国握美《あつみ》の駅のあたりの街道の両方に、岩の聳えたる所には、幾所ともなく必ず岩より岩にしめ縄を張り、そのしめ縄のもとに木にて細工よく陰茎の形を作り、道の方へむけて出しあり、其の陰茎甚だ大にして、長七八尺ばかり、ふとさ三四尺周りも有るべし、あまりけしからぬもの故、所の人に尋ぬれば、是れは往古より致し来れる事にて、さいの神と名付けて毎年正月十五日に新しく作り改むることなり、所の神の事なれば、中々粗略にはせず、たとひ御巡見使又は御目附等の御通行の節も、此のまゝにて、若きものゝ戯れなどにあらずと云ふ、また其のしめ縄に紙を結びて多く付けたり、是れはいかなる故と問へば、これは此のあたりの女よき男を祈りて、ひそかに紙を結ぶ事なりと云ふ、誠に辺国古風の事なり。

とある。また『倭訓栞《わくんのしおり》』には、「さいのかみ、常陸国高道祖村、道祖の祭に、大きなる男根を木もて造り鳥居に掛くといふ」とある。

一般に、農民の場合は、大地に播種し耕して作物を育て収穫するという生産のプロセスをとるため、男女の性行為やそれを模倣した行為によって作物の豊饒をもたらそうとすることが多い。これは、男女両原理の統合という大宇宙（自然）の原理を、自分たちの住む小宇宙の作物に及ぼし豊饒を招くために、コントロールした形で男女交合を行ない、自然の力を導入しようとしたものと考えられる。一方、山や海といった一種の異界を主たる仕事の場とし、そこから狩や漁という形で獲物（獣や魚）を得る狩猟者や漁民の場合は、農民とは異なった豊饒祈願の儀礼を行なう可能性が高いといえる。山民や漁民は、山

の神や海の神という女神に対して、男根やその形のものを呈示したり奉納することで、異界の生命力＝豊饒を招こうとするのである。農民がいわば大宇宙の原理を真似ることで間接的に豊饒を導こうとするのに対して、山民や漁民は直接異界や異界を支配する神（女神）に働きかけて獣や魚を多くもたらしてもらうのである。

男根形の神体や奉納物は、異界へ働きかけるものとして、また異界とこの世の結界を成すものとして、つねに境界領域と結びついているようである。

5　天石屋戸神話と天孫降臨神話

最後に、天孫降臨神話の一節をみてみよう。『日本書紀』神代下の九段には、

先駆《さきはらひ》の者還りて白《まう》さく、「一の神有りて、天八達之衢《あまのやちまた》に居り。其の鼻の長さ七咫《あた》、背の長さ七尺余り。当《まさ》に七尋と言ふべし。且口尻《またくちわき》明り耀《て》れり。眼は八咫鏡《やたのかがみ》の如くして、絶然《てりかがやけること》赤酸醤《あかかがち》に似れり」とまうす。即ち従《みとも》の神を遣して、往きて問はしむ。時に八十萬《やそよろず》の神有り。皆目勝《まか》ちて相問ふこと得ず。故、特に天鈿女《あまのうずめ》に勅《みことのり》して曰《のたま》はく、「汝は是、目人《めひと》に勝ちたる者なり。往きて問ふべし」とのたまふ。天鈿女、乃ち《すなは》其の胸乳を露にかきいでて、裳帯《もひも》を臍《ほそ》の下に抑《おした》れて、咲噱《あざわら》ひて向きて立つ。是の時に、衢神《ちまたのかみ》問ひて曰はく、「天鈿女、汝《いまし》為《かくす》ることは何の故ぞ」といふ。対《こた》へて曰はく、「天照大神の子の所幸《いでま》す道路に、如此《かく》居《を》ること誰ぞ。敢へて問ふ」といふ。衢神対《こた》へて曰はく、「天照大神の子、今降行《いでま》すべしと聞く。故に、迎え奉りて相待つ。吾が名は是、猿田彦大神」といふ。

とある。今日、衢《ちまた》の神である道祖神に、猿田彦または猿田彦と天鈿女の両神に付会したものをみることができる。この記述にあるように、猿田彦は長い鼻、巨大な身体、光耀く口や目をもち、外部からの邪神の侵入を防ぐ呪力をもった境界を守る神なのである。猿田彦は高鼻から天狗に、天鈿女はオカメに変形付会されて、それぞれ男根女陰をシンボライズした一対の神ともされた。ここでの天鈿女の行為や哄笑は、すでに天石屋戸神話に登場したものであり、神懸って胸や女陰を露わにし哄笑を招くことで、天石屋戸を開き、夜から昼へ、冬から春へ、カオスからコスモスへの転換を図ったのであるが、一般に閉じたものを開放し、困難な状況を打開する機能をもつ。女陰や笑いの呪力は、生命力に満ちており、死や邪悪なものを防ぎ祓うのである。沖縄では、十二月八日の鬼餅の行事の由来譚で、女陰は人喰い鬼を退治する呪力に満ちたものとして語られている。女陰だけでなく、笑いも笑い絵（春画）や売笑婦など性と結びつき、魔除けの力をもつとされることが多い。

狩猟者の間には、「クライドリ」とか「サゲフリ」と呼ばれる儀礼が伝承されてきたが、これは初めて猟に加わった若者の男根を起こさせて火榾《ひほだ》を吊るして踊らせ、儀礼的に三度笑うといったもので、一種のイニシエーション儀礼になっている[5]。漁民の間にも、航海上の要所や難所など境界的な場所で、男根を露出させて舞わせる同様な儀礼が伝承されてきた。山の神や海の神など山や海を支配する神は多く女神とされ、男根を捧げることで、豊猟（漁）や安全を祈願するものと考えられている。女性や女性の穢れを厳しく排除した排他的な男性の労働集団において、山や海の神として女神を崇拝するのは逆説的であるが、これは組織から女性を排除することで異界を支配する女神の生命力を巧みにかつ効果的に招こうとした、コスモロジカルな背景をもった行為といえる。

山の神に豊猟や山中安全を祈って男根形の奉納物を供えたり、失せ物をした際に男根を呈示して山の神に出してもらう風習はよくみられるが、海の神にも似た風習があった。摂津の住吉大社の三神は、イザナキが禊祓をした際に生まれた神であるが、かつて漁師は同社からキンマラという、土製の男根に金を塗ったものを受けてきて、海上で大風波にあった時に、これを海中に投げればじきに海上が平穏になると信じていたという。また家屋のなかでも、異界に通じる特別な場所である竈、井戸、便所に男根形のものを祀る風習があった。火がよくおこるようにとか水がよく湧くようにとか、あるいは下の世話にならぬようにといって、異界とこの世を媒介するメディアとして男根形のものを祀ったのである。これらは異界からの生命力を招くとともに抑止するものとされたのである。さらに、鉄漿《かね》（お歯黒）がよくつくように鉄漿壺の蓋にも男根が描かれたというし、また遊廓などでは「御客大明神」とか「客人権現」と称して男根形の金精神《こんせいじん》を神棚（縁喜棚）に祀る風習が広く行なわれていた。

猿田彦は道祖神や庚申《こうしん》信仰とも結びついて、境の神として広く信仰されるようになるが、その背景にはトリックスターとしての猿の信仰があったと考えられている。厳島では二月と十月の初申《さる》の日を「猿の口開け」、「猿の口留め」と言い、猿は季節交替と深いつながりをもつ。このことは、猿と河童や山の神との関係からも推測できる。猿は日吉山王の使者とされ、境を守る関明神を一つの祖神とする盲僧たちは猿を食うことを固く禁じられていたという。猿は異界とこの世とを媒介するものとして、境や赤色と深い関係を有していたのである。出産や子授けの縁起物として、吊し猿や木葉猿のような形で猿が用いられたのも、猿のこうした性格に基づくものと言える。岩手県では、馬の安産や良い種の馬を得るように、駒形堂にオコマ様を祀り、木や石の男根を奉納する風習がある。馬も、神霊の乗り物や絵馬にされるように、異界とこの世、神と人をつなぐ媒介者と考えられていた。一般に、猿、馬（駒）、犬（狗）

のような、境界や二つの異なる世界の媒介者と深い関係をもったものがしばしば性の神とされていることは、性の神の性格の一端を暗示している。

6　性の神の多様性

斉藤昌三は、性の神としてただちに思い浮かぶものとして、次の六十種ほどを掲げている。すなわち、

いしがみ　しゃくじん　しゃくじ　しゃぐじ　おしゃもじさま　妻の神　さえの神　くなどの神　道祖神　道六神　ちまたの神　ふなどの神　石尊　ラセキ（裸石）　金精　金勢　金山彦神社　金山神社　石根　男石　屁の子　地蔵　うば神　阿麻羅さま　男法王宮　傘地蔵　猿田彦神社　弓削明神　道鏡さま　船玉大明神　塩竈明神　塩土翁　縁結び神　精大明神　庚申　鬼神さま　興玉の神　和合神　白髯明神　太田の命　青面金剛　鉄開明神　気神（いきのかみ）　毛長明神　大開観音　女石さま　おひじりさま　陰茎明神　おっひとさま　大物神社　お客権現　やまのこさま　しょうぜんさま　お駒さま　祇園明神　めをと神社　聖天宮　天地神（斉藤昌三「性的祭神異名抄」『郷土趣味』一二号、一九一九年、三一頁）

さらに、斉藤は『性的神の三千年』（三徳社、一九二一年）のなかでは、時代や地域による性の神の別称や異称を、道祖神、岐神、塞の神、猿田彦、石神、陰陽石、須佐之男命、諸神、雑神、仏名神、外神の一一に分類して、数多くの神名を挙げている。たとえば、第三の「塞の神」の項には、「塞神　サヘノ

カミ　サイノカミ　斎ノ神　妻の神　幸の神　災ノ神　障ノ神　精ノ神　精大明神　道反大神　石槌明神　番神　西ノ神」などが挙げられている。斉藤は、こうした性の神の名称の変化転訛について、

塞の神は災の神、精の神、斎の神、幸の神ともなり（音読して幸は荒となり荒神から庚申にもなったらしい）、妻の神、産の神となっては婦女子の神となり、産は蚕に蚕は又山の神に変じ、岐神と合して衢の神となり、支那文化の輸入と共に彼地の類似神、道祖神と呼ぶに至って道陸神から道六、道行、道饗に転じ、道鏡に変じては益々性的化し、道ふさげの石の神なるより石神と称したのが、音読のシャグジンから山護神となり、山神となり塞神に戻ったのと、作神となって畑神に変じたものや、杓子神として各戸に祭らるゝ杓子の崇拝となり咳の神となる等、地方及び呼称の変化転訛によって二百有余の分神となり、連綿として今日に至ってゐるのでこの二百有余の職能を称名と地方的崇拝とから研究する丈でも、実に尨大な一資料をなすものである。（『変態崇拝史』文芸資料研究会、一九二七年、一一頁）

と述べている。

以上のように、岐神や塞の神をみただけでも、さまざまな名称の性の神が付会や習合によって生み出されているのである。しかし、このような多様で複雑な名称の背後にある性の神の機能はそれほど複雑であるとは思われない。それは簡単にいえば、境の神、境界の神としての機能である。境にまつわるさまざまな象徴的、潜在的な意味が、同じ語音を介して、次々と塞の神に結びつき、多数の性の神が生み出されていったのである。境の神である性の神の祀り手も、やはりこの世（社会）のなかで周縁的な位

置を占めている人々、とりわけ子供、巫女、盲僧、特殊民などであることが多い。

性の神には聖と穢、内と外、男と女、豊饒と不毛、祓う者と祓われる者、善神と悪神といった二つの異なる原理がしばしば同居しており、日常的な論理では矛盾した性格の神となっている。また、性の神は、大宇宙（自然）の過剰な生命力と直接結びついている。このためこの世（小宇宙）に住む人々は、過剰な力を適切に導入して、社会の安寧を保てるように、性の神の儀礼や祭祀を行なうのである。早川孝太郎は、道祖神の背後に「さ」という霊威があったと想定し、

われわれの祖先がかつて、「さ」または「さつ」と称する威力すぐれた霊魂を想像したことから、これが狩猟の神となり一方農耕を護る神にも発展し、さらにその威力は、土地の鎮めとしてあるいは害敵排撃の神として村の境や道の果にも祀られるに至った。その威力はそれぞれの解釈によって、前言う如く婚姻の媒介、子供の誕生や将来の運命をも支配すると信じられるに至った。（「道祖神のこと」『早川孝太郎全集』八巻、未来社、一九八二年、一四八頁）

と述べている。性の神の信仰では、この世と異界、人と神との互酬的な関係において、こうした大宇宙の力をいかに取り入れるのか、またその諸形態にはどんなものがあるかという点が重要になってくる。

桂又三郎編『岡山県特殊信仰誌』（文献書房、一九三二年）では、性的崇拝を、生殖の信仰（神の力によって子供や農作物の豊饒を得ようとする信仰）、性病祈願の信仰（金精神、陰陽石その他の建石《たていし》、瘡神《かさがみ》の信仰）、性に関する呪禁（性器の呪力によって目的を得ようとする俗信）の三つに分類している。

性の神の基本的な機能には、豊饒の招迎と邪気悪霊の祓除《ふつじょ》という二つがある。これらは、大宇宙（自

然）と小宇宙（文化）、異界とこの世、外と内、女と男といった二つの世界なり原理の間の交渉の結果もたらされるものである。性の神は二つの世界の狭間にあって、媒介者の役割を果たし、折目ごとにこの世の秩序を更新してバランスを保つのである。性の神は直接大宇宙と交渉するため、そこには人々の宇宙観や世界観が強く反映する傾向がある。

ここでは、日本神話のなかに性の神の原形を探る試みをしたわけであるが、土偶や石棒、歓喜天《かんきてん》（聖天）、立川流密教、富士信仰、淡島信仰、小正月の予祝行事といった重要な問題には触れることができなかった。しかし、これらの性的な信仰や行事の多くが、大宇宙と小宇宙の統合を目指す手段として男女交合を用いているのは注目してよいだろう。性の神の問題を扱う際は、つねに人々の世界観を念頭に置く必要があるのである。

註

（1）エドマンド・バックレー「日本に於ける生殖器崇拝」出口米吉訳、『人類学雑誌』三四巻二号、一九一九年。

（2）大島建彦「日本の民俗における性」『ジュリスト』（増刊総合特集）二五号、一九八二年、七六頁。

（3）神野善治『人形道祖神』白水社、一九九六年。

（4）『和名抄』には、「道祖、風俗通云、共工氏之子好遠遊、故其死後祀以為道祖　佐部乃加美《サヘノカミ》」とあり、古くから塞の神は道祖に擬せられていた。また「岐神、布奈止乃加美」「道祖　太无介乃加美《タムケノカミ》」とあるが、いずれも同じ性質の境の神だったと思われる。

（5）千葉徳爾『女房と山の神』堺屋図書、一九八三年。

「火伏せ」の呪物——建築儀礼と性的風習

東北地方で火を守る神というと、岩手県南部から宮城県北部にかけての陸前北部一帯の旧家に祀られている「竈神《かまどがみ》」が有名である（本書「陸前の竈神信仰」参照）。この竈神は、家屋を新築した際に大工や左官によってつくられた木製または土製の奇怪な面貌をした大きな面で、竈の側の柱に祀られている。この奇怪な竈神と並んで東北地方で注目されるのは、福島県会津地方の「火伏せ」の呪物である。これは、屋根裏に結びつけられた大きな男女の性器をかたどった呪物で、火災予防や子孫繁栄のために祀るのだとされている。

棟上げ祝いに「火伏せ」と称して木製の男女の性器を棟に結いつける風習は、福島県の中通りや会津地方に濃密に分布している。『福島県民俗地図』（一九七三年）によれば、中通り北部では男根だけを主婦が供える例が多く、男根と女陰の両方を用いる例は中通り中部や会津地方にみられ、しかも若夫婦が供えるという。この呪物は、大工や器用な人が棟上げ（建前《たてまえ》）の日に掛りきりでつくるが、男根には縄を丸めた睾丸を二個つけたり、女陰にはシュロで陰毛をつけるなど、非常にリアルな作り物になっている。この火伏せの風習については、これまでも民俗調査報告書などに、建築儀礼の一つとして記録されてきた。たとえば、南会津地方には次のような報告がみられる。

事例1　福島県南会津郡南郷村

建前の日は大安日とか、ミズノエタツ（壬辰）とかがよく選ばれるが、三りんぼうという日だけは忌み嫌って行なわない。

建前には必ず火伏の呪《まじない》が行なわれる。建前の日には顔ききの人が一日がかりで陰陽の姿を作り、棟の上座には陽、下座には陰を互いに向かいあうように取り付けて火伏の呪とする風習がある。この風習は昭和二〇年ころまで行なわれたが、その後見られなくなっている。

お祝いが終わると建前をした家の中に一坪くらいの板囲いを作って、その夜は家の若夫婦を泊める。もし若夫婦がいない時は、主人夫婦が泊まる風習がある。これは火災の予防ではあるが、昔はその家の子孫繁栄を意味し、かならず夫婦で泊まる習わしであった。（『南会津南郷の民俗』一九七一年、五六頁）

事例2　福島県南会津郡只見町

棟には火伏の神として、男の物と女の物を形どって供える。南会津地方では第二次大戦前までは必ず供えていたともいう。村によっていくらか差があり、男のものだけあげる地方、昭和村の大芦のように男根のみ二つあげるとか、布沢地区のように男根女陰を対としてあげる地方などがある。

建前の夜は新築した家の一部を手伝いの人が板で囲って、その中に家族の若夫婦を寝かすという習俗もあったという。子孫の繁栄を願うためであるという。今は板囲いで寝る人も少ないという。

（『南会津・只見町過疎部落の民俗』一九七一年、一五頁）

▲シュロで陰毛をつけた女陰の「火伏せ」
（南会津郡南郷村歴史民俗資料館）

▶男根の「火伏せ」（同館）

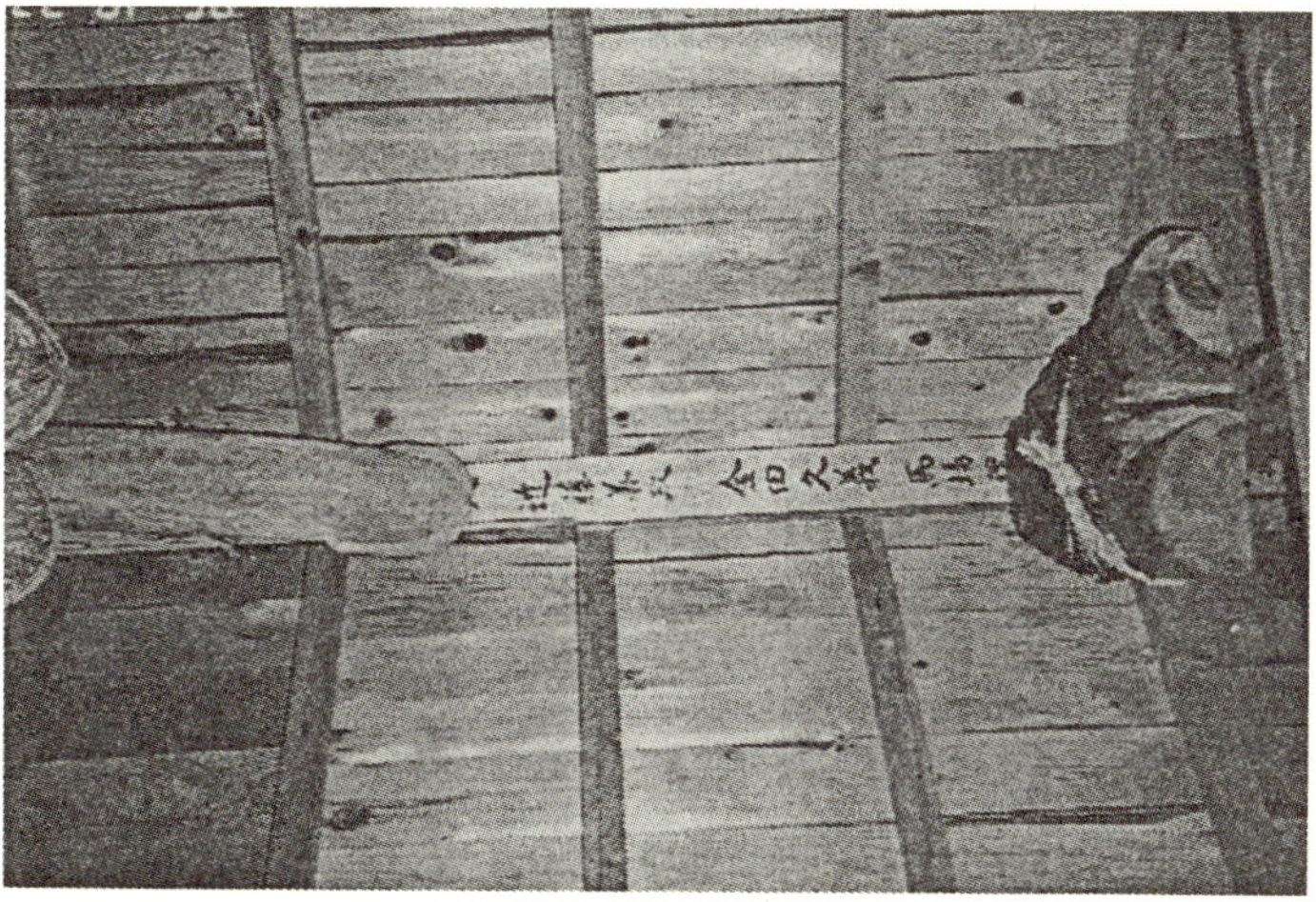

民家にみられる「火伏せ」（南会津郡南郷村鴇巣）

会津地方は屋根葺職人の多いところで、雪の多い冬場には関東地方など他地方の屋根葺きに出稼ぎに回るほどである。現在は、草屋根にトタンをかぶせる家が多くなっているが、それでも農村には立派な草屋根の家が残っている。このため、風の強い日に火災が出るとたちまち集落全体に及ぶ大火事になることもまれでなく、南郷村の隣りの伊南村で、戦後大火事でほとんどの家が焼失したことがあったという。火災の頻発や恐怖が、反面で優秀な屋根葺き技術や火伏せの風習を生んだのだとも考えられる。

建前の日に扇やお札とともに棟木に縄で結いつけられる性器型の呪物は、火伏せの呪《まじな》いだといわれ、実際「火伏せ」と呼ばれている。なぜこれが火伏せに効果があるのかという点に関しては、性交によって男女の性器が「濡れる」あるいは「水が出る」ということから、火に対する「水」と同様の意味があるのだと説明されている。火災の際に、赤い腰巻を振ると火が防げるという風習があるように、性と火には何か深層でつながるイメージがあるようである。この火伏せの風習にも、単に「濡れる」という効果だけでは説明のつかない深い意味が隠されているように思われる。

このことは、家屋が単なる物ではなく、一つの呪物としてイメージされていたことと関係がある。たとえば吉野裕子は、家屋を「母の胎の造型であると同時に男女交合の相の造形」と見て、古代の婚礼に先立って行なわれた「屋造り」の例や「婚礼を世のはじまり」とする奄美の例などから、家屋が婚礼と同様に、「世のはじまりを示すもの」(『祭りの原理』慶友社、一九七二年、二三七頁)だと述べている。火伏せの呪物は、棟に男根のみまたは男根と女陰の一対を供えるのが一般的だが、家や地域によって男根を二本供えたり、女陰を中にして二本の男根を供える例もある。しかし、女陰だけを供えるという例はみられない。男根のみを供える場合でも、主婦がその役割を果たすというように、つねに男性と女性の両原理が統合するような形がとられている。火伏せは、オメエという囲炉裏のある板の間を中心に、上座のザシキとオメエとの境の棟に男根を、下座のニワ（土間）との境には女陰をとりつけ、互いに向いあわせている。やや男性原理が優位に置かれているように思われるが、男根のみを供える事例が示しているように、家屋そのものが母胎とみなされている例もあり、いちがいに男性優位ということはできない。実際に、福島県中通りでは火伏せの呪物を「オカマサマ」と称し、安達町石橋では藁製の女陰に木製の男根を挿入したものとともに、男女同体のものもつくるという。

火事が、秩序の乱れていること（カオス）を表わしたものとするならば、男女、陰陽、上下といった異なった二つの原理の統合した姿は、いわば秩序の整ったコスモスということができる。エリアーデは、建築儀礼を宇宙創造神話の反復儀礼と把える見方をしているが、年の初めの正月儀礼をはじめ、季節祭、建築儀礼、進水式、成年式、婚姻儀礼といった時間やものごとの始めや節目には二つの原理の統合がコスモスの象徴として不可欠のものであったのである。この福島県の火伏せの風習もこうした宇宙論的な側面から考察してみることが重要であろう。

事例1、2にみられる「板囲い」の風習も、若夫婦が建前の日に共寝することで、家屋の秩序を確固としたものにするのであり、両原理の統合の一つといえる。他地方で、火伏せに臼と杵を供えたり、また新宅祝いの神楽のヘッツイ舞で臼と杵が用いられ、後でその竪杵を棟木に供えたりする風習も性器そのものではないが、やはり男女両原理の統合をめざした同系統のものとみることができる。

かつて、南会津郡南郷村に何度か訪れる機会があって、民俗資料館などで数多くの「火伏せ」を実際に見ることができた。資料館収蔵の火伏せは、新築を機に村に寄贈されたものであるが、現在でも新築した際に「火伏せ」がないと不安だからといって新しくつくってもらったり、また改築などの際も先祖代々守ってくれたものだからといって、新しい屋根裏にそれを飾っている例も多いという。

囲炉裏で火を焚かなくなり、さらに天井板を張るようになったり、草屋根を廃止するなど、生活様式や建築様式が大きく変貌をとげつつある昨今であるが、資料館に寄贈されたり、一対二万円前後で古物商にひきとられたりする一方で、まだ「火伏せ」はこの地方の人々の心の中で、目立たないが大きな位置を占めているように思われる。

［付記］

平成十二（二〇〇〇）年一〜三月に福島県立博物館では、「豊かな世界へ——豊穣と想像力の博物誌」の企画展が開催され、県内各地の火伏せやオカマサマが展示されるとともに、展示図録には火伏せ関連の文献解題や抄録が多数の図版を含めて掲載された。これによって、火伏せの呼称や分布、形態、製法、祀り方などがかなり明らかになった。福島の火伏せの呪物に関しては、新井白石の『紳書』巻九（享保八、九年頃成立）に「陰形　奥州名取郡笠島の道祖神、都の加茂の海原、二条北の辺におはする出雲路の道祖神の女也けるが、いつきかしづき、よき夫に合せんとしける商人に嫁して、勘当せられて奥州へ追い下され給ひけるが、国人是を崇敬して神事再拝す。男女所願有時は、陰相を造りて神前に奉る。祈る事叶はずといふ事なし。予先年奥へ下りしに、信夫郡八丁目（現・福島市松川町八丁目）と云所にて昼餉すとて、民家にいこひしに、新らしく建たる家に、萱生ひて屋を蓋ふ。何となく屋根のうらを見上げたるに、陰形を作りてさしはさみ、其前に鰹脯柳樽やうのものを作り物にして備へたるを見て、ふしぎにおもひしに、此故事によれるにや、此あたりの村俗かく有、馬子に尋しにこたへたりき」（『日本随筆大成』三期一二巻、吉川弘文館、一九七七年、四四三頁）とあって、十八世紀初期にはすでにみられた風習であった。

棟上げ祝いに、男女の性器をかたどった呪物のほかに、おめでたい縁起物もつくって供える事例は、近年まで中通りの安達郡安達町などでみられ、鶴・亀・三蓋松・鰹節・串柿・祝樽などを藁や木片でつくったいう。また浜通りの相馬郡鹿島町でも、やはり蛇・魚・ゴンボ（牛蒡）・鰹節・祝樽・四蓋松などをつくって供えたといい、この地域ではあからさまに性器をかたどったものはみられないが、細長い藁のつくり物が目立ち、とくにゴンボは雌雄二本あり合体させて絡みつくように奉納することから性的な意味をもつのではないかと指摘されている。なお、静岡県御殿場市でも、新築祝いには鯛・酒樽・蓑笠・鰹節・大福帳・算盤のほか男根形の縁起物をつくって大黒柱などに吊るして祝う風習がみられた。

火伏せの呪物のうち、女陰は木製のリアルなもののほかに、藁製や曲輪っぱのものもみられるが、古くは藁製だったのではないかとみられている。男根につく睾丸の芯の材料も、角材から細かく切った板材、カンナ屑へと変わってきたという（安藤紫香『火伏せの里』南郷村、二〇〇〇年）。火伏せの分布は、福島県の中通りと会津地方に濃厚に分布し、福島県が中心であるが、一部会津と隣接する栃木県塩谷郡栗山村や新潟県北魚沼郡入広瀬村にもみられる（次頁の「火伏せ」の分布図参照）。佐々木長生は、火伏せの名称や形態を整理し基本となる分布図を作成したほか、火伏せの奉納儀礼にも言及しており、そのなかで「板囲い」の習俗が「火伏せの男根と女陰の呪物を供える古い形」ではないかと述べ、金山町鮭立では戦時中まで相続人の若夫婦が他人に家をとられないように板囲いをして最初に住むのだと伝えており、また田島町針生では家の者が性的な行為をする前に動物も含めて他人が性行為をするとその家がとられてしまうといい、建前に火伏せをつくり、内部造作ができるまで一月間は寝室になるヘヤに男女のものが当たる程度に吊るしておき、その後棟木に結わえたという（「福島県内における火伏せの呪物」『福島の

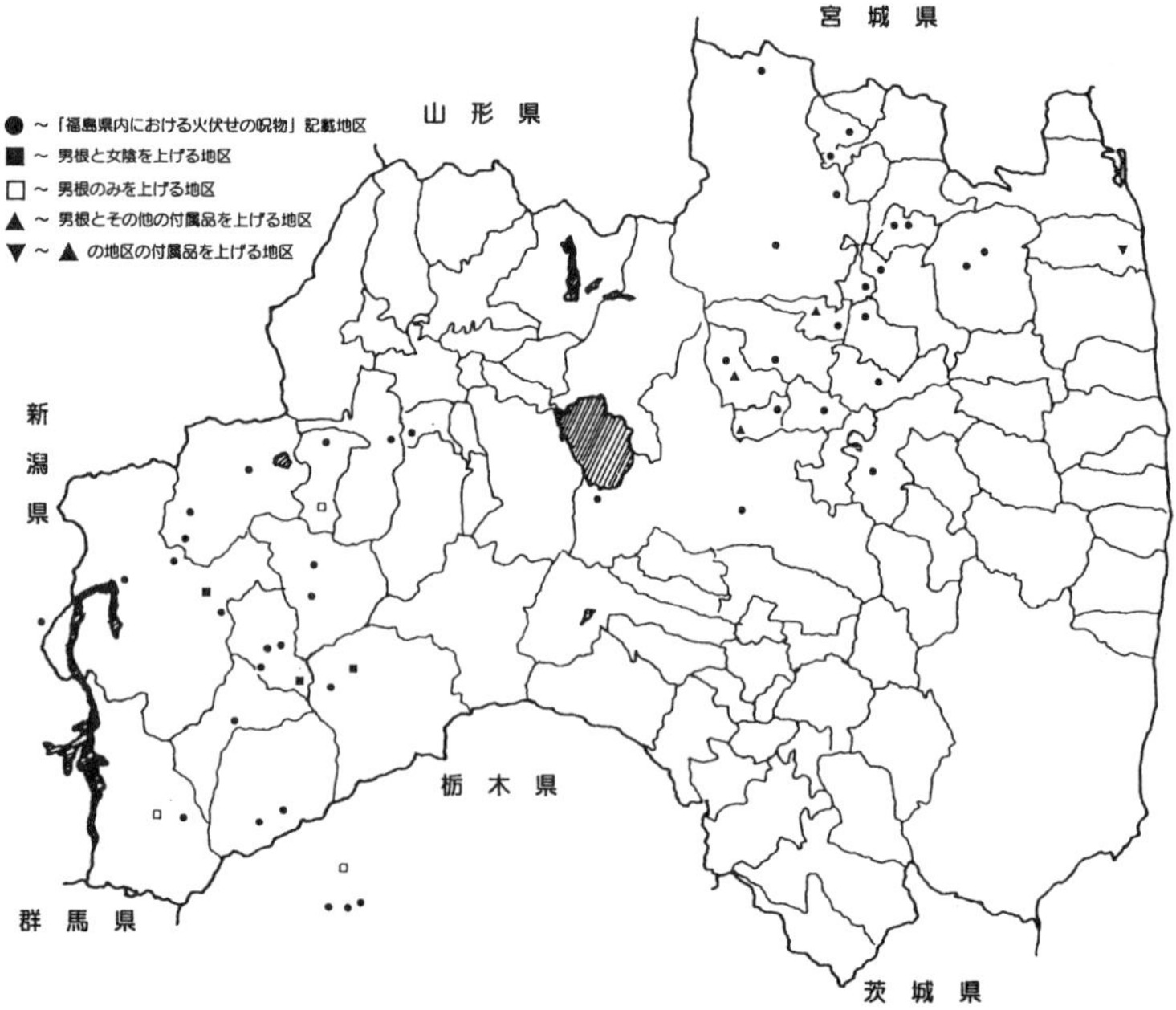

福島県における「火伏せ」の分布図

（原図は，佐々木長生「福島県における火伏せの呪物」を増補した福島県立博物館作成の分布図）

民俗』一六号、一九八八年、一九頁）。板囲いで家固めする前に「魔」が入り込むのを恐れたのであろう。中通りの安達町でも建前や家移りの夜に主人が泊まる風習があり、他人や獣に先に家に入られて盗られないようにするためにここでは主人が一人で泊まるのだという。安達町では火伏せを「オカマサマ」と呼んでいるが、厚板に「ヒョットコ」の絵を描いて祀るムラもあるという（鳴原仙吉「屋根裏の呪物・おかまさまを祀る」『福島の民俗』二八号、二〇〇〇年、七六頁）。神野善治は、屋根と棟の人形（大工が建前などにつくる）の考察の一環として火伏せにも触れ、「男女の呪物は、子孫繁栄を願い、火伏せを目的にした。すべてを焼き尽くす『火事』の災いは、家屋にとって最大の驚異であり、まさに、この家の住人の繁栄を脅かすものである。この脅威をもたらすのが、何らかの邪悪な霊だと考えられて、これを防ぐ手段として登場したのが、（中略）屋根裏の人形や呪物だったといえるだろう」（『木霊論』白水社、二〇〇〇年、六八頁）と論じている。いわば、村境の人形道祖神などと同じように邪悪な神霊の侵入を防ぎ祓う呪物として火伏せを捉えているのである。火伏せの呼称は、「ヒブセ」が一般的であるが、檜枝岐村では「サイマラボウ」と称し、中通りでは「オカマサマ」や「ドウロクジン」と呼んでいる。火伏せは、村境に祀られる道祖神と関連づけられている一方で、竃神のオカマサマとも結びつけられているのである。竃神に男根形の奉納物を祀る風習や道祖神と形態的に類似した信越地方の釜神の信仰などを考慮して、火伏せの呪物もその形態のみにとらわれることなく今後は民俗信仰全体のなかに位置づけて考える必要があろう。

なお、この火伏せの風習に類似したものが遠くヒマラヤ山麓のブータン王国にもみられる。民家の壁には、虎・獅子・龍・カルーダなど最強の動物とともに身の丈ほどの大きな男根（ポー）が赤色で描かれ、屋根の四隅の軒先には木製の男根に十字に剣を括ったものも吊るされている。本村靖久によれば、

「新築祝いのときに、近所の人々を招いて振る舞いをするが、そのときに、木で作った男根を女性が担ぎ、新居のまわりを周り、最後に軒先に吊るす」（『ブータン・スタイル』京都書院、一九九八年、一一四頁）といい、男根は豊穣や幸福をもたらす一方で魔除けにもなっているという。性神としての道祖神は、ヘルメス神を祀ったギリシアのヘルム柱と同様に、ムラなど地域社会の境界にあって外部からの邪悪な神霊の侵入を防ぐ役割を果たしている。一方、福島の「火伏せ」やブータンの「ポー」は家屋や家族などを外部から来る災厄や悪霊から守護する魔除けの役割を果たすものになっている。魔除けは、時間を更新したり、隙間（空白）を生じさせないことによって果たされるが、火伏せの呪物は「性器」をかたどることでものごとの原初的な時間への回帰を表象し、魔除けやさらには招福の機能を民俗儀礼のなかで果たしてきたのである。

陸前の竈神信仰——竈神の性格と儀礼を中心に

1　問題の所在

岩手県南部から宮城県にかけてのいわゆる陸前地方には、竈《かまど》の近くの柱などに竈神《かまどがみ》として木製や土製の奇怪な面を祀る風習がみられ、日本の竈神信仰のなかでも特異な位置を占めている。この地方の竈神は有名ではあるが、まとまった研究としては、細川魚紋子、黄川田啓子、桜井清美、内藤正敏などの研究がその主要なものといえる。(1)これらの研究によって、竈神の名称、分布、材質などの全体像は、若干のかたよりはあるものの、ほぼ明らかになったといえる。しかし、内藤正敏が竈神を金属文化との関連で考察しているほかは、竈神の分布や資料報告を中心とした研究がほとんどである。

竈神は、この地方ではカマガミ、カマドガミと呼ばれるのが一般的だが、他にカマジン、カマオトコ、カマダイコク、カマベットウ、カマボトケ、カマダイブツ、カマジジイ、カマオヤジ、カマガキ、カマオンナ、カマメンコ、クドガミ、オヒガミ、ヒョートクなどの呼称がある。こうした名称には、竈神の性格の一端が現われており、竈神がどのような神と考えられているかを知る手がかりとなる。

この竈神の分布は、北限が岩手県和賀郡東和町で、南限は宮城県刈田郡蔵王町であり、ほぼ旧仙台藩領にあたり、とくに奥羽山脈側の宮城県玉造郡、栗原郡、太平洋側の宮城県桃生郡、牡鹿郡、および岩手県一関市や東磐井郡の三カ所が濃密な分布を示している。

竈神の材質には木製と土製とがあり、土製の竈神の面には口や目にアワビ、ハマグリなどの貝殻や陶器がはめこまれて光を反射するようになっており、馬の毛で髪や髭が植えられているものも多い。木製の面は、欅、ブナ、松、杉、桐、桑、栃、朴、ミズキなどの木材でつくられており、一定していない。竈神の面相も忿怒相や笑顔のものなどさまざまであるが、人面、鬼面、福神面、天狗面、虎面、明王面、醜男などに細かく分類している報告もある(2)。

竈神の面の製作者については、新築の際に大工や左官がつくるという例がもっとも多く、このほか家の主人や専門に面をつくっている人などの事例もある。宮城県栗原郡花山沢の千葉こつよ家では、新築時に男女の人形を購入して天井裏の大黒柱に飾っているが、以前はシントウ(神道)様に白紙で切ってもらったものをあげ、さらにその前はカマガミを彫ってあげていたという(3)。この例は木彫の竈神から男女の人形への変遷を示しているが、むしろ両者の底流にある共通の心意をさぐることの方がより重要であるように思われる。竈神の製作者は大工や左官であるという事例が大半であるから、竈神製作は建築儀礼の一つとしてみることができるし、前章でみた福島県の「火伏せ」など周辺地域の建築儀礼との比較という研究視点も必要となってくる。その際には、建築儀礼とはいったい何であるのかという本質的な点が問題となる(4)。

竈神の製作は、竈神の分布がほぼ旧仙台藩領に限られ、また土台に石を置く石場建《いしばたて》という建築様式が東北地方で普及したのが近世以降であることや、竈の使用の普及も比較的遅かったことなどから、一般に近世段階にはじまったものとみられている。

以上が、これまでの報告や研究からみた竈神の概略であるが、本章では従来の基礎的研究のうえに、さらに周辺地域の類似例との比較を加えて陸前の竈神信仰を再検討してみたい。

2 竈神の祭祀と儀礼

これまでの報告資料によれば、竈神の祭祀の行なわれる祭日は、次の通りである。

正月三ヵ日
毎月一、十五、二十八日
旧暦二月八日
旧暦二月九日（新暦三月九日）
二月十五日
二月二十八日
四月八日
初庚申
お十八夜（正、五、九月十八日）
馬の使いはじめ
紙漉きはじめ
田植前後
竈神の山と里の去来日

その他（大晦日、節分、初午、九月一日の刈上げ朔日、農作物の収穫後、神社の祭礼日など）

竈神は正月三カ日および毎月一、十五、二十八日、神社の祭礼、変わり事のあったときなどに祀られることが多いが、この他の日が祭日となっていることもある。とくに、二月八、九日や四月八日のほか、初庚申、節分、大晦日、正月といった、季節や年の折目に竈神が祀られているのが注目される。陸前地方には十二月八日に神々が出雲にたち、二月八日に戻って来るという神送迎の伝承があり、また二月八日には正月神と厄神が入れ替わるともいわれている。[5] 二月と十二月の八日は「コト八日」といい、地方によって目一つの妖怪が現われたり、ミカワリ婆さんが現われたりする日として恐れられ、落穂でつくった粗末な土穂団子を供える。[6] 要するに、これは神去来を説くことによって、季節交替を表現したものとみることができる。一つ目やミカワリ（＝再生→生まれ変わり）という点からも、コト八日が一つの時間や秩序の変換であり、一年の大きな折目であることがわかる。陸前地方では、二月八日には詰めのアサダンゴ、八日ダンゴ、カラスダンゴ、ハツダンゴなどの土穂団子を供え、二月九日に竈神を祀るところでも、アシモト餅、ツボ団子、ツボサカ団子をつくって供えるという。ダンゴは流しの鍋蓋にのせて供えるが、こうした重要な折目に竈神が祀られている点は、この神の性格を示すものとして注意される。柳田国男は土穂団子を忌の日の食物と述べており、コト八日のほか、霜月丑の日の山神祭（九州）や正月と霜月の晦日などにも供える。[7] 陸前地方には土穂団子に関連した竈神の由来譚も伝承されている。

一関市舞川平石の佐藤節郎家では初庚申の日に竈神に左縄をなって供えるが、栗原郡栗駒町長根でも初庚申の日に、カツノキを伐ってきて、普通の年は一尺二寸、閏年は一尺三寸に切って、左縄で土間の上の梁に結び重ねて火難除けとしている。[8] これは正月ごとに竈注連といって、シメ縄を張重ねていき屋根替まで解《くず》さない風習（柴田郡川崎村下石丸、黒川郡大和町舞野、仙台市館越）やオセンダク（衣裳）を着重ねていく例とも関連し、家の神の性格を表わしたものとみることができる。なお庚申縄は関東中部から東北一円に分布している。[9] 庚申は「更新」に通じ、やはり一つの秩序変換（季節交替）を意味すると思われる。[10] 庚申に火に関連した禁忌が伴うのは、「火の気がえ」[11]（火替え）という時間や秩序の境い目にあたるからであろう。

農耕に関連したものでは、二月十一日の農耕はじめに祀ったり（栗原郡花山村本沢字坂の下、字木落）、田植の前後に稲苗を竈神に供えたりする例があり、竈神の田の神的性格を示すものといえる。また、登米郡豊里町では、カマ神は農事のはじめと終わりに、山と里を去来するという伝承が伴っている。

遠田郡涌谷町大田では、お十八夜（正・五・九月十八日の夜）にカマド餅をついて明神（屋敷神）に供えるという。十八夜様は山形県では巫女の守護神ともなっているが、宮城県では「オジーハッチャサン」といえば「われがちにしゃべりちらし、その場を攪き乱す者」、すなわちトリックスターを通常意味し、一方では、この神は「いやしく且つつましい神様なので、餅はつきあがらないうちにとってあげ、又他へも配らない」（藤原勉「お十八夜さん」『民間伝承』一五巻一一号、一九五一年、二八―九頁）ともいう。つつましくいやしい点は農耕神や家の神によくみられる性格でもある。

農耕ではなく紙漉きはじめに竈神を祀るところもある。岩手県東磐井郡松川町では、「和紙の製造には楮《こうぞ》を楮釜に入れて煮る必要があり、その時薪を焚くがそうした場合に不慮の火災を招くことがあってはならないというので、楮釜を作った残り土とか木を材料にしてカマド神の面を刻み、防火の神として祀り、それが後に家内円満、お家繁昌の守り神としても祭られるようになった」（『岩手県史』一一巻、一九六五年、一三九頁）と伝えている。この事例では防火の神であったものが、家内円満や家の守護神となったとしている。しかし、郷田（坪井）洋文は火伏せの要素は竈神に新しく加わったものとみており、[12]

この話をそのまま受けいれることはできない。この問題は竈神の本質にもかかわるものであり、さらなる考察が必要と思われる。

宮城県本吉郡本吉町中島の森谷十郎右衛門家では正月や四月八日のほかに、初午にカマ神を祀るという。また、玉造郡鬼首原の中鉢ハル家では毎月一、十五、二十八日に「カマジン」に御飯を供えて祀るほかに、馬をはじめて使うときにもドンブリに小豆御飯を山盛にして供えるといい、こうすると馬があばれないという。

初午に竈神を祀るのは陰陽五行で午《うま》が火にあたるためと思われるが、馬は火の神である竈神のお使いだとも考えることができる。さらに馬と竈神との関連は、竈神に馬の沓を供えたり（和賀郡谷内村）、竈神の頭上からワラ沓を振分けにたらしたり（水沢市前谷地）、また竈神の面に馬の尻尾の毛で髭や眉を植えつける例があることにもみられる。馬の沓を竈神に供える理由として、水沢市前谷地の佐藤誠一家では馬の供養とか旅の無事安全のためではないかと言っており、また水沢市福原では馬を守ってもらうために、馬のワラ沓を竈神の両耳としてかけるのだという[13]。

柳田国男は『山島民譚集』のなかで、馬と竈の関係についてしばしば触れている。たとえば、

竈ノ神ト馬トハ夙《ハヤ》クヨリ深キ関係アリキ。此ハ馬ノ蹄ノ痕ガ昔ノ時代ノ竈ノ形ト似テ居タリシガ為カ、或ハ又竈ハ火ノ神ナルガ故ニ午《ウマ》ニ相当スル馬ヲ以テ其象徴トシタルルモノカ、未ダ充分ニ其ノ理由ヲ知ル能《アタ》ハザルモ、兎ニ角二者ノ関係アリシコトノミハ疑イ無シ。馬ノ鞋《ワラジ》ヲ作リテ初春毎ニ之ヲ竈ノ神ニ供エ、馬ノ絵札ヲ竈ノ傍ニ貼リ付ケ、或ハ又生レシバカリノ馬ノ子ヲ曳キテ竈ノ神ヲ拝マシムルガ如キ風習ノ、今モ各地ニ行ワルルモノ甚ダ多シ。牛ニ就キテモ之ニ似タル例アリ。例エ

バ羽後北秋田郡阿仁合町ニテハ、十二月二十八日ニ竈ノ神ノ祭アリ。宮ノ神主ハ一枚ノ紙ニ三十六ノ牛ヲ印刷シタルモノヲ家毎ニ配リタリ。昔伊勢ニテ三十六頭ノ牛物ヲ運ビテ功アリ。御炊《ミカシキ》ノ神氷《ヒ》沼道主《ヌマミチヌシ》、三十六ノ「ヘツイ」ノ神ヲ率イテ朝夕ノ大御食《オオミケ》ヲ炊キ供ウト云ウ故事ニ基クカト云エリ〔真澄遊覧記二十三〕。但シ其ノ故事何ニ見ユルカヲ知ラズ。此等ノ関係ヨリ察スレバ、竈ノ神ノ祭場ガ同時ニモシクハ時代ヲ経テ、牛馬ノ神ノ祭場トナルコト無シト云ウベカラズ。（『山島民譚集㈠』ちくま文庫版全集五巻、一九八九年、一四二―三頁）

とある。馬と竈神の関係は、竈神が掛けられる柱にもみられる。宮城県栗原郡花山村宿の狩野志み家では、カマ神が蒼前柱《そうぜんばしら》に掛けられ、カマ神の下には蒼前様のお札が貼ってあるという(14)。カマ神は蒼前柱のほか、ウシ（ウシモチ）柱や水神柱（土間中央の柱）にも掛けられる。蒼前様は馬の神であり、水神柱は竈神が火であるのに対し、水という意味があるのかもしれない。牛馬と竈神の結びつきは陸前以外にも広くみられる。たとえば、秩父地方では流しの棚の下にオカマサマとして、馬の草鞋の片方をかけて正月ごとにとりかえるといい(15)、神奈川県津久井郡でも荒神に馬のワラジやカナグツ（蹄鉄）を供え、こうすると子供が夜啼きさせぬといっている(16)（ここでは荒神は養蚕とも結びつき、小さくて丸い蚕を供えるという）。宮崎県西諸方郡ではカマ柱（力柱《ちから》）にオカマサァを祀り、馬の腹帯にする縄を巻きつけておくといい、この地方では竈神を馬の守護神として拝む風が意外に多いという(17)。岡山県では竈の土公《どこう》神は牛の神となっており、牛の安産祈願をしたり、牛の仔を産後参らせるという(18)。

馬はしばしば神の乗物とされ、神出現の場所によく祀られる。村境はそうした神出現の場所の一つであるが、竈神が馬と深い関係を有していることは、竈もやはり霊界との境界をなす場所と考えることができる。馬のワラジに胞衣《えな》を包んで埋める地方があることは、馬のワラジが再生に関連したものであることを示しており、これもこの世と霊界（異界）を媒介する例とみれる。

竈神と「三六」という数も、前述の柳田の『山島民譚集』での発言が示すように、よく結びつけられる。関東地方には竈神に三六個の供物をあげる例が多くみられるが、これは竈神に三六人の子があるためだといわれている。[19] 陸前地方では三六と竈神との結びつきはまだ見いだせないが、福島県田村郡には、オカマつけのときの唱言に「三六のオカマの神さま」とある。[20] 三六という数と竈神は室町末期の狂言『栗焼』にも出ており、にわかに成立したものではないが、まだその数の由来は十分説明されていない。筆者は三六を水火両方の神として信仰されている不動尊の三六童子に由来するのではないかと推定している。宮城県登米郡豊里町の阿部孝一家では、正月には竈神に年縄と八本幣《はっぽんぺい》を飾り、供え物をして古いものと替えるという。八本幣の「八」という数も不動尊の八童子との関連が考えられないだろうか。八大竜王、八雷にみるように、「八」は竜や雷と関連しているようにも思われるが、これもまだたしかなことはいえない。折口信夫は三六のヘッツイの神（竈神）を率いた御炊《みかしき》神の氷沼道主が、禊《みそぎ》に奉仕した水辺の巫女と関連していたと指摘している。[21]『丹後国風土記』逸文（比治の里の条）にある八乙女伝説では、比治（比沼と関連している）山の真名井に水浴に来て、羽衣をとられた天女がのち豊宇賀能売命《とようかのめのみこと》となったとある。水辺の巫女がミケツ神として竈神に関連しているのは、同じく水辺の巫女で日の神に仕えた玉依姫が炭焼五郎譚に登場しているのを思い起こさせる。丹波の比沼道主の八乙女は伊勢や宮廷へも聖職奉仕にあがったものという。古代宮廷では、内膳司にある竈神は天皇の寿命を守る霊物として、鎮魂儀礼にも用いられ、天皇の心身の聖化と深い関係があったとされている。[22]

竈神が鎮魂儀礼すなわち霊魂の浄化（死と再生の儀礼による更新）や穀物神と関連しているのは、竈が異界とこの世の接点に祀られているためである。柳田国男は川の流れが淵をなし、三方を岩で囲まれた竈状の場所が「カマ」と言われるのは、昔竈神の祭りが行なわれた祭場ではないかと推定している[23]。河童駒引が行なわれるのもこのような水界と陸との接点をなす場所であり、ここはこの世と異界の境界を表わし、両界の交渉点をなす場所となっているのである[24]。竈が生命の根源として食物調製にかかわり、また竈そのものが神聖視されているのは、霊界との交渉点であることが背後にあるためである。竈神が家の神として重要なのも、異界（霊界）との交渉によって時間や生命の更新を行なう点にある。

陸前の竈神が家霊的存在として家の守護神となっていることは、竈神の面の由来譚にもうかがうことができる。たとえば、宮城県玉造郡鳴子町には次のような話がある。

事例1　竈神起源譚（宮城県玉造郡鳴子町）

むかし、この村にたいへん正直で働き者の爺さんと婆さんが居た。ある秋の雨の日、一日の仕事を終えて薪を背負って家路を下る途中、山神堂前に来かかると、子供の泣く声を耳にした。不思議に思い、参道筋に入って見ると、御堂裏の神木の洞の中で見かけぬ子供がずぶ濡れで泣いていた。お爺さんは可哀想にと、薪の上にのせて我が家に連れ帰った。婆さんは早速濡れた着物を自分のものと取替え、焚火をもやして暖めてやった。ところが火明りで子供をよく見ると、頭は大きく顔は山小父そっくりで、醜いこと餓鬼のようであった。それでも爺さん婆さんは大事に面倒をみて世話したが、子供は何時になってもデンと炉端に座り、大きな臍を出して毎日腹あぶりばかりして居た。さすがの爺さんも呆れて、臍を出していないで少しは家の仕事を手伝ったらどうかと大いに言い聞かせて、着物の前を合わせてやろうと臍をさわったところ、ジャラジャラと音がして小判が炉端に散った。爺さんはおどろいて子供に問い正した所、これは親切にしてくれたお礼で、明日から夕食時に臍をなすって下されば小判一枚ずつめぐむと答え、その後二人の暮しむきも良くなり家も栄えた。ところが、このことを知って隣の悪たれ爺さんが留守番をしていた子供を訪ね、いきなり囲炉裏の火箸で大きな臍をつつき、小判をどっさり出そうとしたが、子供は小判を出さずに死んでしまった。仕事から帰った爺さん婆さんは嘆き悲しみ、この亡骸をていねいに葬り、子供の厳しい面相を永遠に伝えるお面をつくり、家神としてこれを祀り火の守り神として、家人の無病息災、災難駆除、家運隆盛の神として祀ったのが釜神《ママ》様である。（内藤正敏「東北カマ神信仰の源流(上)」『季刊現代宗教』一巻五号、一九七六年、二二一—二二頁）。

この話では囲炉裏のそばで臍ばかりいじっていた霊界（神木の洞）からきた醜い小童を、火や家人の守り神として祀ったのが竈神であるとしている。この小童を祀っている間、臍から小判を出し家が栄えるというのは、ザシキワラシの場合と同様である。小童は外（木の洞）から内（家）へ、冷たい濡れた状態（水）から暖かい乾いた状態（火）へと変わり、その着物を婆さんのと取りかえてから、やがて臍から小判を出すようになる。対立するものを経過することによって臍（中心）から小判（黄金＝完全なるものとして対立を統合したもの）を生みだしているのである。しかし小童はその醜さが表象しているように、この世のものではない。小童は一度死ぬことによって竈神となる。竈神は否定的なものや死と結びつくが、一方でそれを肯定的なものや蘇生へと導く働きも有している。いわば二つの対立するものの媒介をなすわけであるが、それは否定性（死）を通してなされる。この話では、対立の統合が炉で小判を出すことと竈に面相を掛け竈神となることの二つにみられる。竈はこの世と霊界の境にあるために、そこに竈神の面が掛けられ祀られるのである。釜や竈のくぼみは霊の宿る所とされ、家屋空間のなかではザシキにくらべてヘヤ（納戸）とともに暗い低い位置にあって、この世と霊界をつなぐ上で重要な役割を有している。竈神起源譚で竈神とされるのはたいてい醜い小童、女中、竈の火焚き、乞食といった社会的に身分の低い存在である。竈神がヨメコカクシ柱に祀られたり、娘が供物を食べると顔が黒くなるというのは、竈神が恥ずかしがりやで顔が黒いことや、主婦が本来の司祭者であったことを示すものかと思われる。家庭での主人と主婦の地位をくらべると、日常生活では主婦は劣位におかれることが多いが、これも竈神を主婦が祀る理由の一つである。竈神は神棚や仏壇の神仏にくらべると、暗く否定的なイメージが伴い低くみられがちであるが、一方で竈神にはほんとうは高い位の神だが姿をみすぼらしくやつして現われているのだという伝承もある。これは境界の神に共通した点でもある。神意を占う「オカマつけ」で、竈神を憑依させられる者は頭の足りない女だという。白痴や気違い、馬鹿な者が神の一つの姿だとみられた[25]ように、日常世界で否定的なものが神と人の仲介者となることが多い。子供も大人に対して劣位にあり、神と近いものとされて、尸童《よりまし》や境界の神（道祖神）の祭祀に関与する。

陸前の竈神を祀る地帯とザシキワラシが濃密に分布する地帯とが一部重なりあって隣接しているのは[26]、両者の深い関連を示すものとみることができる。ザシキワラシは旧家の奥座敷に住む家の守護霊であり、童子形で顔が赤く、火事の前触れをなし、小豆を好むとされるが、もう一つの家の守護霊であるオクナイサマとも隠れた関係を有している。竈神は黒色や死のイメージが強く、他方ザシキワラシは赤色のイメージが多く伴っていて対照的ではあるが、どちらも異界的存在として死とは深いつながりがある。たとえば、建築儀礼との関連で竈神の起源が説かれている話に、それをみることができる。

事例2　竈神起源譚（宮城県黒川郡大衡村）

大工の棟梁がいくら考えてもサスを思いつかなかったが、一人娘がいて、その娘が「お父さん、サスにしてつくればできるのでは」というので、そうしたらうまく家ができた。一番偉い棟梁がいくら娘でも、女の人にきいたのであるから、自分の恥になると娘を殺してしまった。そのために建前の時、アサ、ハサミ、人形などを入れた箱をつけて弔った。この箱を家の守り本尊にしたが、カマドは女のものであるから、女の人の顔を面にして飾った。（桜井清美「陸前のカマド神信仰」『常民研究』三号、一九七六年、一四頁）

同様の話は宮城県栗原郡花山村にもあり、大工が娘を殺したために、棟上げには、その家か親戚の末娘の化粧道具と上述のハサミ、アサ、人形を加え、家の一番高い所に祀るという[27]。福島県双葉郡浪江町津島でも、大工の棟梁が娘を殺し、それを慰めるために化粧道具を建前の日に屋根にあげるようになったといい、ここではほかに、五色の旗、弓矢二本、木製の男女両性器（「オカマサマ」と称される）を家の繁栄を願ってあげるという[28]。

これらの事例は、船の場合の舟霊《ふなだま》と同様に、家の守護霊として娘を人柱として祀った話として理解できる。家屋という一つの呪物は大宇宙（自然）から切りとられた小宇宙（文化）で、母胎あるいは両性具有的なイメージで表象された。家屋という小宇宙を創造する作業は呪術的な聖なる行為であって、宇宙創造儀礼の反復なのである。エリアーデは「建造儀礼は宇宙開闢の建設の太初の行為をくり返す。家屋、教会堂、橋梁の建造にあたって執行される供犠は、ただその時にあたりて宇宙を生み出すべく行なった供犧の人間界の模倣に過ぎない[29]」と述べている。棟梁が娘を殺して家に祀ったのも、単に恥からではなく、大自然から人間の用いる空間を切りとって住居とするために、娘の死によって一つの混沌（カオス）を象徴的に示し、その娘を家の守護神として祀ることによって宇宙（コスモス）の蘇生（誕生）を表わしたものと思われる。供犠はこの世と異界を結びつけ、秩序を確立し、世界を更新する手段となる。[30] これは御霊信仰にも通ずる。竈と死とは竈神起源譚でしばしば説かれるが、それは竈が死と再生の場であるからだ。一方のザシキワラシも若葉の霊や河童（水神小童《すいじんしょうどう》）をその出自としており、竈神と類似している[31]（若葉の霊は間引きなどで非業の死をとげた子供の霊であり、暗い死霊の影がある。この赤子は屋内に埋葬されるのが普通であった）。岩手県下閉伊郡田老町では、ザシキワラシは棟梁が新築時に入れる家の守り神だといわれ、その生死は棟梁がにぎっているという。[32] 宮城県本吉郡本吉町館岡では死んだ子の霊といい、同郡大島村要害ではザシキボウズは不動様らしいと言っている。竈神と不動尊の童子との関連性は前に触れたが、ザシキワラシに不動様らしいという伝承が伴っているのは、竈とザシキワラシがまったく無関係のものでないことを示している。ザシキワラシも竈神と同様に、子供の死霊や神の使霊的存在であって、神棚や仏壇に正式に祀られるものではなく、いわば影の家の守護霊となっているのである。

竈神への供物には餅、白飯、赤飯、豆腐のカラなどがあるが、竈神が多く祀られている大竈は、これらのハレの食物の調理にしばしば用いられた。ザシキワラシも小豆飯や小豆類を好むといわれ、やはりハレの食物と関連しているが、とくに赤色の食物である点が注意される。稲荷と小豆飯や朱色との関係は火炎（雷や怒りの象徴）に由来するのではないかと考えられており、[33] ザシキワラシの場合も火との関連が指摘できる。[34]

竈神は火難除けの神であるとともに、家の守り神として家を繁栄させるものとされているが、一方、ザシキワラシもそれがいる間は家が栄えるといわれ、ともに旧家筋に祀られている点などから、両者は無関係だとは思われない。石川純一郎はザシキワラシの元の信仰は竈神だろうと推測している(35)。

馬が竈神の使わしめではないかと前に述べたが、山梨県北都留郡綱の上字彦田の馬頭観音の祭りは陰暦正月十九日(いまは三月十九日)で、この日蚕の豊産を祈り、馬の沓を借りてきて、後に新しい沓を添えてお返しするという。馬と蚕のつながりは密接で、馬娘婚姻譚《ばじょうこんいんたん》が示すように蚕は馬と人間の娘のあいだに生まれた子だともいわれ、東北の旧家の家の神の一つであるオシラサマの由来譚にもなっている(36)。その由来譚をみると、桑―馬(駒)―娘の霊―蚕には観念連合があると考えられ、それは死と再生の儀礼に関連したもののようである。桑と蚕はその性質から再生が説かれるが、駒は河童駒引伝説にあるように、河童と引き合うところから、神や霊の導者とみられる。駒のカギ(句)の字は両界(この世と異界)の媒介を示すのである(37)。娘もまた、霊界との媒介者たる巫女的性格があると考えられる。竈神とザシキワラシばかりでなく、竈神とオシラサマも馬を媒介として結びついていることがわかる。これらは霊界との媒介を基礎にした一連の家の神信仰とみることができる。

3　竈に面を祀る風習――周辺地域の類似例を中心に

竈に奇怪な面を竈神として祀る風習と類似した例は、陸前以外の地方にも見いだせる。本節では、このような類似例を昔話も含めて取りあげ、陸前の竈神信仰を周辺から照射してみたい。内藤正敏の調査によれば、岩手県と宮城県の竈神にはヒョットコ型の竈神の面も、ヒョットコという呼称もみられないという(38)。しかし、周辺地域の類似例には意外とこのヒョットコがよく登場してくる。まず、事例からみてみよう。

事例3　福島県双葉郡浪江町津島牛舌の武藤家

炉の真上の天井に注連縄と幣束をもってカマガミ様を祀っている。正月一四日にイナボ（団子）を豊年万作を祈願して栗の木にさして供える。注連縄は年取りの日にとる。カマガミ様と七福神様の幣束はオオハライするまで飾っておく。以前は、ヒョットコの面をカマドに一番近い柱に飾っておいたという。（富沢美也子「女性と火の信仰」『東北民俗資料集』六集、万葉堂、一九七七年、一一〇頁）

事例4　福島県相馬郡飯館村須萓の佐藤広泰家

カマガミ様を台所の火を焚く所の上段に祀ってある。お正月にはカマガミ様に幣束（普通の幣束の二倍くらいの大きさ）と餅をあげる。この幣束が一杯になったら裏山の氏神様のおられる杉の木にくくりつけてくる。田植え時には苗と赤飯をあげる。平常はご飯と水とをその家の嫁があげる。以前は、オカメ、ヒョットコの面をカマドのそばに祀ったこともある。カマガミ様はあらたかな神様で祟り易く、そのおられる所は常に清潔にしておくように言われている。（同前、一〇七頁）

事例5　ヒョットコ（山形県最上郡最上町の昔話）

昔々。爺様と婆様が居だけドヤ。爺様ァ、毎日毎日、山さ柴刈り行って町ちゃ行って売って暮はしてだけド。ある時、爺様ァ、山の神さ、「どうぞどうぞ、俺達さ、産子授げて呉申せ」って、願かけしたけド。ほしたら、山の神ァ、木の股がら可愛え男子オボコ授げて呉ったけド。爺様ァ喜んで背負って来て、婆様ど二人して育たけド。ほの童、火焚ぎァ何よりも上手がったド。ある時、殿様がら「火イ焚き番の若い者欲し」って、お触れ出で、爺様婆様、ほの野郎コば貸してやったけド。ほして年季つとめで、殿様がら沢山ど宝物貰って来たけげんとも、アンまり、火ィばり吹いでたもんださげ、口ァ、漏斗みでにとんがってすまて、醜くさえ野郎コなってすまったけド。婆様、見だぐないどで、山の神の木の股さ捨でですまたけドゥ。爺様ァ「野郎コァ、可哀想、むずこえ」って、山の神ば訪ねて行ったれば、山の神ァ「火男なって、醜くさえ野郎コなったずも、クド（かまど）前さ、野郎コの面拵えで掛げでおげば、火の守り神になり申すがらて、毎日想い出す乍ら、眺めで暮はせ」って教へで呉たけど。ほれがら、ヒョットコァ、火の神えなったんド。こんで、ヨォズコ、ポーンとさげた。（佐藤義則編『羽前小国昔話集』岩崎美術社、一九七四年、一〇八―九頁）

事例6　群馬県太田市

子供が夜啼きする時は、ヒョットコの面を借りて来て、暖かい御飯を供えるとなおる。（太田女子郷土研究クラブ『太田近郷の迷信』）

事例3・4は、宮城県と接する地域であり、陸前の竈神の広範な分布の背後にあった習俗かもしれない。折口信夫の報告では、「ネフスキー氏の話に、岩木平付近では竈の上の壁にかけた面を〝火男〟という。不具にして育たずに死んだ子を竈の裏に埋めた。その面であるという。竈と死骸との関係を考えてみると、行路病者を竈の後に埋める風習がある（陸前の笠島の由来）。子供が死ぬとやはり竈の後へ葬り、家の守り神にする」（「念仏踊」『折口信夫全集』ノート編、五巻、中央公論社、一九七一年、一一五―六頁）とあり、岩木平が磐城平だとすると、竈神の面はさらに南下することになる。[39] しかし、陸前の竈神の周辺ではたいてい、「ヒョットコ」（火男）と称していることが事例5の昔話からもわかる。最上町は宮城県との県境にあたり、竈神が祀られても不思議はないが、実際、面がつくられているかどうかは不明である。竈神起源譚の類話はほぼ全国的に分布しているが、面の起源を伴うものは宮城県と岩手県が中心であり、他地方にはみられないものである。事例6は俗信に属するものだが、ヒョットコが夜啼きと関連して祀られている。竈神が小童を使霊としていることは竈神起源譚や前述の折口の報告にもうかがえるが、夜啼きは霊界のものが（まだ半分霊界に属する）子供を通して何かを知らせているのである。夜啼きをなおすのにヒョットコの面が使われるのは、ヒョットコが霊界と関連し、しかももどきとしてものごとを変換する道化の役割を担っているためと思われる。[40]

陸前の竈神に関連してもっとも重要だと思われるのは『稲荷大明神流記』のなかの竜頭太《りゅうのとうた》の話である。[41] この竜頭太は京の稲荷山（伏見稲荷）の山の神で、弘法大師が田辺の宿で出会った稲荷翁と同一視され、荷田氏の始祖ともなっている。ここで重要なのは、稲荷社の竈戸殿に、弘法大師が竜頭太の顔を面につくって祀り、毎年の祭礼に神輿とともに巡行した点である。竜頭太は奇怪な面貌をし、昼は田を耕し、夜は薪をこるという。この点にも竈神の二面性が現われている。この稲荷伝説を研究した近藤喜博は、弘法大師と稲荷翁の出会った紀伊の田辺の宿を特殊部落の「シュク」であると推定したが、[42] これにもとづき小松和彦は「稲荷大明神は元シュク部落の者で、それが弘法大師を介して稲荷大明神になった」（「根元神としての翁」『伝統と現代』四四号、一九七七年、一七八頁）と述べている。大師と稲荷翁はのち東寺でも出会っているが、東寺には大師が中国より招来した摩多羅神が祀られており、稲荷翁とも無関係な存在ではなかった。小松は、稲荷翁とさらに猿楽の翁を関連させて「翁と荒神とは同体異相あるいは同じ存在の正と負の相であって、翁の場合には猿楽であれ稲荷であれ農耕神＝田の神の性格を示している。その一方では荒神は猿楽の場合、祟り神にして鬼なのであり、稲荷の場合では夜に活動する火の神あるいは竜である。しかも、摩多羅神として相互にその負の属性はつながっているらしい。そして、双方の翁は宿神なのである」（同前、一七九頁）と述べている。

竜頭太は昼は田を耕す農耕神であり、夜は薪をこる火の神であるが、近藤は夜活動するところから、三輪の大物主神のような竜蛇的性格の山の神とした(43)。この神（竜頭太）は稲荷社の神饌神供の調理所である竈戸殿に祀られる竈神ともなった。この竈神となった竜頭太について、近藤は「山嶽による虚空の雷電降雨の現象が、山の神の姿に竜雷を思わせたのが、怪奇なカマの面の底に流れておると考えて、そうした姿に捕えられた恐怖の山の神の姿が、イナリの竈神の面にも伝わっていたのである」（『古代信仰研究』角川書店、一九六三年、一二〇頁）と述べ、竜頭太には竜雷の性格があって、それが東北の竈神の面の底にも流れているとし、さらにこれに関連した事例として、津軽の岩木山の八朔の山かけ行事において下山の途中で仮面をかぶることや、三河の砥鹿《とが》神社例祭（五月三、四日）に露店で売られる風車と仮面（鍾馗《シヨウキ》と鬼の面で病魔除けとして家の飾りにされる）が、里の田の神として下る山の神を表わしていることを掲げている(44)。

稲荷信仰の原型は、近藤によれば、農耕信仰に先立つ雷神信仰にあり、雉や鶏は雷神の使霊であって、ここから鶏を食べることの禁忌が生じたとし、竜頭太も稲荷山の自然現象（雲、雷、雨、風陣で竜蛇に基づくとされた）の人格化したもので、雷神かつ稲荷の護法童子的存在だったと指摘している(45)。

稲荷の狐が鍛冶神として祀られたことは、三条小鍛冶の話や十一月八日のフイゴ祭が稲荷の祭りであることからもわかる。また、片目爺に化けた狐が米俵に入れられ、釜で煮られるという昔話も[46]、鍛冶神と狐の関係を示すものかと思われる。竈の火は、大宇宙の恐るべき雷の火（天上の火）を根源としており、竜頭太や東北の竈神のような奇怪な面が、火の根本を司る神の象徴として竈に掛けられる根本的理由もそこにあるとされている[47]。雷＝火の根源の象徴として重要なものには、護法としての狐もある。火焔の玉でもある宝珠を身につけた狐は火と密接な関係をもち、これが護法として働く基盤となっている。近藤は稲荷社の丹塗は強烈な炎の色で、忿怒の色を表わすとしているが、こうしたところにも、竈神が不動尊の護法的な存在となる背景がひそんでいるかもしれない。

　護法童子やその他の童子形の護法の顔が赤いのも、雷と関連していると思われる。護法には、つぎの四つの特徴があるとされている[48]。

(1)　護法は小童子の姿をとっていたこと
(2)　飛翔性をもち、すこぶる迅速に往復駆使に任じたこと
(3)　顔は通常、鬼のようなみぐるしい顔をしていたこと
(4)　人にも憑くことができたこと

　これらは稲荷の護法についてだけでなく、他の護法にもあてはまり、いずれも雷神小童をその原質としているとみることができる。大江山の酒呑童子も捨て童子であり、顔が赤く、飛翔性にとみ、怪力の持ち主で、雷神小童とのつながりを示している[49]。弁慶、伊吹童子、金太郎も同様のものであろう。赤色は雷神に関連した色彩なのである。

　竜頭太の名は、田原藤太、炭焼藤太、藤太巫といった特殊職業者（とくに炭焼や金工）や特殊宗教者との関連をうかがわせる。「藤」の字は淵や藤浪（ナミは蛇の古語）に現われているように、水霊、地

霊の蛇体信仰を管理する徒輩を表わし、藤何某は小野氏や猿女氏といった芸能巫祝の家のものとも深い関係があるという[50]。稲荷翁とシュクとの関連もここで思い起こされる。青森県三戸郡では、十二月初巳の日に「オカノカミの年取」という行事をし、叺餅《かますもち》をつくって桝に入れ、土蔵や板倉に供えて「俵藤太秀郷」と三回となえるという[51]。柳田国男は宇賀神について、「宇賀は巌窟の神として同時に財の神である。美女を仮の姿とし、蛇体を本体としている。竜蛇は元一の部属であって、もし住所の水陸を分つならば、宇賀の蛇体は寧ろ竜部に属している」(『山島民譚集』ちくま文庫版全集五巻、一九八九年、四五一頁)と述べ、蛇体の財宝愛護の神であるとしている。初巳の日に祀るのも、宇賀の神が蛇体であるからで、俵藤太にも稲荷翁としての竜頭太と通底しているところがあると考えられる。竃神の面を祀っている宮城県栗原郡花山村付近では、十二月五日はオガ(宇賀?)の年越であり、かつ竃神様の年越ともなっている[52]。両者は無関係ではないのであろう。

4 竃神の面と司祭者

土製の竃神の面には、目にアワビ貝がはめこまれている例が多い。アワビ貝のほかに、ハマグリ、ガラス、瀬戸物、金物、サカヅキなどがある。外からみると、目に光が反射し光っている。稲荷伝説の竜頭太は頭の上に光があり、夜も昼のように明るいというが、目ではない点が異なる。貝はしばしば女性器を表象し、再生のシンボルとして用いられる[53]が、胞衣《えな》をアワビ貝に入れて埋める地方もある[54]。

千葉県長生郡一宮付近のいくつかの神社では、神体としては琥珀の玉とか鮑貝《アワビ》とかが圧倒的に多く、後者には白紙が幾枚も重ねてあるという。また、常陸金砂山の明神の神体は一個の生きたアワビ貝だとされ、七二年ごとの大祭に替えられるという。これらの例から、松本信広は「鮑が海から来る神聖な力の顕現であり、象徴として利用せられた」（『日本の神話』至文堂、一九五六年、四三頁）のではないかとし、鮑白玉といって、この種の貝類に真珠質の玉が発見されることも崇拝の念を生む理由となったのではないかと述べている。

竈は座敷とは異なり、便所や台所などとともに、暗いきたないイメージでみられがちであるが、そこは生命の原点であり、創造の根底をなす場所である（生命とかかわる所はしばしば汚れたものとみられる）。竈神起源譚のなかには、きたない乞食がやって来て家中に大便をしちらかしたが、その乞食が去ったあと、竈のそばの大便は黄金になったので、それでその乞食を模して竈神を祀るようになった、という話もある。この話で注目されるのは、大便が黄金になるのが竈のそばであるという点である。これは竈の空間が、大便と黄金で象徴される卑賤と高貴という対立するものの同居する、いわば死と再生の場であり、この世と異界の接点をなしていることを示している[55]。竈神の目のアワビ貝も、そうした強い生命力を象徴し、悪いものをよせつけないという意味がこめられているように思われる[56]。

竈神の面

竈神は目とも関連し、宮城県加美郡宮崎町北永志田の佐竹家では「目の悪い時、自分の年の数より多くめという字を書いてカマ神にあげればなおる」（桜井清美、前掲、二一三頁）という。水沢市姉体でも、目を病む人は「め」の字を書いて、竈神の下に貼って快癒を祈ったといい、また気仙沼市大崎浜では、煤掃きのときに目の悪い人が、竈神の目を掃除して目を入れたという。

季節交替や生死に関連する神は片目だといわれ、また目の神にもなっている。薬師がそのよい例だが[57]、竈神の場合も死との関連が説かれ、季節の折目に祀られるところから目の神とされていると考えられる。家屋の裏側に祀られる屋内の神には目の神になっている例が多いようである（オシラサマ、オタナサマなど）。

竈神の面はいじるものではないともいわれ、もしいじれば頭痛を起こすといわれる（岩手県千厩町梨木洞前）。また移動を禁じている所もある（宮城県桃生町大田袖沢）。この点も後述のオタナサマなどと共通である。

竈神にミタマの飯を年夜（大晦日の晩）に供える例が、宮城県登米郡豊里町本地、桃生郡河北町芦早、牡鹿郡女川町指ノ浜にみられる。前二者は三カ日まで供えるが、指ノ浜では十四日までだという。小野寺正人の報告では、ミタマの飯は三二例中の半数までが納屋、長屋、納戸、台所の上、裏座敷、竈神、土間の臼などに供えるものであり、残りの半数は仏壇、神棚、年徳神《としとくじん》の側に供えられる。小野寺は年徳神の側に供えるのが古く、前者の納戸や台所などは新しいものだと考えている[58]。年徳神が以前どこに祀られたかが問題であるが、むしろ逆に納戸、台所、竈神などに供えるのが古いのではなかろうか。これらの住居空間のもつ、暗い否定的なイメージこそ霊の更新にふさわしいもののように思われる。このことは納戸神の祭祀をみれば容易にうなずけることだが、竈神もまた季節交替には重要な神であり、竈は生と死の同居する両義的な性格を有していて、年の変わり目に供物をするに適した場所と思われる。宮城県栗原郡花山村の狩野斉治家では年越には神々にお供えをあげるが、カマオトコ（竈神）には一番大きなものを供える点から竈神の重要性が理解できる[59]。栗原郡栗駒町下明神の佐藤正夫家では、竈神に炉の鈎型の幣束（御幣のこと）を供えるというが、子供が卜占の遊びに用いるベロベロの鈎との関連がうかがえて興味深い。

＊

竈神を祀る者は、水沢市や栗駒山湯浜温泉では主婦である。しかし一関市厳美町外谷地の菅原安雄家では、二月九日に主人が羽織袴でカマ別当（竈神）の下の板の間に五升枡を伏せ、その上に小豆ダンゴを一〇個、それぞれ小さいカサコにのせ、桃の木の箸をそえて供えるが、そのあと家族で食べるという。司祭者は主婦と主人の二つの型がみられる。

竈は女のものであるから女の人の顔を面にして飾った（宮城県黒川郡大衡村）とか、また竈神は夫婦そろっているのがほんとうで、二本のウシモチ柱に向い合わせに、しかも、女の神は台所を監視するので男の神より上に飾るともいわれている（登米郡中田町）。宮城県栗原郡花山村の千葉こつよ家では、毎日食事する前に主婦が竈神に飯をあげるという。[60]

他地域で家の神を祀るのは主婦が多いところから、竈神も本来、主婦が祀るべきものだったかと思われる。[61]また、新しい嫁は客が庭から入ってくると恥ずかしがってヨメゴカクシ柱に隠れるので、この柱に竈神を祀るという（水沢市前谷地）。これは竈神に祀られるものが、火焚き、乞食、醜い小童、女中といった社会的な地位の低いものであるということと関係していよう。恥ずかしがりやで地位が低い点は竈神を含め家の神の特色でもある。[62]

しかし、一方では竈神をその家の主人に似せてつくる（一関市厳美町間中通）ともいわれ、竈神をイロリのヨコザに向けて飾り、竈神の面白い顔をみて旦那殿がいつもニコニコしているように祀る（登米郡東和町綿織大木）とか、心が苦しいときなどカマ大黒（竈神）のにこやかな顔をみると心がなごやかになる（岩手県室根村折壁）などという。竈神は忿怒相のほか、笑い顔のもあり、入口正面ばかりでなく、ヨコザに向かい合うように飾る家があるのがわかる。

このように竈神は司祭者、祀る場所、面相などに複雑な分化がみられるが、これは陸前以外の竈神についてもいえる[63]。陸前地方の竈神の特色は、何といっても奇怪な面が伴い、竈神起源譚と結びついている点である。

陸前地方の竈神は新築時に大工や左官によってつくられるのが普通だが、そのほか竈神の面を売り歩いたり、地方を行脚している人がつくったりする例もある（黒川郡大郷町）。竈神と宗教者との関連はあまり明らかではない。ただ竈神には三宝荒神の札のほかに、御釜神（または奥津彦神、奥津姫神）の札が宮城県栗原郡鶯沢町や宮城県柴田郡でみられるが、この札は宮城県伊具郡丸森町の光明院（蔵王修験の武田知岳師）から毎年十二月に檀家に配札される正月用の札（年徳神、エビス、釜神の三枚一組）のうちの釜神の札と同じものである[64]。竈神の祭祀の一部に修験が関与していたことがわかるが、竈神自体の成立については不明のままである。

宮城県の塩釜神社の神官が、塩土翁をシンボライズして竈神を案出し、火や家を守る神として、塩釜神社の信仰地帯である岩手県南部（胆沢、江刺、磐井郡）から宮城県北部にかけて竈神が祀られるようになったともいわれている（『水沢市史』）。たしかに塩釜神社は水替《みずかえ》神事や藻塩焼《もしおやき》神事で有名であり、その成立は古く、近世には藩からも重んじられていた。地名で釜や竈のつく所は、海岸地帯の場合、塩焼釜の跡であることが多く、また竈神の信仰とも関係が浅くなくて、火男が潮吹きといわれることがあり、さらに塩釜に安産を祈る風習もあるといわれる[65]。しかし、竜頭太のような古い事例があることを考えると、塩釜神社の神主が祀りはじめたという説は必ずしも正しいとは思えない。むしろ、竈神の祭祀の起源に関しては、竈神が「ヒョートク」(火男)と呼ばれたり(宮城県牡鹿町鮫の浦)、竈神の御用として竈神の側に鍬、鎌、鉈の鋳物の模型が供えられたりする例(宮城県柴田郡川崎村下石丸)および炭焼藤太が主人公の昔話の存在などから鍛冶鋳物師などの金工の関与を考えるべきではないかと思われる。竈神の現在の分布から速断するのは危険ではあるが、濃密な分布を示す宮城県栗原郡や玉造郡、宮城県牡鹿郡、岩手県東磐井郡といった地帯は、古くからの鉱山地帯かまたは金属製品の運搬のための良港がある所である。竈神地帯では、文献上からいって、製鉄は奈良時代から行なわれており、中世の中ごろには東磐井郡では金屋《かなや》を業としていたものの存在がわかっている。文献的にもっとも明確なのは宮城県登米郡狼河原村で永禄年間(一五五八―七〇年)に千葉土佐というものが備中国吉備中山在木(タタラで有名な所)から人を招き、砂鉄製錬をはじめたのが、この地方で金屋が定着しだした最初であるといわれる。[66]この陸前の竈神地帯は中国地方についで製鉄のさかんな所であり、南部や仙台の鉄製品が近世には関東、北陸地方まで広がっていったのである。

竈神の奇怪な面が祀られるようになった背景には、在来の火(竈)の信仰とともに、いまはほとんど痕跡しか残っていないとはいえ、金工の影響をみのがすことができない。[67]従来、竈神は大工や左官によってつくられることが多く、金工とは無関係なようであるが、娘を殺して竈神として祀ったという起源譚が示すように御霊信仰にも通ずるようなやや特殊な霊魂観をもつ点では共通している。[68]しかも、両者とも最初は歩き筋のものであり、金属をつくり出したり、家をつくることは大宇宙(自然)からその一部を切りとって小宇宙(文化)をつくるという創造行為であり、神の仕事と同じ聖なる行為に属し、古くは金工や大工は狩猟者などとともに呪者でもあったのである。[69]

註

（1） 細川魚紋子『東北かま神図説』私家版、一九七四年。黄川田啓子「竈神信仰の研究」（『東北民俗』五輯、一九七〇年）、同「竈神」（『東北民俗資料集』一集、万葉堂、一九七一年）。桜井清美「陸前のカマド神信仰」『常民研究』三号、一九七六年。内藤正敏「東北カマ神信仰の源流(上)」（『季刊現代宗教』一巻五号、一九七六年）、同「ヒョウトク譚のヘソに隠された金属伝承」（『日本昔話研究集成』一巻、名著出版、一九八五年）。このほか、及川儀右衛門「カマド神」（『岩手史学研究』二七号、一九五八年）、西角井正慶「竈神」（『民俗学』三巻一一号、一九三一年）、畠山喜一「カマド神さまの研究」（『奥羽史談』三八号、一九六三年）、同『かま神信仰とその背景』一九七九年、藤森武「釜面」（『季刊民族学』一六号、一九八一年）などの研究がある。

（2） 『岩手県史』一一巻（民俗篇）、一九六五年、一三七頁。

（3） 『昭和四十八年度 民俗採訪』国学院大学民俗学研究会、一九七四年、四三頁。

（4） たとえば、エリアーデは建築儀礼を宇宙開闢の原初の行為の再現であると考えている（『永遠回帰の神話』堀一郎訳、未来社、一九六三年、四三頁）。したがって、あらゆる家は宇宙（世界）の中心に位置しており、家屋の建築は世界の中心においてなされる宇宙創造の繰り返しとみるのである（『聖なる空間と時間』著作集三巻、久米博訳、せりか書房、一九七四年、七四頁）。

（5） 関敬吾「神不在と留守神の問題」（『民族学研究』一一巻一号、一九四六年、五七頁）、桜井清美、前掲、八頁。

（6） 柳田国男編『歳時習俗語彙』（民間伝承の会、一九三九年、六三八―五一頁）、同「ミカハリ考の試み」（『年中行事覚書』ちくま文庫版全集一六巻、一九九〇年）、同「土穂団子の問題」（『月曜通信』ちくま文庫版全集一六巻、一九九〇年）、岩堀喜美子「ミカワハバアサンと八日ゾ」（『日本民俗学』七三号、一九七一年）、山口貞夫『地理と民俗』（生活社、一九四四年、一七四―二〇五頁）。

（7） 柳田国男「土穂団子の問題」同前、四五四―九頁。

（8） 三崎一夫「栗駒の里」『季刊民話』七号、一九七六年、一七頁。

（9） 三崎一夫「庚申縄の分布」『東北民俗』五輯、一九七〇年、四頁、二六頁、三一頁。

(10) 「庚は更（あらたまる）で草木の成熟固結して行詰った結果、自ら新しいものに改まって行こうとする状態を指す」といわれる（吉野裕子『祭の原理』慶友社、一九七二年、五一頁）。庚は金気で金属を表わすことから、金（＝再生）のイメージをもつ。庚申堂が金属の神として祀られている場合もある。また、申＝サルは去る＝死に通じ、庚辛が更新を表わすのと同様に、庚申もまた死からの再生を表現するものといえる。このことは、庚申信仰において、庚申の神がどのように信仰されているかを検討すればある程度理解できる（平野実『庚申信仰』角川書店、一九六九年、および窪徳忠『庚申信仰』山川出版社、一九五六年の各事例参照）。

(11) 西世古恒也「火の気がえ」『民間伝承』二三巻一号、一九五九年。

(12) 郷田（坪井）洋文「竈神考」『日本民俗学』二巻四号、一九五四年、三一頁。

(13) 森口多里「家でまつる神々――岩手県」『民俗（相模）』三一号、一九五八年、一一頁。

(14) 『昭和四十八年度 民俗採訪』一九七三年、四三頁。

(15) 柳田国男「竈神と馬の沓」『民族』一巻五号、一九二六年、一八四頁。

(16) 安西勝「蚕神信仰論(一)」『国学院雑誌』六二巻一号、一九六一年、四三頁。

(17) 柳田国男・山口貞夫共編『居住習俗語彙』民間伝承の会、一九三九年、八四―五頁。

(18) 鶴藤鹿忠「岡山県の土公神とお釜様に関する研究」『岡山民俗』美作民俗特集号、一九六三年、三六―七頁。

(19) たとえば、津山正幹「カマド神資料」（『昔風と当世風』九号、一九七五年、九頁）、入間東部地区教育委員会編『埼玉県入間東部地区の民俗』（一九七四年、二二頁、三四頁）。

(20) 大島建彦「地蔵つけ・オカマつけ」『西郊民俗』五〇号、一九六九年、一一頁。

(21) 折口信夫「水の女」『折口信夫全集』二巻、中央公論社、一九六五年、八六―九四頁。

(22) 松前健「古代宮廷竈神考」『古代文化』二五巻二・三号、一九七三年、五六頁。

(23) 柳田国男『山島民譚集』ちくま文庫版全集五巻、一九八九年、一二〇頁。

(24) 若尾五雄「河童の荒魂(三)の一」『近畿民俗』六二号、一九七四年。

(25) 柳田国男『不幸なる芸術』ちくま文庫版全集九巻、一九九〇年、三七六頁。

(26) 内山清美「ザシキワラシの分布と形態」『民俗学評論』一四号、一九七六年。
(27)『昭和四十八年度 民俗採訪』一九七四年、一六頁。
(28) 富沢美也子「女性と火の信仰」『東北民俗資料集』六集、一九七七年、一一〇―一頁。この種の話について、柳田国男は「この話は殆んど全国的で、それもみな大工が言ってゐる。大工が語り物の大部を司ってゐたのではないか。処によっては教えたことになっている」(『民間伝承』四巻四号、一九三九年、九頁)と述べている。磐城(高木誠一「磐城北神谷の話」常民文化研究所、一九五五年、四五頁)や千葉(高木卯之助「上棟式の飾物」『民間伝承』四巻三号、一九三八年、五頁)にも同じ話があるが、注目すべき例は対馬(桜井徳太郎『日本民間信仰論』増訂版、弘文堂、一九七〇年、三一五―六頁)の伝承で、そこでは台所に祀られるホタケサマの起源譚となっている。対馬のホタケサマが竈神と酷似している点は注意される(瀬川清子「対馬の家の神と墓」『民俗』一四号、一九五五年、三―四頁)。最近、この種の説話が神野善治によって集成された(『木霊論』白水社、二〇〇〇年)。
(29) ミルチャ・エリアーデ『永遠回帰の神話』堀一郎訳、未来社、一九六三年、四三頁。
(30) 山口昌男『歴史・祝祭・神話』中央公論社、一九七四年、二八―九頁。
(31) 石川純一郎「ザシキワラシ管見」『民俗学評論』一四号、一九七六年、三四―五頁。
(32) 内山清美「ザシキワラシの分布と形態」『民俗学評論』一四号、一九七六年、二四頁。
(33) 近藤喜博『古代信仰研究』角川書店、一九六三年、三二六頁。
(34) 柳田国男「ザシキワラシ(一)」『妖怪談義』ちくま文庫版全集六巻、一九八九年、一二〇頁。
(35) 石川純一郎、前掲、三四頁。
(36) 安西勝、前掲、三八―四〇頁。
(37) 若尾五雄「河童の荒魂(三)の二」『近畿民俗』六三号、一九七五年、三七―八頁。
(38) 内藤正敏「伝承の再生産」『現代思想』一三巻一号、一九八五年、二六二頁。
(39) 福島県いわき市草野馬目の芳賀信夫家では、カマド神は留守神となっており、年男が祀るが、正月十六日の原高野の大神宮の祭礼でお札と一緒に、かま神様だという天狗面を買ってくるという(『東北民俗資料集』四集、万葉堂、一九七五年、一一三―四頁)。ここではヒョットコでなく、天狗が竈神となっているが、モドキである点で両者は共通している。

(40) 若尾五雄「ひょっとこと金工」(『金属・鬼・人柱その他』堺屋図書、一九八五年、一三六頁)、高橋康也「ふいご考」(『世界』一九七七年四月号、三四四頁)、折口信夫「念仏踊」(『折口信夫全集』ノート編、五巻、一九七一年、一一五―六頁)。

(41) 近藤喜博『古代信仰研究』角川書店、一九六三年、一〇三頁。

(42) 近藤喜博、同前、一九七―二〇一頁。

(43) 近藤喜博、前掲、一〇八頁。

(44) 近藤喜博、前掲、一二〇―一頁。

(45) 近藤喜博、前掲、四六七頁、四七一頁。

(46) 柳田国男『日本の昔話』ちくま文庫版全集二五巻、一九九〇年、六一―二頁。

(47) 高崎正秀『金太郎誕生譚』(人文書院、一九三七年、一九―二八頁)、近藤喜博、前掲、一二〇頁。

(48) 近藤喜博、前掲、四七三頁。

(49) 佐竹昭広「酒呑童子異聞(三)」『子どもの館』二八号、一九七五年、五二―九頁。

(50) 垂岡憲正『古代伝承文学の研究』一九六七年、九三頁。

(51) 柳田国男編『歳時習俗語彙』民間伝承の会、一九三九年、六七二頁。

(52) 『昭和四十八年度 民俗採訪』一九七四年、三二頁。

(53) ミルチャ・エリアーデ『イメージとシンボル』前田耕作訳、せりか書房、一九七一年、一七〇―五頁。

(54) 木下忠「縄文と弥生――二つの種族文化の重なり」『民族学研究』三六巻一号、一九七一年、五頁。

(55) 拙稿「竈神の象徴性」『竈神と厠神』人文書院、一九八六年。

(56) ミルチャ・エリアーデ『イメージとシンボル』一七〇―三頁。九穴のアワビは出雲大社の御神体ともなり、熱田神宮ではその神池に棲むものとして、聖物視されているというが、吉野裕子は、アワビは女陰を象徴するものとして神聖視されたのだという（吉野裕子『祭りの原理』慶友社、一九七二年、一七一―三頁）。
(57) たとえば、新潟県岩船郡朝日村では、四月八日は薬師様がウドで目をついて片目になったので、この日はウドを食べないという。
(58) 小野寺正人「宮城県北東部のミタマの風習について」『日本民俗学』七〇号、一九七〇年、五九頁。
(59) 『昭和四十八年度　民俗採訪』一九七四年、四四頁。
(60) 『昭和四十八年度　民俗採訪』一九七四年、四四頁。このような例からみると、竈神の司祭者は、日常は主婦が祀り、非日常的な特別の機会には主人が祀っているようにも思われるが、まだ確かでない。
(61) 柳田国男『妹の力』（ちくま文庫版全集一一巻、一九九〇年、二五頁）、宮田登、前掲、三七八頁、大藤時彦「家の神としての火の神」（『民間伝承』一〇巻六号、一九四四年）、渡辺千佳子「女人祭司」（『日本民俗学』八九号、一九七三年）、斉藤厚子「女性のまつる神々」（『日本民俗学』八九号、一九七三年）、小野重朗「ヒノカンサァ」（『民俗神の系譜』法政大学出版局、一九八一年）。
(62) エリアーデが「神話や儀礼の文脈における『女性』は女性ではない。それは女性が具現している宇宙論的原理を含んでいる」（『聖なる時間と空間』一三五頁）と述べている点を考慮する必要がある。竈神が女神や社会的に劣位のものとされていることも、宇宙論的背景をもっていると考えられる。
(63) 鶴藤鹿忠「岡山県の土公神とお釜様に関する研究」（『岡山民俗』美作民俗特集号、一九六三年、三九頁）には、たとえば「ロックウサンはユルイのヨコザの方に向き、主人と向いあってニコニコしているがよい（備中町平川字前北）とするものや、いつも威厳ある顔をして怒っている。内輪が悪いと笑われる。オドクウサンは入口に常にむいているのがよいとするものもある」とある。
(64) 『あしなか』一五二輯（一九七七年）の表紙および裏表紙の説明。
(65) 小池直太郎『夜啼石の話』（筑摩書房、一九五六年、一〇八―一四頁）、押木耿介『塩釜神社』（学生社、一九七二年）。
(66) 『風土記日本』五巻（東北・北陸篇）（平凡社、一九六〇年、四五―六頁、七〇―三頁、一六三―七六頁）、森嘉

兵衛『みちのく文化論』（法政大学出版局、一九七四年、一一五―九二頁）。

(67) 内藤正敏は竈神信仰にみられる金属伝承の要素を竈神起源譚などの昔話の分析を通して明らかにしている。内藤正敏「東北カマ神信仰の源流(上)」（『季刊現代宗教』一巻五号、一九七六年）、同「ヒョウトク譚のヘソに隠された金属伝承」（『日本昔話研究集成』一巻、一九八五年）。なお、こうした竈神起源譚をめぐっては、小松和彦「民話的想像力とその背景」（『伝統と現代』三八号、一九七六年）が参考になる。

(68) ミルチャ・エリアーデ『鍛冶師と錬金術師』（大室幹雄訳、せりか書房、一九七三年、六四―八四頁）、松本信広、前掲、一四九―六三頁、神島二郎・岩田慶治・谷川健一「座談会・フォークロアの地平」（『フォクロア』一号、一九七七年、一八頁）。

(69) 『風土記日本』五巻（東北・北陸篇）、平凡社、一九六〇年、九二―三頁。なお、この本には、能登の七尾湾の北の中居には、鋳物師が早くから移り住み、職人は「カベヤ」と呼ばれていたが、鋳物は冬の仕事なので、夏は江戸に左官として出稼に行ったとある。つまり、カベヤは鋳物師と左官を兼ねていたのであり、竈神の面もこうした鋳物師が関与して製作された可能性がある（高取正男『日本的思考の原型』講談社現代新書、一九七五年、一八二―三頁参照）。

薩南の火の神祭り

火の神信仰は、南島では中国の民間道教の影響と土着信仰が混交して独自の発展をとげており、家から地域レベルに至るまで大きな位置を占めている。そこで本土と南島の両世界がせめぎあう薩南地方で、火の神や竈神はどのように信仰され祀られているのかは興味深い問題である。まず、その諸事例から見てみよう。

1　火の神祭りの諸事例

事例1　鹿児島県揖宿郡山川町成川

成川の永田部落の大川忠愛家には、古くから火の神を祀り、火の神祭りを隔年に行っている。火の神というのは、大竈の後の壁に板を掛け、その表面にワラの簾《すだれ》をかけてあるが、紙の人形ははってなくて、小さいワラ苞《つと》が垂れている。苞の中には粟の一穂が入っていて、この粟穂の苞は、火の神祭りの時に新しく作りかえている。この家の内神祭は旧暦十一月九日で、内神祭は毎年あるが、火の神祭りは隔年に行う。新しい粟穂を入れた苞を垂れて火の神を作り、オカマサマには大根二本、焼酎一本、枡に赤飯とシトギ〔粢。米の粉でつくった卵形の餅——引用者〕を入れたものを箕にのせ、そのうえ、手杵をコモで巻いたものも供える。油火をともして家の者と神官で祭る。つぎに家の主婦は大根、赤飯などの入った箕を頭にのせて座敷に上る。戸主がコモ巻きの杵を捧げるようにしてその後に続く。神職の奏する太鼓、笛の中を二人は納戸に行き、その品々を押入に隠して祭りを終る。三昼夜そのまま納戸に隠しておいた品をとり出してきて、近隣の人たちをよんでその赤飯やシトギを配ってたべてもらう。このような火の神祭りをする家が昔は成川に数戸あったというが、現在は大川家だけが続けて行っている。

寅講《とらこう》というのが、この成川一帯でみられる。これは近隣十戸ほどの家の主婦たちが集まってする講で丙寅の日、ほぼ二ケ月に一度、宿を順々にきめて行うもの。その日は宿に当った家では、オカマサマを掃除して、その前に蓆《むしろ》を敷き、オカマサマに供え物をし、油火をともして主婦たちはその前に坐って拝む。その後、オカマサマの前で簡単な料理で会食する。火災がおこらないように行う講だという。先の火の神祭りをする大川家が寅講に加わっていないのは、火の神祭りをするからだという。（小野重朗「ヒノカンサァ」『民間伝承』三六巻二号、一九六二年）

事例2　鹿児島県肝属郡内之浦町小串

大隅半島の東海岸に近い部落で、家によって火の神をまつる。火の神は板に年々新しい人の形に切った紙をはったものだが、ワラの簾はここでは用いない。この部落では旧暦十一月二十五日が内神祭の日で、その時に火の神祭りもする。火の神の紙をはり替えて、その下のオカマサマ（大竈）の前に箕に入れた米、野菜、カシの木の箸十人前などを供え、そこに蓆を敷いて神官と家の者で祭

る。火の神よりもオカマサマを対象とする祭りのように見える。(同前)

事例3　鹿児島県曾於郡松山町松尾

大隅北部の内陸部にあるこの部落では、火の神ということはあまり言わず、それに相当するのはナカエ（フタツゼという分棟造りの民家で台所のある方の建物でイエと対をなす）の土間にある大竈そのもので、これをオカマサァといい、正月の供え物、田植の日の苗三束などもこの上に供える。ここでも部落の旧家では十一月の内神祭の日にカマド祭りというのをする家が数戸ある。オカマサァを掃き清めて箕の中に手杵（月の兎のもっている杵）、飯杓、甘酒、飯を入れてオカマサァの前に供え、次にイロリから燃えている木をとってオカマサァに入れ、それに自家で作った一夜酒を杯から注ぎこぼして神官に祭りをしてもらう。オカマサァに入れた薪の火が御神体のような感じである。オカマサァは祀るが、イロリは別に祀ることはない。(同前)

事例4　鹿児島県肝属郡百引村

竈神の祭りをヒノカンマツリ（火の神祭り）と称している所が鹿児島県の一部にある。同県肝属郡百引村では、霜月の氏神祭りの折、火の神祭りを行う旧家が何軒かある。このとき、土間の大竈に注連縄を張り、竈の上に箕をのせ、箕の中に火の神、ジゴン神の幣を切って祀り、神酒供物を供え、この竈の前に神主、舞人、楽人とこの竈の主人夫妻が集って祭りを行う。祭りは祓→楽→祝詞と進み、次に主人夫妻と神主の間で三献盃を交し、ふたたび祝詞→スガ舞があって、次にこの家の主婦がオカタの舞をなす。すなわち主婦は竈の前に敷かれた莚の上に、上記の箕を頭上にいただいて佇立している周囲を神人が幣束を持って舞う。これが終ると主婦は箕をいただいたまま納戸の中に退き、神人は引きつづき楽を奏し終って祭りの儀が終る。（桜田勝徳「かまどがみ」『日本社会民俗辞典』Ⅰ、一九五二年、二〇四頁）

事例5　鹿児島県肝属郡百引村下平房

この地方では霜月に自分の氏神を祀る旧家が多いが、その中氏神祭と火の神祭りを双方行う家もあり、火の神祭りのみを行う家もある。下平房の山之口家は後者の例で、この家の床の間の脇の神棚には三個のガネイシ（軽石）を氏神として祀っている。この氏神は極めてあらたかであり、床の間に汚れたものをおくと、神体はごうごうと鳴り、怖しい家鳴りもするという。ところが、この家が氏神祭をせず、火の神祭りだけを行うのは、神体が原始的な竈を思わせる三個の石であるのを考えると、その火の神祭りは氏神祭にほかならなかったのではないかと思われる。（同前）

事例6　鹿児島県出水郡西長島村

西長島村の一旧家で、霜月の氏神祭当日に、竈に八斗入りの大セイロ（蒸籠）をすえ、カマヤの中で竈祓を行っている。この式がこの部落でこの家のみで行われているのは、昔このカマヤで斬殺された下女の霊を慰める祭りだからと思われる。東長島村にも、カマヤで下女が首をくくって死んだとてカマド祭りを行う家がある。（同前）

事例7　鹿児島県薩摩郡甑島

甑島《こしきじま》では、正月十四日に作男が地主の家の竈の前で「粟よかれ、田よかれ、稗よかれ、作付ける作手はなお良かれ」と農作を寿ぐ行事があった由で、家を守る竈神はその家の農作を守る神とも考えられていたらしい。(同前)

事例8　鹿児島県鹿児島郡三島村黒島

黒島には大里と片泊の二つの部落があり、戦前には、霜月祭りのあとで火の神祭りが行われた。大里では火の神は部落の神で、いつも日高氏の庭にすえてあるカマドが神座になる。カマドは清浄な場所とされ、月のものの女はさわることもできなかった。日高氏は太夫につぐ社家衆で火の神の花香取りである。神社の祭りのあと、老年と一番若い二才《にせ》(青年)が太鼓をにない、太夫がたたきながら、祭り場へくる。そのとき、老年と二才が次のような歌をうたう。老年「やわみ、わがむら、こうそ、もちだまとるな」、二才「やわみ、わがむら、こうそ、たのしみあそぶ」。老年は、みどり田(所田)をクジで耕作する権利を得た人がなる。神座の前にくると、鈴をふって太夫が神舞をする。その間、氏子のものが太鼓をたたいている。一方では、祭りの朝こしらえて、黒尾神社の鳥居の根もとに祝っておいたシベを、十四才以下の子どもが、左の手にもってふりながら「いや、さいやは、ほいよほほ」と口々にとなえながらカマドの下になげ入れる。それが終ると、老年の者が太鼓のにない棒を二つに折って廻りながら、「いや、さいやは、ほいよほほ」ととなえカマドの中になげ入れる。

一方、片泊の火の神祭りは、花香取りで社家衆の一人である日高氏のカマドの前で行われる。ここでも菅尾神社の祭りのあと、大里の太夫が焚き口の前で祭りを行い、神舞をする。そのとき「火の神はよろずの神のおやなれば、いびつ、さかおけなべすえて、げこやしないのじょうずなるもの、じょうずなるもの」という神歌を歌う。舞が終るころ、海岸に近い菅尾神社に用意しておいたフネ（一丈ばかりの竹）を前後二人でかつぎ、竹の中ほどに結わえた太鼓をたたき「はんよい、はんよい、いっこんつっても、はんよい、にこんつってもはんよい」ととなえながら、二才衆がのぼってくる。神座の前に出ると、年の晩につくり、臼の中におさめてカマドのそばに祝っておいた竹シベをとって魚を釣るまねをする。二才は船頭だけが着物で外はみなフンドシひとつで、頭には鉢巻きをし顔にヘグロをぬる。これはカツオをとったらカツオのノテ（あぶら）がついたようすをかたどったものだという。魚釣りのあと船頭が竹の棒を二つに折り、それをもって「さいえへーへ、よほーほ、やはーは、ここはどこじゃ、火の神じゃ、ここにおさめとけ」ととなえながら竹をカマドにくべる。この日、部落の人は総出で見物するが、娘たちは風呂をわかして青年たちをもてなすものであったという。（村田熙「鹿児島県三島村黒島」『離島生活の研究』集英社、一九六六年、八九七―九頁）

事例9　長崎県壱岐島

オカママツリ。壱岐の町家が旧十一月二十八日に行う竈の祭り。竈を塗り替え、味噌こしを被り、擂粉木をもって踊る風があった。（『綜合日本民俗語彙』一巻、平凡社、一二二頁）

以上の諸事例をもとに、次に薩南を中心とした九州地方の周縁部での火の神祭りについて考察してみたい。冒頭にも記したように、奄美沖縄地方では火の神は三つの石を並べたその神体の形から「オミツモン」とか「オカマガナシ」などとも称され、民俗宗教の上で最も重要なカミとして信仰されている。

日本本土と南島の中間に位置する薩南の火の神祭りに注目するのはこのためである。

2　火の神祭りの考察

まず、祭りの名称を見ると、「火の神祭り」（事例1、2、4、5、8）、「カマド祭り」（事例3、6、9）、その他（事例7）となっており、「火の神祭り」と称するものが最も多い。しかし、火の神祭りといっても事例5以外はすべてカマドを対象とした祭りである。事例5は、三つの軽石を火の神の神体として床の間に祀っている。「オミツモン」といって三つ石を火の神の神体とする風習は南島一般で見られ、ふつうカマドの原始形態であるといわれている。しかし、南島の火の神と事例5との関係は不明である。

火の神祭りはほとんど旧家筋の祭りとなっていることは注意される。ただ事例8の黒島では部落《ムラ》の祭りとされ、社家衆の日高氏の庭のカマドで行なわれている。事例1では門の乙名家（カドという同族的組織の中心をなす家）の祭りとなっているが、祭りの後に近隣の人を招いて供物を共食する風があるので、元来一門の祭りであったものが次第に旧家だけの祭りとなったとも考えられる。昔数戸あったものが今では一戸だけが火の神祭りを行なっているといい、その旧家さえ火の神祭りをせずに内神祭りのみをするようになっているようである。しかも、火の神祭りは事例5、7、8、9を除くと、霜月の内神祭りとともに行なわれている。事例5は火の神自体が内神として祀られているものであり、事例8の黒島では家の祭りではないが、霜月祭りのあとで火の神祭りを行なっている。黒島片泊部落の神歌には「火の神はよろずの神のおやなれば云々」とあり、火の神祭りが霜月祭りのなかで中心的な役割を果たしていた可能性がある。事例9は薩南でなく壱岐島の竈祭りである。祭日は十一月二十八日でやはり一年最後の重大な祭りが行なわれる霜月にあたっており、また竈の前で味噌こしを被り擂粉木《すりこぎ》をもって踊る風があるのは性的な所作を思わせ注目される。事例7は正月十四日の行事であり、他の諸事例とは性格が異なるものだが、作男が地主の家の竈の前で「粟よかれ、田よかれ、稗よかれ、作付ける作手はお良かれ」と唱える点は、性的な所作の有無など詳細は不明だが、II部で述べた正月に囲炉裏の周りを夫婦が裸でまわりながら粟や稗の豊作を予祝する「裸回り」の風習を想起させる。いずれにしても、薩南では火の神祭りが旧家筋の竈を中心に霜月など一年の替わり目に行なわれ、同時に内神祭りや予祝儀礼ともなっていることがわかる。

そういうなかで最も注目されるのは、事例1の山川町成川の永田部落の大川忠愛家の火の神祭りである。これは、旧十一月九日の内神祭りの後に一年置きに行なわれる。まず大竈の前に紙に「ほむすびの神御霊」と書いた板をたて、そこに粟一穂を藁苞に包んだものを神体として、箕に菰で巻いた手杵および空の椀とイヌビワの箸が入った枡をのせて供える。主人が椀に赤飯を盛り、神酒を注ぎ、シトギ団子を供えて礼拝した後、主婦がこの箕を頭にのせて先にたち、主人が杵を担いで続き、神官たちの笛太鼓におくられて納戸に持っていき隠してくる。三昼夜の後、この箕と杵を取り出してきて、赤飯やシトギを近隣の人たちに少しずつ共食してもらう。粟穂と板とは、大竈のうしろの柱に掛けて花を供え「火の神」として祀るというものである。事例1から次のようなことがわかる。

(1) 大川家の火の神は粟穂を神体とし、火の神と同時に穀霊的性格をあわせもつ。

(2) 火伏せのための寅講に大川家が参加していないことは、火の神の農耕神的性格の方が火伏せの神的性格よりも古く原初的であることを示している。

(3) 火の神祭りや寅講のいずれでも主婦が重要な役割を果たしている。火の神祭りでは神官が関与しているものの、主役は主人夫妻であり、とくに主婦は箕を頭にのせ巫女のように振る舞っている。

(4) 菰で巻いた手杵や二股大根を思わせる二本の大根・箕などは男根や女陰を象徴し、また火の神祭りでの夫婦の仕草は性的な所作を暗示している。

(5) 火の神と納戸が信仰上何らかの関係をもっている。

(6) 火の神祭りは霜月の内神祭りに付属して行なわれている。

事例2、3、4はいずれも事例1の火の神祭りと共通点が多く、同系統の祭りと考えられる。事例2では箕に供物を入れてカシの木の箸一〇人前をそえたり、神官と家の者が大竈の前で祭りを行なう点が、また事例3では箕に竪杵や飯杓を入れたり、燃えている木を囲炉裏からオカマサァに移して自家製の一夜酒を注ぐ点が注意される。事例4は、「オカタの舞」といって箕を頭にのせた主婦の周りを神官が幣束をもって舞ったり、神官の奏楽のなかを主婦が箕を戴いたまま納戸に退くなど主婦の巫女的性格や火の神祭りの神秘性をよく示している。

火の神祭りでは、箕が供物の容器や主婦の持ち物として重要なものとされている。箕は元来穀物の選別用具であり、実とゴミや殻を風選するのに用いられるが、さらにこの世と異界を象徴的に分け隔てるのにも応用された。また箕をつくり売って歩く者がサンカなどの漂泊的な山の民が多かったことも、箕を山からの神秘的な農具とみなさせたのであろう。桜田勝徳も、「箕がこの祭において重要な祭具であることから、江州由来の長者の竈神になった箕作りの翁の箕作りも、これが箕作りとして語り伝えられねばならぬ何かの理由が存したかと思われる」(『日本社会民俗辞典』一巻、誠文堂新光社、二〇四頁)と述べ、「竈神」起源譚と箕作りとが深い関わりをもつと指摘している。竈神と箕(や蒸籠)との結びつきは、非業の死をとげた者を竈神に祀ること（事例6）も含めて、偶然のものではないようである。箕と同様に、そこに入れる手杵や飯杓（事例1、3）あるいは事例9での擂粉木も、実用的な意味をこえた重要な祭具となっている。柳田国男は、

甲州郡内《ぐんない》地方でオカタブチと呼んでいる祝棒などは、今では花嫁の尻を打つ風はなくなって、ただ道祖神の勧進に携えあるくのみだが、男女二体あって男の方は大擂木《すりこぎ》、一方は杓子《しゃくし》の形になって居る。擂木などはそれこそイナケナものだが、杓子はただ女の武器というだけでなく、何かもう少し深い理由があったらしく、東京附近のクツメキ御免《ごめん》を始めとし、各地の呪法に用いられている。（『大白神考』ちくま文庫版全集一五巻、一九九〇年、三五五頁）

と述べているが、道祖神祭りで擂粉木が男で杓子が女のシンボルとみなされていることは興味深い。したがって、事例3で箕に竪杵と飯杓を入れて供えるのは、単に生活用具の代表というだけではなく、性的な意味をになった祭具でもあるからである。同様に、箕や味噌こし（事例9）も女陰を象徴する道具といえよう。山形県西置賜郡飯豊町の某家では、正月元日に若主人が柄杓に麻・松・柿・栗などをこよりで結びつけ若水を汲んだあと、塩水で炉を清め、夫婦で擂粉木と擂鉢をもって裸で炉の周りを三回まわり、若水で餅の支度をする風習があったという（米沢市広報係編『米沢風土記』一九六六年、一五一頁）。この「裸回り」の例では、擂粉木と擂鉢とがそれぞれ男女を象徴するものになっている。小野重朗は、

杵（特に竪杵、手杵）と飯杓とは、家の用具の代表であって、小正月の来訪神であるカセダウチも

家々に杵や飯杓を配るし、南九州の田の神石像も鍬をもつものより飯杓や杵をもつものが多い。生活神である火の神に生活用具の代表的な杵や飯杓を供えるのは当然とも言えるが、何かもっと深い意味があるのかも知れない。(『民間伝承』三六巻二号、一九六二年)

と述べている。この「何かもっと深い意味」を、男性と女性という両原理の象徴とは考えられないだろうか。代表的な発火法には、火打ち石と鉄を打合せるものと、火鑽杵《ひきりぎね》と臼を摩擦させるものとがあって、後者の場合にはとくに性的な意味が込められていることが多い。さらに火と性とは深い関係があり、古代神話でイザナミが火の神に女陰を焼かれて黄泉国にみまかったのをはじめ、女陰を火と同じ言葉(ピーやヒー)で言い表わす沖縄の方言、男女関係を「熱い」とか「燃える」というメタファーで表現することなどその例は少なくない。火自体が、光明性と燃焼性、創造と破壊、精神と物質、男と女など極めて両義性を帯びたものであり、対立する二つの原理が火によって統合され新たな関係を生み出すことは十分に考えられる。これは、男女の性的な所作によって農作物の豊饒を促進させるという狭い意味に限られるものではない。岡山県では竈神は普通男神とされているが、和気郡南部では竈神は荒神で女神と信じられており備前焼きの男根を供えるという(三浦秀宥「岡山県の民俗と分布」『日本民俗学会報』一七号、一九六一年、一四頁)。また伊予(愛媛)では竈神は男神でリンガ(男根)を神体とし、毎朝婦人が拝むといい、豊後(大分)では玉門を荒神に見せると喜ぶとか男女の交媾が荒神祭であるという(金孝敬「竈神に関する信仰」『民族学研究』一巻一号、一九三五年)。このように火の神や竈神には、子孫繁栄や豊作という見方ではとうてい理解できない性的な要素がいろいろと伴っているのである。重久十郎は、事例1の火の神祭りについて、

牟佐の杵舞（岡山民俗学会編『岡山県性信仰集成』）

火の神に供えてあるゴザにまいた竪杵は男根であり、大根の二本は女陰を示すものであり、しかも納戸で夫婦が性交の真似をするという所作は、子孫の繁栄を祈願し、農耕の繁栄とを結びつけた類感的呪術であろう。（「薩南火の神祭」『民俗』二巻二号、一九五八年）

と述べている。確かに直接的には重久のいうとおりかも知れないが、それだけでは霜月に行なわれる火の神祭りは説明できないのではなかろうか。もっと重要なことが隠されているように思われる。その意味で、次の事例は興味深いものといえる。

事例10　岡山市牟佐（旧・赤磐郡高月村牟佐）の「牟佐の杵舞」（おとうやさい）

平賀元義の「備前国赤阪郡高月郷牟佐村高蔵神社杵舞記」によると、

《舞の次第は妻は裳を整へ、水桶を頭に戴き柄杓出持ちて、竈の前にて水汲むまねす。こは高月早稲の飯を炊ぐ為に汲む意なるべし。其後白木の飯ひつを頭に戴き、杓子を持ちて飯盛るまねす。其時に「イヒビツ、ヤツヤツ、カイハココノオツ」と言寿《ことほぎ》す。扨主人麻上下着、十束稲の穂を左右の手に持、打違へて舞ふ。舞訖《おは》りて、妻を呼ぶ。妻オオといひて向ふ。主人「毛のうしょ〳〵とはえたる物を進せふ」といひて、彼の十束稲の穂を口にくはへて渡すを、妻口にくはえて受取る。又主人団子を、いれことといふ物に入たるを持ちて室《むろ》寿《ほぎ》して「桃都の鳥と日本の鳥とわたらぬ前に、団子舞みさいな」と寿ぎて舞ふ。舞訖りて又妻を呼ぶ。妻又オオといふて向ふ。「団子進せふ、小つま受けて待給へ」といひて渡すを、妻小づまへ受けとる。主人又本末太き杵を左右に持ちて、又室寿して「桃都の鳥と日本の鳥とわたらぬ前に、きね舞をみさいな」と寿ぎて舞ふ。舞訖りて竈の後に立ちて又妻を呼ぶ。妻又オオといひて向ふ。主人「大きな〳〵大物を進せふ。引はたけて待て」といへば、妻俵を股に挟みて進む。主人彼杵を俵の中へ指入れて納むる。》此の行事は今に至るも多少の変遷はあるが、尚引続き毎年十二月十六日に行はれてゐる。（桂又三郎編『岡山県特殊信仰誌』文献書房、一九三二年、四九―五一頁）

この「牟佐の杵舞」の詳細は資料が限られているので不明であるが、佐藤米司「牟佐の杵舞」（『岡山民俗』三〇号、一九五八年）などによれば、これは旧暦十一月十五日、六日の牟佐の高蔵神社での祭りの後、十七日にその頭屋で行なわれる祭りであり、事例1の火の神祭りに通じる部分が少なくない。ここでの竈をめぐる性的な所作は、手が込んだものになっているけれども、稲の豊作を感謝し予祝するだけのものではない。この所作には、竈の火を媒介にして、一年の最後の折目にすべてのものをことほぎ更新するといった広い意味も込められているのである。

3　トカラ列島の火の神祭り

　ところで、日本本土と奄美沖縄の中間に、無人島を除き七つの小さな島々からなるトカラ列島（鹿児島郡十島村）がある。ここは地理上だけでなく、生物学的にも民俗の上でも両地域の境界をなしている。その島の一つ悪石島では、四月祭り、八月祭り、霜月祭りが一年の三大祭りで、それぞれ麦、粟、芋の収穫祭になっている。この島はかつては「アワヤマ」（粟山）と称する焼畑農耕と漁撈（鰹・飛魚）を主な生業とし、水稲耕作はまったく行なわれてこなかったのである。この三つの神祭りは二重構造をなし、本祭りのあとに「オヤビ祭り」という三日間の祭りが行なわれる。いわば一種の後祭りである。第一日目は清めである。第二日目は「ナナトコロノヨバイ」といって、「ホンボーイ」（本祝）と「ネーシ」（内侍。巫女の一種）という男女の神役が特定の七軒の家の「火の神」を祀ってあるく儀礼を行なう。この時、ネーシたちは火の神団子をもらうが、これを食べることができるのは女のみであり、男が食べると「キンタマが落ちる」といわれている。このため、ネーシのあとを火の神団子のお下がりを求めて女の子たちがついてまわる。麦の祭り（四月）のときは麦の団子、粟の祭り（八月）のときは粟の団子が火の神団子となるのが古い習わしであった。ナナトコロノヨバイのあと、部落総代の家で「オーナカ」と称する神人共食の儀礼が行なわれる。この晩は、ホンボーイとホンネーシは総代の家で共寝するという。翌朝、両者はカミノイザケ（神の祝酒）をかわし、祭りは終了する。このオヤビ祭りがないと祭りではないといわれ、とても重要な祭りと考えられている。同じトカラ列島の宝島では、オヤビ祭りに相当するものを「仕上げ祭り」と呼んでいる。宝島の秋の祭り（七月祭り）では、稲作の導入によって、内容は元のままだが、仕上げ祭りが「田の神祭り」と呼ばれるようになったために、日をおいて別に仕上げ祭りを行なっている。宝島では、田の神は名称のみで実質的には存在しないが、火の神を祀る仕上げ祭りが田の神祭りと呼び替えられた点は、本土の竈神信仰を考える上で注目する必要があろう。

悪石島では、産の神は「乙姫様」というが、難産の場合には火の神や囲炉裏の神に加勢を求めるという。火の神が出産にも関わっていることがわかる。また口之島では、家を新築したときに「火の神入れ」をネーシが行ない、この時に水の神も一緒に祀るという。トカラの火の神は根源的な神として多様な性格をもつといえる。悪石島や小宝島などには、火の神とは別に、「クイヤサマ」という神があって家によって異なるがたいていオクノマ（納戸）の隅に祀られている。小宝島では、これを屋敷の守護神で「宅地の神」と言っているが、性格ははっきりしない。ただ、火の神に供える「火の神の目」という白紙に目という小さな三角形の切込みを入れた御幣状のものを、目の数は異なるが、旧十一月十五日にクイヤサマにもあげる。悪石島では、十一月二十八日に前日切ってきた煤払い竹三本をクイヤサマにさし、火の神には餅を一つ供えるという。また一月二十八日には、クイヤサマは目が八つあるので、この神に餅を八つ供える。資料不足のためはっきりとはいえないが、囲炉裏の火の神とクイヤサマとは何らかの関係をもっているようである。

事例8はトカラ列島の北隣りにある三島村黒島の火の神祭りである。ここでは、火の神祭りが部落の祭りとなっていること、祭りは主に男性によって営まれること、火の神祭りは霜月祭りに伴うもので一年の祭具が竈で焼かれて一年の締めくくりをなしていること、竈の前で太夫の神舞があり老年と二才《にせ》とで問答がかわされること、片泊部落では火の神祭りに二才衆による漁撈儀礼が行なわれ後で娘たちにもてなされることなどの諸点が注目される。トカラ諸島の火の神祭りが女性主導で営まれ、部落（シマ）

の各祭りと家の火の神祭祀が一体となっていて農耕儀礼との結びつきが強いことなどは、黒島の火の神祭りと対照的である。

以上、諸事例に基づきながら薩南の火の神祭りを考察してきたが、次のようにまとめることができるだろう。

(1) 火の神祭りは一般に土間の大竈を対象として営まれること。この他に囲炉裏(悪石島)や太夫の庭の竈(黒島)の場合もある。

(2) 火の神祭りはたいてい霜月の内神祭りに伴って行なわれるが、次第に内神祭り中心になり脱落すること。しかし、火の神祭りのみをする家も少数あり、また南島に行くほど火の神祭りが重視されていることから、火の神信仰の原初的性格がわかる。火の神は時間、空間、生死などあらゆる秩序を更新し、異界とも深い関係をもった神である。

(3) 火の神祭りは主に旧家筋で行なわれ、性的な所作や儀礼を伴う場合があること。箕、手杵、擂粉木、飯杓子などは生活用具の代表というだけでなく、祭りの名にも使われ、象徴的な意味をもつこと。

(4) 火の神祭りでは女性が巫女として重要な役割を果たすこと。

(5) 火の神祭りは部落(ムラ)や一族の祭りよりもむしろ家の祭りである傾向がみられること。

(6) 火の神は生活全般の守護神であり、とくに農耕神的性格が強いが、他にも産の神や漁撈の神ともなること。しかし、「火伏せ」という単一の機能をもった「火の神」などが外から入ってくると、火の神の性格に変化が生まれ、神の機能分化がおこる場合がある。たとえば、農耕や生活全般の神として偶像を持たず土間の大竈自体が竈神（ウガマサー）として祀られていた所に、福神である大黒様が神像とともに入ってくると、竈神は火伏せの神となり、田の神像とも通じる大黒様は金銭や福運の神だけでなく農耕や家庭生活の守護神とも考えられるようになること（小野重朗「薩摩半島の民家の構造と家の神(3)」『日本民俗学会報』三号、一九五八年、二四頁）。

(7) 土間の大竈に祀られる火の神や竈神は、家の生えぬきの土着神として生活全般を司り、南島の火の神信仰とも深い関係をもつこと（対馬では、「ホタケサマ」がやはりこれに相当する神と思われる）。

最後に、本章で利用させていただいた多くの貴重な資料の報告者の方々に、御礼を申し上げたい。

〔付記〕

本章は、将来の考察のために性的儀礼を伴う火の神祭りや竈祭りの諸資料を覚え書として取りまとめたものであるが、発表後に小野重朗が「霜月竈祭り小論」（『鹿児島民俗』七七号、一九八三年。のちに『南九州の民俗文化』法政大学出版局、一九九〇年所収）のなかですでにこの問題に鋭い考察を行なっていたことを知った。本章自体が小野の火の神関連の資料に大きく依拠している上に、さらに小野は新たな資料を加えて多様な角度から再検討していたのである。追加資料のなかには、本章でも紹介した黒島の霜月祭りや岡山県の「牟佐の杵舞」（岡山県民俗学会編『岡山県性信仰集成』一九六四年、一二二―三頁）も含まれているが、とくに長崎県北松浦郡吉井町上吉田免の「お蔵入れ」やその隣り町の江迎町中尾免の「きねかけ祭り」、さらに大分県速見郡山香町広瀬下の舟ケ尾地区の「杵祭り」(入江英親「大分の屋敷神信仰」『九州沖縄地方の住まい習俗』明玄書房、一九八四年)や宮崎県椎葉村の各地区の霜月神楽の終わり近くに演じられる「火の神神楽」および同県西都市銀鏡の銀鏡神楽の「火の神舞」などの九州周縁部や山地部の諸事例は注目すべき資料といえる。

このうち、神楽以外の事例ではいずれも霜月(旧暦十一月)の地域神または同族神の祭りに引き続いて特定の家の火の神祭りや竈祭りが行なわれるという祭りの二重構造が特徴の一つになっている。小野は、この二重構造は最初の形ではなく、むしろ「家の大竈の祭り、火の神の祭りが古い伝統をもってまず存在しており、そこに新しく家々が集まって祭る同族神や地域神を、その家の祭りの延長、発展として祭るようになって」成立したもので、家の祭りから共同の祭りへの過渡期の形とみている。また火の神の祭りに伴う性的な所作や儀礼は、単に豊作多産の類感呪術といった意味ではなく、主婦がかつて竈祭りの司祭として男と女がほぼ対等にわたりあう力を有していた時代の霜月祭りの古層の姿を示すものとして、「祭りに参加する人々の間の性の開放に近いものではあるまいか」と述べている。家の祭りが共同体の祭りへ展開していく過程で、主婦は司祭権を次第に戸主や神職などの男性に奪われ、神社の祭りでは表だった役割をなにも果たさなくなるのだという。

またこの霜月の竈祭りの目的や意義に関して、小野は霜月祭りは農作物の収穫祭であるとともに、二月の農耕開始の祭事に対応する一年を締めくくる最後の祭りで、「その年に用いたものは用い終えてみな燃やしてしまって、次の新しい年を迎えるというのが、古い霜月祭りの思想だったのであろう。年末の霜月祭りに竈祭りが伴うことはこのような目的と意義があったものと思われる」としている。しかし、すべてを焼却してしまうことにはさまざまな抵抗があって、供物や用具を納戸に隠したり、一旦納戸に入れておいて後に出して使ったりする事例のほか、男女二組が手杵を納戸と竈に互いに引き合って葛藤を表現した事例もみられ、同時に家の神祭りの中心が竈から納戸や倉へと移り、新たに納戸神が成立する様相も示している。なお、九州山地の霜月神楽で演じられる「火の神舞」では、やはり台所の竈神に火の神の幣を奉る行事とともに、手杵や臼などを竈神のところに運ぶ場面があって、ゴザに包んだ手杵を二人が背中合わせに持って運んだり、顔に前後二面をつけた二人が運んだりして焼却と保存の間のゆらぎを演じており、ここには祭事と神事の未分化であった古い民俗文化の姿もうかがわれる。

次に、参考のために、これらの竈祭りや火の神祭りの概略を掲げておきたい。

事例11　長崎県北松浦郡吉井町上吉田免の「お蔵入れ」

例年十二月（元は霜月）十日の吉田大明神のお神祭りのあと、祭りの宿の施主の家での行事に移る。家の土間の竈の前に臼を置いて男女二人の若い者が選ばれて、それぞれ竪杵をもってシトギを搗く。シトギは高く飛び散る程よいといって手で天井に投げつけたりする。次に神職が台所の荒神を祭る。荒神棚の下に薦（イナマキ）を敷き、お神酒、小豆飯、搗いたシトギ、米、塩、シトギを搗いた竪杵二本を供えて荒神祭りをし、施主などが拝む。次がお蔵入れで、荒神祭りに供えた品々を新しい薦に包み、別に用意した太く長い綱に結びつける。その綱をオカカ組とオトト組の男女に分かれて、神職の笏の合図によってオカカ組は奥の納戸へ、オトト組は土間の側に引き合う。元は三度引き合ったが、今は一度になり、必ずオカカ組が勝って納戸に包みを引き入れた。この時、「今年ゃ豊年、股ぐら開いてよか珍宝」などと囃すものであった。包みは納戸の隅に置いておき、翌日解いて始末する。お蔵入れの後に直会《なおらい》があり、翌年の施主や世話役のススメ（進め）などの役をクジできめる。

事例12　長崎県北松浦郡江迎町中尾免の「きねかけ祭り」

旧九月（今は十月）二十八日に中尾と深川の両地区で白岳神社の祭りをする。なお、中尾地区では氏神は鎌倉神社で、その祭りは霜月に行なっている。白岳神社の祭りが終わると、中尾免のみが集落に戻ってその年の施主の家できねかけ祭りをする。まず台所の土間に木臼と新しい手杵（竪杵）二本を用意し、両親の揃った男女二人が選ばれシトギを搗く。シトギは丸めて餅状にしておく。次に土間の竈の前に蓆を敷き、薪を燃やして竈祭りをする。竈の上の棚には荒神が祀られ、諸蓋《もろぶた》（餅などを入れる箱）に米と塩をのせて供えるが、米には神職が紙と割箸でつくった白ネズミ（大黒様）を置く。三重ねのシトギ餅は竈の上に供え、手杵は竈の両脇に立てかける。その前で神主が祭りをするが、施主夫妻は正装して参列する。神事のあと、夫妻は竈の前で相対し、神職が間に立って一の膳から三の膳まで頂く。二人のスズメ役のうち、一のスズメは給仕役をつとめ、二のスズメは頬被りしおどけた仕草をして神職と施主夫妻のまわりを回って囃す。二の膳の時に夫妻は三三九度の盃事をし、三の膳では太く長いイヌビワの箸でシトギを食べる所作をする。二の膳には男根や女陰をかたどったものを載せることもある。夫妻の膳が進む間、参列の戸主たちはとりまいて露骨な性的な合言葉をいれ、夫妻も性的な会話を交わして笑いの渦を巻き起こす。次が納戸入れの行事で、竈の前に供えた品々を蓆に包み、その「タカラモノ」の包みの周囲を神職と施主夫妻の三人が手をつないで輪になり、右に三度、左に三度まわる。そして、蓆包みの前側を施主が、後側を妻が抱えて納戸に運び入れるが、重くてなかなか進まない所作をする。このとき一のスズメが一・五メートルほどの先に葉を残した太い榊のホネ棒（ホネは捏ねる意味）をもって、薦包みの下に入れてホネたり、妻君の股の間に入れてホネたりして加勢する所作をする。納戸に入れた薦包みは一晩そのまま置いておき、翌日は蔵開きと称して、その米を炊いてススメ役をもてなす。納戸入れのあとは、神社の祭りと同様に、餅まき、神楽、直会などがあって、施主の家でのきねかけ祭りは終了する。

事例13　大分県速見郡山香町広瀬下の舟ケ尾地区の「杵祭り」

毎年旧暦十一月五日の田平神社の祭りのあと、五日の晩から翌六日にかけて舟ケ尾地区の工藤一家五軒で順番に杵祭りが行なわれる。六日早朝に台所の大竈の前に神職や家人が集まって神事をはじめる。竈の前には、十二膳の猫脚膳を重ねた上に、玄米、握飯、大根をのせて供え、竈の上には小判型のゾウリ餅を七五三にくくったものを竹籠に入れて供える。竈の正面に神職、その横に風呂敷を頭から被って覆面した袋被りがすわり、工藤家の一族は正装して後方に参列する。神職は大祓詞を奏上しながら、中央を白紙で包み紅白の水引きでくくった手杵一本を竈の焚き口に差し込む。このとき工藤一族以外の青年が神職を竈に突っ込もうとする。次に神職が手杵を引き抜くと、傍らの袋被りは白紙でこの手杵をぬぐう。これを三度繰り返す。この時の白紙をもつと縁起がよいという。竈前の神事はこれで終わる。家の主人は、猫脚膳の握飯と大根を持って表に出て屋根の上を越して投げる。この供物は神が取ったか、ゲドウ（外道＝魔）が取ったかわからないという。次に一同は座敷に上り、「倉の米引き」をする。座敷には新しい庭筵を四つ折りにしておき、その上に倉の米三合三勺を布袋に入れて載せてある。今年の頭屋の主人は隣りの納戸に向かって後手で庭筵の端をもち、翌年の頭屋《とうや》（祭りの当番）の主人は台所に向かって後手で端をもって庭筵を引きあう。青年たちも加わって大騒ぎとなり、庭筵は破れ、結局頭屋であるこの家の主人が庭筵と米を納戸に引き入れる。この間、笛、鉦、太鼓で楽を奏しつづける。これで諸行事は終了し、一同は甘酒で直会をする。

これらの諸事例は、祭りの二重構造、司祭としての主婦、杵を用いた男女の性的儀礼など、本章での火の神祭りの考察の上でも重要な資料となる。小野重朗は、この竈をめぐる霜月祭りの周圏的な分布から、この民俗がその神楽の事例を含めて九州を中心に西日本に広く深く沈着しており、その最も生真面目な型が薩摩半島にみられ、さらに最も基本的で原初的な型が黒島の事例であるとしている。小野の見解は示唆に富むが、霜月祭りや竈祭りの変遷過程を家の祭りから共同体（内神や氏神）の祭りへ、また主婦から戸主への司祭権の移行など単線的に再構成する傾向が強くみられる。また、霜月祭りに「火の神に祭具などをみな納め燃やす」儀礼が伴っている意義と目的について、小野は「霜月祭りは一年を終える祭りで、その年に用いたものは用い終えてみな燃やしてしまって、次の新しい年を迎える」ことが古い思想であったとしている。なお、島根県美保関町には納戸での歳神祭りに際しても、大晦日に主人が裸体となって歳神と一夜を明かしたり、正月中主人が歳神と寝食を共にするなどの性的所作がみられるという（喜多村理子「家における神祭りの変容」『民俗と歴史』二五号、一九九三年、二六頁）。本章のトカラ列島の事例や奄美沖縄地方で盛んな火の神信仰も含めて、今後はこの問題はより広い視野の下で共時的と同時に通時的に調査研究をすすめていく必要があろう。

烏枢沙摩明王と厠神

1　問題の所在――厠神の通時論的分析に向けて

厠《かわや》（便所）に祀られる厠神は、便所の名称を冠した便所神、厠神、センチ神、カンジョ神、チョウズ神、コウカ神のほか、淡島様、不動様、ジョウトウ権現、ゴケ神、ボウシ神、烏枢沙摩《ウスサマ》などさまざまな呼称で呼ばれている。このうち、とくに烏枢沙摩は、仏教系統の厠神として知られ、寺院ばかりでなく、民間宗教者などを介して民間でも広く信仰されている。民間では、烏枢沙摩は、ウスシマサン、ウツサムシ明王、オサンショウサマ、ウサン明王、ウツシバ明神、ウスサノ明神、ウツサ明神などと訛って呼ばれているが、これは民間での深い浸透を示すものといえよう。

筆者は、かつて厠および厠神をめぐるさまざまな儀礼や伝承を空間論的な視角から分析したことがある[1]。その結果、一応次のような結論に達した。

(1)　厠は、家屋における裏側の領域に属し、不浄、汚穢、気持悪さ、恐しさ、暗闇、腐敗といった否定的なイメージが伴う、人の制御のきかない空間である。しかし一方で、厠はこの否定性を媒介にして新しいものを創出する場ともなり、われわれが全体性を感得する上で不可欠の部分でもある。それは、われわれの深層心理のなかでもっとも親縁な場所といえる。厠は人や物がある秩序から別の秩序へ移行するのを媒介する、破壊と同時に生成を兼ねた両義的な空間であり、われわれの内なる異界なのである。

(2) このことは、「厠」の字義をみてもわかる。それは、マジル（交、雑、混）ことや、水際（岸）という、異なるものが出会い交わって入れかわる「交」や「交替」の場を意味する。厠は、背屋、側屋、外、カド、閑所、雪隠などとも称されるが、これは厠がどちらかというと日常生活の論理からは排除される位置、中心から離れた周縁的な位置にあることを示している。しかし、厠は井戸や竈《かまど》、廐《うまや》などとともに河童の出現する場所でもあり、この世と異界とのコミュニケーションが行なわれる境界的な領域といえる。また厠にはよく魔除けとして南天《ナンテン》が植えられるが、これは難転に通じるためであり、厠がものごとの変換の場でもあることを示している。

(3) 昔話における厠には、異界へ参入する入口、変身の場、この世と異界の境といったイメージが伴っている。厠は、やはり人や物があるものから別のものに変換する特別な空間とされているのである。

(4) 人生儀礼では、とくに産育儀礼に厠が多く登場する。雪隠参りはその代表で、厠に生児が参ることでこの世への社会的誕生を果たす儀礼である。この際、厠のほかに井戸、竈、橋などに参る地域もあるが、これらの場所はみな異界とこの世との境をなしている。生まれたばかりの赤ん坊は、塵芥や糞便としばしば同一視され、此彼どちらともつかぬあいまいな存在であるが、雪隠参りを行なうことでこの世へ社会的に誕生すると考えられたのである。この時に生児の額につけるアヤツコ

（×）も一つの「交」であり、異界からこの世への移行を示す。厠は、このほか魂付《たまつけ》、婚姻、死に際しても、新しい霊魂や身分を獲得するための象徴的な場所となっている。

(5) 年中行事では、正月、節分、祇園（夏祭）、盆、カラサデ（神等去出）、年取り（大晦日）といった年や季節の折目に、厠や厠神が祀られている。厠は、新しい時間の蘇生に関連した場所になっている。また、厠の新築や改築には、便壺の下に人形、化粧品、麻、扇などを埋める。化粧品や人形は、家屋や船、庚申塚をつくる際にも捧げられる。これらは新旧の時間の交替をなし、世界を新たなものに生まれ替わらせる仕掛けであり、宇宙創造神話の反復とみなされる儀礼にはよく伴うのである。

(6) 厠の禁忌は、異界または異界とこの世との境としての厠という観念に根ざしているものが多い。厠は夜、暗闇、裸（自然）、肉体の下層などと深く結びついた領域であり、ここに無媒介に侵入しないように禁忌が存在する。厠神はこの厠空間のもつ異界性を媒介にして、人や物の変換を行なう。厠神は目や歯の神、不具神、荒神、産神などといわれるが、厠神は厠の諸特徴を凝縮した存在であるから、これらの背後にあるのは媒介神、境界の神としての厠神ということである。この点は、竈神や納戸神など家屋の裏側の領域で祀られる家の神と共通している。

以上の諸点を簡単にいえば、「異界としての厠」ということになる。このような空間論に基づいた共時的な分析によって、厠および厠神をめぐる多様な伝承に対して一定の説明が可能となった。しかし、この説明は「いかに」という点に関してのものであって、「なぜ」という点に関してはあまり有効ではないようである。

本章で扱う烏枢沙摩明王と厠神の問題は、歴史的・通時的な分析を導入することが不可欠であり、これによって今までの共時的な分析だけでは十分に説明がつかなかった点に関して有効な視点を提供できるように思われる。

2　厠神の研究略史

厠神の研究は、すでに平田篤胤の『玉襷《たまだすき》』で行なわれているが、直接民俗学にかかわるものとしては、出口米吉(2)、南方熊楠(3)、李家正文(4)、大藤時彦(5)、川端豊彦(6)らの研究がある。最近では、井之口章次(7)、倉石あつ子(8)、酒向嘉子(9)らによって研究がなされている。とくに、倉石は、大藤以後の厠神関係の資料を詳細に検討し、新資料も加えながら、従来の研究を整理して問題の所在を明確にした。このように、倉石は厠神研究に一定の方向づけをした点で注目される。また、酒向は厠神のなかでもとくに烏枢沙摩明王を取り上げて、民間での厠神をめぐる伝承の多くのものがすでに烏枢沙摩明王信仰に伴っていたものであることを明らかにした。筆者もこれらの先行研究に導かれつつ、厠および厠神の問題について前述のごとき一応の結論を提出したのであるが、本章ではとくに倉石、酒向の両氏の研究から大きな示唆を受けていることを最初にことわっておきたい。

3　烏枢沙摩明王信仰の諸相

厠神を産神として信仰することや、また便所を掃除すればきれいな子供が生まれるとか安産するなどという伝承は、今日でも広く聞くことができる。人生儀礼のなかでも、とくに出産や産育の場面には厠神が多く登場し、厠神が子供の誕生に深いかかわりを持つことが明らかにされてきている。厠は一種の異界であり、厠神は異界とこの世を媒介する境界性を帯びた神であるという視点から、筆者はこの問題に一応の解答を与えてきた。しかし、これはいかにの説明であって、厠神がなぜ産神とされるのかという点に関しては十分なものとはいえない。確かに、厠および厠神が出産や産育儀礼の上で果たしている機能について、「異界としての厠」という視点から合理的で首尾一貫した矛盾のない説明をすることは可能ではあるが、それは結果からみた解釈であって、厠神が産神とされていった経緯や過程については明らかにできないのである。すでに、厠神が産神として存在し機能を果たしている状況があって、そこでの厠神を共時論的に分析する説明では、厠神の「発生」や「生成」といった問題に十分答えることはできないのである。このため、歴史的な視点の導入は不可欠であり、本章の「烏枢沙摩明王と厠神」という課題も当然通時論的な立場からの説明を要するのである。

厠が古くから特別の空間とされていたことは、『古事記』の丹塗矢型の神婚説話である大物主《おおものぬし》の話や、春山の霞壮夫《かすみおとこ》の説話などのなかで、厠が婚姻（男女交合）や変身の場とされていることからもわかる。これらの説話では、厠は原始的な水洗便所である「川屋」であったが、厠の形態が変わっても河童などの妖怪が出現したり、異なるものがまじわり身心の変換が行なわれる不思議な空間であることは、多様な民間伝承のほか今日学校のトイレにまつわる世間話にも示されている。また、転宅の際に厠が、門、戸、井、竈、堂、庭などとともに祀られたことが『類聚雑要抄』二巻の康平六（一〇六三）年の条に出てくる。厠が、井、竈、門、戸と同様に、異界とこの世の境をなす場所であったことは、こうした記事からも推定される。

神道家がイザナミ神の御屎《くそ》と御尿《ゆまり》からなった埴山媛神《はにやまひめ》（土神）と罔象女神《みずはのめ》（水神）とを厠神としたのに対し、密教や禅宗の寺院では東司《とうす》（厠）に厠神として烏枢沙摩明王を祀っている。烏枢沙摩明王については、「サンスクリットUcchṣma の音訳語で、インドでは元来火の神アグニを指した。烏瑟沙摩とも書き、不浄潔金剛、火頭金剛、穢積(迹)金剛、不壊金剛、受解金剛ともいう。いっさいの不浄や悪を焼きつくす霊験のある明王として、死体や婦人の出産所、動物の血の汚れを祓う尊《そん》としての信仰が主流で、真言宗や禅宗では東司すなわち便所の守護神としてまつられている場合が多い。また密教では『烏蒭(枢)沙摩変成男子の法』と称し、出産前に胎内の女児が変じて男子となる秘法として貴族社会に信仰された」(『平凡社大百科事典』「烏蒭沙摩明王」の項)と説明されているように、烏枢沙摩はインドの火の神アグニが密教に取り入れられて明王となったもので、烏枢瑟摩、烏枢瑟麽、烏芻沙摩、烏芻沙麽、烏芻瑟摩、烏芻渋摩、烏芻渋麽とも書かれ、穢跡、穢積、不浄潔と訳され、また火で一切の不浄や悪を焼きつくすことから火頭金剛、穢跡金剛、不浄金剛、受触金剛とも称されている。この烏枢沙摩明王は火焔で包まれた大忿怒相をなしているが、その像には二臂、四臂、六臂などがあり持ち物も一定していない。『大威力烏枢瑟摩明王経』巻上には、「目は赤色、通身艶黒色にして、挙体より焔起る。四臂あり、右の上手は剣を執り、次の下は羂索、左の上は打車棒、下は三股叉なり。器仗の上並に焔起る」とあるが、同経にはこの他二、三の異なる像容も掲げられている。『陀羅尼集経』第九には二臂、また『普陀落海

烏芻沙摩明王（『覚禅抄』）

会執』には四臂と六臂の像が出てくる。像容に若干の変異はあるが、この明王が解穢の功徳をもつ点は変わらない。『陀羅尼集経』第九の「金剛烏枢沙摩法印呪品」には、「若し死尸婦人産所六畜産生血光流るゝ所を見、是の如く種々の穢を見る時、即ち此印を作し、解穢の呪を誦せば、即ち清浄なることを得、所行の呪法悉く效験あり。若し然らざれば、人をして験を失はしめ、反て殃害を被り、面上に瘡を生ず」とある。烏枢沙摩明王は、一切の不浄や悪を焼きつくし、不浄汚穢の所を清浄に転化させる霊験をもつことから、日本では鎌倉時代より厠の守護神とされるに至ったが、古くは「烏枢沙摩変成男子の法」のように、むしろ出産に関連して信仰されていたらしい。「烏枢沙摩の法」という烏枢沙摩明王を本尊とする修法は、稀に枯木、毒蛇、悪鬼などを祓うためにも行なわれたが、もっぱら安産または出産の不浄を祓うために修せられていた。鎌倉時代成立の台密系の仏教書『阿娑縛抄』第百三十四の「烏枢沙摩」には、第一の此法を修すべき事に「常為二産生一修レ之」とあり、慈恵大僧正（良源）が「変成男子」のために初めてこれを修したと伝えられていたことや、白河院中宮懐妊の際に良真（第三十六代天台座主）が烏瑟沙摩法を修して皇子（堀川院）を無事誕生させたこと、また仁豪（良真弟子、第三十八代座主）が崇徳院誕生の時にこれを修したことなどのほか十例ほどが先蹤として記されている。このなかの行厳律師の部分には「三七日後御産。仍世人名二ヲソサア（マか）一尤不レ便也」と記され、出産に烏枢沙摩法が二十一日（または七日か十四日）間修せられ、安産祈願をしたことがわかる。

東密系の『覚禅抄』の「烏瑟沙麽」の項には、

烏芻沙摩明王者、入二火生三昧《ニ》一浄二不浄一、火頭金剛之称也。降二自在天《ヲ》一頽《ツクセ》二糞壁（穢カ）一、故不浄金剛之名《ナリ》。是以不《テ》レ厭二不浄一、不《ラ》レ簡二濁穢《ヲ》一、若誦《レハ》二神呪《ヲ》一、利益掲焉也。就レ中婦女産生之尅、天魔求《ヲ》レ便、百苦逼レ

身、波旬伺レ隙ヲ、誕生有レ煩之時、明王降下伏作二障難一者上、婦女預二平産之利益ニ一。粤ニ知ヌ産婦可レ憑者、只在ル二此明王之本誓ニ一歟。依レ之始レ自二今日一七ケ日之間、殊ニ凝二清浄之信心ヲ一、餝リ二秘密之壇場ヲ一、修ス二烏蒭沙摩之法ヲ一、所レ作二本誓悲願ヲ一也。仰願本尊界会、照シ二一心之懇念ヲ一、施玉ヘ二平産之利益ヲ一

とあり、烏枢沙摩明王は不浄汚穢を厭わず、とくに婦人の安産に功徳があるとされている。この『覚禅抄』には、烏枢沙摩の功徳として、ほかに次のようなものがあげられている。すなわち、

得二聡明一事、得二大福一事、延二寿命一事、滅二諸罪一事、治二悪瘡一事、入二修羅宮一事、見二亡者一事、死子易産事、治ム二小児夜啼一事、

とある。これらの功徳の多くが、現今の厠神の伝承のなかにも見られることは注目される。以上のように、日本では中世初期に、烏枢沙摩明王は安産祈願の明王として知られ、貴族社会のなかで盛んに信仰されていたことがわかる。

烏枢沙摩明王は、火頭金剛とか穢跡金剛とも称され、不浄や汚穢をいとわず、しかも火の呪力で不浄を浄に転化させるため、悪鬼や魔が集まる不浄や汚穢の所に祀られるようになったのである。鎌倉時代の説話集『雑談集』の「読経誦咒等時節ノ浄不浄事」には、

烏芻(芻)沙摩ノ真言ハ東司ニテ殊ニ可キ二誦咒ニ一也、是ハ別段ノ事也。不動明王ノ垂迹トソ。不浄金罡(剛)ト号ス。東司ノ不浄ノ時鬼モシ人ヲ悩ス事アラハ、守護セムタメノ御誓也。可レ行事也

とある。この頃には、烏枢沙摩明王は、すでに厠の守護神とされていたのである。この明王の本地については種々異説があり、不動明王の垂迹としたり、金剛夜叉明王と置換されたりしている。『阿娑縛抄』や『覚禅抄』でも、不動明王との異同がさまざまに論じられている。いずれにしろ、烏枢沙摩明王が東司（厠）の守護神とされたのは、『穢迹金剛説神通大満陀羅尼法術霊要門』（無能勝三蔵訳）の説話が大きく関与したと考えられている。今、その概要を記すと、

仏拘尸那《クシナ》国に於て将に涅盤（槃）せんとする時、諸天大衆釈提桓因に至るまで、悉く皆集会して悲悩に打沈みし時、独り蠡（螺）髻梵王のみ無量の天女と娯楽して観省せず。大衆即ち百千の呪仙及び無量の金剛をして、彼の梵王を召さしめんとすれども、種種の不浄を以て城塹と為して、近づくことを得ず。是の時仏は不壊金剛を化出し給ふに、彼の金剛は大神呪を持して梵王の所に至り、指を以て微かに之を指すに、醜穢の物変じて大地と為り、梵王は発心して仏所に至る。金剛即ち大衆の中に於て大円満陀羅尼神呪穢跡真言を説く。（『望月仏教大辞典』「ウスサマミョウオウ」の項）

というものである。この経典は、『修験聖典』には「烏枢瑟摩明王神通陀羅尼経」と称して収められており、烏枢沙摩が厠の守護神として信仰されるにあたっては、修験の徒が関与したことを窺わせる。『底哩三昧耶経《テイリザンマイヤ》』や『大日経』息障品疏文にも類話がみられ、受触《ジュシヨク》金剛（不浄金剛）が魔醯首羅《マケイシュラ》を仏所に至らせた話になっている。この受触金剛は不動明王が化したものであるところから、『覚禅抄』にあるような「不動烏主沙摩同体事」という説が生まれたのである。近世の随筆『静軒痴談』には、

仏家ニテ厠ノ神ヲ烏瑟沙摩明王トイフ。不動ノ化身ナリト云。仏説ニ修羅ト梵天帝釈ト戦ヒシ時、修羅ガ不動明王ヘ援ヲ乞フ。爾時帝釈ハカリ思フニ、仏ハ甚タ臭気ヲキラヘバ、穢ヲ用テ防グベシト、糞ヲ以テ城ヲ築キイダセリ。明王少シモ不潔ヲ忌ズ、其城ヲ一時ニ食ヒ尽シタリ。故ヲ以テ烏瑟沙摩明王ヲ厠ノ神トナスト云（『日本随筆大成』二期二〇巻、吉川弘文館、一九七四年、三九頁）

とあり、不動（梵天）と帝釈の争いになっているが、話の筋は同じである。民間でも、烏枢沙摩のほか、不動明王が厠神とされている。

以上の説話では、烏枢沙摩明王は不浄をいとわず、糞の城を大地に変えたり食い尽くしたりして、敵を屈伏させている。南方熊楠は、厠には人の糞尿をくらう鬼がおり、こうした食不浄悪鬼を祀ることから自然と厠神の観念が生じたのであろうと述べている（「厠神」『南方随筆』岡書院、一九二六年）。実際に、厠神は片方の手で大便、もう一方の手で小便を受けるので、唾を吐かれると口で受けねばならず、厠神が怒るという伝承は各地に分布している。また『地獄草紙』には、糞尿泥地獄のなかに餓鬼が描かれ、『餓鬼草紙』には排便中の女性や生まれたばかりの赤子の糞を狙う食糞餓鬼が登場する。しかし、烏枢沙摩明王はどちらかというと、不浄をいとわず、不浄な場所に巣食って諸病災厄の因をなす魔鬼の類を押える呪力を有するために、厠の守護神とされたのである。それゆえ、烏枢沙摩が祀られている厠を清浄にすれば、この明王の御利益をうけ、下の病いを患わないとか妊婦は安産できれいな子を授かるといわれたのである。

4　厠神信仰の基盤

今日、民間で烏枢沙摩明王はどのように信仰されているのだろうか。手元の資料からいくつか掲げてみよう。

事例1　群馬県吾妻郡六合村赤岩

便所には各年取りの晩に燈明を上げる。初絵売りからウスサンショウ様の姿絵を買って便所にはっておく家もある。家によっては年取りの前の晩おかみさんのお膳を作って女衆が便所に供えて年を取らせてから、家で食べて年を取るとお産が無事にすむし、かぜをひかないといい、そのお膳を家中に分配して食べる風習もあった。（群馬県教育委員会編『六合村の民俗』一九六三年）

事例2　群馬県群馬郡倉淵村

便所の神であるウツサ明神は、テンポウの神様できれい好きだといい、一月十四日の夜、膳立てをして便所に持ってゆき、少しの間おき、そのあと皆で食べると、歯をやまないといった。（国学院大学民俗学研究会『昭和四十二年度　民俗採訪』一九六八年）

事例3　長野県下伊那郡松川町旧生田村

便所の神はウツサムシ明神といい、オバサマなどとも呼ぶ。夜中に便所にたびたび行くことがあった場合に、「今夜は用がない」と言って来ると、もう用便のためには起きぬという。いつもきれいにしておかないと裾の病を起こすという。鼻の低い人は便所で「鼻高くなれ、鼻高くなれ」と言って鼻をさするとよいとか、鼻の高い子が生まれるという。(『昭和四十四年度 民俗採訪』一九七〇年)

事例4 茨城県真壁郡明野町、真壁町

便所の神様は正月と盆にまつるが、一般に盆の方が多くの家でまつる。明野町赤浜では「便所は男、かまばつは女」(おかま様への初穂は女が上げ、便所の神様への供物は男がする)という。明野町向上野では便所の神様には、盆の十六日の夕飯の飯を柿の葉に盛って、便所の窓あたりに上げる。大便所は踏板のところに上げる。便所が二つあれば二つ、すべての便所に上げる。紙で人形をこしらえてはりつけることも、以前はあった。(中略)

明野町東石田では、便所の神様はきれい好きだから、決して紙を落してはいけない。手がないので口でくわえ出さねばならぬからである。便所をきれいにするときれいな子が生まれる。上の便所は女が掃除し、下の便所は男が掃除する。お七夜のとき、桑の箸で赤ん坊に便所の土をなめさせるまねをする。(中略)

真壁町の田村では、便所に入るとき「オンシーシーシーマワリソワカ」と三度となえて入ると、下の病にかからぬという。(『昭和三十五年度 民俗採訪』一九六一年)

事例5 愛知県日間賀島

「ウツシマ様に御燈明とぼせ」と云って、便所の戸の所に油皿を置いて、正月三カ日、節分モン日、ツキ日には、御燈明を上げるといふ。年中念ずる人は、花や線香を上げる棚をつくって置くさうである。「便所を汚い事にして置くと、子の顔がみっともなく生れる。唾吐くと下の病になる。(中略)長く便所にゐると親の死目にあはぬ。新しい下駄で便所に行くとアヤマチする、と昔の親達は聞かせたがな」。(瀬川清子『日間賀島民俗誌』一九五一年)

事例6　京都府天田郡三和町(旧・細見村)

便所の神はウスシマさんといい、日本中で一番偉い神さんだという。どこそこの守りをせよと神々を指図し、便所が最後に残ったのでその神となった。ウスシマさんへのお唱えは、「おんばざら、くろうだ、まかはら、かばしゃ、うたぼうさや、うすしまくろうだ、うんはったそあか」で、いつどこで拝んでもよいとされている。正月に荒神と一緒に土間に台を作って、線香とお供えをする。(『昭和五十年度　民俗採訪』一九七六年)

事例7　新潟県西頸城郡名立町ほか

便所の神を烏芻沙摩明王とするところがある。西頸城郡名立町や南魚沼郡大和町大倉・同六日町藤原その他でいっているが、これは仏教の影響であった。(中略)修験者などの唱導で民間に普及し、信仰されるにいたったと思われる。

便所は本来不浄であるのに、その神は最も不浄をきらうといわれる。東蒲原郡上川村では、かわやにセンチ神がいるので不浄なことをするなという。新発田市では、大便所に痰をするとセンチン神様の罰があたるという。岩船郡朝日村高根地区には、毎朝塩水をセッチンにまいて清める家があった。セッチン神は女の神様で、セッチンをよく掃除すると良い子に恵まれるとか、病気しないで長生きするともいわれた。西頸城郡名立町では、ウスサマミョウオウは人間の穢れをはらうため便所にいるのだといっている。中頸城郡大潟町渋柿浜では、家の神々は自分の好きなところに行ったが、便所の神様は最後に他神のなり手のないところに行ったもので、一番頭のよい偉い神様で、綺麗好きであるともいう。(『新潟県史』民俗編I、一九八二年)

事例8　福岡県相ノ島

ウツシバミョウジン。厠神の名。非常な荒神であり、これにいろいろの病気をいのるという。

(柳田国男編『分類祭祀習俗語彙』一九六三年)

事例9　青森県むつ市恐山

恐山の地蔵堂の背後には便所があって、男子用と女子用の間に、東司神が祀られているが、木製男根が奉納され、賽銭箱に浄財を捧げて下の病いの平癒とか、老年になっても下の世話にならないように祈念されている。(九重京司『にっぽんの性神』一九八一年)

事例10　兵庫県朝来郡朝来町多々良木

便所の神はウスシマサンと呼んでいる。(中略)しもの病気はウスガミさんに祈るとよい。なお、ウスガミさんは女の神だとされている。(朝来町教育委員会編『多々良木』一九七二年)

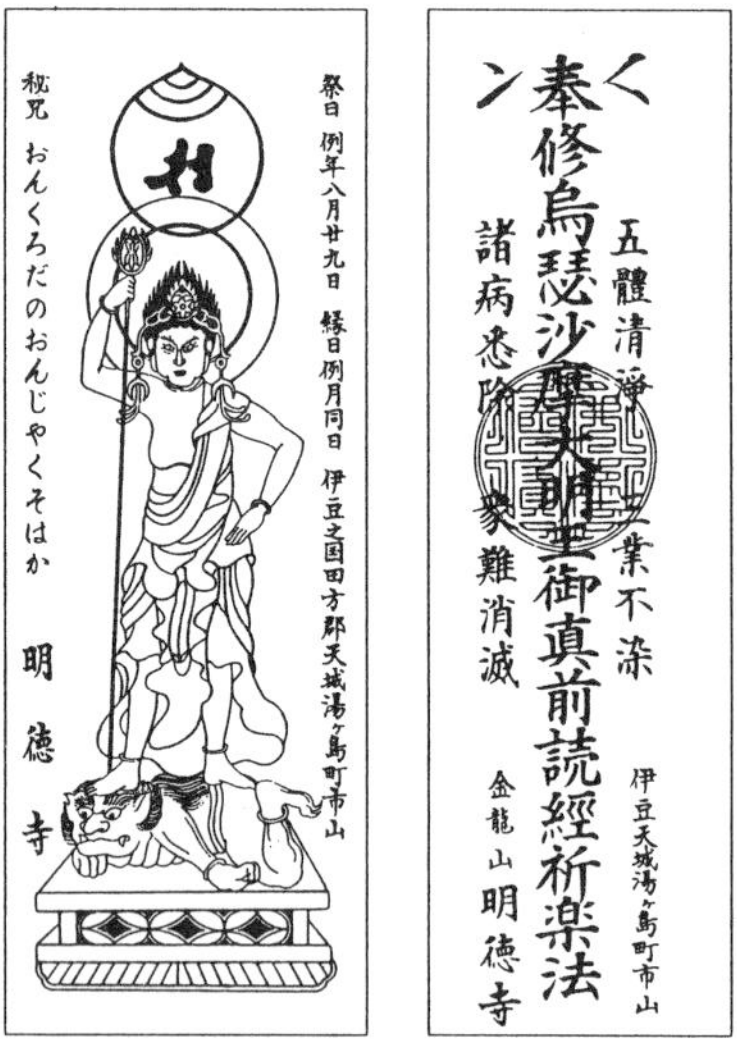

明徳寺のお札

以上の事例をもとに、烏枢沙摩明王信仰について若干考察してみよう。

まず名称であるが、烏枢沙摩明王は冒頭でも触れたように、ウスサンショウ様、ウツサ明神、ウツサムシ明神、ウツシマ様、ウスシマさん、ウスサマミョウオウ、ウツシバミョウジン、ウスガミさんなどと呼ばれている。この他、ウスサノ明神、ウツサンミョウサン、ウススマさんなどと呼ぶ所もある。このように烏枢沙摩明王の呼称がかなり変異に富んでいることは、それだけ民衆の間で親しまれてきた神であることを示している。注意されるのは、事例4の茨城県真壁町田村で、烏枢沙摩明王の真言（陀羅尼）が伝えられていることである。静岡県田方郡天城湯ヶ島町の金龍山明徳寺では「烏瑟沙摩大明王御真前読経祈楽法」とお姿を描いたお札の二種を出しているが、後者には「おんくろだのおんじゃくそはか」という秘呪《ひじゅ》が記されている。このお札は、便所の用を足す正面に貼り、便所を清浄に、心を豊かに、無事に過ごすことができるよう真言をとなえて守護してもらうように祀るのだという。こうした烏枢沙摩明王の陀羅尼はいくつか知られているが、唱え言自体よりも、この信仰を宣伝し広めた者がいたことが重要である。静岡県では、明徳寺のほか、藤枝市の清水寺でもお札を出している。京都市右京区の大龍寺（浄土宗）でも、「大威力烏枢沙摩明王守護所」のお札と大円満符（お姿）の二種を出しており、前者を便所に貼って毎日掃除をすれば下の病気を患わず、子授けや安産にも効験があるといい、病気平癒を祈る人はさらに後者をうけて祈るとよいともいう。[10] 新潟県南魚沼郡塩沢町あたりでも、便所に「烏枢沙麼明王攸」のお札を貼っている。今日では、各地の寺から出されているお札とともに、烏枢沙摩明王の信仰が広められているが、その御利益のなかでは下の病気を患わないとか年取って下の世話にならないというのがとくに目立つ。伊豆の明徳寺では、毎年八月二十九日の大祭には各地から数万人の参詣客が訪れるが、ここでは下の世話にならないようにお札、お守のほか、下着類も多く販売されている。しかし、厠神が産神として信仰され、また便所を妊婦が掃除するときれいな子が生まれるという伝承も、全国的に広くみられることから、解穢と同時に産神としての烏枢沙摩明王の信仰を広めた存在を考える必要がある。京都の大龍寺の秋の大祭（十月第二日曜）の大護摩供養には、聖護院系の行者講の有志（山伏一五名くらい）が奉修し、古いお札などを焚くという。この事例は、烏枢沙摩明王と修験山伏とが深い関係を持っていたことを示している。また『修験聖典』所収の「烏枢沙摩明王秘法」には、

夫《レ》烏芻沙摩明王《ト》者、釈迦如来《ノ》変身、成所作智二化用、火光三昧之応徳也。泯二染浄於《ヲ》一如一故号二穢跡金剛一也。滅二媱嫉於《ヲ》猛火一故名二火頭明王一。是故不浄汚穢之所《ニハ》以二本誓一悉浄二穢器一。違逆従魔之砌《ニハ》以二威力一能降《ス》二魔軍一。加以婦人敬信《スレハ》除二難産一、得二易産一。貧者仰願《スレハ》去二貧報一、保二福報一。勝利甚深也。得不レ可レ称者歟。爰以信心其餝二瑜伽之壇場一、若爾者《ハ》早照二覧懇篤之誠一、令レ成二満求願悉地一。

とあり、烏枢沙摩明王が解穢降魔のほか、安産や福報を得る功徳を有すると述べている。民間で烏枢沙摩明王の真言が秘呪として伝えられていることや、こうした記事などから、この信仰の伝播に修験山伏

がやはり重要な役割を果たしていたことが考えられる。

次に、烏枢沙摩明王の性質を見ておきたい。民間では、この明王は一番偉い神、荒々しい神、治病神、産神、女の神、不具神などと称されている。烏枢沙摩明王が、一番偉い神で荒い神だとされるのは、釈迦や不動明王の化身とされ、糞便の城塁をものともせずに敵を打ち負かしたという前述の説話から理解できる。病気を治し、安産の神とされるのも、この明王の降魔産生の功徳から導き出されてきたものといえる。烏枢沙摩明王は火の呪力で穢れを浄化し、難産を安産に、貧報を福報に変換させるという役割のうち、出産、病気（とくに下の病い）、福富などに関して、とくに力を発揮し、多くの信仰を集めたのである。ケガレを祓って浄化し、生命や健康、福富を招く性質は、今日でもひきつがれている。伊豆の明徳寺では、烏瑟沙摩明王講の祈禱祈願に、当病平癒、身体健全、家内安全、子授安産、金運招来の五つを掲げており、祈禱札にも五体清浄、三業不染、諸病悉除、衆難消滅の功徳が記されている。この明徳寺には五百余年前より烏瑟沙摩明王が祀られているといい、そばには「おまたぎ」「おさすり」といって、高さ三尺くらいの男根石とくりぬき便所がつくられており、男根石にさわって便所をまたぎ、祭壇の烏瑟沙摩明王に拝めば、年取っても下の世話にならないと説明されている。厠に形代として人形状の厠神を祀る風習と同様に、おさすりとおまたぎで穢れを祓い疾病を防ごうとしたのである。烏枢沙摩明王の信仰が、穢れを祓い、ものや人を変換させる呪力に基づいていることは明らかである。

しかし、烏枢沙摩明王を女の神や不具神（盲目、手無し）とする伝承は、儀軌（仏典によるきまり）のみからは理解できない。烏枢沙摩を女の神とするのは、厠神の祀り手が多くの場合女性であり、しかも女性とかかわりの深い出産や穢れに対して烏枢沙摩の功徳が説かれていたことにもよろう。厠神が産神の役割を果たし、とくに妊婦が便所を清浄にすることが広く説かれていることからも、厠神と女性との結びつきの深さがうかがえる。一方の不具神とする伝承の方は理解しにくい。厠神が目や歯にしばしば祟り、境の神の性質を示すことから、この不具神の伝承も厠神の変換の役割とかかわるものということができるが、あるいは便所自体が暗く穴があいているだけの形態をとっていたために口だけで手が無く目が見えないとする伝承を生んだのかも知れない。

平田篤胤は『玉襷』八巻のなかで、

> 俗には仏家の烏芻瑟摩明王と云ふ物を、厠の神なりと云ふは、密宗より出たる説なるが、谷川士清も云《イヘ》る如く誤りにて、信《ト》るに足らず、殊にこの明王の穢《レ》をさけず、功をなす由を記せる、穢跡金剛法禁百変法門経、穢跡金剛説法術霊要門、と云ふ物ありて、一切経に収《イリ》たれど、唐土の僧が、玄家の法術説をぬすみて偽作せること、疑《ウツ》なき物なるをや、こは寂照堂谷響集にも、早く其弁ありしと所思《オボエ》たり

と述べている。しかし、民間で烏枢沙摩明王が厠神として深く信仰されており、しかもすでに中世初期に出産と関連して信仰されはじめていたことは、今日の民間の厠神の信仰や伝承を考える上で無視することのできない事実である。厠神を共時的な視点から捉えるだけでは決定的な所での説明不足を感じざるを得ないのも、烏枢沙摩明王の信仰が民間における多様な厠神の信仰や伝承の基盤をなしているからである。厠神が産神として広く信仰されている背景には、烏枢沙摩明王信仰の民間への普及という長い歴史が考えられるのである。

註

(1) 拙稿「厠考」『竈神と厠神』人文書院、一九八六年。
(2) 出口米吉「厠神」『人類学雑誌』二九巻一号、一九一四年。
(3) 南方熊楠「厠神」『人類学雑誌』二九巻五号、一九一四年(のち『南方随筆』岡書院、一九二六年所収)。
(4) 李家正文『厠考』六文館、一九三二年。
(5) 大藤時彦「厠神考」『国学院雑誌』四七巻一〇号、一九四六年。
(6) 川端豊彦「厠神とタカガミと」『民間伝承』一六巻一〇号、一九五二年。
(7) 井之口章次「産神そして厠神」『日本民俗学』一三〇号、一九八〇年。
(8) 倉石あつ子「便所神と家の神」(『信濃』三一巻一号、一九七九年)、同「厠神の周辺」(『信濃』三六巻一号、一九八四年)。
(9) 酒向嘉子「烏枢沙摩明王信仰に関する一考察」『御影史学論集』一一号、一九八六年。
(10) 酒向、同前、五二頁。

住居のアルケオロジー——「家の神」からみた住まいの原初形態

1 土間住居の伝統

日本の典型的な民家の間取りは、田の字型と称される四つの間取りの形式が基本的なものとされてきた。これは土間を除いた部分を田の字型に四つに分けた間取りで、関東以西の西南日本に広く分布している。一方、北陸から東北地方にかけての東北日本には三間取りを基本とする広間型住居が分布している。しかも、この広間型は西南日本の山村地帯にも広くみられ、間取りの変遷という観点からすると広間型からのちに四つ間取り型へ展開したことがたどれる。

広間型住居の台所部分がやがて板敷となり、食事のための台所と接客や居間としての機能をもつ出居《でい》とに分化すると四つ間取り型の住居となる。しかし、広間型の台所部分は昭和の初め頃までまだ板敷にされない土座形式のものもかなり見られた。この形式は、下を三和土《たたき》にしてつき固め、籾殻《もみぬか》を一〇〜一五センチメートルほどの厚さに置いて、その上に筵《むしろ》や呉座《ござ》を敷いたもので、土間との境には丸太を入れて区切ったのである。こうした土座形式の土床住居は、竪穴式住居の系譜をひくものであり、その分布は寒冷・積雪地帯とほぼ重なっている。土座形式の住居は炉の火持ちがよいとされ、大地の地熱の恩恵

A　四つ間取り型住居

B　広間型住居

が十分受けられるという利点があり、雪の多い寒い地方では家族が寄り添って生活するのに適していたのである。『万葉集』巻五の山上憶良の「貧窮問答歌」の一節で

伏廬《ふせいお》の曲廬《まげいお》の内に　直土《ひたつち》に藁《わら》解き敷きて

と歌われているように、土床住居はみじめなみすぼらしい住居であるという印象を受けがちである。しかし、祭りの籠屋や産屋などの例が示すように、大地の上で神とともにまたは神に守られながら過ごせるという精神的には充実した豊かな側面を一方ではもっていた。

民家では土間は一般に「ニワ」と呼ばれ、多くの機能をもっていて、単なる住居の通路ではなかった。町屋で「通りニワ」と称される場合でも、その奥は台所になっていて竈《かまど》や流しなど炊事用の施設が設けられていた。さらに農家の場合には、土間は雨天や夜間の屋内作業場とされたほか、炊事場、食料置場、道具置場、家畜部屋としても使用された。かつては土間の一部に竪穴を掘って籾殻を入れ、板で囲って藁を敷き、そこに奉公人などがもぐって寝たという地域もみられ、寝場所ともされた。意外に暖かくて寝心地はよいものらしい。土間一つで民家のほとんどの機能を兼ね備えていたことがわかる。土間はそれだけで人間の一切の生活がなされた住居として構成されていたのであり、このため土間には特有の作法があって、家の内外を区切る敷居には神が宿るとされ、それを越えて土間に入る際には汚いものを持ち込んで汚さないように慎重な心配りをし、花嫁の入家式など儀礼の上でも敷居は重要な役割を果たしたのである。土間の生活は、囲炉裏を中心に家族が食べ、休み、憩うという住居の一つの原初形態を伝えているものとみることができる。

今日、住居は通風、採光、日当たりなどがよく、明るく開放的で機能的な空間であることが求められ、アメニティ（快適性）や便利さが何よりも重視されている。こうした現代の傾向に反するかのように、伝統的な民家では古い民家ほど軒が低く垂れ込んで、開口部はできる限り少なく、真夏の昼でもなお暗く冷やりと湿《し》けっていて採光や通気の悪い閉鎖的な住まいであり、とくに寝室である納戸《なんど》には万年床が敷かれているという具合で建物の外観が明障子や縁側で開放的になっても長い間その閉鎖性が保たれていた。このことは単に技術的・経済的な問題として説明できない側面があり、神とともに暮らすことで精神的な安寧を得ようとしてきた「住まいの原感覚」というものがここにはあるようである。また民家を囲む生け垣や屋敷林にも、防火、防風、要害などの実際的な理由だけでなく、青葉の霊力で家を囲み悪霊邪神から守るとともに幸福を招くという信仰的・宗教的な意味があったとされている。縄文文化以来の長い間の暗い湿気を帯びた森の中での生活が育んできた、日陰の湿気に安らぎを覚える皮膚感覚は容易に消滅せず、鎮守の森としても残されている。現代の生活は、住宅の高層化や農業離れを通して、ますます森や大地と共生する生活から分離して消費や機能中心に営まれ、生産だけでなく生死など直接生命にかかわることどもも排除されてきている。家は社会的・経済的な変化によって、多くの機能をもち神人が同居する住まいから単なるモノ（物件）へと変貌をとげつつある。生命や文化を生み出すものでなく、単なる容れ物や箱という消費財になっているのである。

2　間取りの変遷と「家の神」

今和次郎は、「住居の変遷」（『日本民俗学大系』六巻、平凡社、一九五八年）のなかで、日本の民家は土間、板の間、畳の間から構成されており、この三つの部分はそれぞれ原始時代、平安時代、武家時代の伝承を残していると述べている。すなわち、農家の土間のもつ機能は竪穴式住居に復元可能なものであり、しかもそこには火の神や水の神が古くから祀られている。これらの神々を祀る習慣は、

原始的生活をおくった人びとが、生活になくてはならない自然の力を崇敬する純粋な感情から発した信仰とみるべきものではないのか。しかもそれらの神様たちには、お姿もお札も何もない。ただ特定の場所に小さな棚をもうけて、年の暮に供物をささげて祀るだけだ。どこにご本社があるというような戸籍の明瞭でない神様たちだ。（同前、八―九頁）

として、今は原始時代の住まいの暮らしが神人同居の生活であったと推定している。

次に今は、東北地方の民家などにみられる広い板敷の広間（「台所」「茶の間」「常居」などと呼ばれ

ている）を、平安時代の寝殿造りの庶民化したものと考えている。ここには大きな囲炉裏があって座席が定められており、家長はこの部屋の神棚に祀られている家の神の司祀者という立場から、囲炉裏の正座である横座を占める。またこの広間から寝所である納戸やヘヤに直接入れるようになっている。今和次郎によれば、この広間の神々は、土間の原始的な神とは性格が異なっており、

> どこそこに御本社があるという戸籍の明確なもののみで、すべて上から与えられた性格の神様たちである。大神宮、鎮守、その他、いずれも、日本国民とか、何々殿様の領分の民とかいう意識を向上させるような政治性をもっている神様たちである。（同前、一四頁）

という。さらに、恵比須・大黒という福神や家の祖霊を祀る仏壇もこの広間に置かれるのが通例である。福神は室町時代以降に祀られるようになったとされており、仏壇も近世になってから檀家制度や禁教政策のもとに成立したものである。神棚自体も年徳棚《としどくだな》や盆棚などのような臨時の祭壇が常設化したものであり、伊勢の御師《おし》が大神宮の大麻《たいま》（お札）を配ったり近世の社寺参詣の風によって有名な大社の御札などが村の家にもたらされたのである。したがって、広間の神仏が平安時代以後のものであることは確かであり、それが庶民の間に一般化するのは近世になってからと言えるだろう。

最後に、武家造りの座敷は社会構造の複雑化にともない、身分の上下に応じた礼儀作法や接客の必要から表の公式の間として設けられた。座敷は、中世に主殿造りにはじまり近世の書院造りに至って完成した座敷構えの機能をもつとされる。こうして、今和次郎は、

武家の宗派である禅宗では、仏壇は縮小されて、家具化して、家族の室である茶の間におかれる習わしとなってしまって、座敷は神も仏もいない室として、もっぱら来客に提供する意味のものにされてしまっている（同前、一八頁）

という。もっとも、浄土真宗の盛んな地方では、仏壇を住居の最上の座敷の正面にかざるのをきまりにしており、座敷の設置や使い方は身分や地域によって当然ながら差異がみられた。高取正男は、

明治以前の封建時代に、自分の家に座敷をもち、いつでも「オオヤケ」の儀式や儀礼のできる設備をもっていたのは、公家や武家、神官、僧侶のほかは、都市の上層町人や村落の郷士、庄屋層など、一部の主だった家にかぎられていた。それが都市の町屋や一般住宅はもとより、農家にあっても、どのような分家筋でも一間だけは床の間のある座敷をもつようになったのは、明治になってから発生した新しい流行であった。（『民俗のこころ』朝日新聞社、一九七二年、一二五頁）

と述べ、座敷というハレの接客施設が必要もないのに競って設けられたことが、逆に居間や台所の改善など家族の日常の起居の場を快適にすることに圧迫をくわえ後回しにされることになったとしている。日常的な住居空間は昔のままで変えることを拒否して顧みず、ハレの公式の接客空間である座敷を設けることだけに一生懸命だった日本の近代のあり方は、滅私奉公という公を尊び私を軽んずる精神的態度をそのまま反映したものであった。

以上のように、今和次郎は日本人の住まいの歴史が伝統的な民家の内部構造のなかに圧縮された形で

存在していることを明らかにしたのである。古いものを切り捨てることなく、いつまでも引きずっている点が注目される。次節では、このことを家の神信仰の面からもう少し細かく検討してみたい。

3 「家の神」の重要性

家屋の中の神々は、神棚や仏壇という住居の公的祭祀空間である床の間、出居、座敷などに祀られる表側の神と、竈神、恵比須・大黒（福神）、納戸《なんど》神、厠《かわや》神、厩《うまや》神、倉の神、水の神など住居の私的祭祀空間である土間、台所、納戸、天井裏に祀られる裏側の神とに分けることができる。表側の神は、表の間の立派な祭壇に祀られた由緒ある固有名をもった神であり、祖先神を中核とする極めて抽象的な神になっている。これに対して、裏側の神は住居空間の暗い私的な領域に祀られており、固有名もなく、神というよりは精霊に近い土着の家つきの神であるが、生活に密着したさまざまな機能をもち一般庶民にとっては親しみ深い神といえる（戸井田道三『日本人の神さま』ちくま文庫、一九九六年）。祀り手も表側の神は家長が中心となるのに対して、裏側の神は主婦が主となり、神の性別も女の神とされているのが多い。

裏側の神は特定の祭日をもたず毎日の生活のなかで祀られる生活全般を司る神で、表側の神のように普遍的な世界を前提とはしていない。たとえば、竈神は火や火伏せの神であるばかりでなく、農耕神や家族の守護神ともされ、稲苗や初穂を供えたり、赤ん坊や花嫁など新たに家の成員となる者を承認したり旅に出る者を守ったりする。竈神は稀に敏感で祟りやすく恐ろしい神とされ、さらに気むずかしい神、醜い女神、目や耳が悪く片足であるとかケチで貧しく粗末な供物を好む神などという伝承をもつ一方で、家の盛衰や人の生死や幸福、作物の豊饒などを司り生活全般にわたって守護してくれる神になっているのである。竈神はじめ裏側の神は味方にすればこれほど心強い神はなく、反対に敵にまわすと激しく祟る恐ろしい障礙神《しょうげしん》ともなるのである。

なお、家の火所の神は、東日本では火の神である荒神と農耕神としての「オカマサマ」（竈神）の二神が同じ家屋に併祀されているが、西日本では火の神と農耕神の両機能をもった竈神が一神だけ祀られるという形になっている。恵比須・大黒などの福神も富や金儲けの神というだけでなく、農耕神や漁業神としても信仰されている。また納戸神は竈神とともに裏側の神の代表的存在であり、農耕神、年徳神、安産の神、女の神など多様な機能をもっている。東日本ではオカマサマ系統の神が、西日本では納戸神系統の神がとくに家の神として強力な機能を発揮しているようである。納戸は家屋のなかで最も閉鎖的で私的な空間であり、夫婦の寝室や穀物、衣類など貴重品を収納する場所とされたほか、産室としても使用された。納戸神は多産な女神としてお産の神のほか、子供を好む神、婦人病の神、月経を忌《い》まない神ともいわれ、血忌を嫌わず女性と深い係わりをもつ神といえる。納戸神信仰の背景には、寺院の後戸の神のように家の内奥部にはそこに住む者を守護する神霊が宿るという信仰があるとされている。納戸が床張りされ木綿布団が普及する前は、土間と同様に穴を掘って籾殻を入れた筵や藁を敷いてそこにもぐって寝たのであり、万年床や外に藁が出ないように納戸の敷居を「ハジカクシ」（恥隠し）といって高くしたのはその名残りとされている。納戸は、やはり大地と深い関係を有しているのであり、竈神や納戸神には大地母神の面影がみられる。

裏側の神は、すべての神々が出雲に出かける神無月にも、留守神として家にとどまるものが多く、この月に家の神だけの祭りをしたのだと説かれているが、それだけ家に密着した神といえる。しかし、納戸神のように家と田との去来伝承をもつ神も少なくない。納戸神は「トシトコ（年徳）さん」とか「亥《い》の神さん」と呼ばれ、正月に納戸で種籾俵や米櫃《こめびつ》を祭壇として祀る地方があり、納戸で越冬して春には田に出かけ秋の収穫後に家に帰るのだとされている。裏側の神は直接生命や生産、食物と結びつき日常生活を根底で支える神が多いことから、低位の神として否定的なイメージが伴いがちである。表側の公的な神はこの世の秩序を維持する抽象的な名前（言葉）だけの神であり、これに対して過剰な生命力をはらんだ裏側の神は、血忌をいとわない性質に示されるようにそうした秩序を逸脱してしまう側面をもつ神なのである。時代や社会の変化とともに、男性の権力が強まり公的な抽象的秩序が重視されてくると、生命力や霊力に富んだ女性的なものやそのカテゴリーに属するものは抑圧されて隅や裏側に追いやられることになり、直接無媒介に公的な秩序にもたらすことが禁じられ、巧みに構成された儀礼的な仕掛けを通して導入されることになったのである。

この世と異界を去来する伝承をもった家の神を検討してみると、いずれも家屋の裏側や臨時の神棚を設けて祀られる神に限られている。裏の領域に関して、山口昌男は、

ウラこそは、内と外の境い目、不確定性が確定性を圧する人間精神の特権的境域である。ウラは裏の彼方とこの世界の繋ぎめ、幽冥《ゆうめい》を明らかにしない空間である。この点は住居の記号学の始発の場ともなろう。（『歴史・祝祭・神話』中央公論社、一九七四年、七〇頁）

と述べている。つまり、表側の神はすでに出来上がった秩序を維持する神であるが、新しい秩序を創出する際にはどうしてもこの世以外の世界から生命力を導入する必要があり、それには裏側の神が力を発

揮するのである。それゆえ裏側の神は抑圧され否定されると同時に、その存在は認められざるを得ない。

4　精神の平安を求めて

家屋は大宇宙（自然）のなかに人がつくり出した小宇宙（文化）であり、その建築儀礼は宇宙創造神話の繰り返しであるとみられている。神の領域を侵犯することを通して、ようやく人は家屋に住むことが可能となったのである。神に大地を分けてもらう地鎮祭《じちんさい》からはじまり、家作りは神との緊張関係のなかに絶えず置かれており、人は新しい家への家移りやそこで生活を続けていくことにも絶えず神の守護を必要としていたのである。高取正男は、

現在でも、家を建てる前、しばしば地鎮祭ということが行われる。祖先たちもその住居を建てるとき、おなじようにして荒ぶる神と精霊を圧し、鎮め、よき神霊をよびさまそうとした。そして、カマドに住む火の神をはじめ、さまざまな神といっしょに住むことで、細々と日々の生活を営んだにちがいない。それはいつも神といっしょでないと住めないほどに心細く、力弱い日常であったと想像される。だから、家のなかの秩序、住居の使いかたとか、家屋内での作法といったものは、すべて神といっしょに住むという敬虔《けいけん》な感覚に発していたと考えられる。（前掲、七二頁）

と述べている。竪穴式住居のように炉の火を中心に土間の上で食べる・寝る・憩うといった基本的な生活のほとんどをはたした住居形態から、長い時間をかけてまず食事室と寝室が分離され、さらに接客や

公的な儀式のために座敷が設けられるようになった。人類の長い歴史からすると歴史時代はほんの一瞬であるが、その短期間の間に「火の分裂」をとおして伝統的な民家の居住形態がつくり上げられたのである。民家にはそうした住まいの歴史がそのまま圧縮した形で保持されており、とくに私的な日常的居住空間に住まいの原初的な形態や感覚が残されてきた。それは家の神信仰のなかにも示されている。

近代になってからは、社会や文化などあらゆる面で公的なものに対して私的なものは抑圧され無視されてきた。住居問題を考える上でも、民俗という日本人の日常生活の最も基本的で私的な部分に宿され保持されてきたものの本来のあり方や意義については、今後十分に確認し評価していくべきであろう。住居の私的な生活部分の改善は、主に衛生や健康の維持という観点から、土座形式や万年床の追放という形で進められてきたが、それは住民のためというよりむしろ管理の上からであった。さらにのちには快適、便利、清潔さなどという機能面のほか、豊かな経済や技術の進歩、家族構成の変化など社会的・経済的側面からさまざまな改善が進められるようになるが、いずれも精神の面よりも身体や物質の面での快適さや便利さを求めてのものであった。今後は、身体の健康や快適さだけでなく、日本の伝統的な民家にみられた「適度の暗さと快い湿り気」や「外界との遮断性」といった精神面の安らぎを保つ工夫も正しく評価し生かしていく必要があるだろう。

Ⅳ　異人と闇の民俗

祭りと夜――闇のフォークロア

1　問題の所在

「マツリ」とは元来迎えた神に侍坐することを意味し、「籠《こも》り」が本体であった。しかし、祭りが華やかで美々しく大勢の群衆でにぎわう「祭礼」へと移行するにつれて、大きな変貌をとげた。参籠から単なる参拝へ、村落から都市へ、春・秋の祭り（祈年《きねん》祭・収穫祭）から夏の祭り（祇園祭など）へ、信仰を共有する氏子の祭りから信仰を共にしない見物人に見られるものへ、夜から昼間へ、屋内から屋外へ、籠りや侍坐から神輿《みこし》の渡御《とぎょ》や美しい行列へ、一定の催しから風流《ふりゅう》へ、仕えるものからながめるものへ、目に見えない祭りから目に見える祭りへ、篝火《かがりび》や松明《たいまつ》から提灯やロウソクへ、依代《よりしろ》（神が降りる常緑の木など）から幟《のぼり》へ、などというように、祭りが素朴で厳粛なものから派手で楽しい祭礼へとその中心を移すにつれ、われわれの祭りに対する印象や夜（闇）についての感覚も、だいぶ以前とはちがったものになってしまった。ここでは、祭りを中心とするさまざまな民間伝承の考察を通して、夜や闇が日本人にとって一体どのような意味をもってきたのかを探ってみたい。

2　「夜」のイメージ

まず、民衆にこれまで抱かれてきた夜（闇）のイメージを、言葉や昔話を通してみてみよう。アト・ド・フリースの『イメージ・シンボル事典』（大修館書店、一九八四年）によれば、「夜」は

1、暗黒、死、冬（エジプトでは、死者は夜の闇を通って再生すると信じられた）。2、悪、受動性、退行（a、ヘブライでは、逆境、騒乱、不安定を表わす。b、夜気は身体に悪い）。3、万物の創造に先だつ原初の闇（ギリシア）。4、女性、豊饒《ほうじょう》（a、太陽を征服し、強奪する情欲的な女。b、エジプトでは、神々をも含む万物の母）。5、夜は魂が神と一体になった状態である（スペインの神秘主義者十字架のヨハネ）。6、聴覚（夜に耳あり）。7、潜在意識（心理学）。（以下省略）

などとある。夜は、光（光明）と対比されたとき、暗黒、死、冬、悪、受動性、退行などの否定的な意味合いをもつが、一方では、再生の前提となる原初の闇や神々をも含む万物の母として女性や豊饒といった創造的な意味をもっているのである。

日本でも、夜はほぼ似たような意味をもっている。闇は「黄泉《よみ》」にも通底し、夜の暗闇は異界や地下世界に通ずるものとされた。夜の暗黒の中では人はものが見えず、しかもその闇は人間の影の部分と深く関連し、悪や破壊によって一切のものがなくなる「無」とも通じている。暗黒のもたらすこの不明性と無に対して、人々は恐怖におののくのである。河合隼雄は、

原初の時代において、人間は夜の闇の中で恐怖におののいたのにちがいない。昼間の太陽の光の中に生きるのとちがって、それは測り知れぬ危険に満ちている。人間の文明は、夜にも光をもたらすことによって画期的な変化を生ぜしめたが、現代人といえども、夜の恐怖から完全に脱却したわけではない。事実、現代においても多くの悪は夜のうちに行われる。夜の闇はおそらくわれわれの内なる影の世界の働きを容易にさせるのであろう。(『影の現象学』講談社学術文庫版、一九八七年、一二六頁)

と述べている。凶悪な犯罪は、「白昼堂々」ではなく、「夜の暗黒」のなかで闇にまぎれて行なわれるのだと、われわれは通常イメージしているのである。

ところで、暗黒、闇、悪、地下と密接な関連をもつ「夜」は、また「死」(葬式)や異界のメタファーでもあった。夜は、昼(生、この世)と異なった時空間であることは、「夜言葉《よることば》」という忌詞《いみことば》が存在することでもわかる。その代表は、ナミノハナ(塩)、マツバ(針)、アマリ(酢)、オヒメサマ(糊)、ヨメガキミ(鼠)、ヨルノワカシュウ(狐)などで、夜には、このように昼とは異なった特別の言葉が使われるのである。

夜は、斎《いみ》や忌《いみ》の世界とされたため、人は屋内に籠り休むのが普通であり、夜の闇の中を活動する者は「百鬼夜行《ひゃっきやぎょう》」という言葉が示すように異類、魔もの、あるいは神など人間以外の存在とされたのである。柳や榎《えのき》が「斎《ゆ》の木《き》」として境界を示す神聖な樹木とされたり、鼠がヨメガキミ(嫁が君)などヨモノ(忌む物)とされたのも、異界や夜と関連の深いものだからである。夜=忌はさらに宵宮《よいみや》(斎屋)や弓《ゆみ》祭《まつり》（忌祭《いみまつり》）というようにも拡大して使用されていった。

夜には、夜言葉ばかりでなく、さまざまな禁忌《タブー》も守られてきた。すなわち、夜爪を切ると親の死にめに会えないとか、夜口笛を吹くと蛇がくる、夜クモが下りると泥棒が入る、夜カラスが一声なくと近く人が死ぬ、日暮れてから花を立てない、夜金勘定《かねかんじょう》をするな、夜に新しい着物や履物をおろすな、などである。夜はすべてのものごとが葬式や死と関連づけられるので、それにちなんだ禁忌が多いが、爪や髪といった直接生命と結びついたものも死（夜）と対立するゆえに禁忌の対象とされたのであろう。

逆に、裸や性は、夜のものと見られ、昼間は禁ぜられた。昼の日常世界（文化）は秩序や論理が重視され、ものごとをきちんと分類して秩序を維持する。そこで、衣裳（文化）をはぎとった「裸」（自然）や、男性と女性の両原理が合体融合して区別しがたくなることは、秩序の侵犯とみられたのである。性は性＝聖として神聖視された一方で、それが穢れたものともみられたのはこのためである。ものごとが他のものと混じりあったり結びついたり、あるいは変容したりすることは、昼の世界にとっては秩序をゆるがす脅威だったのである。

3　昔話と夜

昔話は本来昔ガタリであって、一定の語りの形式をもった物語である。それは、「むかし、むかし、ある所に、爺《じじ》と婆《ばば》があったと」という冒頭の文句が示すように、この世とは異なった時空間の世界、日常とは別の次元の象徴的な世界の物語なのである。また昔話は、「あったとさ」という伝聞形式で語られ、話者がその物語の真偽に関して責任を負わないのが普通である。

このように、昔話は語りの形式をもつが、その枠内では日常性とかけはなれた虚構性を強く帯びた物語が可能になっている。しかし、それはでたらめの物語というのではなく、むしろ日常世界では隠れていた事物の潜在的な意味が立ち現われ、民衆の世界観を凝縮した形で示してくれるのである。そこで、夜や闇が昔話の世界でどのように語られ、どのような意味をもっているのかをみることによって、それらがもつ原初的な意味を知ることができる。

昔話は語りの形式だけでなく、それが語られる時や場についてもほぼ一定の約束があった。そのなかで、「昼むかし」の禁忌は最もよく知られたものであり、「昼むかしは、ネズミが笑う」とか「昼むかしを語れば、ネズミに小便をかけられる」などといわれる。これは、昔話は昼間語るべきものではないということを意味している。同様に、「夏むかし」や節供《せっく》(三月)すぎの「むかし」を禁じている地域もある。

昔話のうち、とくにある主人公の一生をテーマとし、最も形式の整った「本格昔話」の場合、笑話や世間話などハナシ性の強い物語よりも、この禁忌が強く作用するようである。この語りの時に関する禁忌は必ずしも厳密に守られてきたわけではないが、昔話は一般に人々が農作業など野外での仕事や生産に従事している時期には語られるべきものではないと考えられていた。つまり、昔話は本来、人々が屋内に籠る冬の夜に語られるべき物語とされたのである。日常的な効用性を直接もたないお伽話を、生産労働で忙しい昼間や農繁期に語ったり聴いたりする暇がないという実際上の理由もあろうが、日常的な論理や秩序が強い支配力をもつ領域では昔話は語るべきものではないのである。

「昼むかし」の禁忌では、ネズミが小便するとか鬼が笑うなどといって、ネズミや鬼がよく出てくる。ネズミは既述したように、忌み物からヨメゴとかヨモノといわれたのであり、ここからこの小動物が主に活動する「夜」が連想されてくるのは容易である。ネズミは、民間伝承のなかでは、害をもたらすと同時に富や福をもたらす両義的な存在とされ、境界を示す地名に冠せられたり、異界のものとしても信仰されている。昔話を昼間語ることは、日常的な秩序の支配するこの世にいきなり異界を現出させることであり、一種の秩序の侵犯とされたのである。そのため、異界のシンボルであるネズミや鬼が登場したり、「昼むかしを語ると裏山が崩れる」とか「天井から血のたれた片脚が下がる」などともいわれたのである。

本格昔話の多くは、ある主人公が異界に行って、そこでさまざまな困難を克服し、再びこの世に戻ってくるというパターンをとるが、これは死と再生をテーマとする成年式や通過儀礼の構造と同じものである。つまり、昔話の構造やテーマは、人や物がある状態から別の状態に移行したり、あるいは時間や空間が新しく甦ることと、密接に関連しているのである。

昔話が、庚申《こうしん》の晩や大晦日《おおみそか》の晩などの夜籠りに語られたり、あるいは通夜や婚礼、出産の場で語られたりするのは、理由のないことではない。昔話自体のなかで、大きな変換がおこるのは節供、節分、大晦日など季節や年の替わり目が多く、また一日のうちでは圧倒的に一番鶏《いちばんどり》のなく夜明けである。「大歳《おおとし》の火」「大歳の客」はじめ、「笠地蔵」や「水神小童《すいじんしょうどう》」などにみられるように、大晦日の夜は、昔話のなかでは最もよく異変のおこる日になっているが、「化け物寺」など多くの化け物譚では一年の特定の日よりもむしろ「一夜の体験」という形をとり、夜明けとともに化け物から逃れたり退治したりすると語られている。

小沢俊夫は、昔話における夜のはたらきに関して、「山寺の怪」という昔話を例にあげながら、このばあいには、真夜中になって魔ものが現われ、人間との葛藤があり、夜の間に片付いてしまう。「蛇婿《へびむこ》」も同じである。蛇が若者の姿をして、夜になるとやってきて、明け方になると帰っていく。夜が魔物のでる時間である。ただ、ヨーロッパと日本との大きな違いは、日本の昔ばなしでは時間が割合ルーズに続いているのに対し、ヨーロッパでは上述のように十二時なら十二時にパッとはっきり区切られているというところである。（小沢俊夫『昔ばなしとは何か』大和書房、一九八三年、九三頁）

と述べている。

夜は魔ものや鬼など異類が跳梁する時間帯ではあるが、ヨーロッパと日本の昔話では一日の区切り方が異なるのであり、日本が必ずしもルーズだというわけではない。シンデレラ譚では確かに夜の十二時に魔法がとけ、元の姿に戻ってしまうのであるが、日本の場合は一番鶏の鳴き声が夜と昼の世界を区切るのである。「鼠浄土」や「地蔵浄土」をはじめ、「灰坊太郎」「継子の椎《しい》拾い」「猿神退治」「鍛冶屋の婆」「化物寺」などでは、化け物や鬼などの危機から、主人公は鶏鳴によって救われる。鶏の鳴き声は、夜と昼、異界とこの世、異類と人といった二つの世界を、変換したり区切ったりするのであり、「地蔵浄土」などでは、鶏鳴を真似た爺の声で、ばくちをしていた鬼は宝物を残したままあわてて退散してしまうのである。

鶏の声は、神話や伝説のなかでも、同じ役割を果たしている。天岩戸《あめのいわど》神話での常世《とこよ》の長鳴鶏《ながなきどり》は、カオス（闇、冬、夜）をコスモス（明、春、昼）に変換する上で、一定の役割を果たしている。また出雲美保関の美保神社の事代主神《ことしろぬしのかみ》は夜ごとに対岸の美保津姫のもとに通《かよ》ったが、鶏が真夜中にあやまってときを告げたため、あわてた事代主神は櫂《かい》を忘れて手で小舟をこいだところ、鰐に手を嚙まれてしまった。このため、美保関では、鶏を飼わないうえに、参詣人も卵を食べることが禁じられているという（折口信夫「鶏鳴と神楽と」『古代研究 民俗学篇1』全集二巻、中央公論社、一九六五年）。

伝説では、「九十九《つくも》伝説」という一群の伝説に鶏が登場する。秋田県男鹿半島には神山というけわしい山があり、ここには大きい石でできた、とても人間わざと思えない立派な九十九の石段がある。この石段に関して次のような伝説が残っている。

> 昔、神山の奥深くに、一匹の鬼が棲んでゐて、毎年々々、近くの村に現れて、田畑を荒すので、村の者は困り果て、鬼に向つて一つの難題を持出した。其《その》難題といふのは、鬼が一晩のうちに、百の石段を神山に築上げることで、若《も》しそれが出来なかつたら、此《これ》から後は、決して村へ出て来てはならぬ、其《その》代り、若し百の石段が出来たら、此から後は、毎年人間を一人づゝ鬼に食はせる、と云ふ約束であつた。鬼は此《この》約束を承知して、或夜、石段を築きだした。何しろ、一生懸命である。見るうちに、工事が捗つて、九十九の石段が見事に出来上つた。ところが、今一段と云ふところに成つて、一番鶏が啼いて、東雲《しののめ》の空が明るく成つた。鬼は驚いて、姿を晦《くらま》した。その翌日、村の者が行つて見ると、九十九の石段が見事に出来てゐた。鬼は約束を守つて、其後は最《も》う田畑を荒すやうな事が無くなつたので、村には豊年が打続く、田畑が肥える、百姓は豊かに成る。これも全く、悪を捨てゝ善に就いた鬼の御蔭だと云ふので、村の者は、山の上に、一つの小さい祠《ほこら》を立てゝ、鬼を祀ることにした。だから、神山と云ふのである。（高木敏雄『日本伝説集』〔復刻版〕宝文館出版、一九九〇年、三〇—一頁）

この伝説では、一番鶏の声で、鬼はあと一段というところで約束の仕事を中止せざるを得なかったのであるが、この声を境に夜から昼へ、悪から善へ、カオスからコスモスへの変換がなされている。このように、日本の昔話や伝説では、一夜のうちに、あるいは、一番鶏のなく夜と朝のはざまに、たいてい異変が起こっている。

鶏は登場しないが、『日本書紀』崇神天皇十年九月条には次のような箸墓《はしはか》（奈良県桜井市）の伝説が記されている。

倭迹迹日百襲姫命《やまとととびももそびめのみこと》、大物主神《おほものぬしのかみ》の妻《みめ》と為《な》る。然れども其の神常《つね》に昼は見えずして、夜のみ来《きた》す。倭迹迹姫命、夫《せな》に語りて曰はく、「君常に昼は見えたまはねば、分明《あきらか》に其の尊顔《みかほ》を視ること得ず。願はくは暫留《しましとどま》りたまへ。明旦《くるつあした》に、仰《あふ》ぎて美麗《うるは》しき威儀《みすがた》を観たてまつらむと欲《おも》ふ」といふ。大神《おほみかみ》対へて曰《のたま》はく、「言理灼然《ことわりいやちこ》なり。吾明旦《くるつあした》に汝《いまし》が櫛笥《くしげ》に入りて居らむ。願はくは吾が形《かたち》にな驚きましそ」とのたまふ。爰《ここ》に倭迹迹姫命、心の裏《うら》に密《ひそか》に異《あや》しぶ。明くるを待ちて櫛笥《くしげ》を見れば、遂《まこと》に美麗しき小蛇《こをろち》有り。其の長さ大《ふと》さ衣紐《したひも》の如し。則ち驚きて叫《さけ》啼ぶ。時に大神恥ぢて、忽《たちまち》に人の形と化《な》りたまふ。其の妻《みめ》に謂《かた》りて曰《のたま》はく、「汝《いまし》、忍びずして吾に羞《はぢみ》せつ。吾還《かへ》りて汝に羞《はぢみ》せむ」とのたまふ。仍《よ》りて大虚《おほぞら》を践《ほ》みて、御諸山《みもろのやま》に登ります。爰に倭迹迹姫命仰ぎ見て、悔《く》いて急居《つきう》。則《すなわ》ち箸に陰《ほと》を撞《つ》きて薨《かむさ》りましぬ。乃ち大市《おほち》に葬《はぶ》りまつる。故《かれ》、時人《ときのひと》、其の墓を号《なづ》けて、箸墓《はしのみはか》と謂ふ。是の墓は、日《ひる》は人作り、夜は神作る。

夜明けとともに、異類聟たる大物主神は「人」から小蛇になり、その本体を見られたことを恥じて御諸山にのぼってしまう。一方、百襲姫も箸で陰部をついて死んだために、その墓は箸墓と称され、昼は人が作り、夜は神が作ったと記されている。この伝説では、夜は神の世界、昼は人の世界であることが明示されており、二つの世界のはざまが夜明けとなっている。一夜のうちに急成長したり、大きな仕事を達成できるのも、夜が神の世界であって、日常的な世界とは異なっているからである。しかし、夜明けには、その呪力が効力を失うため、神々や異類は一切の活動を停止し、異界に戻らねばならない。夜が明けてもこの世にとどまれば、一種の秩序の侵犯として、その本姿が露顕し、破綻がおとずれる。その際に「恥」を感じるのである。古代において「恥」は異界とこの世の境界面で、タブーを犯した場合に、しばしば登場する特別な言葉である。

「百物語《ひゃくものがたり》」といって、百本のロウソクを一本ずつ消しながら一話ずつ怪談を語り、百本目が消されると闇となってほんものの化け物が出現するといわれた特別の語りの場だけではなく、昼間の意識が退行し暗闇と不安につつまれる夜は、ふだん抑圧されていたり隠れていたものが補償作用として活動しやすい状況となる。闇でものが見えなくなり視覚の力が衰える分だけ逆に想像力が刺激され不安がそれを増幅して、怪異譚や昔話での超自然的で不思議な出来事を信じやすくする雰囲気がでてくるのだと思われる。夜の闇は、人家のすぐそばまで、さらには語り手の背中にまで異界を導き、一番鶏の声でそれが破られるまで、昔話の示すようなこの世と異界、人と神および異類、生と死など異なった二つのものが交渉する場面を用意するのである。

3 民俗儀礼と夜

大野晋『日本語の年輪』（新潮文庫、一九六六年）によれば、古代日本では一日の時間の区分の仕方に明るい昼を中心にするものと、暗い夜を中心にするものとの二つがあったという。前者は、今日なじみの区分で、一日の明るい部分を、曙《あけぼの》、朝、昼、夕《ゆう》、夕暮れの五つに分けている。後者は奈良平安時代にみられたもので、暗い夜を、「夕《ゆうべ》」（暗い夜になろうとする時間）、「宵《よい》」（夜になり始めた時）、「夜中」（夜の中心）、「暁《あかとき》」（夜が終わりになるだろうと思われる時）、「朝《あした》」（夜がいよいよ終わってしまった時間）の五つに分けている。

「ゆう」と「ゆうべ」は物理的時間としては同一の「夕」であるが、「ゆう」は明るい昼の終わりを意味し、一方「ゆうべ」は暗い夜がこれから始まろうとする感じを表わしたのである。「あさ」と「あした」も同様で、「あさ」は明るい一日の最初の部分を意味したが、「あした」は夜があけての朝ということで、それに先んずる夜が必ず想定されており、平安時代には、夜中に何ごとかがあって次の朝というときにこの言葉を使ったのだという。「あした」は、明くる朝、明朝、明日という形になり、奈良平安時代に明日を意味していた「あす」という言葉に次第にとって変わっていったものらしい。

暗い夜を中心とする一日の区分は、古代の妻問婚《つまどいこん》を考えるとわかりやすい。すなわち、「夕《ゆうべ》」とは男が訪ねて来てくれるのを女が待つ時間であり、宵とは、いよいよ男がたずねて自分の家につく時間であり、夜中とは男と共に過ごす時間であり、暁とは男が自分の家に帰るために、暗いうちに家を出なければならない、その時間であり、「あした」とは、その男がすでに帰ってしまって、女がむなしい気持にとらわれ、男から来る習慣になっている慰めの便り（後朝《きぬぎぬ》の便り）を待つ時間である。（大野晋、同前、一六六頁）

ということになる。

ところで、昔話や伝説などの説話の世界では、異変がおこるのは、一番鶏の鳴く頃で、夜と昼の境の時間であった。それは、「彼《か》は誰《たれ》」時という夜明けの薄暗い時間に近いかも知れない。この物語の世界とは反対に、遊びや儀礼などの行為の伴う世界では、昼から夜へ移行する「誰《た》そ彼《がれ》」時の方が、「逢魔《おうま》が時《とき》」ともいわれて重視されていた。夕方、神隠しにあうとか、隠れん坊をして遊んでいると「子取り婆」に隠されるなどといって恐れられた時間帯がこれである。

「幽霊」は出現の時と場が不定だとされるが、やはり真夜中の、草木もねむる「丑三《うしみ》つ刻《どき》」が何となくふさわしい感じがする。しかし、柳田国男によれば、「妖怪」はいたってこの点は律儀で、昼と夜の境やこの世と異界の境界のような特定の時と場に多く出現するのであるという。夕暮れの逢魔が時はそうした妖怪出現の時間といえよう（『妖怪談義』ちくま文庫版全集六巻、一九八九年、一六頁）。子供の頃、よく母親から「日暮れまぐれピーピーと泣いていると、貧乏神が来る」といって叱られたのを覚えているが、この空白の時間帯が神霊の出現する時でもあったのである。

日常的な活動は明るい昼を中心とする一日に行なわれるが、暗い夜を中心とする一日には「お籠り」や「月待《つきまち》」といった信仰行事や儀礼など、非日常的な活動が多くとり行なわれる傾向があるようである。これは、われわれが、一日の始まりを朝とするのか夕方とするのかという問題と関連するものである。

暦の上では、午前零時が一日の始まりであるが、われわれは日常生活においては、夜が明け日がのぼる朝をもって一日の始めとしている。一日の始めをどこにおくかは、文化や時代によっても異なるものらしく、日本でもかつては、夕方をもって一日の始まりとしていたとされている。古い過去の伝統を色濃く残している信仰行事や儀礼で、夕方が重んじられるのもこのためであると思われる。

柳田国男は、「年籠りの話」（『あらたなる太陽』ちくま文庫版全集一六巻、一九九〇年、二八九頁）のなかで、

西洋の年の境は夜中の零時かも知れず、支那では朝日の登りを一日の始めと考へて居たかも知らぬが、我々の一年は日の暮とともに暮れたのである。それゆえに夕日のくだちに神の祭を始め、その御前に打ち揃った一家眷属《けんぞく》が、年取りの節の食事をしたのである。日本人の祭典には必ずオコモリということがある。神の来格を迎えて、謹慎して一夜を起き明すことである。……わずかな昔の名《な》残《ごり》としては、大晦日の晩に早く寝ると皺《しわ》がよる。または白髪《しらが》になるといって起きていることを奨励する。

と述べている。沖縄の石垣島川平《かびら》の節祭では、祭りの第一日目の「マヤヨー」（大晦日）に、「マユンガナシ」というニライの神が午後九時頃から神の座敷、倉の座敷を出て各家を訪れ五福を授けて、夜明けに神の島へ帰るとされている。

柳田は別のところでも、

我々日本人の昔の一日が、今日の午後六時頃、いわゆる夕日のくだちから始まっていたことはもう多くの学者が説いている。それゆえに今なら一昨晩というところを「きのうのばん」という語が全国に残り、また十二月晦日の夕飯《みそか》を、年越とも年取りともいっているのである。我々の祭の日もその日の境、すなわち今なら前日という日の夕御饌《ゆうみけ》から始めて、次の朝御饌をもつて完成したのであった。（中略）つまりこの夕から朝までの間の一夜が、我々の祭の大切な部分であって、主として屋内において、庭には庭燎《にわび》を焚《た》いて奉仕せられたのであった。夜半の零時をもって一日の境と考え、または一日は旭《あきひ》の登るときから、もしくは東の空の白む時から始まるという風な考え方が行われて、自然にこれを二日つづきの式のように解する人が多くなったのは、これもまた大きな変遷であった。（『日本の祭』ちくま文庫版全集一三巻、一九九〇年、二五一頁）

と述べている。日本では古く、一日を夕方から始まるものと考えており、それが大晦日の行事や祭りなどに痕跡として残っているというのである。

昔話の「大歳の客」や「大歳の火」では、大晦日に宿を貸した乞食や、火をもらう代わりにあずかった棺桶が、一夜明けてみると黄金に化していたと語られる。これは、新旧の年の交替を、死体が黄金に化成すると語ることで、象徴的に表現したものといえる。大晦日には、囲炉裏で大火を焚いたり、あるいは新しい火に切り直したりする風習が以前行なわれていたが、これらはドンド焼きと同様に、大火や火の切替えを通して時間の移行や甦りを果たそうとしたものである。このように、火は夜（闇）とともに人や時空間の甦りと深く関連したものなのである。

かつての日本では、人生の節目に行なわれる人生儀礼のなかにも、本来夜行なわれるべきものとされていたものが多い。婚姻や葬送の儀礼はその代表で、今日でも日中の儀礼に松明《たいまつ》持ちや提灯持ちが登場しているのは、その名残であろう。葬式の通夜では寝ないで夜を明かすこと（夜伽《よとぎ》）と火（ロウソクや線香）を絶やさないことが二大条件（斎藤たま『死とものの け』新宿書房、一九八六年、五〇—一頁）とされ、また嫁の入家式では火をまたがせたり竈神《かまどがみ》（火の神）を拝ませる儀礼がみられた。沖縄などには、出産後しばらくの間、産婦と新生児のいる産屋《うぶや》で火を焚きつづける風習も知られている。火は闇を導き、それをきわだたせるものでもあったのである。

これらの神聖な火はたいてい魔除《まよ》けの意味であると説明されているが、やはりある状態から別の状態へ、この世から異界へと移行させる媒介の役割を果たしているのではなかろうか。二つの異なる世界の間の移行がうまくいかずに、中途半端な状態になることを、「魔」（間でもある）として恐れたのであり、このために火の強力な変換する呪力を利用したのである。

中世ヨーロッパでは、灯火の本来の意味は二つあって、明るく照らすことと、悪魔を退散させることであったという。阿部謹也によれば、この灯火は部屋の照明だけでなく、さまざまな人生儀礼にも用いられていたという。すなわち、

ヨーロッパの場合は、部屋のあかりをともすだけではなくて、人生の節目、節目にあかりがあるわけです。赤ん坊が生まれる日に、そもそも産婆さんがあかりを持って家へやってくるわけですが、あかりを新生児に向けて産褥にある母親にも光をあてて、光の恩恵を授ける。ロウソクとか油というのは、時間がたてば消えますので、これが時計のかわりをしていました。時間が経過したことを示すというので、いまでもやりますが、バースデーケーキの上にロウソクを立てますし、結婚式の

時の燈火、死ぬ時のあかり、全部人生の節目、節目にあかりがあるという感じでした。ただ明るくするためのあかりというふうなものは、かなり後になってからそういう理解が生まれてきたんです。中世では、あかりをつけた瞬間に何かが始まるんです。(『歴史を読む』人文書院、一九九〇年、八六頁)

と述べている。

火が、人生儀礼や年中行事などの民俗儀礼において、つまり人の一生や一年の節目節目に重要な役割を果たしていることは、日本と中世ヨーロッパの場合も共通している。しかし、ヨーロッパでは神の「光よあれ」という言葉で世界が始まるのに対して、日本では、夜(闇)からすべてが始まる。その日本でも、生活の中心はやがては神から人へ、夜から昼へと移されていくのである。祭りや儀礼は新しい要素を次々と加えていく一方で、古い生活形態を残している側面ももっており、われわれに「生きる」意味を考える手掛りをも与えてくれる。

4　宵宮と忌籠祭り

今日、祭りといえば、日中の華やかな諸行事を思いうかべるのが普通である。しかし、祭りの前夜祭とされている「ヨミヤ」とか「ヨイミヤ」(宵宮)が元来、神を迎えるにあたって忌籠《いみごも》る「斎屋《いみや》」であったとすると、「祭の行事の中心が、もとは屋内の奉仕にあったこともこれで判り、屋外日中の美観を主とした『日のはれ』が本来は祭を果した後の祝賀式、豊《とよ》の明《あか》りの系統に属したことも考えられる。少なくとも祭礼は昼間のもの、『祭』はもと夜を主とするものであった」（柳田国男『日本の祭』同前、二五二頁）のである。

　伝統的な考え方では、これまで見てきたように、神の出現するのは「夜」であったから、神に奉仕する祭りはハレの日の夜に行なうのが本来であった。大嘗祭《だいじょうさい》や新嘗祭《にいなめさい》をはじめとする宮中の祭りには、祭りは夜間に行なうという伝統がよく残っているが、地方の祭りのなかにもまだこれを残すものが少なくない。「夜籠り」と称するものがその代表であるが、夜の祭りでは一体何が行なわれるのであろうか。

　柳田国男は、「『籠る』ことが祭の本体だったのである。すなわち本来は酒食をもって神をおもてなし申す間、一同が御前に侍坐することがマツリであった。そうしてその神にさし上げたのと同じ食物を、末座において共々にたまわるのが、直会（ナオライ）であった」とし、「古い祭の式は一般に、この夕朝二度の供饌の続きであって、諸人は清まわった装束のままで、夜どおし奉仕するのが『日本の祭』であった」（『日本の祭』ちくま文庫版全集一三巻、一九九〇年、三〇〇頁および二五二―三頁）と述べている。したがって、祭りとは賓客《ひんきゃく》をもてなすのと同様に、神に対し清浄な火で調饌《ちょうせん》した御供《ごく》（神饌）をさしあげ、また祭りの庭でさまざまな催しを行なって神をできるだけ長く楽しませ喜ばせるべく奉仕することであった。

　しかし、祭りがうまく成功するためには、十分に精進潔斎《しょうじんけっさい》し謹慎して過ごすことが必要であり、もしこの斎忌が不足していた場合には、神は祭りを受けつけなかったばかりか、非常に怒ることもたびたびあった。もろもろの異変や凶作などを通して、神の怒りが結果として表現されることもあったし、直接巫女《みこ》などの口を通して表明されることもあったであろう。

　この慎しみの状態は、古く「物忌み」とか「精進」といわれ、とくに神役などは斎屋や精進屋など特別な施設に籠って別火《べっか》生活し、これを徹底した。この物忌みしてオコモリをすることが、実はすでに神をまつることであり、祭りの重要な要素だったのである。祭りの前夜である、いわゆる宵宮を、「オコモリ」とか「オヨゴモリ」と称している地方もあるが、これは元来神を迎えまつるべく神社などに夜を徹して籠ることであった。宮田登は、

忌み籠りという行為は、一定の時間内は他出せず、その間、精進潔斎して神祭りをすることを目的としている。ケガレた状況を脱出するために祓《はら》えを執行する場合、具体的には禊《みそ》ぎをして、忌み籠るという形式が一般的である。そしてイミゴモル、忌み・籠りという行為は、凶事を避け、災厄を免れるための呪《まじな》いということになろう。ケガレを回復するための呪いを、ハラウ・イム・コモルが構成しているわけであり、これらは同時にハレの儀礼を成立させる主要因になる。(「呪いの効果」『季刊仏教』五号、法蔵館、一九八八年)

と述べている。

神を迎えまつる前提として、あるいは神が出現し神幸する際に、神役や氏子が忌籠《いみこも》ることを特徴とする祭りは各地にみられる。忌籠《いごもり》祭りや夜祭りなどという名称がでてきた背景には、元来一続きの祭りであったものが、翌日の方は「本祭《ほんさい》」とか「日の晴れ」といわれてにぎやかな祭礼となっていき、祭りの中心であった「夜籠り」や「忌籠り」は脇においやられてしまったという一般的な状況があると思われる。

各地の忌籠りを中心とする祭りや神事の代表的なものとして、次のようなものが知られている(依拠

した文献は数例を除き、鈴木棠三『日本年中行事辞典』角川書店、一九七七年、および倉林正次編『日本まつりと年中行事事典』桜楓社、一九八三年である）。

事例1　亥巳籠《いみごもり》神事（兵庫県加古川市の日岡神社）

旧正月初亥から巳の日まで七日間の物忌みで、「加古《かこ》の物鎮《ものしずめ》」ともいわれる。「あらかじめ食料その他の準備を整えておき、亥の日から休業して戸を閉め、刃物・庖丁・俎板《まないた》類は厳重にしまいこみ、竈《かまど》口には蓋をし、戸障子には布や紙を巻いて開閉に音をたてぬようにし、鍬・鋤は縄で堅くくくり、内庭には筵《むしろ》を敷き、畳には毛布や渋紙《しぶがみ》を敷き、履物は草履以外使用しない。もちろん高声を発することを厳につつしむ。お見舞と称して日岡神社に参拝する以外、いっさい外出せず、夜もなるべく遅くまで起きており、便所にもなるべく行かない。このように氏子全体が厳重な物忌みに服する」（鈴木棠三『日本年中行事辞典』）という。

事例2　居籠神事（京都府相楽郡精華町祝園《ほうその》の祝園神社）

正月初申から戌の日まで三日間。（詳細は井上頼寿『京都民俗志』参照）

事例3　居籠神事（京都府相楽郡山城町棚倉の和岐神社）

二月中の午の日から申の日まで（もとは正月。現在は二月十四日のみ）。

事例4　忌籠祭（高知市の土佐神社）

三月十一日から三月十三日まで。この期間は、宮司以下神職は社殿に参籠し、参詣者も静粛を厳にして声を発することを禁じられている。

事例5　居籠祭（愛知県渥美郡田原町の久丸神社）

正月申の日から酉の日。

事例6　御籠神事（長野県上田市下之郷の生島足島《いくしまたるしま》神社）

十一月三日から翌年四月十八日まで。七日目ごとに籠殿に参籠する。諸社の参籠神事のうち、御籠りの期間が最も長い。

事例7　忌籠祭（兵庫県の西宮戎《えびす》神社）

正月九日の宵戎に氏子たちが厳重な物忌みを行なう。「忌籠り」とも「ミカリ」（御狩神事）ともいう。

事例8　県《あがた》祭（京都府宇治市の県神社）

六月五日から六日。六日の午前三時に御幣《ごへい》（梵天《ぼんてん》）が御旅所《おたびしょ》に渡御するが、その際、通りの家々では灯を消し、暗闇の中を触れ太鼓・猿田彦《さるたひこ》・御膳櫃《ごぜんびつ》・獅子頭《ししがしら》・神鏡・供箱・御幣・神官の順で行列し進む。昔は、御幣をかつぐ若者は裸体であった（今は浴衣）という。この夜は、宇治の民家は参詣人のために開放され、暗闇の中を雑魚寝《ざこね》をしてお渡りを迎えたといわれ、「種貰《たねもら》い祭」ともいった。

事例9　大原雑魚寝《おおはらざこね》（京都市左京区大原の江文《えぶみ》神社）

もと節分の夜に行なわれた参籠神事。大淵という池の大蛇が時々里に出て人を食うので、その難をさけるために村人が一カ所に集まってすごしたのが行事の由来という。参籠の際に性的解放がなされたので有名である。井原西鶴の『好色一代男』巻三にも、「今宵は大原の里のざこ寝とて、庄屋の内儀娘、又下女下人にかぎらず老若男女のわかちもなく、神前の拝殿に所ならひとてみだりがはしくうちふして、一夜は何事をもゆるすとかや」などと記されている。祭りの夜や夜籠りに性的解放がなされる例は少なくない。

事例10　暗闇祭（東京都府中市の大国魂《おおくにたま》神社）

五月五日から六日の例大祭。以前は、神輿《みこし》が渡御《とぎょ》するにあたって、その道筋や周囲では灯を消し、暗闇の中を提灯のみで祭りを行なったことにその名が由来する。神輿が荒れるので、「喧嘩祭」ともいう。『江戸名所図会』によれば、五日の大神事《だいしんじ》は「当社の御神出現鎮座の辰なる故に、殊に恐れかしこみ、神官各々四月二十五日品川の海浜に至りてみそぎし、その日より禁足して斎《いみ》に籠もる。当日は終日神楽を執行す。黄昏《おうこん》におよび社家一統神主の宅に集会す。その後神殿に至り神勇《かみいさめ》の大祝詞《のりと》を捧げ終りて、燈火を消し暗《くらやみ》となして神輿をわたし奉る。……御旅所の神事旧事ことごとく終りて、禰宜《ねぎ》本社に帰り還幸の設けをなせり。神主は神馬に乗じ御旅所の前において流鏑馬《やぶさめ》を行ふ。終りて太鼓を打ちならせば、すべて社壇より市店に至るまで、一時に燈火を点ずる事、先の闇《くら》きに

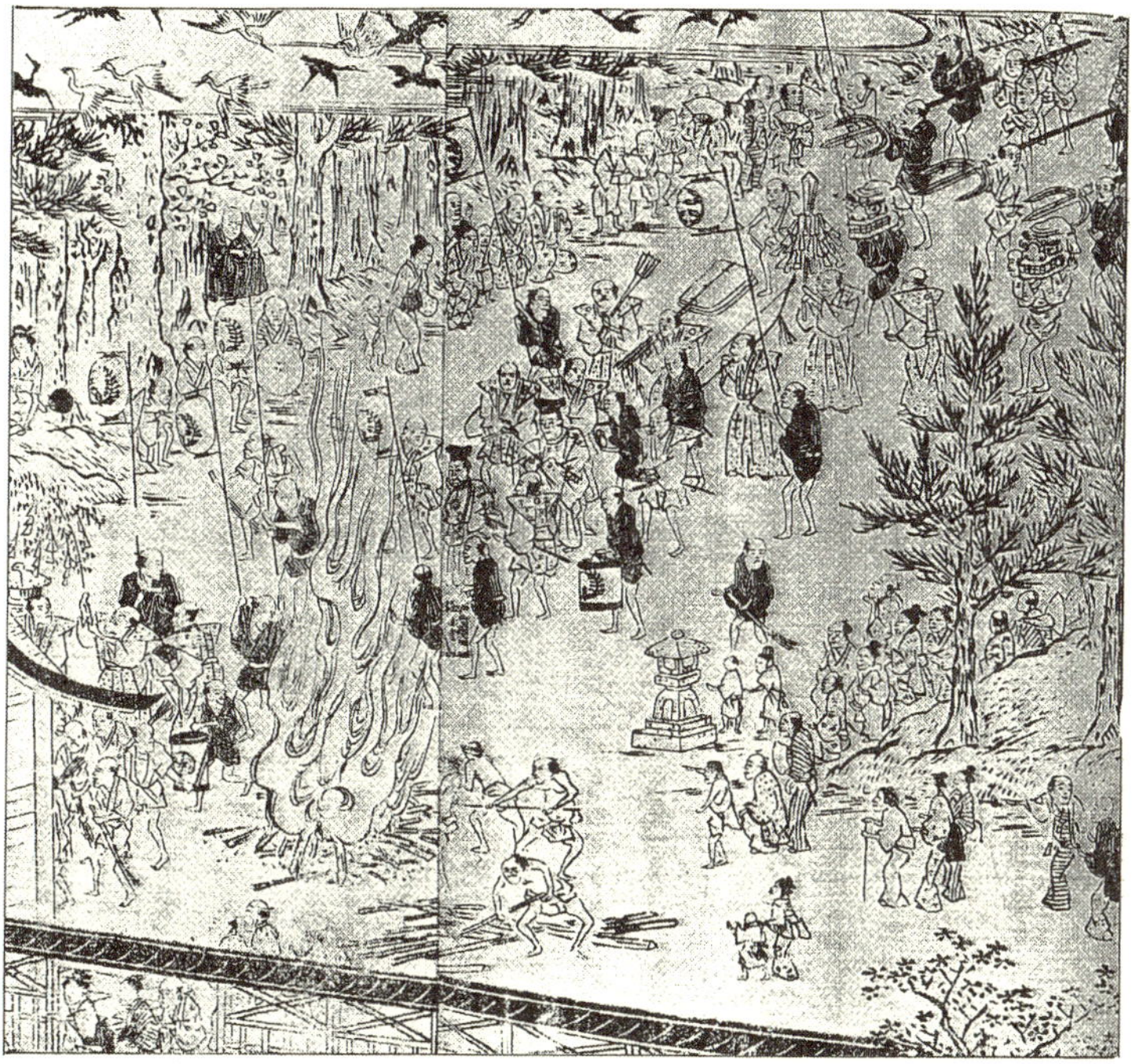

暗闇祭（大国魂神社。『江戸名所図絵』より）

引きかへて尤《もつと》もめざまし。神主は馬上にて前駆たり。帰輿に及んで、この鳥居の左右と、本社の前、随身門の前、西の馬場欠馬の方へ至るの間等、すべて四箇所にて篝火《かがりび》を焚きて白昼の如し。又神輿供奉の道路を照す所の提灯尤も多くして、実に壮観たり」とある。暗闇祭は一名「出合い祭」ともいい、神輿が出合うことと、男女が祭りで出合うことをかけている。「くらやみ祭で、若い者が娘を担いだりするのを明神さまは非常によろこぶ」とか「新造《しんぞう》も禿《かむろ》も若後家《わかごけ》も年に一度の色まつり」という俚諺《りげん》（北野晃『武蔵府中の民俗』私家版）もある。

事例11　通《かよ》い祭（山梨県塩山市牛奥の通神社）

十一月酉の日。夜半に神主一人で浅間神社に神霊を奉じていき、未明に還御する。沿道の村々では灯を消して忌籠《いみこも》る。

事例12　身逃《みに》げ神事（島根県簸川郡大社町の出雲大社）

八月十四日。大神の御神幸にあたって、出雲国造が自家をでて他の社家にいき、一時仮宿するためこの名がある。

事例13　御忌祭（山口県下関市の忌宮神社）

十二月七日夕刻から十五日朝まで八日間。七日に鳥居前に諸人参入禁止の立札をし、社のまわりに注連縄《しめなわ》をはって、神職一同は参籠し、一切灯火を用いず、物音をたてない。氏子たちも歌舞音曲・裁縫・洗濯をせず、夜は戸を閉ざして灯火が外にもれないようにする。十五日早朝に神楽を奏し、立札・注連縄を取去る。

事例14　忌《き》の日（日忌様《ひいみ》。伊豆七島）
　正月二十四日を中心とする厳重な物忌み行事。伝承は島ごとに異なる。

事例15　忌みの日（佐渡島）
　暮れ（旧十月末から十二月にかけて）と春（正月末から二月にかけて）の年二回ある物忌。この夜は仕事を休み、麻《お》うみや縄ないをしてはならないという。暮れを日本の祭りおさめ、春を祭りはじめともいう。

事例16　イミサンの祭（島根県隠岐島）
　十一月と三日の巳《み》の日。巳の日とは本来イミの日のことであり、この日は大声や物音をたてない。長崎県壱岐島では夏と秋の行逢いである六月晦日を「オイミサン」という。

事例17　ヒチゲー（鹿児島県トカラ列島）
　旧十二月十七日から十八日（島によっては十二月二十四日）。厳重な物忌に服す。伊豆七島の忌の日の行事と共通する点が多い。

事例18　シバサシ（奄美諸島）

旧八月初壬《みずのえ》の日。

事例19　神狩《みかり》神事（千葉県館山市大神宮の安房神社）

十二月二十六日から一月五日まで（もとは霜月二十六日夜から十日間）。祭神天富《あめのとみの》命が猪や鹿など害獣を狩ってくれた恩に報いる祭りといい、獣の舌の形の餅を参列者に配る。氏子は祭りの期間中、物忌みを守り、針を使ったり、竹や藤蔓《ふじつる》を用いたりしない。千葉県君津郡などでもかつてこの期間を「ミカワリ」といって、髪結い、入浴、糸取り、談笑、灯火を廃したといい、同県市原市では十二月二十八日を「ミハリ」といって、夕暮れから戸を閉め、灯火を細くし、声をひそめて音をたてないようにして過ごしたという。

事例20　ミカエリ婆（神奈川県川崎市の一部）

十二月八日と二月八日のコト八日《ようか》。「ミカエリ婆さん」という妖怪が出現する日とされ、履物をしまって物忌みに服する。横浜では、十一月二十五日から十二月五日にかけて、ミカリ婆さんがくるといっている。

事例21　遊行《ゆぎょう》神事（栃木県矢板市の木幡神社）

旧十二月の物忌みの祭りで前月末から半月間行なったという。この間、麻苧《あさお》を績《う》んだり、針や機をつかうことを禁じた。

事例22　飛蘇鞠《ひそまり》祭（静岡県磐田市見付の矢奈比売神社）

旧八月十、十一日（今は十日以降の土、日曜日）。一日目の夜丑《うし》の刻に神輿が旧社地の天神社に渡御するが、この際、付近の家々は灯を消し静粛を保つ習わしがある。

事例23　尻摘《しりつみ》祭（静岡県伊東市の音無神社）

十一月十日の祭り。この日、境内に灯火をつけることも、口をきくことも禁じられているので、神官から神酒をうけ、その盃を参列者にまわす時に、お互いの尻をつねって合図にするので、この名で呼ばれた。愛知県蟹江市の天王祭では、男女の縁結びとして尻を互いにつねりあうといい、また西宮《にしのみや》戎《えびす》神社では以前おこしや祭に若者が娘の尻をつねって歩く習わしがあった。

事例24　起きんか祭（岐阜県揖斐郡揖斐川町の白山神社）

八月十八日。宿元での酒宴のあと、村人が夜半に大声で「起きんか」と唱えて村をまわり一夜を明かす行事。近畿地方では、大晦日や正月十四日の晩寝ずに起きて年を越すことを「夜寝ん講」という。尻摘祭などと同様に、忌籠りの夜に眠ることを互いに戒めあう行事からでたとされている。

〈参考事例〉

事例25　鷽替《うそかえ》神事（東京都江東区亀戸《かめいど》の亀戸天神社）

正月二十四日から二十五日。前年の古い「鷽《うそ》」（小鳥の形の削掛け人形）を新しい大きなものに買い替えるもの。以前は、夕方から夜中にかけて暗闇の中で、鷽を隣の人の袖から袖へ渡しあいながら替えたという。文政三年に太宰府天満宮《てんまんぐう》の鷽替神事に習って行なわれるようになった。換え物神事の一種であり、会陽《えよう》や玉取祭など玉を奪いあう行事の変形したものとされている。

5　夜の祭り・祭りの夜――物忌みと性的解放

これらの忌籠祭りや神事の事例をもとに、祭りと夜との関係について、次に若干の考察をしてみたい。

さて、祭りは神への奉仕であるから、神迎え、神人交歓《しんじんこうかん》、神送りという三つの手順で行なわれる（芳賀日出男『日本の祭』保育社、一九六五年、九八頁）。「神迎え」のためには、神が降臨する目印となるオハケその他の神の依代《よりしろ》が立てられ、また物忌みが必要となる。「神人交歓」とは、迎えた神と人とが魂の交歓をすることであるが、神に祝詞《のりと》をあげ、賓客をもてなすように酒食や灯明《とうみょう》をささげて、芸能や競技などのさまざまな催しものを行なって神を楽しませることである。その祭りの場の催しものを通して、目に見えぬ神の行為や耳に聞こえぬ神の声を垣間見たり感知して、神の意志を知ろうとしたのである。

神人交歓がすむと、神がいつまでも滞在されては不都合なので、再びもと来た所へ神を戻す「神送り」の儀礼を行なう。神は元来祭りのたびに降臨し、常在するものではなかったが、神社のような一定の施設ができると、いつもそこにいると信じられるようにもなった。そこで、祭りは神が降臨された場所で行なわれるのが普通だが、それに限らず、このあと御旅所などの祭場へ神が神幸《しんこう》して祭りを行なう場合もある。あるいは神の神幸自体が祭りと見られるようにもなった。とくに神幸が夜から昼の行事となり、華美な風流《ふりゅう》が伴うようになると見物衆も増大し、逆にこの祭りの後半部が「本祭」や「日のはれ」と呼ばれることになったのである。すなわち、祭りから祭礼へと変化することになったのである。

さきに掲げた忌籠りを伴う祭りや神事の諸事例と夜（闇）との関係を見ると、神の出現や神幸が神秘的な儀式とみなされており、一般の人々や氏子は見てはならないものとされていることがわかる。目に見えぬ神がまさに異界からこの世に出現する瞬間は、二つの世界の境界面での秘儀として見てはならぬものとされていた。これは、祭りの成否にかかわる最も重要な緊張する場面であり、この瞬間に異界とこの世の間で神の移行がなされるのである。出現した神霊を御幣などの依代のほか憑童《よりまし》や神主などに乗り移らせて、祭場に徒歩や馬で進むことも少なくない。山折哲雄は「神の遷幸と還幸はその目に見えざる神体の現前を通して、畏怖すべき霊威を外部の者の感覚にはげしく刻印し誇示するための切迫した行動様式ではなかったであろうか」（『宗教思想史の試み』弘文堂、一九九〇年、三三―四頁）と述べている。

神は見えないし、また見てはならぬものらしい。神の出現や神幸に関して、柳田国男は

これは儀式の最も神秘なる部分であるがゆえに、信心のない者には見せたくないのが普通であって、中には暗闇祭などと称して、その時刻家々の燈火を消さしめて、誰にも見られぬようにして、御わたましを仰ぐ例さえあった。……それが少なくとも神幸の途上だけは、なるたけ多くの人に拝ませようということになったのだから、大きな変化といわねばならぬ。信心の深い者の心では、神の御出入という部分が祭の要所であり、それだけは一定の条件を具えた奉仕者よりほかの者に、見せてはならぬという戒めを守っている。（『日本の祭』ちくま文庫版全集一三巻、二五〇頁）

と述べ、祭りの本体はむしろ蔭の行事となり、神幸の行列や催しもののみが祭礼の中心として派手で華美なものになっていったとしている。しかし、神の去来が祭りの中心部であったことは、忌籠祭の諸例

がよく示している。また春日若宮の御祭では、十二月十六日の深夜に闇の中で、大松明が地を曳いて沈香で清めた後を、乱声《らんじょう》を発する伶人《れいじん》にしっかりと囲まれた御神体が本殿より御旅所へ遷幸するという古い神事のあり様を示している。

迎えた神に対しては、できるかぎり清浄な火で調理した酒食をささげ、神の食事の間は灯明をあげてもてなすのが習いであった。さらに芸能や競技などさまざまな趣向の催しを神前で行なって、滞在中は少しでも長く神を楽しませようとした。

祭りは本来夜のものであるということはたびたび述べてきたが、それゆえ逆に祭りの日の火や提灯の明かりは印象深いものがある。祭りはふだんの何倍も焚く火や明かりで、夜の闇を一層ひきたてる。祭りと灯火に関しても、柳田国男は

現代は一般に夜が明るくなったゆえに目に立たぬが、神のお食事の時刻は座上にも庭上にも、常の日に何倍するほどの火を焚く。昔は他の照明方法がなかったから、それがすべて御篝火《かがりび》であり炬火《たいまつ》であったのが、後おいおいに油の火または蠟燭となっただけである。満月の夜頃を祭の日とした動機も同じかったかも知れぬが、篝の火にはさらにあたりを煖かにする力もあって、早春晩秋にはそれがまた一つの款待の方法にもなったと思われる。この薪の火の燃え盛るのをながめながら酒宴をするのは、昔の人たちの大きな歓びであったので、神々もまたこれを賞でたまうべしと、単純に推測したらしいのである。だから祭の中にも御火焼きを中心としたように見えるものが、冬の祭には多かった。(同前、三三〇—一頁)

と述べている。また、萩原龍夫も、

饗宴を古くはトヨノアカリとよんだ。アカリというからには、まず灯をあかあかとともして、夜も昼のように意味されたのであろう。まつりは夜間行なうのが本体であった。尊い存在が一時的に姿をあらわしてくれるのは、夜間それも深夜に限るものと信じられていたからである。……暗さを必要とする神秘的儀式がまずあり、それをすました後、饗宴に入るとともに多くの灯によって明るい豊かさをかもし出すことを必要とした。このことから、大きなあかりとしての大松明やかがり火や焚火の重要性があらわれてくる。(『祭り風土記(上)』現代教養文庫、一九六五年、四六頁)

と述べている。闇夜の祭りのなかで、火(あかり)を巧みに操作して、暗から明へ、緊張から華やぎへ、神秘的儀式から饗宴への変換がなされているのだが、昔話や説話では「大歳の火」のように火が出てくる場合もあるけれども、たいていは夜から昼への移行によって大きな変換がなされている。

神奈川県藤沢市の遊行寺《ゆぎょうじ》での年越儀礼である「一灯会《いっとうえ》」では、堂内の灯明をすべて消して、暗闇と静寂がしばらく続いた後に、内陣の二つの大提灯に火打石で灯をともし、その瞬間に大僧正が「南無阿弥陀仏」と一声念誦し、次第にそれが全堂をつつむ合誦になるとともに、次々に部屋のロウソクに火がつけられて、闇から光へという移行の儀礼がなされるという。山口昌男は、この一灯会を、インドネシアのフローレス島のリオ族における「年の変わり目の祭りの日に、司祭たちが母親の胎内と考えられる家のなかに入っていって、火が消されたなかで胎児のごとき姿勢で食物(タロイモ)をとり、最後に火がまた灯されて世界が甦える」という儀礼をモデルに考えると、そこにはパラレルな時間感覚が存在すると述べている（『文化人類学への招待』岩波新書、一九八二年、一五九―六〇頁）。つまり、時間や空間を新しく切り替える、年の変わり目の「死と再生」の儀礼である。

夜の闇の中では時間の移行や秩序の変換が行なわれると同時に、事例25の鷽替《うそかえ》神事のように、「鷽」の交換を通して穢れを祓ったり福を授かったりもする。夜の祭りでは、暗闇の中で、この交換、交替、移行、変身などといったことがとり行なわれ、日常世界では結びつきそうもないことが結合したり、起こりそうもないことが起こってしまうのである。

祭りでは厳重な物忌みに服し、暗闇と静寂の支配するなかで神に対する畏怖から慎んで過ごすものがある一方で、俗にどんちゃん騒ぎや性的交合を「オマツリ」というように、祭りの夜には逆に欲望を解放させるような側面があることも確かである。むしろ、神がよろこぶと言ったりする場合もあるほどである。赤松啓介は、

農村では、いろいろの年中行事、盆踊り、神社や寺院の祭礼、縁日などの日、その夜などに性的解放をする民俗が多い。これもそのムラや社寺によっていろいろで、だいたいに同じムラの内部だけの解放にとどめる限定型と、他のムラの人たちも解放する開放型とがある。また広く他の地方からも集まってくる広域型があり、これは特定の信仰によって集まってくるのが多い。春や秋の神社の祭礼は、だいたい宵宮、本宮、後宮の三段階に分かれて行われるが、性的解放の行われるのは本宮が多く、宵宮もあるが、後宮は稀であろう。しかし三日続けてというのもあるし、宵宮と本宮との二日に限定するのもある。また解放が境内か、あるいは附属地、山林に限られるのもあるし、ムラや氏子の家、その他広く開放されるものもあった。摂丹播地帯でみるとムラ単独の祭礼では限定型、

郷社などの連合祭礼では開放型が多い。開放型では屋台、神輿などの宮入りがすんでからの深夜が解放され、戦前では男女の予約型が多くなっていた。(『非常民の民俗境界』明石書店、一九八八年、二四〇―一頁)

と述べている。祭りでの性的解放は、本宮が多く、しかも神輿などが宮入りした後の深夜に行なわれたという指摘は、神を迎え祭った後に性的な解放があったということである。祭りという非日常的な時空間のなかで、神を迎え奉仕するという緊張からの解放感のなかで、男女の性も日常の枠がとり払われて、自由な交渉がなされたのであろう。「夜の祭り」では物忌みや慎みが、「祭りの夜」にはそれからの解放がなされ、両者が一体となって祭りの非日常性を構成し、祭りを通して人も時間も甦ったのである。

奥三河の「花祭り」は霜月神楽《しもつきかぐら》であり、この祭りを終えて新しい年を迎えることが長い間の慣習となっていた。この冬の夜の祭りについて、早川孝太郎は、

この祭りの夜の印象をいっそう強くしたものは、若い人びとにとっては忘れがたい楽しいあこがれの日だったのである。花祭りを一に「木の根祭り」といったのも――後にはそのことに結びつけて考えるようになった――男も女も、すべて世の中の面倒な垣根をなくして、自由に相逢うことが出来る、そうした意識が昔からあった。寒い夜を徹して、いささかの休みもなく、つぎつぎに舞いから舞いと展開されてゆく一方に、息づまるような空気を胚胎していたのである。その他拍子につれて踊りかつ狂いながら、男はあるかぎりの悪態をはき通すいわゆる悪態祭り――興奮と憧憬と――すべてに忘れがたい力をきざみこんでいったのである。(『花祭』民俗民芸双書2、岩崎美術社、一九

六六年、一六―七頁）

と述べ、かつてはすべての生活の基調がこの祭りの夜におかれていたことを明らかにしている。さらに、

こうして夜を徹して、あらんかぎりの狂態をつくしているうち、さてだんだん黎明《れいめい》がちかづいて、夜の明けるころには湯ばやしの舞になり、ここでまたひとわたりさわいだはてに、みんな湯ばやしの湯を頭からあびて、ちりぢりに蜘蛛の子をちらすように退散する。これが最後で、みんなつかれた顔をして村へかえるのである。あたりが明るくなっては、もう「せいと衆」の存在の意義はなかった。土地によると、夜があけても行事はまだ中途にあるが「せいと」の客は、退散しないまでも態度があらたまる。あかるくなって顔中を煤煙にしているところは、前夜の人とは別であったのも不思議である。（同前、三三四―五頁）

と述べている。あたかも、祭りの一夜は夢幻のように終わってしまうのである。

＊

益田勝実が「夜は〈聖なる半日〉として、一日の最初の部分を占めていたらしい。単なる睡眠の時間ではなかったようである」（「黎明」『火山列島の思想』筑摩書房、一九六八年、一一頁）と述べているように、夜は非日常性を強く帯びた時間であり、物日《ものび》の夜と昼との間には、劇的な神の退場がくりかえされてきたのであった。そこで、神祭りは当然夜とり行なわれるものであった。折口信夫は

今でも古風を存して居ると信ぜられて居る祭りの中心行事は、必、真夜中に行はれる。鶏鳴がほゞ神事の終りと一致する様に、適当に祭式をはこばねばならなかったものと見えて、日の出にかっきり主要な部分をしまうて居なければ、今年の作物に祟ると信じてゐる地方が多い。(前掲、一七四頁)

と述べており、夜明け前に神事が終了していなければかえって災いをもたらすと信じている村もあったのである。われわれは、夜の闇の中で日常性の秩序や管理から解放されて、夢、昔話、祭りなど非日常的な時空間を生きることができるのである。夜は人や物が変身することが可能な特別の空間であり、異界とこの世、神と人、男と女、生と死といったものが相互に交渉し交りあうのである。祭りは、異界とこの世の交通が行なわれる一年で最大の機会なのである。

祭りはこの世の秩序に一瞬裂け目を入れ、「もともと目に見えない、しかしあらゆるところをつらぬきながら運動をつづけている」(中沢新一『悪党的思考』平凡社、一九八八年、二〇頁)「ピシュス」(自然)の力をむきだしの形であらわにする機会でもあった。「神」ともよばれるこのピシュスの力はそのままでは秩序を破壊しかねない危険なものであったから、その力の出現の際は厳重な物忌みをし、また最も神秘的な儀式として深夜の闇の中でとり行なわれねばならなかったのである。祭りは夜を、闇を必要とするのである。

異人歓待・殺戮の伝説

1　問題の所在――民俗社会における伝説の役割

昔話が一定の語りの形式をもち、この世とは時空の異なった世界についての想像力にみちた虚構性のある物語であるのに対して、伝説は語りの形式をもたず民俗社会のさまざまな具体的事物に即して語られる、より現実性をもった物語であり、それゆえ、多くの場合、村人にその内容が真実の出来事として信じられている。伝説は、村や家など民俗社会にかつてあったとされる出来事を伝え、時間による変化を極力さける方向で機能するが、一方では形式がないだけに新しい変化や事態に即応して常に合理化をはかり信仰をつなぎとめる。つまり、民俗社会がこうむった不可逆的な変化に対しても、伝説はその土着の固有の論理でそれを説明し解釈しようとする一面をもつものである。伝説がものごとの由来やいわれを説く起源伝説の形態をとることが多いのは、伝説が民俗社会の置かれている状態や、そこにふりかかってくるさまざまな事態に対する固有の解釈装置として機能してきたからである。伝説が一面で古い信仰を反映した物語とみなされるのも、それが民俗社会に内在する固有の論理を体現したものであり、あることがらや事態のはじまりの時を示すことで民俗社会に心的な秩序を与えてきたからなのである。

同時に伝説は、同じ素材を使いながら、古い民俗社会の伝統を継承し守る方向だけでなく、新しい変化を説明し解釈するという方向でも働く。このように伝説が民俗社会に独特の柔軟な解釈装置として機能している点に、伝説研究の興味があるといえる。

伝説は民俗社会に加わった衝撃や事件を契機に形成され、この事件の衝撃をいかに受けとめ解釈して自分たちの論理的な枠組みに組み入れていったかを物語る民俗社会自身の歴史叙述であり、これによって社会的なアイデンティティを産み出していく装置なのである。

ここでは、異人の歓待と殺戮に関する伝説を取り上げて、この種の伝説に内在する民俗的論理がいかなるものであり、またそれが民俗社会のなかでいかなる役割を果たしてきたのかを中心に見ていきたい。なお、本章では異人に神まで含め、また殺戮についても歓待と対立する内容の虐待や冷遇まで含めた広い意味で用いることを最初におことわりしておきたい。

1 『風土記』のなかの異人歓待・殺戮伝説

異人歓待・殺戮の伝説は、すでに『風土記』のなかに登場している。『常陸国風土記』の福慈《ふじ》と筑波の山岳伝説および、『備後国風土記』逸文の蘇民《そみん》将来と巨旦《こたん》将来の兄弟の伝説がその典型である。これらの伝説はいずれも「蘇民将来」型の伝説とされ、「隣の爺」型や「大歳の客」「大歳の火」などの昔話や、「弘法清水」などの弘法伝説など、異人歓待・殺戮をモチーフとする説話群のある意味で原型をなすものといえる。

事例1　福慈と筑波

古老のいへらく、昔、神祖《みおや》の尊、諸神《もろがみ》たちのみ処《もと》に巡り行《い》でまして、駿河の国福慈《ふじ》の岳《やま》に到りまし、卒《つひ》に日暮に遇ひて、寓宿《やどり》を請欲《こ》ひたまひき。此の時、福慈の神答へけらく、「新粟《わせ》の初嘗《にひなめ》して、家内諱忌《やぬちものいみ》せり。今日の間は、冀《ねが》はくは許し堪《あ》へじ」とまをしき。是に、神祖の尊、恨み泣きて詈告《の》りたまひけらく、「即ち汝《いまし》が親ぞ。何ぞ宿さまく欲《ほ》りせぬ。汝が居《す》める山は、生涯《いき》の極み、冬も夏も雪ふり霜おきて、冷寒《さむさ》重襲《しき》り、人民《ひと》登らず、飲食《をしもの》な奠《まつ》りそ」とのりたまひき。更に、筑波の岳に登りまして、亦客止《やどり》を請ひたまひき。此の時、筑波の神答へけらく、「今夜《こよひ》は新粟嘗《にひなへ》すれども、敢へて尊旨《みこと》に奉《つかえまつ》らずはあらじ」とまをしき。爰に、飲食を設けて、敬び拝み祗《つつし》み承《つかへまつ》りき。是に、神祖の尊、歓然《よろこ》びて謌《うた》ひたまひしく、「愛《は》しきかも我が胤《すゑ》。巍《たか》きかも神宮《かむつみや》。天地と並斉《ひと》しく、日月《ひつき》と共同《とも》に、人民集《たみぐさつど》ひ賀《ほ》ぎ、飲食富豊《をしものゆたけ》く、代々に絶ゆることなく、日に日に弥《いや》栄え、千秋万歳に、遊《たの》楽窮《しみつき》じ」とのたまひき。是をもちて、福慈の岳は、常に雪ふりて登臨《のぼ》ることを得ず。其の筑波の岳は、往集ひて歌ひ舞ひ、飲み喫ふこと、今に至るまで絶えざるなり。（『常陸国風土記』）

事例2　疫隅国社《えのくまくにつやしろ》の縁起譚

昔、北の海に坐しし武塔《むたふ》の神、南の海の神の女子《むすめ》をよばひに出でまししに、日暮れぬ。彼《そ》の所に将来二人ありき。兄の蘇民将来は甚《いた》く貧窮《まづ》しく、弟の将来は富饒《と》みて、屋倉《いへくら》一百《もも》ありき。爰に、武塔の神、宿処《やどり》を借りたまふに、惜《をし》みて借さず、兄の蘇民将来、借し奉りき。即ち、粟柄を以ちて座《みまし》と為し、粟飯等を以ちて饗《みあ》へ奉りき。爰に畢《を》へて出でませる後に、年を経て、八柱のみ子を率て還り来て詔りたまひしく、「我、将来に報答《むくい》為《せ》む。汝が子孫《うみのこ》其の家にありや」と問ひたまひき。蘇民将来、答へて申ししく、「己が女子《むすめ》と斯の婦《め》と侍ふ」と申しき。即ち詔りたまひしく、「茅《ち》の輪を以ちて、腰の上に着けしめよ」とのりたまひき。詔《みことのり》の随《まにま》に着けしむるに、即夜《そのよ》に蘇民の女子一人を置きて、皆悉《ことごと》にころしほろぼしてき。即ち、詔りたまひしく、「吾《あ》は速須佐雄《はやすさのを》の神なり。後の世に疫気《えやみ》あらば、汝、蘇民将来の子孫と云ひて、茅の輪をもちて腰に着けたる人は免れなむ」と詔りたまひき。(『備後国風土記』逸文、『釈日本紀』巻七所収)

事例1の福慈と筑波の伝説では、祖神に宿と食事を提供し歓待した筑波は豊饒と繁栄が与えられ、一方、祖神を拒絶し冷遇した福慈は呪われ不毛の山とされた。この伝説は、筑波山と富士山という東国にそびえる二つの山岳の当時の生態をめぐって、祖神の歓待と冷遇という対立する態度がこうした結果を招来したのだといういわれを語っている。この話で注意すべき点は、これが新粟初嘗《わせのにいなめ》の夜の出来事であり、祖神を歓待した筑波が忌籠の禁忌を侵犯していることである。この点は、大歳の晩に火をもらう代わりに嫁が死体や棺桶を預かる「大歳の火」の昔話と共通している。

事例2の疫隅国社の縁起譚では、そうした禁忌の侵犯は記述されていない。しかし、歓待する神が武塔神(速須佐雄神)という一種の疫神となっていて、宿の提供を拒んだ将来(巨旦)の一族はみな滅亡させられている。この疫神歓待伝承は、今日の正月行事や茅の輪神事の由来譚にも連なるもので、疫神を祀り上げることで穢れや厄災を祓う信仰や御霊信仰の先駆とみることもできる。「大歳の客」の昔話では疫神ではないが、やはり汚ならしい身なりの乞食や宗教者が歓待される話となっている。いずれも、悪神や社会的劣者が歓待されるが、ここでは疫神は冷遇した一族を亡ぼし、昔話では異人が死んで黄金となり歓待した者を富裕にするという対照的な結末になっている。

伝説の発端に、禁忌の侵犯や通常とは異なった事態の設定がなされているのは意味のないことではない。民俗社会にとって外部の存在たる異人や異文化をいかに受容するかという、切実な問題に対してこれらの伝説は土着の民俗コードを使って答えているのである。

伝説は平坦な日常生活のなかからは生まれない。民俗社会を震撼させるような事態や出来事に直面した時に、その形成がはじまるのである。伝説の形成を促す出来事には、身のまわりの不思議で異常なことやものもあるが、その最も大きなものの一つが稲作文化（米）や貨幣経済の導入、生活の基盤をなす生業の由来などであることは確かである。今までなかった所に清水が湧いたり、自分の村の清水がなぜ濁りまた芋が石のように固いのかといったことももちろん民俗社会にとって不可解な出来事であり一つの驚異であるが、ましてや民俗社会自体の死活がかかった出来事や事態については自らの持てる土着の固有の論理で解釈し説明づけて社会的同一性や秩序を保つ必要があったのである。

2　異人歓待・殺戮伝説のメカニズム

あるシステムがシステムとして成立するためには、そのシステムの秩序を逸脱する要素の存在が不可欠である。一つの小宇宙たる共同体も、外部世界である大宇宙との交通なくしては成立しえない。だが、外部世界との交通は無制限に開放されているわけではなく、特定の人や家に委ねられたり、特別の時間空間に限定されるなど慎重に行なわれ、ふだんは禁忌で閉ざされている、異人や異物など外部の存在を共同体の秩序を維持しながらいかに受け入れていくのか、またそれをどのように土着の論理で説明づけ解釈するのかは、共同体にとって重大な問題である。受容か排除かあるいは一旦受け入れて後に排除するのか、外的世界との交通に、一種の閉鎖的なシステムである共同体は驚くほどのエネルギーを注ぎ込みまた思考をめぐらしてきた。異人歓待および殺戮の伝説は、自らとは異なった文化や事物といかに共同体が接触してきたのか、またそうした秩序をおびやかす事態に対していかに対処してきたのかを、独特の説話の論理を用いて語ったものといえる。これはある意味で異界との交通や交換の物語であるが、既述したように、単に伝統的な秩序を維持する方向だけでなく、新しい変化を説明し解釈する方向でも働くのである。つまり、この種の伝説は、伝統的なものの単なる繰返しにとどまらず、新しい不可逆的な変化をも自らの土着の論理で説明づけようとする側面も有しているのである。どちらかというと、異人歓待伝説が秩序を補強し維持する方向で働くのに対し、異人殺戮伝説は新しい不可逆的な変化を説明する方向で働く傾向があるようである。

『備後国風土記』にある「蘇民将来」の伝説は、猟師の由来を語る「山立由来記」や「山立根元記」などの狩の巻物のなかにもたびたび登場する。たとえば、弘前市一ノ渡には次のような話が伝わっている。

事例3　マタギ由来記（弘前市一ノ渡）

四天王として天竺から日本に来たマタギ四人の名をいなとう、よねとう、こたん、そみんと呼んだ。その後天竺ナンダ国王の御子が竜宮の姫宮と縁を結び十二人の御子を生まれるのであるが、これを十二山の神と呼ぶ。この竜宮の姫が山中で出産されるときに、そみんはその助けをしたが、こたんは助けなかった。そこで山の神は七峯七谷をそみんに下された。さて、その後牛頭天王がいなとうよねとうの二人を伴に鷹狩に出られ、こたんの家に宿をかりようとされたが、こたんは祓をして天王を宿らせなかった。そこで牛頭天王はそみんの家に宿られたところ、七日の間歓待して差上げたので、牛頭天王はこたんの家に厄病を入れて子孫を絶やされた。しかしそみんの娘がこたんの家に嫁入っていたので、こたんの家屋敷一切そみんの娘に下され、後をつづけさせた。これがマタギのはじめで、こたんの子孫を東マタギ、そみんの子孫を西マタギというのである。（千葉徳爾『狩猟伝承研究』風間書房、一九六九年、五四七頁）

二人の猟師のうち、一方は山の神の出産を助けて栄え、他方は拒否して亡ぶというモチーフの伝説は、宮崎県椎葉村の大摩小摩の二猟師の話をはじめ、四国の剣山南麓、三河信濃にまたがる天竜峡谷、足尾山地、会津檜枝岐《ひのえまた》、北秋田などにもみられる。千葉徳爾は、この型の話はその「分布の広さとその内容的な古さからみて、おそらく狩猟信仰として最も古い型に属する」（同前、三五六―七頁）と述べている。ここで注意されるのは、野獣の殺戮を生業とする猟師が最も忌み嫌う出産の穢れをあえて犯して山の神を助けた点である。その結果、マタギ（山立）は、獲物や狩猟の許可を与えられることになるのである。ここでは、狩猟という里人から見るとやや特殊な生業の意味づけが、重大な禁忌の侵犯を通してなされているのである。それゆえにこそ、狩の巻は秘密の伝承とされてきたのである。だが、一旦、マタギ（山立）という生業が成立した以上は最初の禁忌は厳しく守られねばならない。そうすることで、自らの社会の秩序が維持されるからである。多くの禁忌に囲まれた狩猟の世界の深奥の部分には、その世界を逸脱する禁忌の侵犯が設定されているのである。最初に禁忌を侵犯することで秩序を確立し、その罪を社会全体で負う形で、以後禁忌を守り社会的秩序を維持するのである。

禁忌を侵犯した罪を社会全体ではなく、特定の家や個人に負わせ、いわば民俗社会の犠牲としてスケープゴートに仕立てあげて、社会的秩序を維持しようとする場合もある。「六部《ろくぶ》殺し」など異人殺戮の伝説にはそうした傾向が強いようである。

トウモロコシやキュウリなど比較的新しく入ってきた外来産の作物には、栽培をしないという禁忌伝承を伴うものが多い。氏神がその作物の茎やトゲで目を突いて片目になったから栽培しないのだという伝承が一般的であるが、なかには「六部殺し」と結びついた作物禁忌伝承もいくつかみられる。

事例4　六部殺し（群馬県群馬郡群馬町冷水）

前橋のあるところに、Mという大尽がある。このうちは、六部を殺して金を取って大尽になったといわれている。むかし、この家に六部がやってきた。その六部はえらいお金を持っていた。それを見たM家の先祖、親切ごかしにその六部を泊めた。一晩泊めたところが雨が降った。もう一晩泊って行けといって泊めて、その晩六部を殺して金を取り、穴に埋めた。六部は殺されるとき、苦しまぎれに仕返しをした。「この家に、トウモロコシが作れないようにしてやる」、そういって、六部は死んだという。そのために、M家では、トウモロコシを作ると、乞食病になって食えない。M家では、今でもトウモロコシが作れないということだ。（前橋・カケスの会編「群馬の『異人』伝承」『民話の手帖』三一号、一九八七年、三〇頁）

この例は、六部殺しをして金持になったとされるM家が民俗社会の穢れを一手に担う徴づきの家とされ、新来の作物であるトウモロコシの導入に際しては、M家だけがつくれぬという犠牲の下に他家の人々の栽培が可能となったことを示している。家ではなく、一つのムラがその地域社会で犠牲にされた例もある。

事例5　六部殺し（群馬県吾妻郡六合村入山）

むかし、入山のNというブラクに六部がやってきて泊った。家の者がわらじを作っているのを六部が見て、「わたしを殺すのか」といったって。ムラの人は相談して、その六部を暮坂峠のむこうの、おしの沢というところまで送って行って、殺して、持っていたお金を取ったって。そのあと、Nというブラクでは、いくら家をつくっても火事で焼けてしまう。そこでムラの人は、これは六部を殺したたたりだというので、これからは、このムラでは、キュウリを作らないから勘弁してくれと、六部の霊にお願いしたという。Nというところでは、今でもキュウリをつくらない。（前橋・カケスの会編、同前、三三頁）

Nムラでは、建てた家が次々と火事になってしまう奇怪な現象を殺した六部の霊の祟りと考え、新しい夏の作物であるキュウリをつくらぬことを条件にして六部の霊を鎮撫したのである。この事例では、他のムラではキュウリをつくれるが、Nムラではつくれないという差異を媒介として、不可思議な事態を説明し解釈しているのである。ここには、御霊信仰と同様のメカニズムを見ることもできる。社会のもろもろの穢れや厄災を、夏の代表的な作物であるキュウリに托して祓い流す風習は、夏祭である各地の祇園祭にしばしばみられるが、事例5では六部の霊の祟りをキュウリに托していわば「祀り棄て」ているのである。

『備後国風土記』の蘇民将来譚にもすでに御霊信仰的な諸要素が認められたが、異人歓待・殺戮の伝説は、見方によっては、異人を歓待したのちに祀り棄てるという、犠牲をつくり出すことで社会秩序の浄化と維持をはかる儀礼を説話化したものだということもできる。これによって、逆に社会を襲うさまざまな事態に対処してきたのである。

3　説明体系としての伝説

1　御霊信仰と異人歓待伝説

御霊信仰は、社会の秩序や人々の生活を脅かすさまざまな厄災や異常の原因が非業の死をとげた祀り手のない者の怨念や祟りにあるとみなす信仰であり、その御霊を鎮めて逆に和霊として祀ったり、あるいは祀り上げた後に社会の外部へと祀り棄てて、再び社会の秩序を取り戻そうとするメカニズムを持っている。つまり、天災、洪水、飢饉、暴風、疫病の大流行などの社会に生じた危機を御霊のしわざとして説明し、その御霊を神に祀り上げたり、社会の外部に一切の穢れとともに祓い棄てることを通して、秩序を回復するという、一種の浄化儀礼として考えることができるのである。異人歓待・殺戮伝説も、御霊信仰と同様なメカニズムをもち、民俗社会に生じたさまざまな異常や危機を説明づけ、社会の秩序を維持しようと働くのである。

小松和彦は、

民俗社会内部に生じた「異常」――たとえば社会全体やその内部の特定の集団にふりかかった災厄や個人にふりかかった病気や死など――の説明体系として憑霊があり祟りがあると説いてきたが、

殺された異人の怨霊もそうした民俗社会の所有する説明体系の一部を構成するものなのである。したがって、シャーマンが病気の原因を特定の人物の呪いに求めたり、いわゆる「憑きもの筋」の特定の霊的動物（犬神、オサキ狐）の憑依に求めたりして説明するとき、とりわけ重要なことは、呪いが実際に行なわれたかどうか、といったことを確認することではなく、病気の原因の説明のためにそうした信仰が人びとに説得力あるものとして受容されていることである。（『異人論――民俗社会の心性』青土社、一九八五年、三〇頁）

と述べ、憑きもの筋ばかりでなく異人殺し伝説も民俗社会で生じた異常の説明体系の一つとなっていることを明らかにしている。

御霊は異郷で非業の死をとげ、その怨念や祟りがこの世に厄災となって現われたものだから、「御霊信仰の究極の発現形態とは、異界から現世にやって来て悪・祟りをなす御霊を丁寧に慰撫し、静かにこの現世から送り出す」（井上満郎「御霊信仰の成立と展開」『奈良大学紀要』五号、一九七六年、一九六―七頁）ということである。異人歓待の場合、異人に宿と食物を提供するのがその主要な内容となっているが、とくに食物は重要であり、伝説の上ばかりでなく、不安定な祀り手のない霊や祟り神、憑きものなどを祀る上でも不可欠のものであった。山形県の山寺では、「厄神の宿」といって、大晦日の晩に村境や辻から疫神を迎えてきて、座敷や棚などで丁重に饗応したあと、元旦の早朝に元の場所に送りかえして、一年間災厄をのがれるように願う行事がある。(1)これほど丁寧ではないが、大晦日から元日にかけて、年神の側などに、厄神のための供物をあげて一年間疱瘡にかからぬように願う風習は各地にみられる。食物を提供する代わりに、厄災をのがれるというのが、これらの行事の主旨である。

ところで、松村武雄は「食を共にするといふことは、唾液や血液を嘗め合ふことと同じやうに、共食者の間に於ける不可分離な親密関係の生起を意味した。神にささげたものを共食することは、神と共に食ふこと、若くは更に本源的には神を食ふことであり、従って這般の行為は、人と人とを結びつけると同時に、人と神とを結びつける」(「外者款待と説話」『民俗学論考』大岡山書店、一九三〇年、三七六頁)ことだと述べている。神や異人を歓待することは、食物を共食することであり、さらに根源的には神や異人を食べてしまうことに通じるというのである。異人歓待伝説の一面には、神と一体となり神の祝福や呪力を取り込むという要素があるのは確かであるが、反面では歓待した神や異人が厄神や祟り神などこの世に厄災をもたらす存在でもあり、一定の期間歓待した後に元の場所に送りかえすという要素もみられる。これは、異界から訪れた神や異人にはこの世に祝福をもたらすと同時に厄災をもたらすという両義的な性格があるためであろう。松村武雄は、伝説に関してではないが、「外者歓待の実際について見ると、歓待者の心持は、(1)外者を媒体として天福を享受したいという希求、(2)外者をその保持者と考へた災禍から厭離したいといふ希求、に支配せられてゐる」として、「一方で外者は、天福の保持者若くは齎し人と考へられると共に、他方に於ては、疾病、不幸、その他よろづの災禍の原因と考へられてゐる」(同前、三七九頁、三八一頁)と述べている。そこで、異人歓待の一部には異人の災厄からのがれようという意図に出ているものがあり、歓待行為にもおのずと時間的な制限があるとしている。

このように、一口に異人歓待伝説といっても、異人自体が両義的存在である上に、さまざまな状況によってその内容は多様なものになると考えられる。たとえば、「弘法清水」の伝説の場合、その内容から『日本伝説名彙』では一〇の系統に分類している。弘法大師が水を所望したのに対して、水を与えたのか与えなかったのか、が分類の一つの目安だが、結果が同じ与えなかった場合でも水があるのに口実を設けて与えない時は水が減じたりなくなったりし、水がなかったり不自由な時には杖や錫杖で地面を突いて水を出し清水や井戸を出現させている。つまり、弘法大師を歓待したにしろ冷遇したにしろ、民俗社会にとって不可思議な現実というものがまずあり、それを説明するためにこの伝説が使われているのである。出そうもない所に清水が湧いていたり、冬でも暖かい水が出たり、どんな日照りにも涸れることがないとか、なぜ自分の村に水が湧かないのかといった現実のさまざまな疑問に答える形で伝説が語られ、村の現在の状況を説明づけて「過去」からずっと変わっていないことを強調しているのである。

2 異人殺戮伝説——栽培植物禁忌伝説と六部殺し伝説を中心に

次に異人殺戮伝説の場合を見てみよう。ここでは、その代表として栽培植物禁忌伝説と六部殺し伝説の二つを取り上げてみたい。実はすでに事例4と事例5で、この二つの伝承が結びついた伝説を紹介したのだが、若干異なった角度から再びこの問題について述べることにする。

伝説は、平凡な日常生活のなかからではなく民俗社会を震撼させ危機状態におとしいれるような事件と遭遇した際に形成される。つまり伝説は、民俗社会という一つの社会的身体に加えられた文化的衝撃から身を守り宇宙の秩序を回復するために、人々が独特の土着の論理を用いて事件を納得できる形に解釈し説明づけたものなのである。だから、伝説は古くさい迷信などではなく、さまざまな状況に応じて必死の思いで人々が生みだしてきた一種の「土着の哲学」なのである。栽培植物禁忌をめぐる伝説は、この立場からいうと、いままで見たこともなかった新しい作物が民俗社会にもたらされた際に、どのようにそれに民俗社会が対応してきたかを示した伝説と見ることができる。河上一雄は、栽培植物禁忌の実態を概観して、禁忌の対象となる栽培植物が大部分比較的新しく渡来した外来産の夏作物で、胡麻《ゴマ》・

胡瓜《キュウリ》・玉蜀黍《トウモロコシ》・黍《キビ》などが代表であり、またその禁忌の契機には親縁性が認められ、同一の作物に対して神聖視と不浄視の相反的認識がなされており、しかもその禁忌の契機のなかには片目伝承が色濃く存在し、悪病の流行伝承とともに御霊信仰との関連がうかがえると指摘している(2)。

これらの諸点は、異人殺戮伝説を考える上で示唆に富む指摘である。というのは、民俗社会が何か新しいものを受け入れる際に、伝説の上ではそれに対して両義的な態度をとり、肯定(歓待)にしろ否定(殺戮)にしろ、結局民俗社会から排除(禁忌)する方向で問題を処理していることを示しているからである。つまり、抵抗なく何かを受け入れた場合には伝説とはならないのである。異物や穢れに対して、民俗社会は嘔吐型(排出＝殺戮)と嗜食型(一旦受容し歓待した後で排泄)の二つの態度をとり、いずれも最後には社会的身体の外部に放出してしまうのである。異人殺戮伝説では、異人という社会の周縁的な存在に一切の邪悪なものや穢れを吸収させた上でスケープゴートとして殺害＝追放して社会を浄化し、その宇宙的な秩序を維持するのである。具体例を若干見てみよう。

事例6　高知県幡多郡大月町姫の井

村に疱瘡がひどく流行した。その勢いは激しく、一家全員が死んでしまうくらいにいたった。村の人々は、集まって相談したところ、八坂さんの祟りではないかということになり、八坂さんの御紋がキュウリを二つ割にした形に似ているところから、キュウリを作らないと誓った。戦後、食糧難でそうもいっておられず、願ほどきをして、作るようになった。(河上一雄「栽培植物禁忌研究への予備的考察」『日本民俗学会報』五六号、一九六八年、二五頁)

事例7　千葉県松戸市千駄堀

　ここの安蒜《あんびる》一統では、トウモロコシを作れない。それは、戦国時代に先祖がトウモロコシで目をつき、敵に殺されたためという。（河上一雄、同前、二二二頁）

事例8　新潟県新発田市西姫田

　この村に祀られる十一面観音が、村の大火の際、防火につとめ、ゴマガラに目をついて片目になられたため、ゴマを作らない。また、一説に次のような伝承もある。新田小次郎義祐の妻が夫の死を悲しみ、女郎淵に身を投げたが、その死骸の流れよった東姫田では、西姫田の方へ押しやった。西姫田ではかかわりあいを恐れてまた押しやる始末であったが、西姫田の荒井三郎ヱ門の老婆が死骸をあげて、阿弥陀様として祀った。ところが、夢の知らせにこの女がたち、この村の災難を護ってやるが、夫はゴマガラの矢で非業の死を遂げたので、ゴマを作らないでくれ、ゴマが生えたら変事の兆であると教えたから、ゴマを作らなくなった。（佐久間惇一『二王子山麓民俗誌』学生書房、一九六四年、一五三頁）

　以上、三つの事例を掲げたが、事例6では流行病と御霊信仰、事例7では目の傷（片目）と戦死、事例8では火事と片目伝承および死骸と御霊信仰などの諸要素が、栽培植物禁忌伝説と結びつけて語られている。火や死（死骸）という要素が秩序の更新と深く関連していることは、「大歳の火」や「大歳の客」などの異人歓待の昔話をみればわかる。ここでは、旧年から新年への移行が、火や死を媒介にして行なわれている。とくに、死体が黄金に転ずるのは、死体を隠しておく場所も重要だが、時間の甦りを象徴的に表現したものと考えることができる。問題は、作物禁忌に頻出する片目を突いたからそれを忌むという片目伝承である。片目や片足の神が多く登場するのは、季節や年の替わり目であり、こうした機会には時間の交替だけでなく空間的にも山と里や、山と海の交通が行なわれる。つまり、片目や片足伝承も秩序の更新と大いに関わるものであり、それゆえにこそ一種の浄化儀礼でもある御霊信仰と片目伝承とは結びついたのである。本書の序文でもすでに紹介したように、レヴィ＝ストロースもやはり、『生のものと火にかけたもの』（『神話学1』）のなかで、「盲目あるいは跛者、片目あるいは片手などの形象は、世界中の神話の中に登場するが、彼らは媒介の様式を体現したものである」と述べている。片目は、欠如によって徴づけられたものであり、これにすべての厄災を負わせて共同体から排除することで、社会の秩序を確立しカタメ（固め）るわけである。つまり、カオスからコスモスを創出するために、穢れを負わす何か一つを全員一致で排除する必要があるのである。こうして排除された犠牲者は、穢れた存在として禁忌の対象となる。このため、栽培植物禁忌伝説は異人殺戮伝説と物語の表現の上だけでなく、深層にある構造おいても通底していることになる。

しかし、六部殺し伝説の場合は、作物禁忌伝説と異なり、片目を突いたという形ではなくもっと直接的に血なまぐさい殺戮が語られている。この伝説では、六部、座頭、山伏、巫女など旅の漂泊的な宗教者が多く異人として登場し、殺戮されて所持していた金や宝物が奪われたと語られ、しばしば家の盛衰伝承と結びついている。六部殺しの場合は、伝説よりも世間話として語られることが多く、「こんな晩」のように昔話になっている場合もある。桂井和雄は、この種の話の内容には一定の形式があるとして、次の四点を指摘している（「遍路や六部などの持ち金を盗んだ家筋の話」『季刊民話』七号、一九七六年、六七頁）。

(1) 殺されるものがつねに多額の金銭を持つ遍歴中の遍路や六部であること。
(2) その持ち金を盗み取った家筋が、それを元手にしてしだいにのし上がり、村や町の分限者、素封家になっていること。
(3) 殺された遍路や六部などのたたりが、持ち金を盗んだと噂される者にあらわれること。
(4) 以上のなかで(2)の条件の後半、(3)の条件のいずれかが欠如したものが、現在伝説として語られていること。

「世間話」は、伝説よりも新しく形成されたものが多く、しかも現に存在する人や家を対象として語られる。このため、六部殺しの場合、世間話ではホットな話題であり、外部の者に語るのをはばかる傾向がある。この点、伝説では内容がある程度冷え固まり、生々しさが物語のなかに消えてしまい、残された塚や樹木などの方に重点が移されている。柳田国男編『日本伝説名彙』では、「虚無僧桜」「尼塚」「法印塚」「経塚」「山伏塚」「いろこ茶屋」「上臈が滝」「ならずの李《すもも》」などの伝説に異人殺戮のモチーフがみられる。その具体例をいくつかあげてみよう。

事例9　ならずの李（長野県北安曇郡美麻村）
二重の横山某の家に大きな袋をもった行脚僧が泊った。家人がその僧を殺して袋の中を見ると、真赤な李であった。家の者は死に絶え、その付近に実らぬ李が生えるようになった。（柳田国男監修『日本伝説名彙』第二版、一九七一年、八九頁）

事例10　尼塚（徳島県板野郡里浦村）

清少納言が尼となってこの地に死んだのを葬ったという尼塚がある。清少納言は罪あって空舟《うつぼぶね》に乗せられて流され、この浦に流れ着き、浦人らはこれを殺して衣服財物を取ったので、その恨みで癘病が多かった故にこの塚を建てて弔ったといっている。(同前、三四九―五〇頁)

事例11　濁りが淵（徳島県那賀郡桑野村）

桑野川の上流にある淵で旅の六部を殺して一寸四方の箱に納まる蚊帳と黄金の鶏とを奪ったが、鶏は羽音を立てて飛び去った。この淵は六部を斬り落した処なので、その水は今に至るも赤く濁っている。またこの家では餅を搗くと血が混じるというので、今も挽餅をその代わりに用いている。(同前、三〇六頁)

これらの伝説では、異人殺戮は実らぬ李、癘病の流行、赤く濁る淵および餅無し正月といった民俗社会のなかの不可思議なことやものを説明づけるモメントとして登場している。閉鎖的な民俗社会に起きた不可解な出来事を説明し、ムラの社会的宇宙論的な秩序を守り維持するために、行脚僧や旅の六部あるいは空舟で異界からやって来た罪をになった女などの異人を殺戮し、もろもろの厄災やその原因をそこに収斂させているのである。

民俗社会内部の出来事を説明するために、外部の存在たる異人をなぜ登場させるのだろうか。それは、民俗社会という一つの閉鎖的なシステムを成立させ、その秩序を維持するには、外部の存在や外部との交通が不可欠だからである。多くの民俗伝承の存在意義もこの点に求められるのである。事例9や事例11において、異人殺戮にともなう血やその色である赤色が重要な役割を果たしているのは、血が人から人、世代から世代へと継承され、容易に他と混じったり秩序をはみだすものだからである。また通婚や交際を規制したり穢れたものとして忌んだりするのも、血がべとべと、ぬるぬるとした中間的性格をもち、人間のコントロールの及びにくいものだからである。逆に生命の根源をなす血が人と人、集団と集団をつなぐ媒体として重要になるのは、タブーによる規制があるためである。血は、「外部の血を入れる」という表現にあるように、内と外、この世と異界とを媒介するものなのである。異人、血、空舟などの諸要素はみな二つの世界をつなぐ媒体であり、異人殺戮はこうした材料を用いて両界の結合と分離、あるいはある種の交換様式を表現したものとみることができる。異人を殺すことは共同体の秩序を侵すことなく、異人をスケープゴートとして祀り上げ、一切の穢れを祓うことを意味する。外部の存在を殺戮することで、内部の秩序を確立し維持しているのである。

事例11の後半部には、餅を搗くと血が混じるという、いわゆる「餅無し正月」の伝承が伴っている。これは、稲作文化という大きなシステムに対し、餅を搗かぬことで自らの独立性と秩序を保っている例といえ、血を混じえぬということで異文化＝稲作文化を拒否している姿勢を表現しているのである。餅無し正月伝説において、稲作文化の象徴である米を搗いた白い餅が禁忌の対象とされるのは、共同体のもつ独立性、土着性、多様性が消去されて稲作という大きな単一のシステムのなかに自らが組み込まれてしまうことへの恐れからともいえる。餅無し正月の伝説にも、火、血、赤色、死、生命、戦争、先祖、大晦日、金などといった異人殺戮伝説を構成するのと同じ諸要素がみられる(3)。多様な生活形態が単一の稲作文化へと統合されていくのは不可逆的な変化である。しかし、この変化に対し、一族一村から特定の旧家に至るまで類型的な餅無し正月伝説が保持されてきているのは、稲作文化に対して土着文化がいかに抵抗してきたかとか、あるいは実際の生活は稲作の体制下に入っても儀礼や伝説のなかでは拒否することで自らのアイデンティティを保ってきたことなどを示している。
稲作＝米を中心とする経済体制や文化は、日本では古代以来の長い伝統であったが、これを侵犯したのが、もう一つの巨大なシステムである貨幣経済である。保守的な民俗社会のなかで、六部殺しの話の多くが家の盛衰と結びつけて語られている背景には、貨幣経済の浸透による伝統的な社会秩序の崩壊の危機がある。貨幣経済への移行は不可逆的な変化であり、実際それを受け入れざるを得ないのだが、一方では古い秩序への依存とその危機があり、他方では急に経済的に成功した家への嫉妬があって、その両者が重なって六部殺しのような異人殺戮伝説が民俗社会に定着していったのである。具体的な事例を一つ掲げてみよう。

事例12　六部殺し（群馬県横野村樽）
ここの某家は現在長屋門を持ち、蔵も幾棟もある家であるが、こうなったのは昔同家に泊った六部を殺して所持の小判を奪ってからであるという。（都丸十九一「家々の伝承」『民間伝承』一三巻九号、一九四九年、三〇頁）

共同体のなかの特定の家が急に金持に成り上ることは、共同体の成員にとって一つの不可解な出来事である。同じように働いていてなぜ急にある家だけが金持になったのか。富が限定されている場合は憑きものでそれを説明し、一方が富むことは他方が貧することを意味した。貨幣経済の下では、もはや内部だけで説明できず、家の盛衰は外部から異人や空舟などの形でもたらされ、それを奪い取ったのだと説明する。その結果、急に富んだ家は徴《しるし》づきの者とされて、他家から差別されたり、六部の祟りで代々不幸な子供ができるとか早死するなどと噂されたのである。ある特定の家を社会秩序を乱した罪でスケープゴートにし、それによって結局民俗社会は貨幣経済のなかに入っていくのである。六部殺しの伝説は、異人や空舟など伝統的な民俗コードを用いて、不可逆的な変化を説いたものと考えられる。なお、殺された異人の多くが六部などの旅の宗教者であり、しかも殺された者の霊の祟りによって特定の家の種々の厄災を説明することなどからみて、この系統の話の伝播者は民間の漂泊的な宗教者であると思われる。ただし、話を伝えてもそれを受け入れるだけの基盤と状況が民俗社会になければ定着しない。その心的な基盤の一つが、犠牲の論理であることは確かである。

特定の家が実際に六部殺しをしたかどうかは問題ではなく、民俗社会がさもありなんとして信じて秘かに語っていることが重要なのである。カプフェレは、『うわさ――もっとも古いメディア』のなかで、

うわさは、数千の孤立した個人ではなくて、その集団全体を巻きこむ団体的現象である。あるうわさに同意することは、その集団の声、集団的見解への自己の忠誠を表明することである。うわさは集団に、自らの数を数え、自らの考えを表明する機会を提供する。普通、それは、他の集団、何らかの贖罪の山羊をいけにえにしておこなわれるのである。集団のアイデンティティは、共同の敵を満場一致で指摘することによって、容易に樹ち立てられるのだ。(『うわさ――もっとも古いメディア』古田幸男訳、法政大学出版局、一九八八年、一三六頁)

と述べている。六部殺しの伝説や世間話では、一軒の特定の家を犠牲に選び、共同体から徴づきとしてその家を差別し排除して、すべての罪や穢れを負わせてしまうのである。貨幣経済の浸透に伴う伝統的

な社会秩序の破壊の罪を、富を集積して共同体の嫉妬の対象となった家にすべて押しつけて、六部殺しによって急に金持になったのだと語ったのである。つまり、民俗社会の内部の特定の家を、外部の存在たる異人を殺戮したと語ることで、結局民俗社会のいけにえとして殺しているわけである。小松和彦は、「異人殺戮のフォークロア」の存在意義について、「民俗社会内部の矛盾の辻褄合わせのために語り出されるものであって、『異人』に対する潜在的な民俗社会の人びとの恐怖心と排除の思想によって支えられている」ものだと述べ、さらに「民俗社会は外部の存在たる『異人』に対して門戸を閉ざして交通を拒絶しているのではなく、社会の生命を維持するために『異人』をいったん吸収したのちに、社会の外に吐き出すのである」（小松和彦、前掲　八六―七頁）と論じている。このように、異人歓待・殺戮の伝説は、民俗社会に生じた異常な出来事の説明体系として機能しているのである。

＊

　異人歓待・殺戮伝説は、全国各地に数多く分布し、そのほとんどは類型的なものである。しかし、それらを類型別に分類し、全体としてその意味を論ずるだけでは不十分である。高取正男は「話がどのように類型的で、どこにでもみられる月並みなものであっても、それを伝えている村の人にとっては、本来、その村に限ってあったことで、他の村におなじことがあろうとなかろうと、もともと関知するところではない。それらは、それぞれ生まれついた村のなかでのみ生きた人にとって、（中略）普遍世界に交通（中略）するための、この世におけるかけがえのない」（『民俗のこころ』朝日新聞社、一九七二年、二五一―二頁）ものなのだと述べている。[4] つまり、近代以前には、どの民俗社会もその土着性を失うことなく外界の文物に接し、その受容をなしてきたのであり、伝説とはそれを土着の固有の論理で語ったものなのである。それゆえ、伝説は、本来、それぞれの民俗社会の文脈のなかで捉えてこそ十分にその意味が探れるのである。本章では、伝説を一つの説明体系と捉えることで、そうした方向への姿勢を示したつもりであるが、いまだ不十分であり、実施調査をも含めて残された多くの問題は、今後の課題としたい。

註

（1） 丹野正「厄神の宿」『民間伝承』一六巻一二号、一九五二年、三一—四頁。
（2） 河上一雄「栽培植物禁忌研究への予備的考察」『日本民俗学会報』五六号、一九六八年、二八—九頁。
（3） 坪井洋文『イモと日本人』未来社、一九七九年。なお、「餅無し正月」に関しては、稲作以前の焼畑耕作文化やイモ文化と関連づけるのではなく、むしろ稲作文化内の問題として複合生業論の立場から説明する新しい解釈も最近提出されている（安室知『餅と日本人』雄山閣出版、一九九九年）。
（4） 異人歓待伝説に関しては、松本信広「外者款待伝説考」（『日本神話の研究』同文館、一九三一年）も参照されたい。

瓢箪の民俗学——虚実のあわいをめぐって

1　問題の所在——日本人と瓢箪

ヒョウタンはウリ科に属し、サバンナ農耕文化のなかで雑穀類とともに育てられた果菜類の一つであり、原産地はアフリカであろうとみられている。ヒョウタンの栽培と利用は、古くから新旧両大陸にわたって知られており、現在も熱帯から温帯地域まで広く栽培されている。ヒョウタンは単に食用、薬用、飼料用とされただけでなく、その果皮を乾燥させてさまざまな容器、楽器、農具、浮子《うきこ》、日用器具のほか、呪術宗教的な祭器などとして使われ、その利用範囲はきわめて多様で広い。日本でも鳥浜貝塚（福井県）や琵琶湖の粟津湖底遺跡など縄文時代初期の遺跡から大量のヒョウタンの種子や果皮が出土しており、すでに九千年前くらいから栽培利用されていたろうと考えられている。

一口にヒョウタンといっても、その形、呼称、表記はいろいろであり、生か乾燥させた容器かでも名称が異なることもある。日本の場合も果皮の形をみると、ユウガオ（長くて大きいが容器には不適）、ヒサゴ（長くて細い首と球形の短い胴体をもち、縦にたち割ればヒシャクやシャモジになる）、フクベ（丸い胴体の扁平なヒョウタンで大きくなり、木炭《もくたん》を計るのに使用した）、ヒョウタン（腰のくびれた形のもので、ふつう瓢箪といえばこれをさす）などがある。瓢箪という漢字は、『論語』の「一箪食一瓢飲」に由来するとされ、元来飲み物や食べ物の容器をそれぞれ意味していたのだが、日本では腰のくびれたヒョウタンをもっぱらさしている。なお、ここでは植物自体よりも果皮でつくった容器や道具を問題にすることが多いので、一応「瓢箪」という表記で代表させることにする。

本章では瓢箪が、日本の神話、宗教、芸能、民間伝承などでどのような役割を果たしてきたのかを概観しながら、日本人と瓢箪とのかかわりやその意味をさぐってみたい。

2　採り物としての瓢箪

瓢箪は、山の神の持ち物や山人《さんじん》のもってきてくれる山の贈り物（山苞《やまつと》）として、この世とは異なった世界である「山」と深いかかわりを有している。平安時代の内侍所御神楽《ないしどころみかぐら》の『神楽歌』をみると、榊《さかき》・幣《へい》・杖《じょう》・篠《しの》・弓《ゆみ》・剣《つるぎ》・鉾《ほこ》・杓《ひさご》・葛《かずら》という九種の採り物《とりもの》（神楽などを舞う際に手にもつ物）とその歌謡が記されている。これらの採り物は一般に宮廷での鎮魂祭《ちんこんさい》の呪物とされているが、このうち杓は「ヒサゴ」と称し瓢箪やフクベなどの総称であった。杓は古くは「ヒサコ」と呼ばれ、杓を縦に割れば柄杓（ヒシャク）や杓子（シャクシ・シャモジ）になり、横に切れば椀にもなった。杓子は山の神や田の神の舞の採り物となっているが、かつてはもっぱら漂泊的な山民である木地師《きじし》が里人《さとびと》にもたらしたものであり、食物分配を司る主婦権の象徴とされたり、また近江の多賀神社や安芸の宮島などでは縁起物として参詣者に配られたりしている。瓢箪はその中空性（ウツボ・ウツロ）から神霊や霊魂の宿るものとして神聖視されたために、柄杓や杓子までも同様のものとみなされて安産祈願や魔除けなどさまざまな儀礼や呪術に使用された。

高取正男は、採り物歌では山や山人の信仰が圧倒的であり、葛はじめ杖や杓などが山人のもたらす呪物とされていたとし、

山に対する信仰も、ただ山が水稲耕作に必須の水源地であり、多くの生活必需品の供給源であったことにもとづくだけではなかったろう。山には山人という異種の神を奉ずる別種の人たちが住み、それと一定の接触、ないしは交易・交流をもつことによって、人々の山に対する信仰が倍加されたろうし、葛や薪、杓やさらには杖までも、そのことによって、山人のもたらす呪物として神聖視された。(「採り物」『日本の古典芸能1　神楽』平凡社、一九六九年、一八二頁)

と述べている。宮田登も、「徳利亀屋《とっくりかめや》」という宿屋の伝説に関連させて、

日本の山民たちが、山中を旅するときに、ひょうたんがつねに帯同《たいどう》されていたことが注目される。ひょうたんに水など飲料水を入れておけば、渇水することなどなかった。山民たちにとって、ひょうたんは必需品であった。山と里の交流の中で、山民が平地民と交渉をもつ際、不可思議なひょうたんが、徳利として平地民に採用されたのである。(中略)そのひょうたん徳利は、不思議な魔力をもつマネキになる。宿屋は二つの世界の境界にあたるものと潜在的に意識されるものだろう。異郷から次の異郷へと移行する境界に宿があるわけで、ひょうたんはそのことを暗示するマネキとしてピッタリしていた。(「マネキ・ひょうたん徳利」『はーべすたあ』一四号、一九八一年)

と述べている。いずれにしろ瓢箪は、山と里の交渉で、山人からもたらされた呪力のある物だったのであり、境界とも深い関係をもっていたといえる。

採り物歌では、杓《ひきご》は「大原や　せが井の清水　杓もて　鶏は鳴くとも　遊ぶ瀬を汲め　遊ぶ瀬を汲め」と歌われているが、同じ『神楽歌』の竈殿《かまどの》遊歌には、「豊竈《とよへつつい》　御遊《おんあそ》びすらしも　ひさかたの　天の河原に　瓠《ひさ》の声する　瓠の声する」とある。前者では、杓は水を汲む柄杓のことであり、採り物として瓠（瓢箪）が使われていることを示すのは、むしろ後者の歌である。『皇大神宮儀式帳』の六月十七日直会《なおらい》の歌でも、「析釧《さこくしろ》五十鈴《いすず》の宮に御饌《みけ》立つと打つなるひさは宮もとどろに」とあって、この「ひさ」は採り物である中空の瓠（瓢箪）のことである。山口県岩国の行波《ゆきは》神楽では、実際に瓢箪に竹の柄をさした柄杓が採り物として用いられている。採り物は、鎮魂祭の呪具であり、高取はじめ一般に「それ自身が神の依代としての機能をもつと同時に、それによって神の降臨、神霊の発動が惹起されるという、一種の祭具・呪具としての機能」を併せもつものとされてきた。

この採り物を神霊の依代《よりしろ》とする考え方に対し、神楽や鎮魂を基本的に「悪霊強制」（悪霊を強制的に祓い追放すること）であるとみる岩田勝は、神楽や祭儀の庭において、

> 舞う巫者が手にするのは、幣・榊・笹・鈴の類であって、手草《たぐさ》と呼ばれる、神霊がかかったりよりついたりするしるしである。これに対して、司霊者《しれいしゃ》グループによる悪霊強制のための舞で手に採るのは採り物と呼ばれるが、それらは武具の類である。桙（矛《ほこ》）と剣が代表的なもので、太刀・長刀・弓や鈴などもある。このように、手草と採り物とは明らかに目的を異にするものであるが、巫

者の神がかりが失われるようになり、芸能化の方向に進展していくと、両者の混同が目立つようになる。内侍所御神楽の神楽歌の「採物」では、鉾・剣・弓だけでなく、人長が手に採るためであろうか、幣・榊・笹までも採り物とするのだが、それを本来のものと錯覚した議論や採り物をも手草とする混乱した議論が現在も絶えない。（「天石窟の前における鎮魂の祭儀」『歴史民俗学論集1　神楽』名著出版、一九九〇年、五一頁）

と批判している。巫者の舞は司霊者グループによる楽と歌によって左右の旋回を繰り返し次第に神がかっていく舞であり一人で舞われるが、司霊者の舞は採り物舞とよばれ巫者の舞の前に一人でなくグループで踊りに近い身体動作でもって結界《けっかい》した祭儀の場から悪霊を強制する舞であり、

行法《ぎょうほう》の一定の手順にしたがって、採り物を持ったうえで、東西南北の四天《してん》の所在する位置や地霊〔その姿形は蛇形で、茅などで蛇・輪・人形を作って具象化した——引用者〕がひそむ中央にはげしい旋回動作や力強い足踏みをくりかえし、それとともに採り物で禳い、移動も反閇《へんばい》などの特異なふりによる踏み方（同前、五〇頁）

をする。さらに、岩田は

悪霊強制には、(1)悪霊をはらい、地霊は地中にいわいしずめるという、ひたすらに祓禳《ふつじょ》もしくは鎮魂することと、(2)それらにいささかでも両義性が認められるならば、そのわざわひをもたらす部面

をしずめて、みずからの共同体の守護神霊、ときには共同体の神に（御子神などとして）変身させるという、二つの部面があるが、通例は前者に圧倒的なウエイトをかけることが多かった。（中略）このような悪霊強制の祭儀のことを、古代にはフリもしくはタマフリと呼び、漢字で表記するには、「鎮」もしくは「鎮魂」と充字した。「魂」は、遊部《あそびべ》の行儀を「令集解」で「鎮凶癘魂」とするように、みずからの共同体の生産や存続を阻害する霊的存在としてのタマに充字したものであった。それは、タマシヅメされるべきひと（天皇・中宮・東宮などの生者もしくは死者）の霊魂を意味するものではなかったのである。このようなフリもしくはタマフリこそ、神楽の祭儀の重要な基型をなすものであった。（同前、七四―五頁）

と述べている。岩田勝の見解はきわめて示唆に富むものであり、本章の記述も岩田の研究成果によるところが大きい。

従来、瓢箪は主に神霊の宿る容器や依代ということから採り物とされたり、さまざまな呪術や儀礼に使用されたりしたのだろうと考えられてきた。岩田のいうように、鎮魂は威力ある霊魂を体内に付着させること（折口信夫説）ではなく、逆に悪霊を強制することだと解すると、採り物は悪霊を鎮（フリ）する武具を意味することになり、瓢箪もその武具の一つということになる。

3　瓢箪と水神

前節では、瓢箪は里の定着水稲耕作民の世界とは異なる、山や山人の信仰と深い関係をもった呪物であると述べた。しかし、一方で、水神の代表である蛇のように自在に伸び巻きつく蔓《つる》性植物でみずみずしい実のなる瓢簞は、山よりもむしろ水界や水神といった水の信仰とずっと深いかかわりをもっている。『延喜式』鎮火祭祝詞には、神生みの後で最後に火の神ホムスビを生んでほとを焼き石隠《いしごも》りしたイザナミが、「水の神・匏《ひさご》・川菜・埴山《はにやま》姫、四種の物を生みたまひて、『この心悪しき子の心荒びるは、水・匏・埴山姫・川菜をもちて鎮めまつれ』と事教へ悟し」たとある。ここでは、匏は火（火の神）に対するいわば採り物として水の役割を果たしていることがわかる。また平安時代の有職故実《ゆうそくこじつ》書『江家次第《ごうけしだい》』には、七月七日の相撲《すまい》の節会《せちえ》で左方の力士は葵《あおい》を、右方の力士は瓠の花をそれぞれ髪にかざして登場したとある。この場合、葵はあおひ（向日）で照る日を、一方白い瓠の花は水や雨を象徴したものとみられている。花道の由来も、ここにあるという。この葵と瓢簞という日（火）と水の二項対立を、『源氏物語』の葵の上と夕顔、平氏（赤・日輪《にちりん》）と源氏（白・水神《すいじん》）、徳川（狸・三葉葵《みつばあおい》）と豊臣（猿・千成《せんなり》瓢簞《びょうたん》）などまで拡大解釈する説もある。こうした瓢簞と水の強い結びつきから、井口樹生は「ひさごは古く容器であったというにすぎないが、昔の人にとっては物質的なとらえ方で用いたのではなく、ひさごは水の神、水の神の道具、水の神のシンボルであった」（『古典の中の植物誌』三省堂選書、一九九〇年、七三頁）と述べている。

瓢簞と水神のテーマは、すでに記紀のなかにも登場している。『古事記』中巻の仲哀天皇の条に、神功皇后の新羅《しらぎ》征討に際し皇后に憑依した神が「その国を求めむと思ほさば、天神地祇、また山神また河海の諸の神に、悉《ことごと》に幣帛《みてぐら》を奉り、我が御魂を船の上に坐《ま》せて、真木《まき》の灰を瓠《ひさご》に納《い》れ、また箸と葉盤《ひらで》を多《さは》に作りて、皆皆大海に散らし浮かべて度《わた》りますべし」とのたまったとある。漁師の間では、海の亡霊である舟幽霊に出会った場合に、わざと底抜けの柄杓《ひしやく》を与える風習がよく知られているが、これは船に柄杓で水を入れられて沈没させられないためだと説明されている。底抜け柄杓だけでなく、灰もまた舟幽霊に対して効果的だと古くから知られてきた。したがって、この灰を瓠に入れて海にまき散らすという行為は、船の進行を妨げる諸々の悪霊邪霊を鎮める意味があることがわかる。

また『日本書紀』巻十一の仁徳天皇の条には、二つの説話が載っている。まず仁徳天皇十一年冬十月に、

> 北の河の澇《こみ》を防がむとして、茨田《まむたの》堤を築く。是の時に、両処の築かば乃《すなは》ち壊れて塞ぎ難き有り。時に天皇、夢みたまはく、神有《ま》しまして誨《をし》へて曰《まう》したまはく、「武蔵人強頸《こはくび》・河内人茨田連衫子《ころものこ》二人を、以て河伯《かはのかみ》に祭らば、必ず塞ぐことを獲《え》てむ」とのたまふ。則ち二人を覓《ま》ぎて得つ。因《よ》りて、河神に禱《まつ》る。爰に強頸、泣《いさ》ち悲びて、水に没《い》りて死ぬ。乃ち其の堤成りぬ。唯《ただ》し衫子のみは全匏《おふしひさこ》両箇を取りて、塞ぎ難き水に臨む。乃ち両箇の匏を取りて、水の中に投れて、請《うけ》ひて曰はく、「河神、祟りて、吾を以て幣《まひ》とせり。是を以て、今吾、来れり。必ず我を得むと欲《おも》はば、是の匏を沈めてな泛《うかば》せそ。則ち吾、真の神と知りて、親《みずか》ら水の中に入らむ。若し匏を沈むること得ずは、自づからに偽の神と知らむ。何ぞ徒《ただ》に吾が身を亡さむ」といふ。是に、飄風《つむじかぜ》忽に起りて、匏を引きて水に没む。匏、浪の上に転《ま》ひつつ沈まず。則ち潝潝《とくすみやか》に汎《うきをど》りつつ遠く流る。是を以て、衫子死なずと雖も、其の堤亦《また》成りぬ。

とある。次に、仁徳天皇六十七年には

是歳、吉備中国の川島河の派《かはまた》に、大虬《みづち》有りて人を苦びしむ。時に路人《みちゆくひと》、其の処に触れて行けば、必ず其の毒《あしきいき》を被りて、多に死亡《し》ぬ。是に、笠臣の祖県守《あがたもり》、為人《ひととなり》勇悍《いさを》しくして強力《つよ》し。派淵《ふち》に臨みて、三の全瓠《おふしひさご》を以て水に投《なげい》れて曰はく、「汝屢《しばしば》毒を吐きて、路人を苦びしむ。余、汝虬を殺さむ。汝、是の瓠を沈めば、余避《さ》らむ。沈むること能はずは、仍ち汝が身を斬《ころ》さむ」といふ。時に水虬、鹿に化《な》りて、瓠を引き入る。瓠沈まず。則ち剣を挙げて水に入りて虬を斬る。更に虬の党類《ともがら》を求む。乃ち諸の虬の族《やから》、淵の底の岫穴《かふや》に満《いは》めり。悉《ことごとく》に斬る。河の水血に変《かへ》りぬ。故、其の水を号《なづ》けて県守淵《あがたもりのふち》と曰ふ。

とある。これら二つの事例は、いずれも堤防を壊したり路人を悩ました河神や虬《みずち》（水の精霊のこと、大蛇や竜をいう）などの水神《すいじん》を、英雄が瓢箪を用いて退治する話になっている。

　水神に瓢箪を水中に沈めさせようとする点が一つのポイントだが、後者では虬が鹿に化して瓢箪を引入れている。中国の寿星が化したとされる七福神のなかの福禄寿《ふくろくじゅ》は、中国語の語呂合わせによるのであろうか、鹿（禄《ろく》）に乗り瓢箪（葫蘆＝福禄、葫＝福）をもっている。中世の鉢叩《はちたた》きも、鹿角《かづの》杖をもち瓢箪を叩き念仏を唱えて歩いたという。水神が零落した妖怪とされる河童《かっぱ》は、この鹿の袋角と瓢箪を嫌うとされ、これらを身につけていれば河童の害を防げるという。日韓の「天人女房」譚にも、鹿と瓢箪（瓜）が登場する昔話がある。また鹿島や男鹿などの地名では、鹿は鹿＝果ということから地の果てや先端といった境界領域をさすようである。

　昔話の「蛇婿入り」譚には、三輪山神話とも結びつく苧環《おだまき》型と、水乞《みずこい》型とがあり、後者は『日本書紀』の説話と同じモチーフをもつ。すなわち、干上がった田んぼに水を引き入れてくれるのと交換に三人娘のうちの一人を嫁にやると父親が約束し、末娘が針千本と瓢箪をもって蛇のもとに嫁ぐが、途中の池（川）で蛇に瓢箪を沈めさせ、さらに針を投げて殺すと一般に語られている。「河童婿入り」譚では、蛇でなく河童の話となっており、また「猿婿入り」譚では、瓢箪が底抜け柄杓や甕《かめ》などとともに嫁になるのをことわる道具になっている。実際の瓢箪ではないが、桑・椿・南天などで槌や瓢箪をつくり子供の腰につけて痲疹《はしか》（紀州田辺）、溺死（讃岐）、転倒（東京）をさけるお守りとする風習もかつてあった。なお、タイ山地の苗《ミャオ》族やアカ族の子供も、首や腰にお守りとして瓢箪をつけており、同様な風習は中国や朝鮮などでもみられた。

説話ばかりでなく絵画や演劇でも、如拙の「瓢鮎図《ひょうねんず》」（十五世紀初め）をはじめ、大津絵の「瓢箪鯰《ひょうたんなまず》」（十七世紀半ば）、歌舞伎の所作事の「瓢箪鯰」（文政十二年初演）や安政二年の大地震直後の「鯰絵《なまずえ》」などに、瓢箪で鯰（水神）をおさえる構図をみることができる。

ところで、水や水神と親縁な関係をもつ瓢箪が、他方で水神を退治する武器となっていることは注意される。これは水神や行疫神の祇園様（牛頭天王《ごずてんのう》）が胡瓜《きゅうり》や瓜を嫌ったりあるいは非常に好むという相反する伝承をもつことに対応する。C・アウエハントが「鯰絵」の構造分析を通して明らかにしようとしたのも、実は地震を引き起こすと信じられている鯰（水神）のこうしたアンビヴァレント（両義的）な性質なのである。すなわち、

鯰は、地震をひき起こすものとして版画に描かれるが、しかしそれと同時に、世界の更新者のみならず富や幸運をもたらす者としても、つまり典型的なトリックスター形象として表現されている。鯰に関してとりわけ重要なのは、蛇（竜蛇）との同一化に加えて、雷（雷神）や少童（英雄）との

瓢箪鯰（東京大学地震研究所）

絵画表現上の同一化である。鯰は石から生まれるばかりでなく、ついでに言えば鯰自体が石なのであり、杓子の形でも現われる。鯰は水神であり留守神でもある。それにもかかわらず、鯰は自分自身および自分自身の行為（＝地震）から人々を守らねばならないその守護神でもある。（『鯰絵——民俗的想像力の世界』小松和彦・中沢新一ほか訳、せりか書房、一九七九年、三四〇頁）

鹿島大明神（建御雷命《たけみかづちのみこと》）が剣（金属）や要石《かなめいし》（石）で地底の大鯰（もとは龍蛇）を押さえることは、「ゆるぐとも　よもやぬけじの　要石　鹿島の神のあらんかぎりは」と歌われているように、盤石《ばんじゃく》に思われる。しかし、安政二年十月（神無月《かんなづき》）に神が出雲に行った留守に実際には大地震が起きている。一方、留守神のエビス神（猿）がつるつるした瓢箪でぬるぬるすべる鯰を押さえることは、実現不可能のように思われるが、禅の公案が示すとおりまったく不可能なことではない。後者のエビス神（猿）が強い両義的な形態を特徴とするために、両者は対称的な関係ではないが、かといって一義的に意味や関係を固定化できず、潜在的に両義的な関係性を保っているのである。

さらに、鯰だけでなく、瓢箪自体も石と同様に両義性や境界性を有している。実際に「鯰絵」では、瓢箪は鯰を押さえる武器だけでなく、他方で鯰男が着る着物の模様、酒徳利、薬箱、食物などにもなっている。とくに、鯰男の着物が波柄も若干あるが大半がさまざまな瓢箪柄になっていることは、両者が水界の存在としてきわめて近い関係にあることを示している。瓢箪は中空なるウツボ性を一つの特徴としているが、その空虚さはあるいは水陸両界に関わりつつどちらにも属さないという瓢箪の境界性を示すものかもしれない。

4 「宇宙」表象としての瓢箪

室町時代の『天稚彦草紙《あめのわかひこ》』には、長者の娘が一夜杓にのって天稚彦（実は蛇形の海龍王が貴公子に変じたもの）のいる天に会いにいく話が載っている。これは七夕《たなばた》の起源譚にもなっていて、蛇婿が娘を訪れる点では昔話の「蛇婿入り」譚と同じだが、むしろ全体としては男女の立場が逆転している「天人女房」譚に近い。一夜杓が一夜にして天まで届いた瓢箪なのか柄杓なのか不明であるが、いずれにしても瓢箪は天と地をつなぐものになっている。昔話でも、夕顔、瓜、朝顔などの蔓性植物がよく天まで伸びていくと語られており、また天界では瓜をたべたり輪切りでなく縦に切ることが禁じられているのに、男がタブーを破ったために大水（洪水）となり、年に一度七夕にしか男女が会えなくなったのだとされている。七夕は五節句《ごせっく》の一つで一年を二分する折目にあたるが、笹竹に願いごとを書いた短冊をつけたり瓜類を供えて星に裁縫などの上達を祈願し、河原では水浴や禊《みそぎ》がよく行なわれた。逆にいえば、七夕は天地が交会し万物が更新する日であり、異なるものが出会ったり、「交」を本質とする河童が徘徊したりする機会なのである。瓢箪が七夕に結びついたのもこのためであろう。

「ひさかたの」という天の枕詞や「瓠葛《ひさかた》の天《あま》の梯建《はしだて》」（『続日本後紀』）という言葉が示すように、瓠の葛《かずら》は天へのぼる梯子とみられたり瓠は天空の形をしたものとみられて、瓢箪と天空との結びつきは深かったと指摘されている（「ひさご」『谷川健一著作集』四巻、三一書房、一九八一年、二六八頁）。こうした結びつきは、日本よりも、むしろ中国や朝鮮など神話の方にはっきりとみられる。

たとえば、今日中国で天地創造の祖とされている「盤古《ばんこ》」は、古文献では大きな鶏卵のなかで成長してその殻を破り出たが、上の殻は天空になり下の殻は大地となったとある。中国西南の少数民族の間では、この盤古は「盤瓠《ばんこ》」という犬祖神話となっており、後者が古い形とみられている。盤瓠はもと高辛王の后の耳の穴から飛び出した虫であったが、瓠籬《こり》という瓢箪の容器に閉じ込めておいたところ、大きくなり犬になってしまった。その犬は盤瓠と名づけられ、のちに敵の戎呉王の首級を討ちとった功により、高辛王の姫をめとって子孫を生んだ。それが自分たちの祖先であるという神話である。馬琴の『南総里見八犬伝』もこうした犬祖神話を翻案したものと思われる。

また漢民族で人類の祖とされている伏羲《ふぎ》と女媧《じょか》は兄妹であったが、天下に誰もいなかったので二人は結婚し崑崙《こんろん》山に住んだと『独異志』にある。この伏羲と女媧の神話も、苗《ミャオ》族や瑶《ヤオ》族など中国の少数民族の間では、洪水神話として数多く伝えられている。すなわち、伏羲と女媧の兄妹は、洪水で人類が滅亡した際に、瓢箪にもぐりこんで二人だけが助かった。そこで兄妹は結婚したが、生まれたのは醜い肉塊であった。その肉塊を切り刻んでばらまいたら、人間や動物になったという起源神話である。

この洪水神話には、洪水の原因に天上の雷神と地上の地神（英雄・王）とが戦って雷神が負けたために怒って洪水を引き起こしたという「宇宙闘争」型と至高神が罪を犯したり堕落した人類を罰するために洪水をおこしたという「神罰」型の二つの型があり、兄妹が洪水を避ける道具にした中空のものには瓢箪のほかに鼓、箱、舟、桶などがあり、また二人が結婚して生んだものには肉塊のほか瓢箪や瓜類、石、不具児などがあって、人類を直接生む場合をのぞくと、これらのもの自体や細かく刻んだものから人類が生まれている。洪水神話と瓢箪とのかかわりは、兄妹が避難したり生んだりしたものにもうかがえるが、伏羲と女媧という名前そのものが包犧や庖犧とか女瓠とも書かれ、元来瓢箪を意味していたのだろうとされている。したがって、この洪水神話よりも前に、瓢箪から人類が誕生したという洪水をともなわない神話が先行したのではないかといわれている（鈴木健之「葫蘆考」『東京学芸大学紀要　人文科学』三五集、一九八四年、一九二―六頁）。逆に、日本のイザナキ・イザナミの国生み神話は、もとは洪水神話であったが、前半の洪水の要素が脱落したものではないかという説もある。

古代朝鮮でも、『三国遺事』に新羅《しらぎ》の始祖赫居世《かくきよせい》王が紫色の瓠《ひさご》のような大きな卵から誕生したと記され、その男子も卵から生まれた。男の子が生まれた土地では、瓠（パカジ）を朴（パク）ということから、その姓を朴としたとある。谷川健一は、この卵生神話や、韓国で天空（ハナル）が「大きい卵」（ハン・アル）に由来することおよび古墳の形が天を模して卵形をしていることなどから、朝鮮では宇宙が大きな卵や瓠（瓢箪）に見立てられていたと述べている（同前、二七八―九頁）。韓国には、大きな瓜を食べた女から高僧が生まれたとか、瓠から英雄が生まれたという伝説も伝えられている（熊谷治『東アジアの民俗と祭儀』雄山閣、一九八四年、五二頁）。

前述の伏羲と女媧が住んでいたという「崑崙《こんろん》」山は、西の果てにそびえる仙山で黄河の源流をなすと考えられていた。後世の地図に河源に瓢箪を描くことが流行ったのは、中国で瓢箪を意味する「葫蘆《コロ》」と崑崙とは上古音ではともにＫＬ‐型の一音節構造の言葉で、「ころんとまるい、ぐるりととり巻く、くるんとひっこむ」という基本義を共通にした同系の語であり、崑崙は瓢箪であるという古代認識の揺《よう》曳《えい》であろうという（中野美代子『仙界とポルノグラフィ』青土社、一九八九年、七四頁）。方丈《ほうじょう》・瀛州《えいしゅう》・蓬《ほう》萊《らい》という東海の三神山《さんしんざん》も、崑崙や壺の異名をもち、中国の東西軸の果てには大きな壺または瓢箪型の山が想定されていたのである。以上のように、瓢箪は「宇宙」を表象するシンボルであり、のちに張騫《ちょうけん》の西域探険によって瓢箪に孔があけられると、この瓢箪の本質はこの世から到達可能な別天地である山奥の洞窟や桃源郷などに矮小化されたりもした。

瓢箪は、人類を生み出す卵とされたように「植物的な卵」（botanioal egg）として何かを生み出すものであるだけでなく、中にものを収める「容器」でもある。瓢箪に「収めるものは、生み出す力に永遠性をもたらすものこそふさわしい。すなわち、不老不死の霊薬たる金丹《きんたん》である。のちに、太上老君つまり老子が、煉丹術師ないし鍛冶師の祖として鍛えあげた金丹を瓢箪のなかに収めるという伝承が生まれ、さらに『西遊記』において孫悟空がその金丹を盗むという有名なエピソードが生まれたのも、瓢箪のもつ容器性が永遠の時間を収納するという特異なシンボリズムによるものである。永遠の時間を収納できる瓢箪は、また無限の空間をも収納できる」（中野、同前、二八三頁）のである。瓢箪は、中国では伝統的に薬屋の看板として使われたというが、日本では養老の滝のように生命の水である酒の容器とされている。瓢箪は永遠の生命を象徴するものといえるが、壺中天《こちゅうのてん》（壺＝瓠）のように、無限の世界や仙界をその中に宿すこともでき、時空間を相対化してこの世とは別の世界を収納しているのである。このため、文脈は異なるが、「ひょうたんは冥界に属するか、冥界とこの世の境界にあるものなので、いったん呑み込まれた人や動物は死の世界に入るのであるが、そこから出てくるときは、再生したことになる」(井本英一『輪廻の話』法政大学出版局、一九八九年、五五頁)という説明もなしうるのである。

瓢箪は魔除けやお守りとしてしばしば用いられるが、これは前記の瓢箪のもつ時間空間を新たなものに更新できる力による。なぜなら、魔除けは穢れた時空間のキヨメによって達成されるからだ。神霊の容器というのは、この瓢箪の力の一部にしかすぎない。足利地方で死霊を杓子につけて野外に捨てたり、遠野地方で盆ごとに墓に瓢箪を置いてくれれば三年間は家にもどって来れない新仏の霊を迎えることができるという風習や、魂呼びや客招きの呪いに杓子を使用したことなどには、確かに霊魂の容器としての瓢箪をみることができる。しかし同時に、そこには時空間の更新、再生、キヨメといった瓢箪の機能をみることもできるのである。山口県にはかつて、五月端午の日に牛を使うと旱《ひでり》になるといって、この禁忌を破った者には、「瓢箪送り」と称して雨乞いの時に瓢箪を背負わせ村境の端まで送っていき、そのうえで村に住むことを禁じた風習があった。この例では、瓢箪はスケープゴートとされ、キヨメの機能を果たしている。

狂言「瓢《ふくべ》の神《しん》」は、瓢の神と鉢叩きを題材にしたものだが、大半の台本では「天神の末社瓢の神は」とか「北野のふくべのしんへ参らう」などというように瓢箪の神として北野天神の末社をあげている。『北野天神縁起』には、天神の従者として老松と富部(ふくべ)の二人が登場するが、瓢の神は後者の富部に由来するとされている。他には松尾《まつのお》大社の末社を瓢の神にする台本がある。これは、六波羅蜜寺《ろくはらみつじ》の空也像の胸にかけた鉦鼓《しょうこ》が伝説では松尾大明神から与えられたことになっているためであろうか。とにかく、天神(雷神)と瓢箪あるいは祇園祭での天王と瓜類の関係は、七夕起源譚を伴う「天人女房」の昔話などに示されるように、両者とも水(雨・池・川)に縁が深く、密接なものであることが知られている。なお、戸井田道三は、九州の海岸部に天神社が多いことから、「天神様はアマ神で海神であったものも多いであろう」（『鹿と海』毎日新聞社、一九七七年、五七頁）と述べている。

太宰府の天満宮にも、末社に福部の神があって、厄除けの縁起物として瓢箪が売られている。ここでは、さまざまな災厄を瓢箪が吸い込み中に閉じ込めてしまうのだと説明されている。熊谷治は、日本および周辺諸国で子供が瓢箪形のものを魔除けとして身につける風習を検討して、

時代により、地域によって子供がヒョウタンを帯びる意味が異なっているが、子供に災厄をもたらす邪霊をヒョウタンに入れて捨てることによって災難を逃れるという観念が原初的なものであったのであろう。これは、ヒョウタンには人間の生命・霊魂の宿るところから、邪霊も入れて封じ込めることができるという観念に、それがさらに、辟邪《へきじゃ》の霊力があるという俗信へと発展していったものと思う。（「ヒョウタン文化の系譜」『日本人の原風景3　さと』旺文社、一九八六年、一〇九頁）

と述べている。どういう経過をたどったかは見解が分かれるが、瓢箪が災厄を吸い込み捨てられることでキヨメの機能を果たしていることは確かであろう。

瓢箪は、「植物よりも前に言葉であった」（中野美代子）のであり、われとわが尾を咬むウロボロスのごとく、天地開闢《かいびゃく》以前の混沌《こんとん》とした無意識的な状態およびそこからたち現われた完全無欠の宇宙そのものを意味していたのである。その発展過程をとやかく論じても無駄なのである。

瓢箪はいろいろなものを中に収めてしまうだけでなく、洪水神話や諺の「瓢箪から駒」にみられるように、何かを次々に生み出したりもする。『宇治拾遺物語』巻三の十六話「雀恩《すずめおん》に報《むく》いる事」では、腰

折れ雀を助けた女が雀にもらった瓢箪の種を蒔くと多くの甘い実をつけ、容器用に残して置いたものからは白米がいっぱい出てきたが、羨んで真似た隣の女の家では苦い実がなり取り残しておいた瓢箪からは多くのアブ・ハチ・ムカデ・トカゲ・ヘビなどが出てきて女や子供を刺し殺してしまったとある。この類話はインドの仏典『賢愚経』巻五や『捜神記』巻二十にもあってかなり古い物語であるが、瓢箪から白米が出てくる話は『今昔物語』巻十三の四十話にもある。

昔話の「宝瓢《たからひさご》」では何でも望みをかなえてくれる二人の童子が現われ、また「俵瓢箪尻叩くな」という諺は米や小判がいくらでも出てくる俵や瓢箪の尻を欲張って叩いたために以後何も出なくなってしまったという意味で昔話の最後にそえられるものである。瓜子姫、桃太郎、かぐや姫など瓜・桃・竹などうつろな中空なものから生まれた「小《ちい》さ子《こ》」譚も昔話には多い。一面では、「破瓜《はか》」という言葉が示すように、瓜や瓢箪がものを生む子宮や母体とみなされたのは、自然なことであったろう。ただし、こうした果実から生まれるのは、いずれも異常出誕であって、通常のそれではない。つまり、瓢箪は単に女性原理だけでなく、男性原理も兼備した両性具有的なものなのであり、それゆえに瓢箪は陰と陽、天と地、大と小、生と死など対立物が合一した「宇宙」そのものを表象する聖なるものとみられたのである。男鹿地方で還暦の祝いに瓢箪模様の着物を着たというのも、一度この原初的な世界に回帰することを象徴していたものかも知れない。

5　鉢叩きと瓢箪

瓢箪からすぐに想起されるのは、瓢箪を叩きながら念仏を唱え茶筅《ちゃせん》を売り歩いたという「鉢叩き」の姿である。空也僧の祖、平定盛が兜の鉢を叩いて踊念仏の楽器としたところから、鉢叩きの名が出たとされている。『人倫訓蒙図彙《じんりんきんもうずい》』巻七の「鉢敲《はちたゝき》」には、

此元祖は、むかし空也上人の時代の猟師なり。上人の庵室に馴来《なれきた》る鹿ありしに、或時かきたえて来らず。上人ふしぎにおもひ給ひて猟師にとひ給へば、其鹿は我《わが》殺せし、と申す。是によつて殺生の咎《とが》をいましめ、さまぐ\の御法《みのり》を説給へば、猟師即一念発起して菩提にいたれり。然共《しかれども》、渡世の作業外になきをもつて、茶筅といふ事を教給へり。又無常のありさまを一巻の書につくりあたへ給へり。是にふしを付て瓢簞をたゝき勧進をなす時は、二季の彼岸、霜月十三日より極月《ごくげつ》廿四日まで、昼は洛中をうたいめぐり、夜は洛辺の無常所をめぐる。是かれらが行なり。

とある。

一方、去来《きょらい》の「鉢扣ノ辞《はちたたき》」（『風俗文選』）には、「かれが修業は（中略）寒の中と春秋の彼岸は、昼夜をわかず、都の外七所の三昧をめぐりぬ（中略）常は枝の先に、茶筅をさし、大路小路に出で商ふ業かはりぬれど、さま同じければ、たゝかぬ時も、鉢叩とぞ申されける」とあって、茶筅を売る時には瓢簞を叩かぬように述べている。しかし、旧町田本および上杉本の『洛中洛外図屛風』には、瓢簞を叩きながら茶筅を売る鉢叩きの姿が描かれており、やはり瓢簞を叩いて売り歩いたと考えられる。なお『空也上人絵詞伝』には茶筅売りの由来が空也の活動と結びつけて記されている。

『雍州府志《ようしゅうふし》』巻四には、京都極楽院（空也堂）について、

鉢敲（『人倫訓蒙図彙』）

空也上人の開基にして、則ち自ら刻む所の肖像を安置す。此の院内の一老を上人と称す。魚肉を食さず妻子を携えず髪を剃り衣を著す。其余の十八家は、髪を剃らず妻子を携えて常に茶筅を製し市朝に売る。相伝う、空也夜々修行し念仏を唱え洛辺を巡る。暫く貴布禰《きふね》に住す。時に毎夜鹿来り鳴く。上人甚だ其の声を愛し閑居の友と為す。一夜来り鳴かず、心にこれを怪しむ。翌日平定盛来り告て曰く、昨夜此の処において鹿を殺せりと。空也上人大いに驚き且つ悲しみて其の皮角を乞う。皮は裘《かわごろも》と為してこれを著る。角は杖頭に挿して遺愛の物と為す也。定盛亦これを悔いこれを愧《は》ぢて終《つい》に剃髪して僧と為《な》る。今の十八家は其の裔《えい》にして著する所の衣は定盛曾て平生著する所の狩衣《かりぎぬ》の袍直《ほうのう》を衣と為す。今に至りて其の遺風を存す也。各々衣の上に紋有りこれ俗体家々の紋也。凡そ十八家の人厳冬寒夜に至りて毎夜洛外の墓所葬場を巡り、各々竹枝を以て瓢を扣《たた》き高声に無常の頌文を唱え是を修行と為す。依に鉢敲と称す。疑うらくは、古え携える所の鉢を扣く。近世瓢を以てこれに代えし者か。これに依て此の門前を敲《たたき》の町と謂う。

とある。今も十一月十三日の空也忌には、京都の空也堂で十八家の者が太鼓と瓢箪を叩いて踊躍念仏《ゆやくねんぶつ》を行なっており、ここの踊念仏を移した福島県会津河東《かとう》町の八葉寺でも同様の歓喜踊躍念仏がみられる。柳田国男は、関東の「鉦打《かねう》ち」に対して京以西の国々に分布するこの「鉢叩《はちたた》き」について、

鉢叩という名称は、鉦打が鉦を打つからその名を得たのと同じく、鉢を叩いたがゆえに鉢叩だというのが普通の説ではあるが、少なくとも中古以来の鉢叩の叩くものは、鉢ではなくて瓢であった。(中略)第二の肝要なる点は、鉦打は時宗遊行上人の門徒であるのに対して、鉢叩は今日までも引き続いて空也上人の流れを汲む天台宗の一派であったことである。鉦と瓢と二種の楽器の差別も、あるいは二派の念仏式の相異に基づくものではないかと思う。(「毛坊主考」ちくま文庫版全集一一巻、一九九〇年、四六九頁)

と述べ、鉢叩きの「ハチ」は「境ということで、この徒を邑境に住ましめて悪霊祭却の行法を営ましめたるゆえに、彼等を名づけてハチまたはハチ屋と言った」(同前、四九〇頁)のだとしている。五来重は、両者は近世になって時宗や天台宗に属しめられたのであり、ともに空也の流れを汲むことは疑いないとして、鉦打ちがどうして「鉢叩き」と呼ばれるようになったかという、柳田がふれなかった疑問に、絵巻物類を援用して答えようとしている(『絵巻物と民俗』角川選書、一九八一年、三〇―八頁)。まず、『七十一番職人歌合』の四十九番には、瓢箪をつけた鹿角杖《かせづえ》を側にたて瓢箪を叩いている有髪有髯の鉢叩きが描かれている。これは室町中期の姿を描いたものとされ、歌はつぎのようになっている。

むじやう声人きけとてぞ瓢簞のしば〳〵めぐる月のよねぶつ
うらめしやたがわさづのぞ昨日までこうや〳〵といひてとはぬは

判詞には「はちたゝきの祖師は空也といへり」と鉢叩きの祖が空也であることが明言されており、五来は「この歌は悲しげな無常声で、鉢叩が詠唱念仏をうたいながら、瓢簞をたたいて墓地をめぐったことをあらわしている」（同前）と述べている。

次に、瓢簞という楽器は、空也僧にみられなかったのに、どうして鉢叩きに入って来たのかが問われる。五来重は、

これは柳田翁のように、瓢簞が霊魂の容器である、という発想だけでは説明されないものがあるが、はじめはそうした宗教性をもって、瓢簞は遊行者のシンボルになったり、水の神の供物になったりしたであろう。たしかに「瓢簞から駒が出る」などは仙人の図柄であるとともに、瓢簞に神霊が宿るという観念があらわされている。そして瓢簞の中に隠れた悪魔を射て退治したという美濃高賀山の「瓢ケ岳高光伝説」のようなものも発生する。しかしその最も原始的な起源としては、遊行者が水筒として水を入れて携行したことから出て、これを楽器としたり遊行者のシンボルとしたりしたものとおもわれる。（同前、三五頁）

と述べ、そうした例として清凉寺本『融通念仏縁起絵』（下巻）の清凉寺踊念仏の場面で瓢簞を叩いて踊る二人の蓬髪俗服の人物の図をあげている。この原始的な遊行者の鉢叩きに鹿角杖をもった空也聖が結合して、『七十一番職人歌合』にある鉢叩きが発生したのだろうという。

これに対して、『一遍聖絵』（巻四）の信州小田切の里の踊念仏の図では、縁上の一遍および庭で踊る調声の尼時衆は鉄鉢らしきものを叩き、踊りの輪の僧時衆の一人はササラをもっている。のちの『遊行上人縁起絵』では、伴野の踊念仏について「同行共に声をととのへて念仏し、ひさげをたたきてをどりたまひける」とあって、「提《ひさげ》」を叩いて踊ったとある。この「提」は鉉《つる》のついた水入れで「提《ひさ》ぐ」が名詞化したものとされているが、あるいは元来は瓢《ヒサゴ》であったのかも知れない。

五来重はこれらの図から、「一遍の踊念仏は、理念的には空也上人の蹤《あと》を継ぐものであったが、形態的にはそのころ信州その他でおこなわれていた空也系遊行者の踊念仏をとりいれた」ものだとしている。さらに五来は、こうした時衆聖の一方で、

『七十一番職人歌合』の鉢叩き

時衆聖以外の鉢叩は、例の瓢簞を叩く遊行者の楽器をとりいれて、瓢簞の鉢叩になった。しかし空也聖の鹿角杖と杁《えぶり》もわすれなかったので、導師になる空也上人は瓢簞を下げた鹿角杖をもって、今も空也聖の踊念仏がおこなわれる。そして杁ササラは民俗芸能の踊念仏、大念仏、風流踊のササラやコキリコになったが、鉢叩空也聖はもっと別の用途をかんがえて、世渡りの道具にしたものと私は推定して

> いる。それは杁ササラの割竹のササラの方を台所道具として普及させ、それまで藁たわしだった食器洗具に代えて、台所革命をおこしたものとかんがえている。（同前、三七頁）

と述べている。

日本における瓢簞の栽培や利用の歴史はきわめて古く、鉢叩きの瓢簞は元来遊行者が水筒として携行した瓢簞を取り入れたものであるという五来の説は、やや即物的ではあるが自然なようにも思われる。しかし、瓢簞が採り物や呪術的な用具、あるいは楽器として使われた歴史も古いものがあり、単純に五来説に従うことはできない。実際『三国遺事』には、日本の踊念仏の源流をなすとも考えられる新羅《しらぎ》の僧元暁について、「大瓠を舞弄し、其の状瑰奇なり。其の製に因りて道具と為す。華厳経の『一切無碍人、一道出生死』を命名して無碍と曰う。仍って歌を作って世に流す。嘗て此を持って千村万落に且つは歌い且つは舞う」とある。これは瓢簞を手玉にとって舞ったもので、厳密には楽器ではないが一つの注目すべき例であろう。では、鉢叩きは何のために瓢簞を叩いたのであろうか。

五来重は、瓢簞は神楽の採り物が示すように日本固有の鎮魂の楽器であり、天石窟《あめのいわや》の鎮魂神楽での桶（覆槽《うけ》）や樽（太鼓の先行形態ともいえる）などと同様に、

> 中空になった魂の容器である「ひさご」も、魂を封じ籠めて、撥で打つことによって鎮魂することから、鎮魂舞踊の楽器になった。太鼓と瓢簞が踊念仏の楽器にもちいられるのは、説明するまでもなく、踊念仏が鎮魂舞踊だからである。空也僧が鉢敲《はちたたき》や鉢屋《はちや》とよばれたのも、瓢簞を叩いたからにほかならない。鉢とか壺とか缶というような容器も、おなじ用途であった。宴会の席で丼鉢《どんぶりばち》を叩

くのはどうもこの遺伝らしい。(『踊り念仏』平凡社選書、一九八八年、八五頁)

と述べている。瓢簞を叩くのは、悪霊邪霊の鎮魂が目的だったのである。また非業《ひごう》の死を遂げたり、大量の餓死、疫死者が出て怨霊化すると虫害や旱《ひでり》などさまざまな災厄の原因となるので、そうした者の霊魂を鎮めるために御霊会《ごりょうえ》がしばしば催された。踊念仏は、この怨霊鎮魂のための御霊会が仏教化したものであり、「念仏は疫神や怨霊を鎮め送り出す呪文として、民衆に受容されたものであり、また足踏を主体とする乱舞は悪霊を攘却するもっとも原始的な呪術であった」(同前、八九頁)。つまり、踊念仏は古くは鎮魂の呪術的効果を最大の目的としていたのであり、のちにこれにさまざまな芸が加わって風流化し芸能化していったのである。

さらに五来は、

空也の踊念仏が民間にひろまるにつれて、散楽や田楽の徒が加わったことが想定される。これが太鼓や瓢簞の導入につながり、その上簓《ささら》がもちいられるようになった。こうして、空也の踊念仏を継承する空也僧ができたものだろう。日本芸能史の進歩の結果、神楽が鎮魂を目的とした宗教芸能であることをうたがうものはなくなったが、田楽もまた農耕をさまたげる悪霊を鎮める鎮魂呪術から出発した。(同前、九一頁)

と述べている。瓢簞は、「鎮凶癘魂」というように、悪霊邪霊を鎮送するための武器として、元来叩かれ使用されたのである。鉢叩きのハチは瓢簞ではなく村境であるという前述の柳田説は、村境や墓地が悪霊邪霊の多く集まる彼此の交錯する特別の場所であることからも、注目される。

祇園御霊会と踊念仏は古くから浅からぬ因縁があるのだが、臼杵《うすき》市の祇園祭では津留（「シャア」と呼ばれる海民の村）の人が「ヒョウタンカブリ」になるという。瀬川清子によれば、

昔、津留の人がヒョウタンを被って踊ったら神意に叶ったので、御輿の御前にたって、ヒョウタンの模様のついた着物を着、ヒョウタンの形をしたものを頭に被り、法螺貝を吹く。それは津留の人でなければならず、法螺貝を吹かぬと御輿がとまる。それで、ヒョウタン被りは、七日間女を犯せず、海でオギョウをとって奉仕するが、もし行を怠れば当人が肩を痛めたりする。ヒョウタン被りは、祭のあとで臼杵の家々をまわって、〝ヒョウタン被りのお初穂を下さい〟といって米を集める。

（『販女』未来社、一九七一年、一九一頁）

という。大分県大野郡千歳村の旧十一月三日の瓢箪祭り（別名、甘酒祭り）でも、瓢箪様という赤い着物を着、頭には顔をかいた長い瓢箪をのせ、酒をいれた瓢箪を肩から紐でさげ、大わらじをはいた者が、ザモト（当屋）から柴山八幡まで、祭りの行列を先導する。これらの祭りでは、楽器としての瓢箪の例ではないが、瓢箪の被りものをした特別な者が神輿や行列を指揮・先導しており、瓢箪はキヨメの役割を果たしているようである。

6 道化と瓢箪

阿国《おくに》歌舞伎が、踊念仏あるいは念仏踊から出たものであることは、よく知られている。五来重は、初期の阿国歌舞伎では阿国の踊念仏で名古屋山三《さんざ》の亡霊を呼び出す趣向がとられ、しかもこれに「しのびおどり」と呼ばれた恋歌が歌われたことに注意する。しのびおどりが亡き霊を「しのぶ」ことに由来し、現存の踊念仏、大念仏、盆踊などにはこの踊りが少なくないのである。『歌舞伎図巻』(徳川黎明会)をみると、舞台上の阿国は男装で太刀・大脇差に大巾着《きんちゃく》と瓢箪を腰に下げ、首には角稜数珠《いらたかのじゅず》と十字架という異相(カブキ)な姿で立ち、道化役の猿若は床几をもち腰に大瓢箪を下げて阿国と茶屋女の間をとりもっている。阿国と猿若の二人が、鉢叩きの特徴となっている瓢箪を下げていることは、やはり踊念仏との関連を示すものではなかろうか。腰の瓢箪は、以後の歌舞伎の道化方の伝統的な採り物となり、鯰坊主に受け継がれたり、それが舞台から飛び出して「鯰絵」の瓢箪鯰などにもなるのである。

五来重は、伝統民謡の多くが踊念仏や歌念仏に源泉をもつとし、さらに、

今日の念仏踊はもちろん、太鼓踊や花笠踊にシンボウ、または新発意あるいは願念坊、道心坊という道化役のコンダクターが出るのは、まさしく踊念仏の伝播者であった半僧半俗の勧進聖の姿であった。そして住吉踊もこの願人坊の踊であったから、いかに多くの盆踊や民謡が踊念仏から出ているかに、おどろくであろう。(『踊り念仏』四五頁)

と述べている。なお「新発意《しんぼち》」は「新発」と書いて入道したての人をさし、また新たに発心したものということから沙弥、小僧、または半僧半俗の聖《ひじり》をさすようにもなった。今道心《いまどうしん》や生《なま》道心なども同じで、「道心坊《どうしんぼう》」や「道念坊《どうねんぼう》」と呼ばれ、寺の雑役に従事するものもあったという。初期歌舞伎における手拭

いで頬被《ほおかぶ》りしみすぼらしいやつし姿の道化役の猿若に、踊念仏を諸国に広めて歩いた勧進聖をかさねてみることができよう。

『丹後峯山風俗問状答』には、大分県臼杵市の祇園祭の瓢箪被りや同県大野郡の芝山八幡社の祭礼での瓢箪様と同様の祭りがみられる。すなわち、

当月（八月）二十六日、河辺村太神宮、大峰権現、愛宕権現、白石明神祭礼、年柄によりささはやしと申、しんほちと申者一人拵へ、其風俗白帷子に袴あみ笠を着し、襷をかけ、団扇を持ち、長き瓢箪を笹にて包み竹にさし、此竹を赤青白の紙にて包み、是を持ち、外に子供七、八人白帷子に襷をかけ、太鼓を前に結付打申、何かおかしき歌の如き事を申出候。（「諸国風俗問状答」『日本庶民生活史料集成』九巻、三一書房、一九六九年、六六七頁）

とある。実際に郡司正勝は、この丹後の祭礼の「しんほち」（新発意）がそのまま初期かぶきに現われた猿若の姿でもあったとしており、さらに

かぶきを発生せしめたのは、むしろ、この貴族芸能（能楽のこと）ではなく、およそ対峙的な民衆の衝動的な身振りで示された風流踊のなかに発見されたのである。従って、かぶきが、その揺籃期に、念仏踊系の民俗舞踊をもって立ち、また、猿若に風流的要素を多分に証し得ることは、当然といわなければなるまい。（『かぶき——様式と伝承』学芸書林、一九六九年、一九五頁）

と述べている。また郡司は、岩手県来内の田植踊では長柄の唐団扇と「ふくべ」が持ち物とされ、同県綾織村の中宿踊で「種ふくべ」と称する大人の道化が先頭にたち少年たちが作り物の「ふくべ」をもって踊る例なども、猿若の瓢箪に連なるものとみている。

ところで、猿若の持ち物で瓢箪とともに注目されるのが、扇子および団扇である。上杉本の『洛中洛外図屛風』には、唱門師村《しょうもじ》（シャモジ＝杓文字と通音）にたつ天道花《てんとうばな》とおぼしき竿にこの瓢箪と扇子（他には笠、籠など）が掲げられている。芸能では扇子や団扇は、古くは神霊をゆりうごかしあおぐ役割をもった採り物であった。盆踊で団扇を腰にさして踊る風は今もある。猿若は扇子をたいてい襟元にさし、時にそれを手にする場合は総踊りで囃したり音頭をとったり舞扇としたのである。猿若はこの扇子よりも唐団扇を古くは手にしていたらしい。

郡司によれば、唐団扇をもって踊ることは、唐団扇が流布する戦国末から近世初頭にかけて、とくに慶長九（一六〇四）年の豊国神社祭礼の風流踊り前後の阿国《おくに》歌舞伎の揺籃期に始まったとされており、さらに

団扇を採る者が、音頭をとり、祭の司会をなしたとともに、諧謔の体をなし、人を笑わせる役目もあったことを記憶すべきであった。武蔵西多摩郡の三匹獅子の「蠅遂い」と呼ばれる団扇持ち、福島県双葉郡浪江町高瀬の獅子舞の「猿」と呼ばれる、軍配持ちの道化振りがそれで、ことに、磐城の内郷村住吉の獅子舞の「猿若」が、男根を下げて踊るのは、笑いの呪力も合わせ持っていたことを語るもので、やがて、かぶきの猿若の道化振りの本拠をなすものであった。（同前、一九八頁）

と述べている。団扇を手に踊るものは近世初頭でその成立は新しいかもしれないが、伊勢神宮の御田植祭で神田にたてる「太一《たいいつ》」(北極星)と書いた大団扇にみられるように、団扇と芸能との結びつきはもっと古くからのものであった。

団扇を用いた民俗芸能は、前記のもの以外にも多くみられるが、二メートル以上の大団扇を背負って踊る奥三河の「放下大念仏《ほうかだいねんぶつ》」はそのうちでも最も有名なものである。愛知県鳳来町源氏では、「放下」(もともと曲芸のこと、のちにそれをする僧や芸能者もいった)は四人の青年が踊るが、三人は団扇を背負い、一人は背負籠《しょいこ》に白布の幌をかぶせ十数本の花串をさした「ホロ」というものを負って踊る。踊る時に団扇がゆれて風を引き起こす。この煽《あお》り風が悪霊や精霊を送り出すと信じられたのである。五来重は、はじめは手にもてる小さな団扇でよかったものが次第に今日のような大きなものとなったのだとし、ホロについては「これは他にも証拠があって、暮露《ぼろ》だったのである。日本全国津々浦々に踊念仏をひろめた遊行の聖が、一つは暮露であり、一つは放下であった。大念仏そのものは暮露がひろめ、団扇を背負う踊念仏は放下あるいは放下僧が伝播したものである」(『踊り念仏』一四九頁)と述べている。放下は、『七十一番職人歌合』では鉢叩きと対をなしていたものだが、五来は謡曲などから

放下は羯鼓《かっこ》や簓《ささら》やコキリコをもちいたり、曲舞をしながら、寺社の縁起をかたって、勧進唱導したことが知られる。京都では清水寺や東山の雲居寺がその溜り場だったらしい。しかしこれが遊行放浪の遊芸者となれば、小歌を歌念仏にして、コキリコで拍子をとりながら、踊念仏をしたものとおもわれ、踊念仏のときの霊の依代が笹竹の負物となり、やがてシナイ、ヤナギになった。(同前、一五八頁)

と推定している。また香川県綾歌《あやうた》郡綾南《りょうなん》町の滝宮天満宮での念仏踊や山口県長門市湯本の南条踊でも、団扇がみられる。綾南町の念仏踊では、源氏(下知《げじ》)役とそのツレの願成就が大きな軍配団扇をもつ。源氏は踊り全体の指揮者で、縁に切紙をつけた花笠をかぶり、金襴の陣羽織と袴をつけ、日月を表裏に書いた団扇をもつ。一方、願成就は道化役で「願成就」と「南無阿弥陀仏」と表裏に書いた団扇をもち、「ツクツクツーノ　ツー」と踊子の尻を扇いだという。

鉢叩きが瓢箪を叩きながら茶筅《ちゃせん》を売り歩いたことは、前述したが、茶筅が踊念仏に用いた楽器ササラから出たものであることは明らかである。団扇もまた、ササラや茶筅と同様の技術でつくられる竹細工製品であり、やはり鉢叩きと関係がある。たとえば、備中の茶筅与四郎という者が提出した文書には、秋冬は茶筅を、夏は団扇をこしらえて近郷の檀家という家々に配って麦籾をもらっていたとある(『詞曹雑識』巻四十)。

瓢箪や団扇は、中空や風にちなんだものとして「空気」や「神霊」などとの関わりが深く、ともに目に見えないものを扱う呪具でもある。これらは、猿若などの道化役の特徴的な持ち物となった。西欧でも、道化にあたる英語のfoolは「ふいご」をあらわすラテン語のfollisにさかのぼるといい、「革でできた袋」や「風を作り送り出すもの」という意味をもつ。風は、実体を欠いているため、一方で言葉やホラ(法螺)と、他方で精霊、呼吸、生気と結びついて精神的霊的なものを表わす。また革袋は胃袋や消化器など肉体的下層と結びつく。生殖的豊饒という観点から、改めて西欧の風と胃袋をみてみると、風には太陽の管から吹き出される生殖力としての風があり、胃袋の方は中世の道化が枝の先に豚の膀胱を結びつけた習慣を想起させ、古くはこれに空気を詰めてふくらまし放屁に似た卑猥な音を出す風習が

あったという。高橋康也は、こうした点から、

中世道化の「杖」は男根、「膀胱」は女陰の象徴でもあろう。コンフォードによれば、ギリシァ古代の祭儀では、行列の先導者は巨大な男根をかたどった柱を捧げていたという。(中略)「ふくべ」と「ふいご」の類縁を強調する用意も勇気も、私にはないが、少なくとも杖に膀胱を結びつけた道化の姿が、その両性具有性によって、宇宙の全体的な生命力を示唆することは確かである。(「ふいご考」『世界』一九七七年四月号、三四三頁)

と述べている。

『七十一番職人歌合』の鉢叩きの図は、瓢箪を結びつけた鹿角杖をたてた側で瓢箪を叩いているものだが、これも両性具有を象徴していると考えることができるかも知れない。軍配団扇の表裏に日と月を書いて宇宙を表わしたのと同様に、瓢箪を身につけた者は世界を動かすことができると見られたのである。山口昌男は、

道化が腰に帯びている大きい瓢箪は、実は、途方もなく大きい全体知ともいうべきものの片鱗であるということになる。道化はそういう、巨大な宇宙を擁していることを匿すために、下僕として姿を現わし、(中略)笑いの対象になることに全力を投じるのだが、その演技は、男根という男性的な無方向の意志か、瓢箪といった女性的な全体性に支えられて、ふつうの生活においては実現できないような新しい宇宙的調和を創り出す。男根といったが、岩手の大償《つぐない》の神楽をはじめとする各地

の山伏神楽では、道化方は男根を象った物を持って出て来てシテ方にからむ。男根がかぶきの猿若の持ち物であったかどうかという確証はない。しかし、これしも、宇宙的エネルギーが、少なくとも踊りの間には、地上に溢ちるための媒介物であった。(『仕掛けとしての文化』青土社、一九八〇年、二〇頁)

と述べている。

熊本県山鹿市に伝わる「宗方万行《むなかたまんぎょう》」という雨乞踊も、念仏踊の一種だが、今は男女が鳥追笠に浴衣がけで裾をはしょり、襷《たすき》をかけ、右手に団扇、左手に瓢箪を持って踊る。踊り手の数に制限はなく、振りも単純だが、なかには瓢箪を男根のように股間に入れて煽ぐ振りもある。以前は蓑笠をつけ褌《ふんどし》一つの裸の男が腰に大瓢箪をつけて、「宗方瓢箪いま出たばい　いつも戻りにゃ濡れ瓢箪」と歌い踊った。なお雨乞踊には瓢箪がよく出てくるが、和歌山県御坊市の「けひょん踊」(毛坊主の訛か)や滋賀県坂田郡朝日の「雨乞踊」はそのよい例である。

＊

瓢箪にはなぜか心ひかれる不思議な魅力がある。『閑吟集』に「忍ぶ軒端《のきば》に　瓢箪うえてな　をいてな　はははせてならすな　心のつれて　ひょひょらひょひょめくに」という歌がある。これは色っぽい歌だが、『更級日記』の竹芝寺由来譚のように、瓢箪は風に吹かれるままになびき、また自由自在に伸びていく。民衆の想像力のなかでは、瓢箪は天まで伸びてゆくものとされ、またその特異な形や性質から龍蛇や水の神とも結びつけられた。さらに瓢箪は不老不死や永遠性を象徴したり、対立物の合一した完全無欠の宇宙を表象するものともされてきた。

瓢簞はウツロ性を一つの特徴としているが、これは一面ではからっぽで実体のないものということである。ふだんはまったく意識することはないが、空気や風は単に空虚なものでなく、世界に遍満しているのである。虚空蔵菩薩《こくぞうぼさつ》が「大満」とか「福満」を前につけて呼ばれていることにある意味で類似している。瓢簞は、目にははっきりとは見えないが、全世界に満ちているものを象徴しているのである。あるいはそれはすべてのものを中に収め、すべてのものを生み出す宇宙そのものなのである。

このような途方もないものをさりげない形で、瓢簞は表象している。瓢簞をめぐるフォークロアには、いわば、これまで人々が世界や宇宙をめぐって長い間思索し感じ確かめてきたことがすべて込められているのである。これが、瓢簞の魅力の核心をなしているのであろう。

狐の境界性——稲荷信仰の背景

富や生命という人々の生活を根底で支えているものはことごとく、この世ではなく異界に由来している。村や家そして人間が、一つの小宇宙をなし、そのシステムを存立させていくためには、どうしても外部である大宇宙（自然）とのつながりや、そこに由来する力が不可欠なのである。このことが、この世と異界、内と外、文化と自然、大宇宙と小宇宙、人と神など二つの異なった世界や存在をめぐって多様な民間伝承を創出させてきた一つの背景をなしている。というのは、「民俗」と称される民間伝承の多くは、民俗社会が自らの土着の論理でこの外的世界である異界や、この世と異界との相互交渉について想像力をはばたかせながら語ってきたものだからである。

稲荷信仰や狐をめぐる民間信仰の世界もその一例であり、民俗社会がこれまでに経てきた豊かな経験や歴史を独自の語り口で物語ったものである。ここでは多様な様相と展開を示してきた稲荷信仰のうち、とくに狐と稲荷信仰との関係について、狐のもつ境界性という観点から探ってみたい。

1　「狐」をめぐる俗信

「狐」は俗信のなかで、この世の論理で説明できない現象や、日常的な論理や秩序を逸脱し文化のもつ分類体系のなかに納まりきらないものを表現するのに使われることが多い。したがって、狐火や狐憑き、狐に化された話などさまざまな狐をめぐる怪異現象や不思議な出来事、さらに「キツネ」という名を冠した植物や気象現象などには、秩序とその侵犯のドラマが隠されている。逆に、「キツネ」という名称を不思議な現象に付与することで心理的な秩序を保ち安心するのである。このように、狐は民衆の想像力の世界のなかでは、不可解な出来事や怪異を説明づけるための説明体系の一部とされてきたのである。『物類称呼《ぶつるいしょうこ》』には、

関西にて昼はきつね、夜はよるのとのと呼ぶ、西国にてはよるのひとといふ。（中略）又東国にては昼はきつね、夜はとうかと呼ぶ。常陸の国にては、白狐をとうかといふ。是は世俗きつねを稲荷の神使なりといふ、故に稲荷の二字を音にとなへて稲荷《とうか》と称するなるべし。

とあり、昼と夜とで狐の呼称にちがいがあったことを指摘している。狐が鼠と同様に、夜には忌詞《いみことば》で呼ばれていたことは、狐を一種の霊獣とみなしていた証しである。狐は神のお使いや眷属として、神と人との媒介をし、神意をその動作や鳴き声で伝えていたばかりではない。さまざまな禁忌が侵犯された場合にも、狐は現われ、「人を化《ば》かす」という制裁を加えたりした。たとえば、山で弁当を食べた箸を折

ヒガンバナ
（同右）

キツネノマゴ
（辻永『萬花図鑑』平凡社より）

らずに捨てたり歌をうたったりした時とか、夜間に新しい履物をおろしたり口笛を吹いたり、あるいは爪を切ったりした時など、さらに着物の仕付け糸をとらずに着て歩いたり、逆さに着物を着たりすると、「狐にだまされる」とか「狐に化かされる」などと言う。この他、夜塩を買ったり、彼岸花を取ったりしても、同じように言うところがある。なお、彼岸花は「キツネグサ」とも呼ばれ、その葉は「キツネノカミソリ」といわれ、キツネを冠した植物名の一つになっている。イヌを冠した植物が無用の価値のないものを表わすのに対して、キツネの場合は似而非なるものを表わすことが多いようである。キツネノマゴ、キツネアザミ、キツネシバ、キツネノショウベンタンゴ（リンドウ）、キツネノタバコ（土筆）、キツネノボタンなど類例は案外多い。とくに、彼岸花は赤い色をして湿地や墓地などにはえ、一名「カッパソウ」とも呼ばれて秋の彼岸頃に咲き、いわば一つの季節の替り目の目印にもなっている。この花は、咲く場所や季節、また花の色や形が普通の花と異なっており、この点に神と人、異界とこの世の仲介をなす狐との共通性がみられる。天気雨を「狐の嫁入り」と言ったり、蜃気楼を「狐の森」や「狐の館」と言うなど、不思議な気象現象にもよくキツネの名が冠せられる。なお、「狐の嫁入り」の人類学的分析が、小馬徹によってなされている(『ユーミンとマクベス』世織書房、一九九六年)。

狐をめぐる怪異現象の多くは、辻や峠、坂や村境などある意味でこの世と異界との境界をなす場所や、昼と夜の境目や、季節や年の替り目などの境界的な時空間を主要な舞台としている。しかも真と偽、晴と雨など対立するものが交わったり、狐格子のように内と外をへだてたりするようなものや現象から成っている。とくに、秩序と混沌とのせめぎあいが演じられ、この世と異界との境界をなすような場所や、新旧二つの時間の移行がなされるはざまには、狐に原因の帰せられる不思議な現象がしばしばみられるのである。

禁忌を犯した場合に狐に化されるという伝承は、犯してはいけない行為をしたために社会的な秩序を乱したということへの制裁であり、一種のおどしにもなっている。しかし、世間話のなかでは、狐話は最もポピュラーなものであって、禁忌を守らせるおどしではなく、実際に本人が経験したとか、他人の経験を伝え聞いたという形で、実際に狐に化かされたことの直接間接の体験談になっている(松谷みよ子編『狐をめぐる世間話』青弓社、一九九三年)。世間話のなかで、狐に化かされる地点というのは大体一定しており、辻や峠などの一種の村境とみなされている場所が多い。この話には、この世と異界とが交錯するような境界的な領域を聖なる地点とみなす信仰がその根底にあるようである。宗教者などによって聖地として祀られるようになった場所はこうした境界的な場所が多いのであるが、そのようにはっき

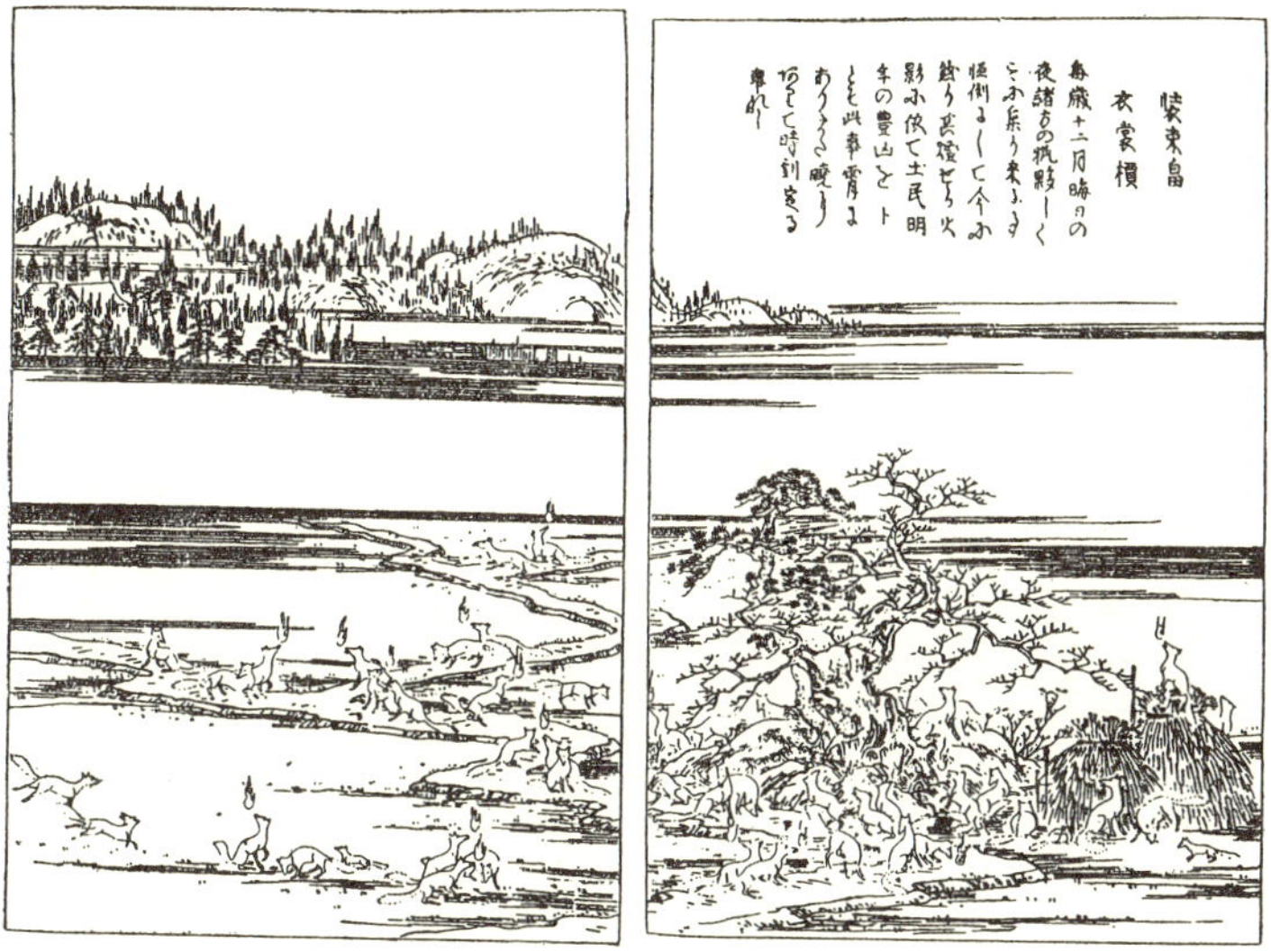

王子の狐火（『江戸名所図会』）

りと聖地として祀られていなくても、ふとした機会に異界が姿を垣間見せるような場所にはしばしば狐が出現し人が化されたりする。狐に化される機会も、ほぼ決まっており、非日常的なハレの状態から日常的なケの状態への移行の過程というのが多く、婚礼や法事などで酒に酔って気分が高揚し興奮した状態から次第に醒めて帰宅する途中でたいてい化かされた。宴会の席では、もっぱら酒を飲んで出された御馳走は藁苞などに入れてもらって家族へのお土産として持ちかえるケースが以前は多かったようだが、酒の酔いから醒める過程で狐に化かされ、不思議な幻覚におそわれたのである。そして本人は無我夢中の状態でおかしな行動をとってしまい、持っていたものもどこかに捨ててしまうのである。非日常から日常へ、ハレからケへと時間が急速に移行する過程で、村境などの境界的な地点にさしかかった時に、狐によく化かされた。そうした魔がさした時には、幻覚が生じ、彼此どちらともつかぬ空虚な空間を夢遊病者のごとくさまよって同じ行為を何度も繰り返し、肥溜の中で風呂のように戯れたり、馬の糞尿を団子や酒として飲食したり、あるいは蕎麦畑の白い花を川や池と幻視して裸になって渡ろうとしたりした。正気に戻った際には、柿や榎の木のまわりをぐるぐると回っていたり、馬の尻や便所の節穴をのぞいていたなどと語られる。とにかく、狐に化かされた話は、文化と自然、この世と異界との交錯する場所に深い関わりをもっているのである。有名な「王子の狐火」の伝承では、毎年大晦日の晩に関八州の狐が官位を授けてもらうために、江戸の周縁部に位置する王子権現の社の近くの装束榎のもとに集合し狐火をともすといわれ、近くの農民たちはその狐火で豊凶を占ったという。この例は、空間的にだけでなく、時間的にも境界的な状況で狐火が出現することをよく示している。

2　狐と稲荷信仰

江戸に稲荷社が数多く勧請され祀られたことは、「町内に伊勢屋稲荷に犬の糞」という川柳によく示されている。この川柳は一面では江戸の開発の歴史を反映している。開発が遅れた後発地であった関東地方の山野には、まだ狸や狐が数多く群棲しており、開発にともなって次第にそうした動物たちのなわばりがせばめられていった。いわば自然破壊に対する一種の精神的な負い目と、その罪滅しとが、数多くの稲荷社となって現出したのである。開発に際しては通常その土地に以前から棲みついていたもろもろの存在を地主神として祀り鎮める必要があった。現在もデパートやビルの屋上の片隅に稲荷社が祀られているのはこのためである。江戸の開発に際しても同様で、もとから山野に群棲していた狐がいわば土地神そのもの、あるいはその使令とみなされ、村境や屋敷の一隅にその土地の守護神として勧請され祀られたのである。江戸の場合、古い稲荷社のほとんどは台地の縁辺部に分布していることが指摘されている。これは最初に高台に武家屋敷や寺社が集中して建てられた後に、台地の下にある谷地の開発が進み、ちょうど高台と谷地のぶつかる台地の縁辺部が両者の境をなす部分として開発からとり残されて神聖視されてきたためでもある。また、「狐塚」や「狐の穴」と称して、狐が棲み、かつ祀られるような場所もたいてい山野と里の境界領域にあり、狐は土地神の使令としてそこに祀られたのである。そして周囲の開発がすすんで自らの領域が侵犯されると、人に祟ってその霊威を発現させたわけである。狐の祟りが盛んになるのも、裏返せばそれだけ自然が破壊され、人間による開発が進展したことを物語っているのである。

柳田国男は、稲荷信仰の中核に田の神信仰があり、田圃に近接した狐塚が元来田の神の祭場であり、春秋の田の神祭には狐を姿の見えない田の神の使わしめとして祀ったのだと述べている。すなわち、柳田は

狐を農業と縁の深い動物とし、その中の特に霊ありと認めるものを、京の稲荷山の神と結び付けて、崇敬しようとするようになった原因は、そう深い所に求めようとするに及ばず、単に祭田の近くにまたは田の間に、こんな人為の未開発地があったというだけでも、十分のように私は思っている。強いてそれ以上に付け加えるとすれば、以前は狐が今よりもずっと多かったこと、彼の挙動にはやや他獣と変ったところがあり、人に見られると思うとすぐに逃竄せず、かえって立止って一ぺんは眼を見合せようとすること、それからまた食性や子育ての関係から、季節によってしきりに人里に去来することなどを列挙してもよい。我々の田の神は昔から姿が無く、また容易に想像に描かるる

ものとも考えられていなかった。神の使令としてのある動物の出現には素地があり、狼でも猿でもいろいろの鳥でもまた蛙でも、いずれも一ぺんはそういう眼をもって見られた時代があった。狐はたまたまその支配期が永く続き、従って若干の副産物が、開けた今日の世までなほ伝わっただけであろう。（「田の神の祭り方」『月曜通信』ちくま文庫版全集一六巻、五一二―三頁）

と説いている。このように稲荷信仰は、狐が人間の住居の近くに多く棲み、人と共生して人獣の交渉が盛んであった時代に、狐の何気ない動作やら鳴き声に注意をこらし、そこに人知をこえた神の託宣や神意を読みとろうとした伝統的な心意に基づいている。今日、迷信として片づけられている狐憑きも、元来はそうした神聖な神の託宣を知る行為だったと考えられており、子供の正月の行事になっている「狐狩り」や「狐施行《きつねせぎょう》」に若干その名残りが見てとれる。稲の豊凶は農民にとって重大な関心事であったから、田の周辺に出没する狐は自然と田の神の使令とみなされ、やがて稲荷として祀られるようになったのである。しかし、都市化が進展するにつれて、地主神や農耕神としての狐神は、次第に商売繁昌の神として信仰されるようになる。狐神は、異界からこの世へ神の託宣や霊力（生命力）、祝福や豊作などをもたらす霊的な存在から、貨幣経済の浸透に伴って商品交換によってより多くの富や幸運をもたらす存在へと性格を変化させていったのである。つまり、狐神は異界とこの世の霊的な媒介者からこの世の交換をもっぱら司るものへ、また目に見えない霊的な祝福や加護から物質的現世利益的なものを追求する方へと、その役割を変えていったのである。

なお今日、新しく祀られる稲荷神には、客商売の店で商売繁盛を願うもののほか、病気や不幸がつづく家などで民間宗教者の指示によるものなどがある。

3　神使としての狼と狐

山形県の置賜地方には、「オタナサマ」と呼ばれる特異な家の神が存在する。オタナサマはすべての家に祀られているわけではないが、村の旧家などにはたいてい祀られており、東北地方のオシラサマ、オシンメサマ、オクナイサマといった他の屋内神と密接に関連した神である。オタナサマは「オトウカサマ」とも呼ばれ、家屋の天井裏や納戸など暗い私的な領域に祀られる。オタナサマの名称は、この神を祀り供物を供える棚に由来するとされ、毎年祭日には「オカキダレ」と称する注連が張り重ねられて、古い神ほど数多くのオカキダレをもつ。木地椀（漆仕上げしていない木椀）やシャモジを神体とする例が多く、祭日はたいてい秋の収穫祭でもある十月十日が最も多い。この日の祭りには、その家の出身者がすべて集まり、はじめてその年に収穫した米で餅をついて供え共食するといい、一種の新嘗祭的な性格をもつ。オトウカサマの名称については、祭日の十日説と稲荷説の二つが行なわれている。オタナサマの性格に関して、かつて祭日、供物、機能などの点から境界神的性格が強いことと、またたいへん霊験あらたかな厳しい神で家を守護する家霊的性格をもつことの二点を指摘したことがある（『竈神と厠神』人文書院、一九八六年）。

なかでも注目されるのは、稲荷信仰と狐との関係に類似した要素が、オタナサマと狼との関係に見られることである。たとえば、米沢市万世町梓山では、オタナサマのお使いは狼で、家族がおさがりの餅を食べている姿は狼に見えるとか、子供がオタナサマの供物を食べると口が耳まで裂けて口先が狼のようになるという伝承がある。他の地域でも、オタナサマの供物を食べると狼に喰われないとか、昔狼が多く出た時にオタナサマを除難のために祀りはじめたとか、あるいはオタナサマは狼を祀ったものだから他の火とまぜない等々、オタナサマと狼との結びつきを示すさまざまな伝承がみられる。置賜地方では、狼は山の神のお使いだとされており、お産の神としての性格をもつ。山の神は、里とは異なった山という一種の異界の神であり、山と里、異界とこの世とを媒介する神といえるが、オタナサマも家屋の中の内なる異界である納戸《なんど》（天井裏）に祀られ外と内とを媒介する神なのである。オタナサマが狼を祀ったものとされたり、身体が弱った時には憑依したり、さらに旧家に多く祀られ、二つの世界の媒介神となっていることなどを考えると、家の神としての憑きものとの関連も出てくる。

オタナサマは秋の収穫祭に祀られているように、一般には作神《さくがみ》であると見られている。この他、オタナサマは月の神、お産の神、盗人除けの神、減ることの嫌いな神、金の神、火難除けの火の神などの性格をもっている。稲荷の狐が民間信仰のなかで土地神（地主神）や農耕神としての性格をもつように、オタナサマも作神＝農耕神や家の守護神の機能を果たしている。また、狼は通常は大口真神《おおくちのまがみ》などとして、狐憑きなどの憑きもの落しや盗難除けに効験のある神とされているが、置賜地方のオタナサマの伝承には稲荷の狐神と類似する点がみられ、むしろ稲荷信仰と狐との関係の一つの古態を示しているような印象を与えている。

このオタナサマやオトウカサマに近い性格をもつ神が、岡山県下の頭屋《とうや》祭祀の中核に登場する。すなわち、稲作を守護する農作神、穀物神としての「オイツキサマ」と、その眷属とされる狐の「ヤツテイサマ」である。坪井洋文の「神使としての狐」（『朱』六号、一九六九年）によれば、岡山県真庭郡勝山町では頭屋祭祀の司祭である「トウニン」になると、屋内の床の間か屋敷内にオイツキサマの小祠を設けて祀り、別に母屋の座敷に接した一隅には川砂を敷き束ねた藁で三角形の狭い区画をつくって小さな竹を三本上の方をくくって立ててヤツテイサマを祀るという。このヤツテイサマは、トウニンの家に不時の災難が起こりそうな時には予め知らせてくれ、またトウニンの子供と喧嘩するとヤツテイサマがついているので頭が痛くなるとも言った。いわば、狐がトウニンの家について守護しているのである。また岡山県総社市新本では、かつて頭屋仲間で国司神社の神饌田で赤米を耕作していた。この種子籾は収穫後に俵に入れて神前に供え、あとはトウニンの家で祀っていたが、神饌のために米を脱穀して出たスクモ（籾殻）が少しでも残っていると、「ゴケンゾクサマ」が出てきて残らず神饌田へ運んだという。ゴケンゾクサマとは「ビャッコ」（白狐）のことで七五匹いるといい、現在は国司神社の境内の社殿に祀られていて、ふつう「稲荷様」とも呼ばれている。この社殿の背後には、ゴケンゾクサマが出入りする穴が二つあいており、もしトウニンや村人の間に火事、盗難、流行病があると大声で鳴いて危機を知らせたり、本人の肩先にきて三口ほど鳴くことがあるという。岡山県勝田郡梶並町の梶並神社のトウニンも七五尾の狐がついて守ってくれるといい、トウニンは頭屋の窓を開いて供え物をして神狐を迎えている。トウニンをつとめ終わるとその家は非常に繁昌するといわれている。この伝承には、狐を家に飼ったり祀って資産家になったという、中国、四国、九州地方に多い、いわゆる憑きもの筋の伝承と共通するところがある。しかし、これらの岡山県の頭屋祭祀で注目されるのは、憑きもせず嫌われもしない、非常に霊験あらたかな稲作と結びついた狐神の信仰が存在しているという点である。

山形県置賜地方のオタナサマ（オトウカサマ）の狼と、岡山県の頭屋祭祀でトウニンの家につく狐とは、ともに稲作に関連した作神であり、しかも非常にあらたかで穢れや秩序の侵犯には敏感に反応するなど共通点が少なくない。ただ、祭祀組織の面で、オタナサマが家や家族を中心として収穫祭を行なうのに対して、岡山の頭屋祭祀ではいわば宮座による村落の祭祀となっている点が大きく異なる。ただ、そのなかのトウニンの家だけを取り上げるなら、極めて類似した祭祀形態を示している。とにかく、稲荷信仰の中核に田の神信仰が存在することを指摘した柳田国男の説のように、山形のオタナサマや岡山の頭屋祭祀には、稲荷信仰の普及する有力な受容基盤の一つをみてとることができる。

*

以上、稲荷信仰の諸相を狐をめぐる言葉や俗信から頭屋祭祀に至るまで主として狐の境界性という視点から概観してきた。まず、狐は、この世と異界とを媒介する両義的存在であることから、さまざまな怪異現象の説明体系の一つとされてきたことを指摘した。このため逆に狐は化かす・だます・憑くといった否定的イメージが付与され、憑きもの筋の問題など次第に尊崇とともに嫌われ忌まれる存在にもなっていったのである。次には稲荷社と江戸の開発史との関連や、さらに稲作を中心とする家の神祭や頭屋祭祀のなかに嫌われず憑依もしない狼や狐が作神またはその使令として登場して重要な役割を果たしており、稲荷信仰の一つの原形を示すとともに、憑きもの筋の伝承とも共通していることを指摘した。狐は一方で開発を拒んだり、秩序を侵犯するものには激しく祟って霊威を発動したが、他方では商売繁昌や交易の神として水商売の人や商人たちに祀られたように、新たな社会変動に積極的に参加しそれを推進する側面ももっていた。そうした社会変動のなかで急に金持になった家などに対しては、怪異現象を狐で説明したのと同じように、狐持ちなど憑きもの筋とすることでそれを説明づけようとしたのである。狐は伝統的な社会秩序を保守するものであると同時に、新しい時代のシステムに社会を組み込んでいく媒介ともなっているのである。この狐のもつ両義性こそが、狐を崇められる存在から次第に否定的なイメージをもった存在へと変えていったと考えられる。民俗社会は、自らの民俗コードや想像力を反映させる存在として狐を選び、それがもつ境界性によって民俗社会にふりかかるさまざまな現象を解釈し説明づけてきたのである。

本章は複雑な稲荷信仰や狐神の問題の一端を狐の境界性という視点から垣間見たものにすぎない。この問題は今後、多方面からアプローチして究明していく必要があろう。残された未解決の諸点については今後の課題としたい。

蝶のフォークロア――蝶と霊魂の信仰史

1　虫と霊魂

ムシは「虫螻《むしけら》」と蔑称されるごとく、その生命などは取るに足らない極く軽い存在とみなされてきた。しかし、一方では「一寸の虫にも五分の魂」という諺が示すように、たとえ微小な存在であってもすべての生命体には霊魂が宿るという信仰もあった。虫は、昆虫に代表されるように、小さな儚《はかな》い存在ながら、群れをなして飛翔し、どこからともなく湧き出てくる不思議な生態をもつ存在であったから、霊的なものの化身ともみられ無視できなかったのであろう。動物、爬虫類、昆虫などはすべて人間の制御の及ばない大自然・大宇宙の存在であり、何らかの意味で冥界や異界と深い関わりをもっているのである。人も時には偶然に夢や幻想のなかで蜻蛉《とんぼ》や蜂などに変身して異界とこの世を往来することがあり、そのことは「夢買長者」譚などの昔話でも語られている。中国の分類学では、ムシは昆虫だけではなく、蛇、蛙、蛸《たこ》、蟹《かに》、蜈蚣《むかで》、蛤《はまぐり》、蝦《えび》、蛭《ひる》、蛞《けら》、蚓《みみず》、蛆《うじ》、蜘蛛《くも》、蜥蜴《とかげ》など虫偏の文字が示すように獣・鳥・魚を除いたその他の動物を総称する広い概念であった。虫は元来蛇がとぐろを巻いた姿をかたどった文字とされるが、日本では長虫《ながむし》（蛇）とか蝮《まむし》というようにもっぱら大地を這う種類のものを称した。この他、寄生虫や病気の原因とも結びつけられた「腹のムシ」もあり、意識の制御のきかないものとみられてきた（田中聡『ハラノムシ、笑う』河出書房新社、一九九一年）。昆虫は正しくは「蟲」と記したが、これは生命の根源やそのわやわや、くねくねとした運動などを表わした文字のように思われる。実際、ムシの語源は「蒸し」で湿熱の気による産出の意味があり、大地や草むらから大量に発生し化成する状態を指したものといい、『東雅』にはムシとウジとは同じ語源で群生することに由来するとある。

こうした虫の代表的存在の一つが蝶である。「蝶」という漢字は左右対称の形態を表わしたものといい、日本でもそのまま中国音を重ねて「テフテフ」（チョウチョウ）と呼び習わしてきた。蝶は古くはヒラヒラと舞う姿から「ヒラコ」「カワヒラコ」と称され、日本の蚕神である「オシラサマ」も一説で蚕の古名である「ヒヒル」「オヒラ」の訛ったものではないかとされている。土橋寛は、古代に鳥や蝶がヒラヒラと飛ぶことを「ヒル」とか「ヒヒル」と称していたことに注目し、

感覚的には何の類似も認められない、太陽の輝き、飄風の烈しい吹き方、鳥や蜻蛉の飛ぶ姿、草の葉の揺れ動き、さては刺激の強い味覚や臭覚に、同じヒル、ヒヒルという語を用いていたわけで、これはそれらの感覚の奥に感得されている霊力の観念の共通性によるものであろうと思う。（中略）ヒルはおそらく霊力を意味するヒ（ムスヒ、クシヒ、マツガヒなど）を働かした動詞で、ヒラメク、ヒラヒラなどの語はその派生語であり、ヒヒルは「ヒ・ヒル」の意であろう。鳥や蝶の類がヒラヒラと飛ぶ姿に、霊力の活動を見た古代人の思惟は、ヒルという語の意味からも捉えることができるのである。（『古代歌謡と儀礼の研究』岩波書店、一九六五年、二八五頁）

と述べている。土橋は、鳥や蝶・蛾が霊力ある呪物や霊の姿とみられた根本的な理由がヒラヒラと飛ぶ姿にあったとみており、さらにこのことがユラユラと揺れる雲、煙、燐火、陽炎《かげろう》を霊魂の姿とみる観念にもつながっているとしている。西郷信綱も、

蝶や蜂や鳥は、いわゆるsoul-animalの代表的なもの。おそらくこれらの動物のひらひらとした動きに、出で入る息のリズムを思わせるものがあるからであろう。『宇津保物語』に、「口なくば、いづこよりか魂かよはむ」(俊蔭)とあるが、魂は口や鼻から出入りするものとされていた。夢買長者とかダンブリ長者とか呼ばれる類の昔話も、睡って夢をみている者の魂が蜂やダンブリ(トンボ)の姿に化して鼻から出ていったさまを語っている。恋の歌で「夢路」とか「夢の通ひ路」とかしばしばうたわれたのも、夢で魂のかよう路があると考えたのによる。(『古代人と夢』平凡社、一九七二年、五四頁)

と述べて、ヒラヒラと飛ぶ動物の姿が気息のリズムを連想させたことが霊魂の象徴になったのであろうとしている。

ところで、蝶は「蝶鳥」や「夢見鳥」とも称されるように、古くから鳥とともに霊魂の化身や象徴とみられてきた。それは、やはり卵や蛹《さなぎ》からかえってヒラヒラと空中を舞う姿から想像されたのであろう。梅原猛は、

鳥と蝶とは、自然科学的には全く別なカテゴリーに属するものであろうが、古代人にとって、鳥と

> 蝶は大変近い関係にあるものである。どちらも羽があり、それは遠い霊の国からとんでくるものと信じられていたのである。（中略）鳥は古代日本人にとって、蝶とともに、霊魂の使い、あるいは死霊そのものであり、死者の世界と生者の世界とを結びつけるものであった。（『さまよえる歌集』集英社、一九七四年、七七―八頁）

と述べている。古代ギリシアでは、蝶を意味するプシュケーは同時に生命の気息や霊魂のことでもあった。(1) 有名な『荘子』斉物論篇では、蝶が夢と現実の間を往来するシンボルとして採用されており、中国には梁山泊と祝英台《しゅくえいだい》の故事に代表されるように夫婦や恋人が蝶に変身する説話もみられる。(2) また『捜神後記』の根磧《こんせき》の説話では、浦島子の玉匣《たまてばこ》の白煙のように、仙女からもらった嚢《ふくろ》から青い鳥が飛び立つと同時に死んでしまうと語られており、青い鳥は根磧の遊離魂とみなされていた。中国では、蝶は多様なものの化成したものであると古来考えられ、羽化登仙する姿とも重ねられて復活や再生の象徴ともされてきた。そこで、金蚕や銀蚕が古代の墓の副装品として納められたのだが、脱皮変態する蛇や蟬などと同様に蚕蛾も神人として復活するための呪物とされていたのである。(3)

日本では、弥生時代の銅鐸にトンボやカマキリなどの昆虫が描かれたものはあるが蝶は見られない。しかし、祭祀用の鳥形の木製品はいくつも出土しており、鳥装の司祭を描いた絵画土器のほか、土井ケ浜からは巫女とみられる女性が川鵜を抱いて埋葬された人骨も出土している。こうした「神霊を招く鳥」の研究に関しては、日本のみならず、広く東アジアにも目配りした優れた論考がすでに金関恕によって発表されている。(4) 日本人と蝶のかかわりは、スクナヒコ神話のなかにわずかに出てくるだけであり、『万葉集』にも漢詩に基づく歌の序を除くと、和歌には詠まれていない。因みに、『万葉集』のなかの昆虫の歌は、蟬・蜩《ひぐらし》が一〇、コオロギが七、蚕が六、蜻蛉やスガルが三、蚊・夏虫・火虫・蛍は各一となっている。『古事記』では、スクナヒコナ神は「波の穂より天の羅摩船《かがみ》に乗りて、鵝《ひむし》の皮を内剝ぎに剝ぎて衣服にして帰《よ》り来る神」と記されている。粟の穂に弾かれるほど小さな神でオオクニヌシ神の外来魂でもあったから、カガイモの船に乗り、「鵝《ガチョウ》」ではなくヒムシ（蛾）の皮の服を着て出現したのである。また大化の改新の前年にあたる『日本書紀』皇極天皇三年七月の条（後出）には、揚羽蝶の幼虫が常世虫《とこよ》として祀られた記事が出てくる。(5) これらには、蝶・蛾と異界との関わりがよく示されている。古い時代には、蝶の記事は少なく、養蚕の影響からかむしろ蛾がよく出てくる。たとえば『日本書紀』持統天皇六年九月の条には、「越前国司、白蛾《しろきひる》献れり。戊午に、詔して曰はく、『白蛾を角鹿郡の浦上の浜に獲たり。故、封笥飯神に増すこと二十戸、前に通す』とのたまふ」という白蛾を献じた記事があり、『古事記』仁徳天皇の条には、「奴理能美《ぬりのみ》が養へる虫、一度は匍ふ虫と為り、一度は鼓に為り、一度は飛ぶ鳥に為りて三色に変る奇しき虫有り」とあって、変態する蚕は珍しいものとされていた。こうした不思議な虫も、速水御舟の描いた「炎舞」のように、愛欲にかられて身を滅ぼした写経師を「蛾《ひひる》の火に投るが如し」と『日本霊異記』巻下の十八話ではたとえている。E・デルマンゲンも

霊魂＝蝶であるプシューケーは、蛹から出て、空中に飛び立つ。光を愛するプシューケーは、火に触れて身を焦がし、焼き尽くされる。つまり、火に吸収され、火と一体になる。アラブの神秘主義的な詩において、焼かれた蝶は、fana すなわち自我滅却の境地に到達した――というより、戻った――人間の姿である。（『民間伝承におけるプシューケー神話』）

と述べている。(6) 霊魂は自らの転落を償うため、あるいは理想の生を見いだすために、浄化し再生する愛《エロース》の火炎で焼かれる必要があるのだという。今日でも演歌などで、燃え上がる情炎に身を焦がしたり、愛欲によるエクスタシーを蝶や花に喩えて歌われることがある。また「飛んで火に入る夏の虫」という日本の諺にも深いレベルでは通常の意味を越えて火と虫とがともに霊魂の化身としてひきつけ合う意味が隠されているのかも知れない。

中国で、花と戯れる蝶を美的な対象として捉えるようになるのは隋・唐代の頃からではないかとされ、それが仏教文化とともに日本に伝えられて、『懐風藻』などの漢詩文にうたわれたり、正倉院の御物の美術工芸品に描かれたりした。(7) それ以前には、蝶や蛾は実在しても、日本本土の縄文、弥生、古墳の各時代の遺物に蝶文《ちょうもん》を施したものは現われていない。日本で蝶が詩歌や造形芸術のなかに登場してくるのは大陸の影響によるもので、蝶そのものよりも大陸の文化へのあこがれに発するものであり、それらは唐代の美意識によって様式化された蝶であった。中国では、牡丹、菊、蘭などの観賞植物の栽培の流行が、やがて花や花を訪れる蝶・蜂へと関心が向けられるようになり、唐代には蝶は花園の添景や美女の脂粉の形容に盛んに歌われ、鏡などの模様や意匠に採用されたり絵画にも描かれた。しかし、それらの大半は、蝶、鳥、花（牡丹や宝相華《ホウソウゲ》）の組合わせによるもので、蝶を独立した模様として扱うことはなかったし、また蝶も蜂の形姿に似て羽よりも頭、胴、触角、脚部などに表現の重点がおかれていた。

変幻する蝶自体の美しさが日本的な繊細な美意識によって捉えられ観察されるようになるのは平安中期以降のことであり、平安女流文学のなかでも蝶は取り上げられるようになる。『枕草子』四十三段には「虫は、すずむし、ひぐらし、てふ、まつむし、きりぎりす、はたおり、われから、ひをむし、蛍」とあり、蝶は三番目にあげられている。また『源氏物語』胡蝶の巻では法会でよく舞われた迦陵頻伽《がりょうびんが》と蝶の番舞《つがい》が華やかに演じられている。ここでは、蝶と鳥の対が模様意匠のみならず、舞楽舞としても演じられている。『堤中納言物語』では、虫めづる姫君が「人々の、花、蝶やとめづるこそ、はかなくあやしけれ。人は、まことあり、本地たづねたるこそ、心ばへをかしけれ」と述べており、現実主義的に自然を見る目が出てきたことを示している。「蝶文《ちょうもん》」も、単なる添え物から、他の草花や鳥と同格に扱われるようになり、草花折枝・鳥・蝶の三つの組合わせは以後日本の代表的な模様意匠となる。この三者の組合わせはやがて蝶鳥文、鳥草花文、草花鳥文に分解し、さらに蝶の独立模様も現われるようになった。鎌倉時代になると、蝶は情趣的な捉え方からより写実的な力強い表現がなされ、花よりも大きく目立つようになり、「群蝶文《ぐんちょうもん》」も鏡や小箱の工芸意匠に登場してくる。平安末から鎌倉にかけて、衣服調度のほか、鎧や兜などの武具の据金物にも華麗な蝶の意匠が採用されるようになり、後世に引きつがれる揚羽蝶のスタイルも確立される。こうして大陸から伝わった蝶文はようやく日本人の目と手を通して和風の意匠としてつくりかえられていったのである。また天慶の乱（九三九年）を倒伐して功のあった平貞盛が対蝶紋をつけていたことから蝶紋は桓武平氏の家紋になったとも伝えられている。しかし、蝶紋は平氏だけでなく頼朝も愛用しており、当時流行していた模様意匠ともいえる。のちには織田一族も採用しており、信長にも大胆な蝶の陣羽織がある。室町時代には蝶文は静かな落ち着いたものになるが、次の潑剌とした安土桃山時代には鎌倉期につづいて華麗な色彩の力強い生気あふれる大型の揚羽蝶の姿が表現されるようになった。蝶の羽の模様も変化に富み、夢幻能に見るように現実と夢想の間を巧みに羽ばたく蝶が造形化されたのである。太平の江戸時代には大胆で華やかであった蝶も次第に庶民的なものになって、花と蝶の組合わせは平和で穏やかな春の模様として定型化していき、あるいは双蝶は仲のよい吉祥文として婚礼などに採用された。

小泉八雲は「蝶に関する日本の文芸作品は、若干の詩歌を除けば、その多くは中国に由来するもののようである。日本の美術や歌謡、また習俗のなかに、あれほど楽しげに表現されている、この主題に関する古くからの民族的な美意識も、はじめは中国の教えに啓発されたものであったかも知れない」(『蝶の幻想』築地書館、一九八八年、一三―四頁)と述べている。この指摘は大きな流れとしては確かなものといえる。しかし、中国や朝鮮には、蝶を恐いものや不吉なものとみる見方がほとんどないのに対して、なぜか日本では蝶はまだ死や不吉なイメージでみられることが多いのである。(8) 本章では民俗学的な視点から蝶の信仰を探ることを通して、日本人の霊魂観の一端を明らかにしてみたい。

2 異変を告げる蝶

蝶には、草花のなかを華麗に舞い飛ぶ華やかなイメージと同時に、死や異変と結びつく不吉なイメージも伴っている。蝶が霊魂の化身として夢幻の世界や冥界と深い関わりをもっていることが、この不吉なイメージの背景をなしていると考えられる。実際に、河鍋暁斎の「幽霊図」や『幕末日本風俗図録』(一八七六年、ロンドン)のなかの四十九日の「精進落とし」の場面の掛軸には、死霊を象徴する「蝶」が描かれている。

蝶には、地域によってクロアゲハ、黒い蝶、黒いシジミチョウ、白い蝶、アゲハなど種は一定していないが、「ぢごくてふ」(地獄蝶)、「ごくらくてふ」(極楽蝶)と呼ばれているものがある。今日でも、弘前市、新発田市、佐賀市などに「地獄蝶」の呼称があり、中部から近畿地方にかけては「極楽蝶」という呼称が残っている。(9) 越谷吾山の『物類呼称』(一七七五年)には、「蝶」の項に「相模及下野陸奥にて、てふまと云。津軽にて、かゝべとも、てこなとも云。出羽秋田にて、へらこと云。越後にて、てふまべつとうと云。信濃にて、あまびらと云。一種鳳蝶《あげはのてふ》其形大にして黒色羽の縁に文有もの也。上総にて、ぢごくてふ〳〵と云。下野鹿沼辺にて、ぢごくでふまと云。美濃をよび近江にて、かみなりてふ〳〵と云。薩摩にて、山でふ〳〵と云」とあって、「地獄蝶」の呼称は関東中心にみられる。『和漢三才図会』巻六十八によれば、越中立山の室堂では、「地獄道に追分地蔵堂がある。毎歳七月十五日の夜、胡蝶が数多く出てこの原に乱舞するが、人々はこれを生霊市と呼んでいる。高卒都婆を立てて無縁の菩提を弔う」とあって、お盆に生者を訪れた先祖の精霊が蝶の姿になって再び冥界の死者の国に戻ることがわかる。何百とか何千といった生物が群舞したり鳴いたりする様は人を圧倒させ不安にさせて何らかの予兆ではないかとみられた。これらは、「雀合戦」「蛙合戦」「蛍合戦」などよく合戦に例えられたが、「蝶合戦」とか「蝶雨」といった現象もかつてあった。黒船騒ぎや大老暗殺、大地震、大風雨、火事、コレラの大流行など相次ぐ事件や災害で世情騒然とした幕末の江戸で、万延元（一八六〇）年六月晦日に本所竪川通りに数万の白蝶の大群がどこからともなくやって来て、水面に浮かんだり舞ったりしてあたかも雪のようであったという[10]。岡本綺堂はこれを素材に「蝶合戦」（『半七捕物帖』）という作品を著している。この作品では、蝶合戦が弁財天のお告げの前兆とされ人々の不安な心を煽っている。なお、綺堂には蝶々売りを題材にした「白蝶怪」（同前）という作品もあり、ひらひら舞う玩具の白蝶の影が「誰かの魂が蝶々になって、墓の中から抜け出して来る」のではないかとやはり不安な目でみられている。この蝶合戦と同じ現象は、明治三十八年九月には「浅草雷門の蝶々戦」（『万朝報』）として、また明治四十二年九月には「荒川橋上の白蝶戦」（『埼玉新報』）として報道されているが、これらの蝶合戦は実際には群れて交尾するカゲロウまたはユスリカの大群で、いわば蚊柱様の大規模なものではないかとみられている[11]。

鎌倉時代には、鎌倉周辺で黄蝶が大発生し五度も鶴ヶ岡八幡の周辺を群舞している。たとえば、『吾妻鑑』の文治二（一一八六）年五月一日の条には、「去比より黄蝶飛行す。殊に鶴岳宮に遍満す。是れ佐異なり」として、臨時の神楽があり、大菩薩が巫女に託して反逆者ありと告げている。建暦三（一二一三）年にも同様のことがあったという。また『吾妻鑑』の宝治元（一二四七）年三月十七日の条には、「黄蝶群飛す。幅たとえて一丈ばかり列三段ばかり。凡そ鎌倉中に充満す。是れ兵革の兆なり。承平則ち常陸下野。天喜亦た陸奥出羽四箇国の間に其怪あり。将門貞任等闘戦に及び訖《おわん》ぬ。而して今此の事出来す。猶若し東国兵乱あるべき歟の由。古老の疑う所なり」とある。この宝治元年三月の群蝶に関連して、『鎌倉史』巻二には「乙丑、流星東北より西南に行く。隠々と声あり、大きさ蓆の如し。黄蝶鶴岡群飛す」とあり、『北条時頼記』巻四には

十七日かまくら中に、黄いろなる蝶の、いくつともなくとびあつまりて、町、小路、野、山に充満し、あるときハ一所にあつまり、広さ一丈ばかり長さ三段余に、黄なる絹なんどを引きすえたるがごとくなり。これらの怪異、いかさまふしぎ出来ぬらんとなり、人々心をひやしける。時頼公にもおどろきおぼしめして、古老の方にたづねたまへバ、むかし朱雀院の御宇、承平のはじめ、常陸下野の両国に、黄蝶とびあつまりて、山野に盈ちふさがり、後ハ人家のうちへみだれ入りて、蚋《ぶと》蚊のごとくなりしが、其の後相馬の将門反逆をおこし、東国しばらくみだれたり。又後冷泉院の御とき、天喜三年の春の頃、奥州出羽、常陸、下野の国に、黄蝶おほくあつまりて、阿倍の貞任ぎやくしんし、関東大きに騒動いたしぬ。かれこれみな東国兵乱の兆なるべきむね、とりどり申上けるあひだ、

さらバ天下あんぜんのためにとて、不動明王ならびに、慈恵大師の像を板にほり、是れを一万体すりうつし、松殿法眼うけたまはり、供養の儀さまざまなり。

とある。この他、『吾妻鑑』には宝治二（一二四八）年九月七日にも、黄蝶が鎌倉の由比ケ浜から鶴岡神社や法花堂の方へ群飛したとあり、九月十九日には三浦の三崎方面から鎌倉に黄蝶の群れが飛来したとある。東国では、黄蝶の群舞がしばしば反逆者や兵乱の凶兆とみられ、時に神仏に安全祈願をしたことがわかる。なぜとくに鎌倉に黄蝶が大発生したのかは不明だが、この時代に多数の軍馬を養う必要から牧場が開発され、馬糞でマメ科の野草が繁茂したことが原因ではないかとされている。(12)

京都でも、『帝王編年記』の治承二（一一七八）年八月の条に「叡山坂本粉蝶雨の如く降る。高雄寺魔滅の時此の如し云々。今年、山門堂衆学生合戦事あり」と記されており、蝶雨は大異変の兆候とみられていた。藤原定家の『明月記』には、天福元（一二三三）年四月二十八日から五月三日に日吉大社の社頭に蝶の雨が降ったと聞いて「山の上（叡山）滅亡の時、此の事あるか」と記し、さらに嘉禎元（一二三五）年六月十三日にまた叡山で蝶雨が発生したとあり、必ず山上で大争乱が起こる前兆だとみて、仏法王法滅亡の期なりとして悲嘆している。降って明和三（一七六六）年にも蝶雨がみられ、『倭訓栞《わくんのしおり》』前編の「てふ」の項には「てふ、明和戌年、丹波大江山の近辺、小野平村といふ所に、八月の比《ころ》蝶ふれり、地に堕つれバ皆死す、つもる事三四寸におよぶとぞ」とある。ただしこれら比叡山周辺の蝶雨に関しては実際には蝶そのものではなく、蝶合戦の蝶と同様にカゲロウやウスバツバメガなどの大群飛ではないかとされている。(13)村山修一は、蝶の群舞に関して、鎌倉時代は旱魃や気候異変が多かったので、かような異常発生の現象が間々みられたのであろう。京都や鎌倉など政治家・知識人の集まる近辺でこうした記録がある位であるから、地方田舎でも頻発したにちがいない。何れにせよ、何か大事が勃発する前兆として、あるいは神の祟りとして蝶の群飛は恐れられたのであるが、室町時代に入ると美術的表現として群蝶の意匠があらわれ迷信的な自然観は低調化してゆくのである。（「日本における蝶の博物史」『日本の文様　蝶』光琳社出版、一九七一年、六―七頁）

と述べている。大化の改新、将門・純友の反乱（承平・天慶の乱）、幕末など大きな時代の転換期にしばしば常世虫や蝶・カゲロウなどの群舞が発生している点は注目される。もっとも、蝶の群飛は単に異変の前兆だけでなく、見慣れた農民には年中行事のようにもみなされていた。たとえば、日浦勇は

一年の一定の季節に、定つた方向をめざして蝶の群れが移動する、そして海さえもわたる。この現象を都会人は知らずとも、さすがにお百姓さんは古くから気付いていた。「豊年虫が来た」とか、「蝶が寺参りを始めると不作になる」、あるいは「戦争の応援に行くのだ」という地方もある。何かふだんとは変ったことが起る、という印象を与えている土地と、年中行事と考えられている場合がある。（『海をわたる蝶』蒼樹書房、一九七三年、六頁）

と述べ、稲の豊凶と結びつけられたのもそれなりの自然の根拠があるのだと指摘している。

しかし権力基盤が揺らぐ不安定な時代には、人心も蝶のように乱れて狂気の集団舞踏現象がしばしば

発生したことも事実であった。『日本書紀』皇極天皇三（六四四）年七月の条には、

東国の不尽河《ふじのかは》の辺の人大生部多《おほふべのおほ》、虫祭ることを村里の人に勧めて曰はく、「此は常世の神なり。此の神を祭る者は、富と寿《いのち》とを到す」といふ。巫覡《かむなぎ》等、遂に詐《あざむ》きて、神語《かむこと》に託《の》せて曰はく、「常世の神を祭らば、貧しき人は富を到し、老いたる人は還りて少《わか》ゆ」といふ。是に由りて、加《ますます》勧めて、民の家の財宝を捨てしめ、酒を陳《つら》ね、菜・六畜を路の側に陳《つら》ねて、呼《よば》はしめて曰はく、「新しき富入来れり」といふ。都鄙の人、常世の虫を取りて、清座《しきゐ》に置きて、歌ひ舞ひて、福を求めて珍財を棄捨《す》つ。都《かつ》て益《ま》す所無くして、損《おと》り費《つひ》ゆること極て甚し。是に、葛野《かどの》の秦造河勝、民の惑はさるるを悪《にく》みて、大生部多を打つ。其の巫覡等、恐りて勧め祭ることを休《や》む。（中略）此の虫は、常に橘の樹に生《な》る。或いは曼椒《ほそき》に生る。其の長さ四寸余、其の大きさ頭指許《おほよびばかり》。其の色緑にして有黒点《くろまだら》なり。其の皃全《かたちもはら》ら養蚕《かひこ》に似れり。

とあり、揚羽蝶の幼虫を「常世虫《とこよ》」として祀って集団で狂舞する宗教運動が大化の改新の前年に流行したことがわかる。常世とは不老不死の国であり、そこからこの世に富や生命などの幸福をもたらすと信じられていた常世の神が揚羽蝶の幼虫とされたのである。それは、この蝶が霊魂の化身であるばかりでなく、やはり常世と深い関係をもつ橘の樹につき、虫から蛹、さらに蝶へと変態する不思議さが人々に一種のユートピアである常世への憧憬を抱かせたのであろう。さらに、越前丹生郡の大虫神社や丹後与謝郡の大虫神社・小虫神社など日本海側の地域では、八―九世紀頃に大虫や小虫といった神が霊験あらたかな神として尊崇をうけていた(14)。

このほか、大仏鋳造が難航していた天平勝宝元（七四九）年には宇佐八幡の託宣が降って、八幡神の一行が奈良の都にのぼってくるという騒動があった。また天慶元（九三八）年に京都で岐神《くなど》とか御霊と称する男女の生殖器を顕わに刻み赤く彩色を施した木像を児童らが祀って大騒ぎした記事（本書「性の神」参照）や、天慶八（九四六）年七月には志多羅神を奉じて神輿三台で摂津河辺郡から大勢の人が都へ押しのぼってきた記事が『本朝世紀』に出てくる。これらはみな新来の流行神であり、現状を打開する世直しへの希求のなかで一時的に熱狂的な祀られ方をした。幕末では、文政十三（一八三〇）年の「おかげ参り」（六〇年に一度巡ってくるとされた）や慶応三（一八六七）年の「ええじゃないか踊り」が有名であるが、京都でも天保十（一八三九）年三月から四月上旬にかけて、「蝶々踊り」とか「豊年踊り」などさまざまな名で呼ばれる集団仮装舞踏が大流行した。(15) これは「風流踊り」の一種で虫・魚類、神仏、民間宗教者などさまざまに仮装し両足を跳ねあげて踊るもので、大阪市立博物館蔵「ちょうちょう踊図巻」に描かれた仮装姿をみると、虫類だけでも蟻、蝸牛《かたつむり》、蝶、蜻蛉《かげろう》、甲虫《かぶとむし》などがあって蝶がとくに目立つ存在というわけではない。蝶の仮装姿ではなく、むしろ腰に鈴をつけて「チョウチョウ」という合の手をいれながら踊ることから、「蝶々踊り」と呼ばれたと考えられ、実際に「ちょいちょい踊り」と呼ばれることもあった。しかし、幕末の世直し待望の状況のなかで、日常生活とは逆転したものや別世界の存在に仮装し狂気乱舞することで、現実世界からの離脱をはかろうとしたことは確かである。その意味で、虫とくに蝶や蜻蛉への仮装は、現実とは別の幻想の世界へと羽ばたくのに最も相応しい仮装の一つと考えられたのである。

3　夢幻のなかの蝶

蝶は夢と現実の間にひらひらと舞う虫ということから、死後に身体から抜け出た霊魂が蝶に変身したり、睡眠中や夢見る際にやはり魂が蝶や蜻蛉などの虫になって身体を抜け出たりする。さらに、蝶が戯れ舞う姿は、シャーマニズム的世界観とも深く関わり、この世の現実を離れた夢幻の世界をさまよい遊ぶことを象徴したりもする。逆に、蝶は冥界や死者の世界から何かを伝えに訪れてきたり、この世に残した思いのためにどうしても成仏できずさまよい出てきたものとして、死や不吉なイメージに濃く彩られている場合もある。このため、蝶は吉と凶、明と暗、再生と死など相反する二つの意味を兼ね備えており、時代や地域など状況によってどちらかが強く表わされる。たとえば、沖縄本島では蝶や鳥が家の中に入ってくるとケガレとして嫌い禊ぎをするほどであるが、同じ沖縄でも宮古・八重山の先島地方ではこれを吉祥としている。ルーシー・W・クラウセンも、

興味深いのは、蝶は他の昆虫と同様に、多くの似たような事例が、土地によってまったく別の意味あいでもって解釈されているということである。たとえば、白い蝶が家のなかに飛び込んできて人のまわりを飛びまわるときには、ルイジアナ州では、すぐに良いことが起こるとされているのに対し、メリーランド州では、それは死を予告するものだと信じられている。蝶が人の面前で飛ぶときは、それがどんな蝶でも、それはすぐさま寒い季節が来る前兆だとしている人たちがある一方、別の人びとはそれをさらに限定して、黄色い蝶が面前で飛ぶときは、一〇日のうちに多量の霜がおり、

木木の葉を蝶の色に変えてしまうとしている。(『昆虫のフォークロア』博品社、一九九三年、四〇頁)

と述べている。

人の霊魂が蝶になる代表的な物語に、眠っている人の魂が蜂・虻・蠅・蚋《ぶと》・蟻・蜘蛛・蜻蛉・蝶などの虫の姿になって鼻や口から外界に出ていって、再び戻ってくると目がさめて宝物を見つけた夢を語り、起きて見ていた別の一人がその夢を買って財宝を見つけるという「夢買長者」として分類されている昔話がある。(16) 中国、シベリア、アルタイ地方、南米、ヨーロッパなど諸外国にも同種の話がみられ、ヨーロッパでは蛙や鼠の小動物として語られている。日本でも『宇治拾遺物語』以来語られてきており、夢の売買はないが、「蜻蛉長者」の伝説も同系統の話である。人の魂が蜂や虻になる話が圧倒的に多いが、蝶の話もいくつか知られている。つぎに、水沢謙一が新潟県で採集した生者と死者の霊魂が蝶になった昔話をそれぞれ一話ずつ掲げてみる。

事例1　蝶になった魂(長岡市麻生田町)

あったてんがの。あるどき、あねとおばが、春山へゼンマイとりにいったてんがの。ほうして、山でゼンマイをとりとりしているうちに、いっぺこととったし、昼まになったげだんだんが、二人は、「腹がすいたすけ、まんま食おうて。」というて、山の青草のどこに、けつおろして、持ってきたにぎり飯を食たてんがの。ほうして、腹いっぺになったれば、ねぶたくなって、二人は、「昼ねしょう。」というて、ねころんだてんがの。ほうしると、へぇ、おばは、スウスウと、ねぶってしもたてんがの。あねは、ねぶらんでいた。ほうしると、ねぶったおばの、鼻の穴から、白い蝶が一つ出てきて、ヒラヒラとたっていった。ほうして、すぐ近くにあったウマジャクックリ（馬の足跡）にたまっていた水たまりの、めぐらをヒラヒラとんでいた。ちっとめえると、その白い蝶が、ヒラヒラともどってきて、ねぶっていたおばの、鼻の穴にはいった。ほうしたれば、おばが目をさまして、「おら、いま、夢見たや。おかしな夢見た。」というた。蝶の出入りを見ていたあねが、「おまえ、どんげの夢見たや。」「遠いどこにある。きれいな湖へいってきた夢だった。」というたてんがの。いきがポーンとさけた。（『蝶になったたましい』野島出版、一九七九年、三三―四頁）

事例2　蝶になった魂（南蒲原郡栄村山王）

あったてんがの。おばばの病気が重くなってきた。ほうして、身うちのものがきて、看護のつきっきりしていた。ほうしているうちに、おばばが、息をひきとった。そのとき、おばばの、はなの穴から、白い蝶が一つ出てきて、ヒラヒラと、どっかへたっていった。看護しているしょが、「おう、おばば、おばば、もどれ、もどれて。」と、大声でよばっているうちに、白い蝶がヒラヒラもどってきて、おばばの、はなの穴へはいった。ほうしると、おばばが、気がついたようになって、「おう、おら、いま、夢見ているようだった。花がきれいに咲いている野原をあいんでいったら、川のとこに出て、船があった。その舟にのろうとしたとき、うしろから、おう、おばば、おばば、もどれ、もどれと、おらことよぶ声がして、舟にのらんかった。そんとき、川岸のヤナギの根っこに、かながめが出ていたっけな。」というた。川は三途の川で、その川をわたれば、おばばは死ぬとこだった。それから、村の川ばたの、ヤナギの根っこに、かめが出ていて、それを掘り出したら、なかに、大判小判が、いっぺはいっていた。（同前、三六頁）

これらの昔話は、睡眠中に人間の霊魂が白い蝶の姿になって身体を抜け出ていくという話で、蝶が再び戻ってくる場合はその間に体験したことが夢として語られるが、蝶が川を越えて冥界に行き戻ってこない場合はそのまま死ぬということになる。事例2は臨死体験の場合と類似している点で興味深いが、いずれの話も睡眠や死など身体機能の水準が低下したときに人間の霊魂が蝶などの小動物の姿になって身体を遊離するという信仰が背景になっている。鼻の穴から出入りする生態からいうと、この種の話では蜂や虻などが相応しいことになり、実際に数も多い。死などの第六感による直感を「虫の知らせ」と言い、呼吸が絶えた状態を「虫の息」などと言うように、虫はまさに生命が途絶えようとする際にその人を支えていた生命の根源や霊魂、執念などが形をなして姿を現わしたものらしい。小泉八雲も、

　日本人の信仰では、蝶は生きている人の魂であると同時に、死んだ人の魂であるとも考えられている。現に、最後に魂が肉体を離れるとき、そのことを知らせるために、魂は蝶に姿をかえるのだと信じられている。そのような理由から、どんな蝶でも家の中に入ってきたものは、皆大事に取り扱ってやらねばならないことになっている。（前掲、一五頁）

と述べている。今日でも現代伝説の形で、死の直前に死者の霊魂が蝶となって親戚や知人を訪れ死を知らせたという話が語られている。池田香代子ほか編『ピアスの白い糸』（白水社、一九九四年、一四七―五四頁）のなかには、次のような蝶や蛾をめぐる現代の話が五つほど掲載されている。

事例3　死を知らせる黒い蝶（東京都八王子市。話者は四十代の女性）

ほんとうに不思議なのね、黒い蝶が、それもすごく大きなのが、玄関の前を飛んでるのよね。ちょうど、買物から帰ってきたときなの。そんとき、「あら、あの人だわ」って、その蝶を見て、山田さんだと思ったの。どうしてかわからないけど、その山田さん、どういうわけか、うちに来るときに限って黒い服を着てくるのよね。その蝶も真っ黒でしょ。それも、その蝶が、なぜか家に入りたがっているの。それで、玄関を開けてやったら、出たり入ったりするわけ。そして、しばらくして消えてね、やな気がしたの。やっぱりだと思ったのは、次の日、電話がかかってきたって。「山田さんが亡くなった」って。（『不思議な世界を考える会会報』一一号所収）

事例4　白い蝶（函館の女子高校生の話）

私の亡くなった祖父は植木職人で生き物をとても大切にする人だったそうです。特に虫が好きで、その中でも白い蝶が来たりするとだまって見ていたと聞きました。でも祖父は、母が私くらいの時に亡くなりました。ある夏の日、親戚が集まり、祖母の家で思い出話などをしていました。夜なのに一羽の白い蝶が迷い込み、日本酒の入ったコップの上に止まりました。「変な蝶だね」と言っていると、今度は仏壇のある部屋に行き、祖父の写真の上に止まりました。そして蝶のいるはずのない秋先にも来て、日本酒のコップの上に止まり、まるで一緒に話でも聞いているかのようでした。それ以来、親戚が集まる機会があると、祖母は小さなコップに日本酒を入れ、置いておきます。白い蝶のために……。祖父が毎日、日本酒を飲んでいたので……。（久保孝夫編『高校生が語る現代民話』一九九二年九月）

死者の霊が戻る盆や夜などには、蝶や蛾、蟬、蛍、蜻蛉などは死者の生まれ替わりだとか仏のお使いとされて殺したりせず丁重に扱われたが、またいるはずのない季節や時間、場所に蝶が出現した場合も死者の化身や霊魂として特別な情感をもってみられた。中国や日本では、羽色が多彩なのは蝶がさまざまなものの物化とされたためであるが、とくに黒い蝶は死者や冥界と深い関係があると信じられていた。『古今要覧稿』巻六には、

色黒くして、形大なるものを、蝙蝠蝶といひ、黒峡蝶といひ、玄武蝶といひ、大黒蝶とも名付たるハ漢名なれども、和漢とも称呼せり。又其の種類もはなはだ多くして、黒羽に五色の斑紋、或ハ眼のあるものあり、又かみなりてふてふといふものあり。(中略) これ等の蝶ハ、皆橘蠹虫《きくいむし》の化脱するものおほしともいへども、また独虫《ひとりむし》よりも化生し、尺蠖虫《しゃくとりむし》よりも脱化す。すべてこれらの蝶をさつまにてハ地獄蝶々といひ、下野にてハぢごくちよまといへり。これ漢名に鬼車といひ、鬼峡といふ名目にひたとあへり。

とあり、また『甲子夜話《かっし》』続篇十六巻にも

世に揚羽蝶と唱る大なる蝶あり。黒色に碧をまじへ、羽端に赤点あり。前篇第十巻に載せし、陽神(張飛)の為に、成都の妓霞卿がとらはれて、後黒蝶となり、その故夫王延鎬が所に屢々来りしは、人魂の蝶になりしなり。この頃聞く。文晁が写山楼に一黒蝶来り、いつとなく馴て、集会の席

にも飛入、文晁が盃を持つ指頭に止り、盃中の酒を嘗て去ること時々なりと。是も人魂に似たることなり。又予試み思ふに、死者或は旧鬼に感念することあれば、時としては黒蝶必ず来り、屋中を翻々して去る。これ野外園中の者ならざるが如し。又『啓蒙』に所載、蝶の漢名を鬼車、鬼峡とも云。また黒色の蝶を上総の名にヂゴクテフと云など、漢名を黒峡蝶に為しものも、何か人魂に縁りあるかと覚ゆ。

とある。蝶だけでなく、高知県などでは羽の黒いオハグロトンボを「ホトケトンボ」とか「ショーライトンボ」と称して盆に来る仏や精霊のお使いであるとしている[17]。

人が死後に蝶と化した古い説話に、鎌倉初期の鴨長明による『発心集』巻一の「佐国花を愛し、蝶と成る事」がある。大江佐国は生前に花を非常に愛で、生まれ変わっても花を愛する人になろうという歌まで残したところ、その死後にある人の夢に蝶になった由を語ったという。この説話には、もう一つ幸仙という僧が橘を深く好んでいたため、死後に蛇に変わりその木の下に住んだ話も付されており、「すべて念々の妄執、一々に悪身を受くることは、はたして疑いなし。実に、恐れてもおそるべきことなり」とコメントされている。本に執着する人を「本の虫」とか「勉強の虫」などと言うが、この世の執念が死後に文字通り虫に生まれ変わることを示した説話といえる。平安後期には、一面で霊魂を魅力で取り合う戦いでもあった恋や嫉妬の場面で、遊離魂の現象がよく現われ、時にその魂が虫に化して身体を抜け出ることもあった。恋多き和泉式部が男に忘れられ貴船の川で蛍が飛ぶのを見て詠んだ、「もの思えば沢の蛍もわが身よりあくがれいづる魂かとぞ見る」という歌などは、その典型である。民間信仰でも、臨終の際の最後の願は叶うものとされ重視されてきたが、その一方で葬儀の際にはこの世への妄執を残さず成仏できるように必ず願解きの儀礼が施されてきた。どうにも「腹の虫がおさまらない」という点で最も危険視されたのが、後述するように非業の死をとげた御霊の場合であった。

あらゆる妄執は人間以下のものに生まれ変わらせると戒めたのは、この世の無常を『方丈記』で説いた鴨長明らしいが、これには末法が強調され浄土教が盛んに信仰された時代背景もあった。同じ『発心集』巻八には、「老尼死の後、橘の虫となる事」という説話もあり、尼の臨終に際して隣の僧が橘の実を惜しんで与えなかったために、死後橘の実の中に多くの白い虫となって現われ、橘を最後に切ることになったと語られている。常世の木ともみられた橘は揚羽蝶の幼虫がよくその葉をエサとしたため、古代の常世虫の一件以来しばしば虫や蝶との関連で問題になってきたが、常世や夢、死後の世界との関係は解釈は異なっても失われることはなかった。その一方で、死後に魂が蝶になることを極楽往生したとする解釈もあった。たとえば、それは蓮如が娘見玉の死の一年後に記した『御文』(文明五年八月二十二日 高田本帖外八)のなかにみることができる。

事例5 比丘尼見玉房の極楽往生

アルヒトノ不思議ノ夢想ヲ(文明四年)八月十五日ノ荼毘ノ夜アカツキカタニ感セシコトアリ。ソノユメニイハク、所詮葬送ノ庭ニヲイテ、ムナシキケフリトナリシ白骨ノナカヨリ、三本ノ青蓮華出生ス、ソノ花ノナカヨリ一寸ハカリノ金ホトケヒカリヲハナチテイツトミル。サテ、イクホトモナクシテ蝶トナリテウセニケルトミルホトニ、ヤカテ夢サメオハリヌ。コレスナハチ見玉トイヘル名ノ真如法性ノ玉ヲアラハセルナリ。蝶トナリテウセヌトミユルハ、ソノタマシヰ蝶トナリテ法性ノソラ極楽世界涅槃ノミヤコヘマヒリヌル、トイヘルココロナリ、ト不審モナクシラレタリ。

（堅田修編『真宗史料集成』二巻、同朋舎、一九七七年、一五一頁）

ここでは、荼毘《だび》にされた白骨から三本の青蓮華が出て、その花から光輝く金の仏が出たと思うと、間もなくそれが蝶となって消えて夢から覚めたとある。この夢が見玉の魂が蝶となって極楽往生をとげたと解釈されたのである。これとは逆に、長崎県西彼杵半島の黒崎地方の隠れキリシタンが伝えてきた『天地始之事』では、処女受胎の場面で聖霊が蝶となってマリアの口に入り身ごもったと記されている。[18]

また沖縄の『おもろそうし』巻十三には、姉妹の魂が蝶の姿になってオナリ神として兄弟の船路を守るという歌が出てくる。すなわち、「あがをなりみかみの、まぶらでゝ、おわちやむ、やれゑけ、おとをなりみかみの、あやはべる《はべる》なりよわちへ、くせはべるなりよわちへ」（我ガ姉妹ノ生御魂、我ヲ守ラムトテ、来マセリ、ヤレエケ、妹ノ生御玉、美シキ胡蝶トナリテ、奇シキ胡蝶トナリテ）とある（伊波普猷『をなり神の島1』平凡社東洋文庫、一九七三年、九頁）。これに関連して、伊波普猷は「沖縄では今日胡蝶はあの世の使者といはれてゐるが、オモロ時代には生ける『をなり神』（即ち顕つ神、姉妹）の象徴とされたことがわかる」（「おもろさうし選釈」『伊波普猷全集』六巻、平凡社、一九七五年、五四頁）と述べ、沖縄本島では蝶はすでに冥界の使者となってしまったが古くは姉妹の生御魂であったとしている。人の霊魂が蝶になるという信仰は、かつての沖縄のオナリ神のように生きている姉妹の生御魂の場合もあったが、一般的には死後や睡眠中の夢の中で発現することが多い。

荘周が夢で胡蝶となって花と戯れた故事から、蝶は「夢見鳥」とも称されてきたが、日本の謡曲には『楊貴妃』や『胡蝶』のように荘周の夢に言及した作品がある。前者は玄宗が楊貴妃の魂魄の行方を方士に捜させ、楊貴妃の死霊が方士の前で胡蝶の舞をする能で、楊貴妃は元来西域の霓裳羽衣《ゲイショウウイ》の舞を得意としていたという連想から胡蝶の舞が出てきたらしく、派手な蝶模様の衣装で「何事も、夢まぼろしのたわむれや。あわれ胡蝶の舞ならん」と静かに舞うのである。後者は、蝶の精が女性になって現われ、四季の花と戯れても季節的に梅花とは契れないことを嘆き、旅の僧の読経で成仏を願うという能で、その夜僧が回向すると夢に蝶が出て「荘子があだに見し夢の、胡蝶の姿現《うつつ》なき浮世の中ぞあはれなる」と舞うのである。蝶と梅花の組合わせは、中国の美意識に基づくものであり、奈良時代の『懐風藻』のなかの紀麻呂の漢詩にも「階梅素蝶に闘ひ」とある。(19) いずれにしろ、蝶は現実と夢幻の間を舞い飛ぶ存在として、夢や憧れの対象とされてきたのである。

4　蝶と御霊信仰

非業の死を遂げた者の怨霊や御霊は丁重に祀られないとさまざまな祟りをなすというのが御霊《ごりょう》信仰であり、この世で生涯を全うできず生死を圧縮されて生じた霊的なエネルギーの暴発を恐れたのである。そこで、このミタマ（御霊）のもつ霊力を適切な回路を設けて放出させることでケガレを祓ったり時空間を更新したりしようとしたのである。日本の夏祭りは、祇園や天王などの御霊を慰撫するためにさまざまな風流を凝らした祭りになっており、貞観五（八六三）年に神泉苑で最初に催された御霊会の系譜にみな連なっている。歌舞伎の荒事もこの御霊信仰の影響を深く受けたものである（郡司正勝「御霊信仰・風流・かぶき」『かぶきの発想』弘文堂、一九五九年）。もろもろの災厄や病いなどは邪悪な御霊の祟りとされたため、そうした御霊を神として祀り上げたり、丁重に祀ったあとで笛太鼓や歌踊りでにぎやかに村境から外に送り出してしまうことで、危機的状況から秩序を回復したり、ケガレを浄化し秩序の更新をはかったのである。しかし、人の力だけでは十分でないと考えて、祇園の牛頭《ごず》天王はじめ八幡や北野天神社などとくに強力な御霊神に諸々の御霊を統御させる祭祀方式がとられたのである。

農村では、農作物につく害虫も御霊が原因と信じられ、非業の最期を遂げた平家の老武者斎藤別当実盛の藁人形を大将にしてあらゆる害虫とともに海、川、村境に送り出してしまう「虫送り」の行事がかつてはよく行なわれた（伊藤清司『サネモリ起源考』青土社、二〇〇一年）。虫送りは、毎年亡魂の訪れる盆前の秋口や害虫が発生した時などに行なわれたが、夏祭りと同様に御霊を慰めて祟らないように松明を点し鉦太鼓で送り出したのである。『大和本草』巻十四にも、「倭俗に実盛虫と称するあり。いなごに似て小虫也。青虫也。首は兜を著たるが如し。稲葉を食て大に害す。夜、松明をともし、鐘鼓を鳴らして逐之」とある。また『越前国名蹟考』には、実盛は越前篠原で手塚光盛に討たれたが、その際、乗馬の足が稲の切株に躓いて無慙な最期を遂げたために、実盛の一念が稲に残り、稲を害する稲虫となったのだと伝えられている。この伝説について、中山太郎は、第一に他の二、三の地域で稲虫を「別当」と言っていたので、それが別当実盛に付会されたこと、第二に中国の『鶴林玉露』に「蝗者戦死之士寃魂所化」とある記事から思いついたこと、第三に稲虫が鎧を着ているような姿にみえることなどから、実盛伝説が成立したと推定し、「諸国にある実盛塚は、全く斎藤実盛の供養塚でも、追善塚でも無くて、実は稲虫の害を恐れて、これを封じ祀った塚に外ならぬのである」（「人が虫になった話」『日本民俗学』四巻、大岡山書店、一九三〇年、二一四頁）と述べている。この実盛伝説の普及には、『平家物語』に基づいた謡曲『実盛』や浄瑠璃『源平布引滝』などの演劇や語り物などの力もあずかっていたと思われる。なお、謡曲『実盛』は、応永二十一（一四一四）年三月に遊行上人が篠原で実盛の幽霊に出会い十念を授けたことが京中で評判になり、世阿弥がこれを能に仕上げたものであるという。

一般的に蝶の登場する昔話や伝説はそれほど多くはないが、その大半は東北地方に分布している。そのうちの一つが、秋田県仙北郡を流れる上総川の石堂（現・大曲市）に伝わる「別蝶沼」の伝説である。前九年の役で、八幡太郎義家と松山城主阿部氏が戦ったとき、石合戦が行なわれたが、阿部氏の家来秋元備中という武士はその時八幡太郎の投げた石に当たって沼に転げ落ちそのまま死んでしまった。彼の死骸は沼の中で大きな蝶に化身し、曇った日か夜半になると沼から出て中天を飛び、月夜の晩に目撃した人の話では水で羽がキラキラ光って幻想のなかにいるようであったという。この辺では蝶を「別蝶」と言い、この沼も「別蝶沼」と呼ぶという。[20] 越後地方でも、「別当」が蝶の方言になっており、中山のいう稲虫とも共通する。秋田の伝説の秋元備中に基づく「別蝶」も、やはり別当の訛りであろう。ところで、吉田光邦は、『宗吾抜書』（室町期）の「弾正判官は地を黒く、紋も蝶をつけられ候、余の官人は其儀有べからず」という記述から、他人の非違を糾弾する役目の弾正・判官が蝶紋を用いたのは呪術的権威の流れを汲むものだとしている。[21] 別当は、兼任の長官で検非違使庁や学問所などの長官をいったがのちには形骸化した。同時に別当は仏寺の長もさし、各地の有名な大社では別当が権力を振るい、羽黒の女別当は諸国の巫女の神託を鑑定したという。このように、別当は社寺など宗教機関や組織の「長」をさし、世俗にありながら同時に世俗を超越した地位役割を意味する点では、霊界と現実世界を往還する「蝶」と共通するといえる。

　非業の死者の亡魂や怨霊が虫と化して祟りをなしたという伝説は各地にみられ、そのうち死者の名を冠したものには、実盛虫のほか、お菊虫（揚羽蝶の幼虫）、浄元虫（僧が縛られて前に箱を抱いている形姿をした虫）、正雪虫（蚊蜻蛉）、平四郎虫（オウガ虫）、善徳虫（蝗《いなご》）などがある。若狭の「善徳虫」については、『拾椎雑話』に「むかし名胡村に善徳といいて銀をたくわえ独身のもののありしをひそかに殺せしとなり。この亡魂、虫となり近郷へ害をなす。ゆえに善徳虫というよし」とある。怨霊は、蝗、ウンカ、コオロギ、蛍などの各種の虫だけでなく、平家蟹、河鹿《かじか》、紫雲英《れんげそう》といった生物や花などにも化すとされる。江戸末期の奇談集『想山著聞奇集』には、人の金を掠め取った男がのちに無数の蛍に責め殺される話が出てくるが、とくに蛍は暗闇に光を放って飛び古くから人の霊魂の化身と見られてきただけに、他にも蛍を呪い恨んだ死者の魂だとする伝説は多い。たとえば、宇治山田川の蛍は源三位頼政の亡魂が化したものとか、西宮の夙河原の蛍は明智光秀一族の亡魂が化した鬼火であるとか、また浜松の野口八幡付近の八幡蛍は徳川と武田の合戦で死んだ兵卒の亡魂が化したものだという(22)。このように、虫に化した人のほとんどが合戦で敗れたり極刑で非業の最期をとげた男の亡霊であり、お菊虫を除くと女性が死んで虫になった例は少ない。

「お菊虫」はジャコウアゲハの蛹のことで、その後ろ手にして吊り下げられた奇妙な姿から中国では「縊女《いつじょ》」と称し、日本では播州皿屋敷伝説などで主人の大切な皿を割ってしまい井戸に身投げした下女のお菊の霊魂が化したものとされている。今も姫路城二の丸にはお菊井戸があり、姫路のお菊神社ではお守りとともにかつてはお菊虫が霊虫として売られていたという(23)。皿屋敷伝説は奥州から九州まで松江、姫路、金沢など古い城下町を中心に各地に分布しているが、元来は江戸の番町皿屋敷の話が発端であった。『皇都午睡』初編（新群書類従）には、

お菊虫とて、女の後手に括られし姿の虫生ずるも、其の土地の風土に生ずる也。播州皿屋鋪とて狂言にハすれども、実は東都番町の事にて、小畑孫市の室嫉妬深く、神妙のお菊を井戸へ落し入れて殺す。其の霊祟りをなす故、甲州の知行所に菊寺とて一宇を建ると、新著聞集にあれ共、青山の邸

にての事なり。故に狂言に青山鉄山お菊を殺すとも云へり。何れが実なるや不知。

とある。江戸番町の旗本青山主膳の屋敷は、もと天樹院（千姫）の屋敷であった。天樹院は、再婚相手本多忠刻の死後、姫路城から江戸に移ったが、未亡人の孤閨の淋しさから表役の花井壱岐と密かに通じていた。しかし、花井壱岐はある夜竹尾という娘と戯れているところを天樹院に見つかってしまう。嫉妬に狂った天樹院は壱岐と竹尾の二人を殺し、御守殿の井戸に投げ入れた。寛文六（一六六六）年に天樹院が逝去すると、この御守殿はすぐに取りこわされて更地とされ、更屋敷になった。その後、青山主膳がこの跡地を拝領した。当時、青山は火付盗賊改役を勤めていたが、向坂甚内という粗暴な者が人家に押し入ったために磔刑にし、その娘お菊を侍女とした。お菊は過って主膳秘蔵の十枚揃の高麗皿のうちの一枚を落として破損したため、まず妻に殴られ、主膳は十本指のうち右手の小指を切り落とした。お菊は妻の生む子供に祟るように恨みを残して例の井戸に飛び込んだ。やがて妻は子供を出産するが、指が一本欠けた不具の子であった。それから毎晩この古井戸から皿を数える泣き声が聞こえるようになり、近所の者は気味悪がって恐れ、青山家の女中も逃げ去ったという。これがいわゆる『番町皿屋敷』の話である。[24] 宮田登は、皿屋敷とは更地の屋敷のことで、利用が忌まれクセ地として残されていたのだが、そこに開発の手が及び自然の聖域が強引に侵犯されるとさまざまな怪異現象が起き、皿屋敷伝説などが生み出されてきたのではないかと指摘している。[25]

寛保元（一七四一）年に人形浄瑠璃『播州皿屋敷』が初演されたが、この『番町皿屋敷』を翻案した浄瑠璃を決定的に有名にしたのは、寛政七（一七九五）年に「お菊井戸」からお菊虫が大発生したことであった。大田南畝（蜀山人）の『石楠堂随筆』巻一（『蜀山人全集』三巻、吉川弘文館、一九〇八年、五

二一―二二頁）には、

元禄の頃、摂州尼ケ崎城主青山氏老臣木田玄蕃と云ふ者の婢にて菊と云ふ女あり。或時玄蕃に食を進ぜけるに、其の飯中に針有り。玄蕃大に怒り予を害せん為なりとて、やがて縛りて其の家の井中に投じ殺しぬ。菊が母聞き付けていそぎ来たりてわびせんとせしも、はや井に投じ死たり。爾来木田が家様々の怪事あり、祟りをなしければ自ら青山氏へも聞えて、其の無道の振舞言語同断なりとにくみ給ひける。其の後玄蕃が家断えたりとぞ。此の玄蕃の亭怪出でやまざりければ、誰望み住む事なくつひに荒宅になりぬ。しかるに青山氏は封を移し給ひ、松平遠州侯の居城になり、此の廃宅の地へ源正院と云ふ仏寺をひき移し給ふ。其の後怪しき事ハやみたり。しかれども、此の寺に菊の花さく事なし。菊が遺恨といひ伝ふ。寛政七年卯夏に至りかの廃井より、女の裸体にて縛せられたるさまの小虫夥しく出で、木の葉あるひハ細き枝につきて死たり。寺僧ふしぎに思ひ、其の虫を城主に献じけるとぞ。元禄九子年より寛政七卯年まで、凡百年かなん及びたりといへり。

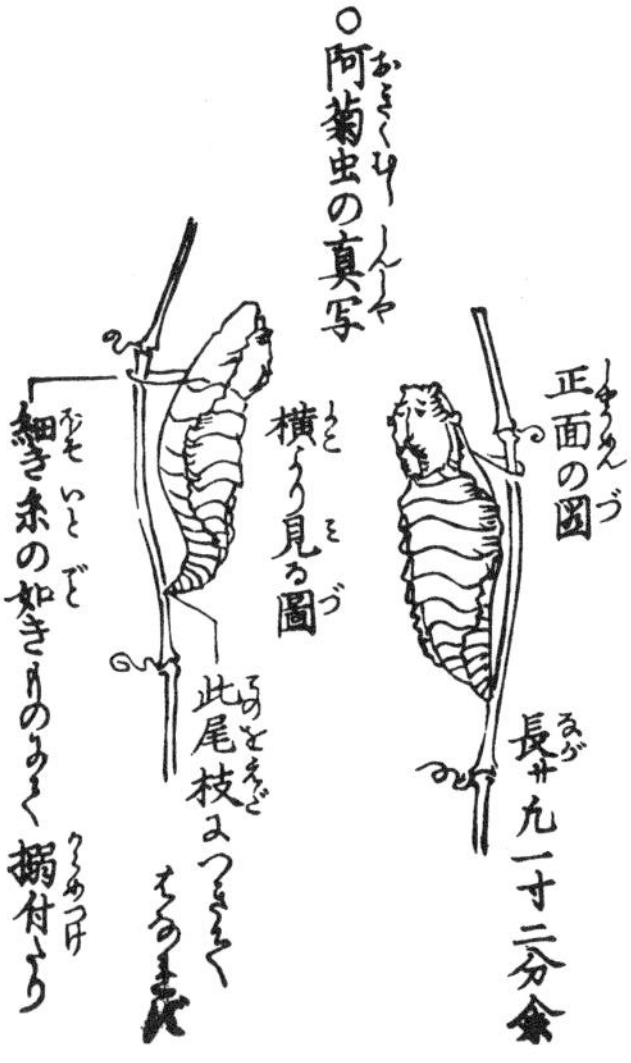

お菊虫（暁鐘成『雲錦随筆』）

とある。また暁鐘成の『雲錦随筆』巻一（『日本随筆大成』一期三巻）には、お菊虫の写生図（右図）を掲載し、寛政七年卯どしお菊虫といひてもてはやせり。世俗にお菊の年忌毎に出ると言へり、是妄談の甚しき也。（中略）其虫を得て能々閲するに奇也といふも亦無理ならず、正しく女の後手に搦られ、木に括りつけられたる形象なり、尤其背を搦みつけたるは糸針金の如き物にて、至つて堅強く葛の類にや詳ならず。括りし木は細き枝なり、然れば身体を木枝に搦み付られたれば全く動く事能はず、斯れば蛹化して蛾とならんと欲する所の形なるべし。

と記して、お菊虫は奇怪な形をしているものの蛾の蛹に過ぎないと科学的に明言している。

井戸は、民俗信仰においてこの世とあの世をつなぐ特別な場所と信じられたが、宮田登は「お菊」という名前もあの世の霊の声を「聞く」という霊媒を象徴するのではないかと推定している。[26] この霊界と通じている点では、お菊もこの虫がやがて化す蝶と共通する。お菊虫が後ろ手に吊るされた姿のほか人面に似ていることも、お菊の怨霊が化したものという信仰を広めた要因と考えられる。激しく祟る怨霊も丁重に祀られ鎮められると、逆に守護神に転化することも少なくない。姫路のお菊神社や甲府の菊寺はその一例といえよう。

曾我十郎祐成と曾我五郎時致の兄弟が富士の巻狩で源頼朝の重臣工藤祐経を殺して十八年目に父の敵を討ち取った事件は、『曾我物語』となり、幸若舞、能、浄瑠璃、歌舞伎などで数多く演じられてきた。とくに、弟の曾我五郎が御霊に通じたことから、江戸歌舞伎の荒事の主人公の一人として、代々市川団十郎がこの役を演じた。元禄頃の上方では「盆曾我」と称して盆の七月に演じる慣習があったが、宝永六（一七〇九）年以後江戸では正月に曾我物を演じることが多くなり、享保頃からは初春の吉例として曾我狂言をどの劇場でも上演した。『曾我物語』は、事件直後から兄弟の激しく祟る御霊を慰撫するために、虎御前など遊行の巫女などが諸国を口頭で語り歩いたものとされている。曾我兄弟が御霊とみられたのは、福田晃によれば、

兄弟が若くして死んだこと、弟の名が御霊に通じる五郎であったこと、兄弟の仇討が水神信仰と関係する五月二十八日の雨の降る夜であったこと。加えてわたくしは兄弟の死が霊魂の浮遊し、悪霊の発すべき狩庭であったことをもってしている。御霊の祟りは疾病や稲作の害をもたらす。この祟りを鎮めるのは、民間巫祝の徒輩、すなわち修験山伏や修験比丘尼、時宗の念仏聖、念仏比丘尼、盲僧、瞽女たちである。そして霊界の語りを職とする彼らの語りは、どれをとっても陰惨であり、暗鬱さに満ちている。（『軍記物語と民間伝承』岩崎美術社、一九七二年、一三三―四頁）

からだという。『曾我物語』巻九の「悉達《しつだ》太子の事」には、

十郎が其夜の衣装に、しろき帷子の腋ふかくきたるに、村千鳥の直垂《ひたたれ》の袖をむすびて、肩にかけ、一寸斑の烏帽子懸をつよくかけ、黒鞘巻・赤銅づくりの太刀をぞもちたる。おなじく五郎が衣装には、袷の小袖の腋ふかくかきたるを、狩場の用にやしたるらん。唐貲布《からさゆみ》の直垂に、蝶を三二所々にかきたるに、紺地の袴のくゝりゆるらかによせさせ、袖をばむすびて、肩にかけ、平紋の烏帽子懸をつよくかけ、赤木の柄の刀をさし、源氏重代の友切肩《ともきりかた》に打かけ、まことにすゝめる姿、ふきうが昔ともいひつべし。（『曾我物語』巻九、岩波日本古典文学大系本、三四二頁）

とあって、兄弟の直垂には千鳥と蝶の模様がつけられていた。千鳥も蝶と同様に、古くから人の霊魂の象徴とされてきた(27)。郡司正勝は、

かぶきでもっとも人気のあった曾我兄弟のごときも、実はかぶきが風流の御霊思想を承け継いだ中心の神として、年々これを祀るためにかぶきが行われたのだとさえもいえるとおもう。ことに、京阪の祇園会や天神の御霊会に対して、関東の御霊会としての箱根信仰を、曾我兄弟の荒人神として示顕せしめたその芸能の場が、江戸かぶきであるといえる。(『かぶきの発想』弘文堂、一九五九年、五一―二頁)

と述べている。江戸歌舞伎でなぜ曾我物が最も人気があり、しかも数多く演じられたのかという理由が、ここには示されている。農村では曾我兄弟の御霊祭りが時期的に虫送りと結びつけられている場合もあったが、江戸では初春に諸々の厄災やケガレを祓う一種の都市の祭りとして曾我物が演じられてきたのである。

5　蝶装の二面性

日本らしさを蝶のワン・ポイントで表現したデザイナーに森英恵がいるが、日本女性を象徴する「蝶々夫人」(マダム・バタフライ)があまりにも蔑まれた惨めな姿で演じられているのをみて、逆に美

しく淑やかな女性を蝶で表現しようと考えたのが契機だったという。和服の場合には洋装と異なって、自由に蝶を装うにはまだ一種のためらいがある。それを単なるデザインとして受け取ることができないのは、蝶のもつ呪性のためと思われる。究極の衣服ともいえる皮膚に直接模様を描く刺青の場合も、牡丹や蝶が選ばれることがあるが、やはり美的のみならず呪的な意味もあったと思われる。梅原猛は、法隆寺の聖霊会での迦陵頻伽《かりようびんが》と胡蝶の対舞に触れて、両者がともに霊魂の使いであるとし、

蝶についていえば、あれほど自然を愛した古代の日本人が、『万葉集』において、ほとんど蝶のことを歌っていないのは不思議である。やはり古代日本人は、蝶を死霊の使いとして忌んだゆえであろう。そういう忌みはつい最近まで残っていて、私の死んだ母などは、蝶の模様の着物を着た人を見ると、あの人は気持ちの悪い柄の着物を着ている、蝶のついた着物を着るものではないと、私に語ったものである。(『隠された十字架』新潮文庫版、一九八一年、四九七頁)

と述べている。法会で舞われた二つの舞楽は『源氏物語』「胡蝶」の巻にあるように明るい華やかなイメージも伴っていたはずであり、死霊や怨霊を鎮めるためだけではなかった。そもそも蝶への美的な関心は大陸から伝えられたものであり、漢詩集では蝶が歌われているのである。中国や朝鮮では死後の霊魂が蝶に化する説話は、「比翼の鳥」や「連理の木」と同様に、死後ともに仲良く結ばれるというむしろ明るいイメージが伴っている。日本の場合は、蝶の飛翔や変態から呪性を認めていたものの、当初は怨霊や御霊などの暗いイメージとは直接結びつかず、中世以降に御霊信仰や仏教思想の深い浸透によって次第にそれは形成されていったのではないかと思われる。それ以前には、蚕からとった絹糸の衣服を

身に纏ったり、あるいは蝶・蛾の変態などから、蝶のイメージとしてはむしろ保護や再生といった方が強かったのではなかろうか。ただ、「ヒル」とか「ヒヒル」といった古い言葉や、「ヒルコ」（蛭子）が海に流されてエビスと結合したりしたことから、蝶が古くから霊魂や異界と深く関わるものであったことは確かである。

仏教的な影響の稀薄であった奄美・沖縄などでの蝶の信仰は、この点で興味深い。河原正彦は、人類よりもはるか以前から棲息していた蝶類が

人類文化の創草期に何らかの影響を与え、特に古代の人々の心には神秘的な、霊的な生物として映っていたのではなかろうか。蝶類の目をうばうばかりの美しい華麗な形姿、棲息地を中心に突如現われて乱舞し、また何時の間にか姿を消す不思議さ、火にまつわり飛ぶ蛾の怪異な姿と異様な習性などは古代の人々の心を大きくとらえていたものと思われる。このような古代人の蝶にいだいた感情は、多分に推察の域をでるものではない。しかし、メラネシアやインドネシアなどのある民族のように、蝶を祖先の霊と考えているところも多い。琉球では、蝶型をハベルガタと呼び、アケズ（蜻蛉）とともに「オスジ」（霊魂）の象徴と考え、とくにこの文様は霊界を司どる祭司や君々、祝女の着用する衣服にのみ用いられたという。（「蝶の文様」『日本の文様 蝶』光琳社出版、一九七一年、一一頁、東京国立博物館編『海上の道――沖縄の歴史と文化』一九九二年、九〇―三頁）

と述べている。沖縄では、姉妹の御魂が蝶の姿をとってオナリ神となったが、奄美地方では祝女（ノロ）の祭具である簪《かんざし》（鳥羽と多くの蝶型をつけたもの）、首にかける「玉ハブル」、錦の胴着などに三角形

ハブラ形の着物（長田須磨氏蔵）

の「蝶形《ハブラ》」がつけられただけでなく、これは正月の手毬の模様や娘が首にかけた麝香《じゃこう》入りの「ハブラホゾ（袋）」にもつけられた。また三月節供には「ハブラ餅」をつくり、七歳頃までは子供が丈夫に育つように小さな三角形の布を幾十枚も継ぎ合わせてつくった着物を着せるなど日常生活のさまざまなものに応用していた。

あらゆるものに霊魂が宿ると信じた奄美の人々は、

> 蝶々を霊物と思っていた。人にいとわれる虫でありながら、幾度も巣出る（脱皮）と。終にきれいな羽をひろげて空中を飛び廻る蝶が、世にも不思議な魔力をそのからだにひそませていることを、どんなにか羨望したことだろう。そういう霊力を蝶をじっと見つめていると、とうに逝ったなつかしい人達のみたまの再現とも思えた。それはまた自分達を守護してくれる霊魂だとも考えた。そして終にこの霊物を象徴したハブラ形（三角形）を生み出し、日常生活のなかに身近において守護して貰い、自分達のたましいを安らかに出来る様にと願った。守護されることは、また魔を払う力とも通じる事だろう。そういう考えから、女達はハブラ形を次々といろいろのものに創り出していった。（長田須磨『奄美女性誌』農山漁村文化協会、一九七八年、一五四―五頁）

のだという。つまり、奄美人は霊魂の象徴である蝶やハブラ形を身につけることで、自分の魂を安らかに保って自分を守護するとともに魔を祓う力も帯びていたのである。[28] 蝶の霊力はその脱皮による復活再生力にあり、常に霊魂の更新を図って生き生きとした魂を保ち、またより多くの祖先の魂を身にまとうことでその霊力を増幅させ守ってもらおうとしたのである。このことは、子供やノロの着るハブラ形の着物や胴着によく示されている。長田須磨によれば、この着物をつくる際に母親は

このハブラはお母さん、これはお祖母さん、ひいばあさん、又そのお母さんのたましいで、赤いきれいなハブラは若くてきれいで亡くなった自分の妹、この子は若くて死んだけれど、その人のものまで命を、その美をこの幼い子に与えて下さるよう。また長寿で幸福で逝った御先祖様達はその命と幸福を与えて下さい。（前掲、一五六頁）

とハブラ形の布を一つ一つ継ぎ合わせながら祈ったものだという。ここには、一つの連続した霊魂の継承がみられ、たとえ若く逝った人の霊魂もその美質な部分を受け継いでいこうとする姿がある。さらに、長田は

母は、蝶は先祖の守神だからとってはいけないと、教えてくれました。三角形が大小四枚あわさってハブィラガタ（蝶形）になりますが、その三角形一つでもハブィラを表わし、それが先祖の「みたま」となります。子どもは三角形に切ったハブィラ餅を食べて、みたまのちからをもらい、三角形のつなぎあわせの着物を着て、先祖のみたまに守られて育つと、奄美の母親たちは信じていました。七歳までは神の子、という言葉がのこっていて、子どもは七歳まではなかなか育ちにくいので、

母親たちは、先祖のお守りであるハブィラガタ（三角形）を集めて、それを縫いあわせて子どもに着せました。三角形の布がないときは、背縫いのところだけでもそれを用い（『奄美の生活とむかし話』小峰書店、一九八四年、二五頁）

たという。着物や食べ物のもつ「魂を養い守護する」という原初的な意味が、奄美の生活様式を介して、やや明確になってきたといえる。

やや脈絡は異なるが、北米のブラックフット・インディアンも

われわれが眠っているとき、蝶が夢を運んでくるのだと信じている。したがってこの部族の女性は、習慣として、小さなバックスキンにビーズか羽軸で蝶の印をぬいとりし、赤ん坊を寝かしつける際にその髪にそれを結わえつける。と同時に彼女は、蝶が飛んでくるように、そして赤ん坊を眠らせてくれるようにという意味の子守歌を、子供に歌ってきかせる。彼らが信じていることを最もよく説明しているのは、この昆虫を長いことじっとみつめている者は、その静かで優美な、リズミカルな羽ばたきによって眠くなる、ということにある。（ルーシー・W・クラウセン、前掲、四〇頁）

という。ここでの蝶の象徴は、先が剣のように尖った十字架で、彼らの小屋の裏側の煙出しの真下にもこの形の飾りをつけているという。霊魂の出入りと蝶の象徴である十字が深い関係をもっていることがわかる。考古学的な遺物に蝶をかたどったり描いたりしたものはほとんどみられないが、一つの例外は沖縄の縄文平行期の貝塚遺跡から出土している「蝶形骨製品」や「蝶形貝製品」である。これらは人魚

にも擬せられるジュゴンの骨やイモガイなどでつくられ、種子ケ島の広田遺跡など南島各地の遺跡から出土した貝符や貝輪の一つの源流をなす装身具ともされ、龍文などの中国の殷周青銅器に類似した饕餮《とうてつ》文が施されている。最近、島袋春美によって、従来「蝶形骨器」「竜形骨器」「獣形装身具」などと称されてきた南島の一群の骨製品が蝶形骨製品という一つの形態から発展したものであるという説が提出された(29)。この蝶形骨製品がどのように装着されていたのかは、まだ明らかになっていない。吉田光邦によれば、『嶺表録異』（唐・劉恂）には越女が蝶を飼う話があり、そこには「鶴子草といわれる草の葉を食べる虫がいて、越の女はこれを化粧箱のなかにいれ、蚕を飼うのと同じように葉を与えて養う。やがて虫は成長して葉を食わなくなるとさなぎとなる。ついで赤黄色の蝶となる。越の女たちはこの蝶を身につけて、眉蝶《ビチヨウ》といった(30)」と記されているといい、吉田はこれを一種のマジックとみている。祝英台の蝶伝説の発祥の地も、やはり古代の越国のあった浙江省東部であった。沖縄の蝶形骨製品やさらには貝符をアクセサリーとして身につける風習は、中国南部の越の「眉蝶」と何らかの関連があったのかも知れ

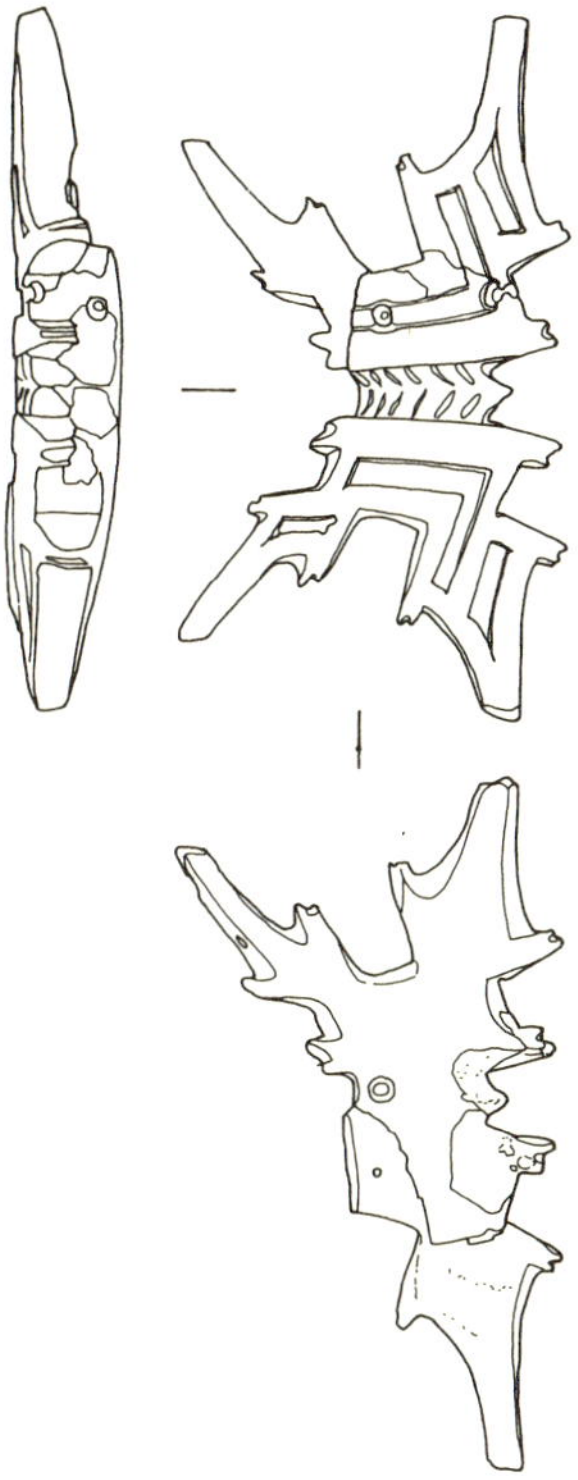

蝶形骨器
（島袋春美「いわゆる『蝶形骨器』について」より。呉屋義勝原図）

ない。

日本本土でも、蝶は復活再生の象徴や霊魂の象徴として正倉院御物をはじめとするさまざまな工芸品や織物にその模様が施されてきた。この蝶文は、とくに平安末から鎌倉にかけて流行し、平氏一門にかぎらなかったが、その後の平家の悲愴な命運からはかなきもののシンボルとして、後世桓武平氏の代表的な家紋とされ、その後裔とされる西洞院、平松、長谷、交野、石井、関などの諸氏や伊勢氏、織田氏にも使用された。江戸時代には蝶文は約三百家の大名旗本の家紋として使われたが、そのうち平氏の流れから出たのは約三十余家であったという。(31)『源平盛衰記』などをみると、当時の武士が鎧裾金物や直垂などに蝶文を好んで施していたことがわかり、公家も車飾に用いるなど、必ずしも不吉で悲愴なイメージはなく、むしろ蝶文は流行のデザインとされていた。

その後、長い戦乱の時代が続き、仏教的な地獄思想や御霊信仰が民衆の間にも浸透するとともに、霊魂の象徴とみられた蝶と非業の死を遂げた者の御霊とが結びつけられるようになったのではなかろうか。大型の黒い揚羽蝶を「鎌倉蝶」と呼ぶ方言について、今井彰はその方言域から鎌倉幕府の滅亡に関連づけ、黒焦げになった鎌倉武士の遺体の姿や埋葬場の周囲で群舞する蝶の姿などが複合して生まれた言葉ではないかと推測している。(32)徳川譜代の大久保忠世などは長篠の合戦で「金の揚羽蝶」の一枚翅の旗指物を挿して戦ったといい、また関ケ原の戦いでは西軍の将大谷吉継が白縮《ちぢみ》に墨画で対蝶を二、三描いた直垂を着用したという。(33)武将の蝶文の意味は、戦場を蝶のように飛びまわり手柄が目立つようにつけたのか、再生を願う死装束や伝統の家紋として使用したのかは状況によって異なる。しかし、蝶模様の能衣装や曾我兄弟の千鳥・蝶の衣装では、夢現《ゆめうつつ》の間を往還する霊魂の象徴として蝶は死霊や御霊の意味をはっきりと表現している。

柏崎永以は『古今沿革考』のなかで「浮線綾《うきせんのあや》」に触れて、

浮線綾とは、官家の袍《ほう》、下襲《したかさね》、直衣《のうし》、表袴《おもてばかま》等に付る紋なり。むかしは臥蝶《ふせちょう》とて、てふといふ虫をふせたる形なり。今は唐草のやふに作れども、本は蝶なり。故に浮線綾とはいへり。実熙公の名目鈔には、臥蝶と載せられたり。てふを衣装に付用ゆる事、胡蝶のてふにてはなし、蚕のかへりたるてふにて、郷談により、ひるとも、又ひとりむしともいふ虫なり。古は是れをもなべて、てふといひしとなり。蚕は衣服の根源なるゆへ、其元をしらしめ、又かいこは、子の繁育なる物ゆへ、いわふ心にて付け用るとかや。女子婚儀及び嘉儀には、必此てふを用ゆ。これもみな蚕のてふなり。女子は殊かいこの養ひ飼ふ道をも、しらしめむ為なり。てふは長ともかよひ、又偶数をも、てうといふにより、かれこれ目出度音ゆへ用るとなり。或説に、蝶は交会の間久しき虫なるゆへ、婚儀に殊に用るといふ。（『日本随筆大成』一期一七巻、吉川弘文館、一九七六年、二八—九頁）

と述べている。ここでは浮線綾など衣服に蝶文をつけるのは、蚕が衣服の根源であるとともに子孫繁盛や仲睦まじさなどを象徴するおめでたい虫とされてきたためであるとしている。初期の唐風の蝶模様はほとんど蛾に近い蝶であり、それは呪的な蝶を表現していたと思われる。蝶は、平安後期に至って、和鏡の背文様の外側の添景から中心の主文様へと移り、静的な展翅した蝶のほか翅を立てて飛ぶ蝶も現われ、やがて独立した意匠になっていく。神聖視され神霊とも深い関係のある鏡の文様を介して、中国風の蝶から日本的な美意識による蝶の意匠が発展していったことは、蝶が霊魂と深いつながりのあるだけに、興味深い。大型の華やかな揚羽蝶の生き生きとした蝶模様が出現してくるのは、鎌倉以降とくに桃山時代になってからといえる。同時に、御霊信仰や仏教などの影響によって、虫や蝶に生まれ変わることが喜ばしい再生復活ではなく、この世に恨みや執着心を残し成仏できないためであるという、不吉で暗いイメージでみられるようになり、日本人の霊魂観は大きく変化したのである。

東北でイタコという巫女が祀るオシラサマの祭文には、「馬娘婚姻譚《ばじょうこんいんたん》」と称する、馬と主人の娘が恋に落ち、馬が殺されたために娘が自殺し蚕として再生してオシラサマに祀られたという由来譚がある。(34)これは中国の『捜神記』にも連なる古い説話である。この「オシラサマ」は、元来は主婦の祀る家の神で名前もなかったのだが、のちに信仰が衰えてイタコが参与するようになり、蚕神縁起の祭文などが採用され、「オシラサマ」「オヒラサマ」といった名前で呼ばれるようになったと考えられている。(35)養蚕神の信仰は比較的新しいものであるが、家の神にこうした蚕神がなぜ結びついたのかは問題である。異類婚姻、非業の死、蚕虫への再生、夢、イタコの神降しなどの諸要素は、シャーマニズム的な世界観と深く関連したものであるが、東北のとくに青森や岩手地方では間引きした嬰児の青葉の霊を祀ったものともいう座敷童子《ざしきわらし》の信仰や死後の仏降ろし、冥婚《めいこん》など死後の霊魂の行方には重大な関心を寄せている。恐らく、先祖の霊魂を中心とした家の神の祭祀は、きびしい生活条件による現世利益への希求と相まって、冥界での苦難とその救済を説く民間宗教者の手に次第に移されていったのではなかろうか。この世と霊界を往還するオシラサマを祀るイタコなどの宗教者に、現世と冥界という二つ世界での霊魂の救済を委ねていったのである。

各地の霊山には死者の霊魂が集まるという信仰があり、そこはまた恋しい霊との再会や地獄の苛責に喘ぐ死霊の追善供養をする霊場ともなり、中世以来、民間宗教者たちは霊山にまつわる物語を語ってその功徳を説き広めて歩いた。そうした山伏・巫女の祭文や琵琶法師の浄瑠璃などのなかにも「蝶」が登場する。『曾我物語』は、虎御前（大磯の虎）という巫女が曾我兄弟の霊の供養のために語り歩いた物語とされ、曾我五郎は敵討ちに蝶模様の衣装をつけて行く。『黒百合姫物語』は、鳥海山派の山伏と深い繋がりをもつ遊行巫女の語った小百合姫と敵方の揚羽蝶の君との恋物語だが、やはり自害した矢島五郎（＝御霊）とその娘小百合姫の怨霊を鎮めるために語られたものとされている。天明八（一七八八）年に菅江真澄が聞いた琵琶法師の浄瑠璃「湯殿山ノ本地」の前段でも、衆生救済のため下界に降りようとした父帝釈王を追って、金剛童子が獅子に乗って湯殿山に降り岩間で装束を替えているところに、童子を失って悲嘆のあまり病いに伏せた金躰姫が胡蝶になって現われ、獅子と戯れ狂いまわるうちに姫の姿となって童子とともに湯殿山に鎮《しず》まったと語られている。また追善劇として最後に獅子舞が登場する近世の「浅間浄瑠璃」では、結末はほぼ共通の「まぼろしの姿は消えてかげろふの、花壇に飛びかふ秋の蝶、手にもとられず、ちらちらちら、風にみだるゝおしろいも、はねに残して草がくれ(36)」という文句で終わっている。執着と慰安・解消あるいは執着と懺悔の物語は、夢幻能など怨霊と成仏のさまざまな文学や芸能として中世以来演じられ、近世には作家文人によってさらに複雑な筋のものにされていった。

筑土鈴寛は「湯殿山ノ本地」に関連して、

獅子の狂乱と、蝶のたわむれという意匠は、夢幻の狂乱を表わすにふさわしかったゆえか知らぬ、まだ別に理由もありそうだが、人をして別の世界に誘いこむ、錯覚の手だてのようでもある。あるいは思うに、たんなる意匠工夫にあらずして、この世とあの世の通交に、現《うつ》つともない蝶の点出が、必要であったのかと思う。（「蝶と獅子」『中世藝文の研究』有精堂、一九六六年、四〇三頁）

と述べている。蝶は、「荘周の夢の蝶」以来、さまざまな解釈や意味づけがなされてきたが、現実と夢幻、生と死の世界の往還を象徴するものとして、日本人の心を魅惑し続けてきたのである。

註

(1) 古代ギリシアで霊魂や蝶を意味したプシュケーは、元来、男根や精子などとも関連する男性的な起源のものであったといい、蛾を意味するパライナも男根(パロス)の女性形からつくられた言葉だという。生命の起源として男根的なものが崇拝されていたのである。多田智満子『魂の形について』白水ブックス、一九九六年、六四—六頁。

(2) 澤田瑞穂「考説祝英台」『中国の伝承と説話』研文出版、一九八八年。なお中国では、旧暦三月一日を祝英台と梁山泊の二人の伝説にちなんで「双蝶節」と称している。

(3) 吉田光邦「呪性の蝶」『日本の文様 蝶』光琳社出版、一九七一年、二三頁。

(4) 代表的な論文には、金関恕「神を招く鳥」(小林行雄博士古稀記念論文集刊行委員会編『考古学論考』平凡社、一九八二年)がある。なお、最近の関連論考として、松村一男「日本神話における鳥と聖空間」(『神道宗教』一三四号、一九八九年)や、萩原秀三郎「環東シナ海の鳥霊信仰」(『日中文化研究』九号、勉誠出版、一九九六年)、同『稲と鳥と太陽の道』(大修館書店、一九九六年)などがある。

(5) 小西正己『古代の虫まつり』(学生社、一九九一年)では、常世虫はアゲハチョウの幼虫ではなく、生態その他からシンジュサン(ヤママユガ科)であるとし、この記事を「シンジュサンを常世の伝承にからめて祀ったのが大生部多と自称した巫覡であり、その繭への人びとのとまどいを払拭したのが秦氏であった」と結論づけている(二一〇頁)。古代には、蛾(蚕)の記事はあっても、蝶の記事はほとんどなく無関心であったといえそうであるが、ここでは通説に従ってアゲハチョウの幼虫としておく。

(6) ジャン・ポール・クレベール『動物シンボル事典』の「蝶」の項、大修館書店、一九八八年、二二五頁。

(7) 河原正彦「遊蝶千年」(『季刊アニマ 蝶』平凡社、一九八八年)、同「蝶の文様」(『日本の文様 蝶』光琳社出版、一九七一年)。以下の記述は、河原正彦によるところが大きい。
(8) 今井彰『蝶の民俗学』築地書館、一九七八年、一三七頁。中国の胡蝶怪に関しては、柴田宵曲『続妖異博物館』青蛙房、一九六三年、二九七―三〇四頁参照。また、韓国のシャーマニズムにおける蝶の伝承に関しては、徐延範『韓国のシャーマニズム』同朋舎出版、一九八〇年、八五―一〇五頁参照。
(9) 今井彰『地獄蝶・極楽蝶』築地書館、一九九二年、二二―八頁。
(10) 稲垣史生編『江戸編年事典』青蛙房、一九六六年、六〇〇頁。
(11) 今井彰『蝶の民俗学』九三―八頁。
(12) 今井、同前、九四―六頁。
(13) 今井、同前、九三―一〇六頁。
(14) 益田勝実「古代の想像力」『秘儀の島』筑摩書房、一九七六年、二四六頁。
(15) 福原敏男「幕末京都の祝祭的世界」(『絵画の発見』平凡社、一九七八年、一一二―二四頁)、相蘇一弘「天保十年の京都豊年踊りについて」(『大阪市立博物館研究紀要』二二冊、一九九〇年)。
(16) 関敬吾「昔話の宗教性」『昔話と笑話』岩崎美術社、一九六六年。
(17) 桂井和雄『仏トンボ去来』高知新聞社、一九七七年、一三―二二頁。
(18) 谷川健一『魔の系譜』講談社学術文庫、一九八四年、一三四頁。
(19) 五十嵐謙吉『歳時の博物誌』(平凡社、一九九〇年、九七頁)、河原正彦「蝶の文様」(『日本の文様 蝶』一六頁)、同「揚羽蝶の〝すがた〟が決まるまで」(『季刊アニマ 蝶』平凡社、一九八八年、九二頁)。
(20) 今井彰『蝶の民俗学』一五二頁。
(21) 吉田、前掲、二八頁。
(22) 中山「人が虫になった話」二一六頁。
(23) 手塚治虫『昆蟲つれづれ草』小学館、一九九六年、二〇〇頁。

(24)『日本伝奇伝説大事典』(角川書店、一九八六年)の「お菊」の項(田井友季子)、一九二―三頁。
(25)宮田登『妖怪の民俗学』岩波書店、一九八五年、四一頁。
(26)宮田、同前、三八頁。
(27)梅原猛『さまよえる歌集』(集英社、一九七四年、二九一―三頁)、岩田アキラ『歌舞伎のデザイン図典』(東方出版、一九九五年、八六―九〇頁)。
(28)三角形およびそれを連ねた連続三角形や鋸歯文といった文様は、蛇鱗文と関連づけられることが多いが、蝶文の意味を考える上でも重要なものである。これらは民俗例だけでなく、考古学的な遺物のなかにも多くみられる。柳田国男は『食物と心臓』(創元選書、一九四〇年)のなかで、餅や粽、握飯など霊力ある食物の中高の三角の形が元来は心臓をかたどったものではないかと述べたが、葬儀での額烏帽子のほか、埴輪や装飾古墳の壁画などにみられる三角文や鋸歯文について論じた研究には次のようなものがある。堀田吉雄「三角形の呪力について」(『日本民俗学会報』二二号、一九六一年)、下野敏見「南島の鋸歯文と関連紋様」(『南西諸島の民俗II』法政大学出版局、一九八〇年)、勝部明生「喪葬祭儀の伝統」(『大阪市立博物館研究紀要』一一冊、一九七九年)、志田諄一「虎塚古墳の壁画」(『史元』一八号、一九七四年)。
(29)島袋春美「いわゆる『蝶形骨器』について」『南島考古』一一号、一九九一年。
(30)吉田、前掲、二三頁。
(31)沼田頼輔『日本紋章学』明治書院、一九二六年、八三五―四六頁。
(32)今井彰『鎌倉蝶』築地書館、一九八三年。
(33)今井彰『地獄蝶・極楽蝶』三六―五四頁。
(34)今野円輔『馬娘婚姻譚』岩崎美術社、一九六六年。
(35)柳田国男『大白神考』ちくま文庫版全集一五巻、一九九〇年。
(36)筑土鈴寛「山の宗教と山の文芸」『中世藝文の研究』有精堂、一九六六年、二五六頁。

ユートピア論と民俗思想

ユートピアという言葉は、トーマス・モアが『ユートピア』という作品のなかで最初に使用したもので、ギリシア語のユー（否定詞）とトポス（場所）の合成語であり、元来は「どこにもない場所」の意味であったが、やがて理想の郷や国とみなされるようになっていった。どこにもない理想の社会についての夢想ということから、ユートピアは現実の世界に何がどれほど足りないかを測定する絶対的な尺度にもなりえた。しかし、このユートピアの夢が抱かれた背景には、実際には現実社会の悲惨で厳しい状態があって、さまざまな苦難や不幸、諸悪を排除したい、あるいはその状態からなんとかして脱出したいという民衆の熱い願望が込められていた。ユートピアは完成された理想の社会であり、変化を求めない純粋に調和した静的な世界であるが、この夢想された理想社会に生活することになったとすると、やはりこれに不満や苦痛を感ずる者も出てくるはずである。たえず刺激や変化、個人的な自由を追い求める現代人にとっては、多くの場合に共同体の理想の姿を描いたユートピアはかえって理想とはかけ離れたものとなろう。科学技術の発達や社会福祉政策の進展によって、現代ではかつてユートピアで表現されていたことが次々と実現されてきており、独自のユートピア像に従ってつくられた多くの社会主義の国やコミューンなどでは、今では逆にその理想とは異なった管理的な要素が問題にされ、むしろ「ユートピアの実現をいかに避けるべきか」というアンチ・ユートピアのほうが人間の想像力を刺激し捉えるものにさえなっている[1]。

ユートピア幻想の出発点は、現実とはあべこべの、裏返しの発想であり、人々が日常生活で経験するすべてのいやなことや苦難の逆のことを求める。したがって、現実生活が厳しければ厳しいだけ、その現実を改新したいという欲求や願望も強くなる。しかし、日本の場合、西欧のような世界没落の週末論的な幻想は少ないようであり、社会を一気に急激に変革することは望まれていない。男性的な行動原理に貫かれた千年王国運動よりも、現実の変革にはやや力の乏しい女性的で逃避的なユートピアがむしろ好まれ、母胎回帰の夢想に退行することが歴史的には多くみられたようである。そこで、日本では、常世やニライカナイのように海のかなたの理想世界にユートピアが思い描かれ、観音浄土をめざした補陀《フダ》落《ラク》渡海でも大海原を航海してユートピアにたどり着こうとした。旅、異界、祝祭などのユートピアの道具立てのうち、航海も含めて旅や異界は、夢の世界と同様に死のイメージと通底しており、それによってたどり着くユートピアは母胎という「時間の固定した歴史の外の国」への回帰である。それは、かつてあったが何かの手違いで喪失してしまった黄金時代の完全なる状態への回帰願望でもあった。喪失した世界とその回復の運動を通して、一時的に階層秩序や性の区別を中断して行き詰まった世界を更新し、この「世直し」によって人と物との間の自由な関係の回復をめざしたのである。日本の伝統的なユートピアとしては、「常世《とこよ》の国」や「竜宮」「蓬莱」といった神仙的な世界のほか、仏教思想の影響を受けた「補陀落」(観音浄土)や「ミロク世」、さらに「隠れ里」「鼠浄土」「平家落人村」などの民話伝説的な楽園があるが、ここではその代表的なものをいくつかとり上げて民俗思想との関わりを論じてみたい。

1　常世の国――古代のユートピア

古代日本の代表的なユートピアである「常世の国」に関しては、「根の国」や「黄泉《よみ》の国」、さらには琉球列島の「ニライ・カナイ」などとの異同を中心に、柳田国男や折口信夫をはじめとして民俗学の分野だけでも数多く論じられてきた。常世は、日常的な現世と対照的な非日常的な海のかなたの世界であるが、一方では死や死の世界とは異なる世界ともみられてきた。折口信夫は、常世の第一義は「常夜《とこよ》行く」という用例などから「絶対の闇の日夜の続く」常闇の国の意味であったとし、この常世はニライ・カナイと同様にはじめは村の死者やあらゆる穢れが流し放たれる海上の死の島であったが、のちにその島からマレビト神が常世浪にのって子孫の村を訪れ幸福の予言を与えて去ると信じられるようになり、常世の国はマレビトの来る不老不死の霊のすむ海上の島として理想化され、一方死の島の側面は根の国として海底の国とされて、常世は常夜ではなくなって富と齢の浄土（楽土）となったのだと論じている。(2)

柳田国男は、「常世」という文芸語が現われた結果、「根の国」はあまり使われなくなったが、元来は地底の国ではなく、

もっと安らかな、この世の人の往ったり来たりまでが、かつては可能と考えられた第二の世界であった。中世の伝説のミミラクの島は、まずこの一点において是と抵触するところがない。（中略）神の故郷、ニライもしくはニルヤと呼ぶ海上の霊地の名は、多分は我々の根の国のネと、同じ言葉の次々の変化であろうと思う。（「根の国の話」『海上の道』ちくま文庫版全集二巻、一九八九年、一二七

一九頁）

と述べて、根の国を遠く遥かな国とし、常世はそれが理想化されたものと考えていたようである。

西郷信綱は、折口や柳田が常世やニライを先験的に海のかなたの理想国としてロマンチックな解釈に傾いていると指摘し、ニライが黄泉比良坂《よもつひらさか》と同様に葬所としての洞窟の底をくぐった海のかなたにあることをもっと重視すべきであり、洞窟の記憶がなくなると根の国と常世の国が分かれて楽土として理想化・浪漫化されていくと述べ、また古代神話のコスモロジーは地上の権力の規制を受けて、天と地、日向と出雲、海神《わたつみ》の国（常世の国）と根の国、生と死、スサノオ（オオクニヌシ）とニニギ（神武天皇）といった二項対立から、

地のものであった根の国は、出雲にわりつけられる一方で、いわば根こそぎにされ、富と長寿の明るい理想国としての海神の国、さらに常世の国へと変貌させられる。（西郷信綱『古代人と夢』平凡社、一九七二年、一六七頁）

としている。また谷川健一も、

琉球諸島はもちろん、日本本土でも古くは、人が死ぬと、その死体は海上の他界である常世にもっとも近く、波打ぎわや岬の地先の小島に葬るのがつねであった。沖縄本島とその属島には「青の島」とよばれる地先の小島があった。青の島と呼ばれるゆえんは、そこに死体を風葬するからであ

った。青は死者の色である。（中略）しかし後世になると地先の小島に死体を風葬する慣習はすたれ、他界観念は拡大され、浄化される。すなわち死者の魂はとおくまでいき、海の彼方にある祖霊の島に住むという考え方に変貌する。（谷川健一『常世論』講談社学術文庫、一九八九年、六〇頁）

と述べ、元来他界は生者の生活圏からさほど離れていない死の島としての性格をもっていたが、やがて他界観が進展して二次的に遠い海のかなたの国として美化されていったとしている。

『日本書紀』の神武即位前紀戊午年六月には、三毛入野《みけいりのの》命は熊野の海で暴風に遭って皇船が漂ったとき、母や姨《おば》がともに海神なのになぜ波を立てて溺れさせようとするのかと言って「浪の秀《すゑ》を踏みて、常世郷に往でましぬ」とある。この常世郷《とこよのくに》は、熊野沖の死者の国と解すことができる。『日本書紀』の垂仁天皇の後紀には、田道間守《たぢまもり》が常世国から一〇年ぶりに非時《ときじく》の香菓《かくのみ》（橘の実）をもって帰ってきたとき、すでに天皇が前年に崩御していたため、悲嘆して「命を天朝に受《うけたまは》りて、遠くより絶域に往《まか》る。万里浪を踏みて、遥に弱水《よわのみず》を度《わた》る。是の常世国は、神仙の秘区《かくれたるくに》、俗《ただひと》の臻《いた》らむ所に非ず。是を以て、往来《ゆきかよ》ふ間に、自づからに十年に経《な》りぬ」と述べている。ここでは、常世国は遠い海のかなたの橘の実る神仙の国だが、条件さえ整えば決して行き着けない場所ではない。ただ、一〇年経って帰朝したときに天皇に復命できなかったことは、海幸山幸神話での海神の宮や浦島子の竜宮（蓬萊山）など仙境滞在説話と関連づけられることもあり、仙境と現世での時間の相違を表現したものとされる。橘と常世とは深い関係があり、『万葉集』巻六の聖武天皇の「橘は実さへ花さへその葉さへ枝に霜降れどいや常葉の樹」という歌が示すように、橘は四季を通して愛でられ時に左右されない変わらざるものとして、時間が停止した不老不死の仙境である常世の象徴とみなされてきた。橘は、常世の国への思慕と結びつけて歌われ、奈良時代には「非時の香菓」という太陽のように黄色に輝く夏秋の果実から、さらに春の花の香、冬の常緑の葉まで懐かしまれていくが、平安時代にはもっぱら花橘の香に遠い遥かな恋人への憧憬が重ねられるだけになっていく。今日でも、正月の蓬萊飾りや注連飾りに橘の系譜をひく橙《だいだい》が使われている。

ところで、前章でも紹介したように、大化の改新の前年の皇極天皇三（六四四）年七月に、東国の富士川の辺りで常世の神を祭る運動が起きている。すなわち、

> 東国の不尽河《ふじのかは》の辺の人大生部多《おほふべのおほ》、虫祭ることを村里の人に勧めて曰はく、「此は常世の神なり。此の神を祭る者は、富と寿《いのち》とを到す」といふ。巫覡《かむなぎ》等、遂に詐《あざむ》きて、神語《かむこと》に託《の》せて曰はく、「常世の神を祭らば、貧しき人は富を到し、老いたる人は還りて少《わか》ゆ」といふ。是に由りて、加《ますます》勧めて、民の家の財宝を捨てしめ、酒を陳《つら》ね、菜・六畜を路の側に陳《つら》ねて、呼《よば》はしめて曰はく、「新しき富入来れり」といふ。都鄙の人、常世の虫を取りて、清座《しきゐ》に置きて、歌ひ舞ひて、福を求めて珍財を棄捨《す》つ。都《かつ》て益《ま》す所無くして、損《おと》り費《つひ》ゆること極て甚し。是に、葛野《かどの》の秦造河勝、民の惑はさるるを悪《にく》みて、大生部多を打つ。其の巫覡等、恐りて勧め祭ることを休《や》む。（中略）此の虫は、常に橘の樹に生《な》る。或いは曼椒《ほそき》に生る。其の長さ四寸余、其の大きさ頭指許《おほよびばかり》。其の色緑にして有黒点《くろまだら》なり。其の皃全《かたちもはら》養蚕《かひこ》に似れり。

とある。ここでは、大きな時代の転換期にしばしば突如として発現する踊狂運動の最初の事例であること、橘や山椒につくアゲハ蝶の幼虫が富や生命をもたらす常世の虫として祀られたことが注目される。

常世国は、虫や鼠などの小動物や小さなものと深い関係をもつ。これらは現世とは異なった世界の存

在とされ、虫送りでは害虫として異界に送り帰されたり、沖縄の海神祭りでは鼠をパパイヤの実にいれて海のかなたのニライに送ったりする。根の国の「ネ」は、子（鼠）とも解されてきたが、オオナモチが根の堅州国《かたすくに》でスサノオからさまざまな試練を受けてスセリビメとともに武器や琴を獲得して逃げ帰った『古事記』の神話でも、その試験には蛇、呉公《むかで》、蜂、鼠などが登場している。こうした特徴は、たとえばスクナヒコのような常世の神にも反映している。

スクナヒコは『古事記』では「大国主神、出雲の御大《みほ》の御前に坐す時、波の穂より天の羅摩《かがみ》船に乗りて、鵝《ひむし》の皮を内剝に剝ぎて衣服《きもの》に為て、帰り来る神」で、国づくりのあと常世国に渡ったとある。常世から船に乗って現世を訪れる世直し神の原形がここにはみられる。なお、「鵝」は本居宣長の『古事記伝』では「蛾」の誤りとされている。また『日本書紀』神代上の八段には大国主神とともに天下をつくったあと、スクナヒコは植物および畜産の医療法や、鳥獣・昆虫の災害を除去する方法を定めて、それから出雲の熊野御崎から常世郷に行ったり、また粟島から粟茎に弾かれて常世郷に渡ったとある。さらに『日本書紀』の神功皇后十三年には、酒祝いに際して「此の御酒は　吾が御酒ならず神酒《くし》の司　常世に坐す　いはたたす少御神《すくなみかみ》の豊寿き　寿ぎ迴《もと》ほし　神寿き　寿き狂ほし　奉《まつ》り来し御酒そ　あさず飲《を》せささ」と歌われている。やや時代は降るが、『文徳実録』の斉衡三（八五六）年十二月には、常陸国鹿島郡の大洗の磯の前に、東の洋上から光輝く二つの怪しい石が出現し、神人に神懸りして「われはこれ大奈母知少比古奈《おおなもちすくなひこなの》命なり。昔、この国を造り訖《お》へて、去りて東海に往けり。今、民を済《すく》はんがためにさらにまた来帰たり」と告げたとある。これら二つの石は、現在は茨城の大洗磯前神社と酒列《さかつら》磯前神社として祀られているが、以前は大洗磯前薬師菩薩神社と酒列磯前薬師菩薩神社と呼ばれていた。このように常世の神スクナヒコは、蛾や虫と密接な関係をもち常世と現世とを往還する小さな神とされただけでなく、百薬の長でもある酒の神や医療の神ともされて薬師菩薩と結びつけられた。また常世と現世の境でもある海岸に「岩立たす」神は、常世から漂着した堅固な岩として立ち神のようにも崇拝されてきた。こうした漂着神の信仰は、古代の東国の常陸下総の沿岸部とともに、古代の地理的感覚からは北国とされていた北陸の能登地方にも濃厚にみられる。

能登地方で海のかなたから海岸に漂着した神が特定の乗り物で来着したと語る伝説の場合には、それは小船・桃の木の船・丸木船・磐船など船に乗って来たと語る例がもっとも多い。このうち「磐船《いわぶね》」に関して、小倉学は古代の用例から磐船は堅固な船の意味だが、漂着神の場合は文字どおり磐《いわ》の船と信じられているとして、

> 田鶴浜町の荒石比古《あらいしひこ》神社の磐船は垣吉村にあったが、今は地中に埋もれたといわれ、内浦町の諏訪神社のは諏訪海岸で波に洗われている二個の岩石だと伝え、田鶴浜町の白比古神社では磐船の来着地を黒石と称し、社地まで続く磐石《いわいし》が祭神の乗られた磐船だと伝え、神社も磐船大明神とよばれ、一尺余の神像石が神体だという伝承（「漂着神」『信仰と民俗』岩崎美術社、一九八二年、一〇頁）

などの諸例を掲げている。また乗り物なしにただ漂着したと伝えるものや、あるいは海中から出現したという伝承をもつ漂着神の場合も、石を神体とする例が多くみられる。能登には神像石伝承をもつ漂着神が十社余りあるが、七尾市の黒崎の関にある宿那《スクナ》彦《ヒコ》神像石《カムカタイシ》神社は、神主大畠家の記録によれば、

往昔、阿良加志比古《あらかしひこ》神が塩焼きのため釜の辺の浜に佇んでいると、黒崎の東浜の沖合から光輝き小

舟で寄せ来る神があり、関の地に上陸した。これが少彦名神で、同行の大己貴命《おほあなむちの》と別れて来着し、阿良加志比古神と協力して地方平定開発の大業をたて、やがて当初来着した関に鎮座した。これが神社の起源だと伝え、神霊は今も巨石に留って崇事されている。(同前、一五—六頁)

という。小倉は、漂着神信仰の本質が、海のかなたの祖霊の国でもある常世国から海境を越えて神が船や石に乗じて来着したことにあるとみている。

常世国は、海のかなたの理想国として、スクナヒコ神との関連で、虫、酒、医薬、小さきものあるいは橘などのイメージと結びつけて想像されてきた。この世とは海や石で境を隔てられてはいるものの、小さき神や虫は往来できるとされており、「鼠浄土」や「地蔵浄土」などの昔話でも団子ほどの小さな穴を通して浄土に行ったと語られている。そこは夢や睡眠の間に身体を抜け出た霊魂が小船に乗ったり小さな虫などになって飛翔して行くこともできたらしい。酒や医薬は長寿や不老不死と深い関係をもつが、「養老の滝」や「孝行清水」などの伝説にあるように、異界との境から湧出した生命の水でもあった。『今昔物語集』巻三十一の十三話「大峯を通る僧、酒泉郷に行きし語」では、ある僧が大峯の山中で道に迷ってある人郷に出たところ、

その郷の中に泉あり。石などを以て畳むでいみじくして、上に屋を造りおほひたり。僧これを見て、この泉を飲まむと思ひて寄りたるに、その泉の色すこぶる黄ばみたり。いかなればこの泉は黄ばみたるにかあらむと思ひてよく見れば、この泉、早う水には非ずして酒のわき出づるなりけり。

とあって、酒の湧く石囲いの泉がある郷を黄泉国と見立てている。この郷から戻った僧が約束を破り、本郷の人々に酒泉郷について大いに語り、若者たちがこの酒泉郷に行くことになったが、僧を含め誰一人戻らなかったという。この世の人々が常世に自在に行くことができない以上は、常世国からの神霊の訪れとその神による世直しとを、この世ではただひたすら待つしかない。現世での生活の苦難が大きければ大きいほど、海のかなたから富や豊穣を船でもたらす常世の神の来臨への期待はそれだけ大きなものになる。そうした期待は、定期的または臨時に祭礼の形でこの世に現出された。常世国は同時に死や病気、災厄などの根源の国とも信じられ、富や生命、五穀豊穣をもたらしてくれる一方では、こうした罪ケガレや死病老苦などの諸々の悪しきものを流し祓うところともされた。こちらも虫送りや病い送り、あるいは盆の精霊船、御霊信仰と結びついた夏祭りや演劇などの形で実践されてきた。

常世の神を単に待つだけでなく、みずから長く厳しい修行をした末に実際に船を仕立てて観音浄土を訪れようとした実例も、平安末から鎌倉にかけての中世の「補陀落渡海」にみることができる。

2　補陀落渡海——苦行と代替

「補陀落《フダラク》」は、インドの南方洋上にあるとされた観音菩薩常住の浄土 Potalaka の音訳で、「光明山」「小花樹山」とも称され、日本では常世国の一つの変形とみられた。益田勝実は、橘の樹に托した常世への思慕はやがて花橘の香りを介した女性への遥かな恋情へとなって常世との関わりは忘れられ潜在化していき、九世紀末から十世紀初頭の頃には常世の国信仰は仏教思想、観音信仰と習合して南の洋上に想定された「生ける観世音菩薩の島補陀落への憧憬」が広がっていったという(3)。古代日本で最南端に位置すると考えられた熊野あるいは高知の岬から、うつぼ船（虚ろ船）に乗って北風に吹かれて南方の観音浄土をめざしたのだが、わずかな食料を携えただけでどこへ行くともわからない小船では頼るは信仰のみであり、実際には入水入定《じゆすいにゆうじよう》という捨身行に近いものであった。これまで、ユートピアへの憧憬はある種の異界訪問譚の形でも表現されてきた。しかし、「鼠浄土」などの民話にみられるように、偶然にユートピア＝浄土に遭遇するのであって、意図的にそこにたどり着こうとすると隣の爺と同様に失敗するのがほぼ一般的である。偶然隠れ里に紛れこんだ人でも口外するのは禁じられたり再び行こうとしてもたどり着けないところとされていたことは、前述の「大峯を通る僧、酒泉郷に行きし語」（『今昔物語集』）にも示されている。補陀落渡海という形の海のかなたの浄土への熱烈な憧憬も、厳しい修行・苦行のうえで実行されたが、補陀落は受苦によって現実と非現実、生と死とが微妙に重なる間に垣間見られた幻視ではなかったのか。

鎌倉時代に補陀落渡海を敢行した有名な渡海上人の一人に智定房《ちじようぼう》がいる。『吾妻鑑』巻二十九の天福元（一二三三）年五月二十七日の条には、執権北条泰時が将軍藤原頼経の武州御所に参上し、一通の封書を御前に広げて次のように申し上げたとある。すなわち、

去ぬる三月七日、熊野那智の浦より補陀落山に渡るの者あり。智定房と号す。これ下河辺六郎行秀法師なり。故右大将家（頼朝）下野国那須野の御狩の時、大鹿一頭勢子の内に臥す。幕下殊なる射手を撰びて行秀を召し出で、射るべきの由仰せらる。よつて厳命に随ふといへども、その箭中《や》らず、鹿勢子の外に走り出づ。小山四郎左衛門尉朝政射取りをはんぬ。よつて狩場において出家を遂げ、逐電して行方を知らず。近年熊野にありて、日夜法花経を読誦するの由伝へ聞くのところ、結句こ

の企に及ぶ。憐むべき事なりと云々。しかるに今披覧せしめたまふところの状は、智定同法に誂《あつら》へ武州に送り進ずべきの旨申し置く。紀伊国糸我庄よりこれを執り進じて、今日到来す。在俗の時より出家遁世以後の事、ことごとくこれを載す。周防前司親実これを読み申す。折節《おりふし》祗候《しこう》の男女、これを聞きて感涙を降す。武州、昔弓馬の友たるの由語り申さると云々。かの乗船は、屋形に入るの後、外より釘をもつて皆打ち付け、一扉もなし。日月の光を観るに能はず、ただ燈を憑《たの》むべし。三十ケ日が程の食物ならびに油等わづかに用意すと云々。

出船後の智定房は、『冥応集』などでは、一心に法華経を読誦して三十余日で補陀落山に到着し、そこに五十余日留まり、再び船で熊野に帰朝して前述の書状を送ったあと、行方知れずになったとされている。この南方観音浄土の補陀落山への出発地は、熊野那智のほか、紀伊粉河寺《こかわでら》、土佐の室戸岬、大阪の四天王寺などがあった。とくに西国三十三観音霊場の第一番札所の熊野那智の青岸渡寺《せいがんとじ》がもっとも有名で、寺の下を流れる那智川が熊野灘に注ぐ浜辺には補陀落山寺があって、『熊野年代記』にはこの浜から補陀落山をめざした渡海上人の名や同行者の数が記録されている。『那智山書上帳』によれば、九世紀中頃から始まり、時代がくだるにつれて増えて十六世紀に入ると毎年渡海が行なわれている。

渡海上人がめざした補陀落は、斉衡二（八五五）年に日本の僧慧蕚《えがく》が観音像を奉じて開いた中国浙江省の舟山列島の普陀山寺にしばしば比定されてきた。『和漢三才図会』によれば、ここは日本や朝鮮の船が中国との往来の際に風待ちの場所とした交通の要衝で、この山には善財巌潮（潮音洞）があって一種の仙界へ通じる聖地ともされており、元禄年間には阿波の塩飽の漁民が風に流されて普陀山に至り、再び長崎に船で帰ってきた記事が掲載されている。松田修は、智定房はじめ理一上人（『平家物語』）や賀登上人（『地蔵菩薩霊験記』）など渡海上人がめざし、到着し、あるいは再度にわたり渡航しようとした補陀落が、信仰上の浄土なのか、それとも舟山列島の普陀山寺といった現実の地なのかを注意深く問い直し、おそらくその両方が真実なのであろうとしている[4]。松田は、日本の補陀落信仰には、苦行性が増幅するのに応じて救済が確実になるという受苦をこととする信仰と、勧請分祀による浄土参詣の代替代理機能の思想という二面性があり、この二つの側面の接点に中国舟山列島の普陀山寺＝補陀落を位置づけている[5]。日本の観音霊場はしだいに清水寺、長谷寺、四天王寺、熊野とより困難な遠隔地をめざして南へ南へと南下し、ついには舟山列島あるいは異次元の浄土へと至る一方で、各地に観音浄土に見立てられた補陀落寺や補陀落山（日光山＝二荒山、熊野三山、出羽三山など）が設けられて浄土参詣と同じ利益や救済が容易に得られるようになったことが、補陀落渡海の理解に混乱をまねくことになったのだとしている。その背景には、日本では「浄土を、観念や文字よりも、むしろイメージとして受け止める方が、より多かった」ことがある[6]。それらは船による水行、島（島山）、山頂の湖（池）にある観音の宮殿、山頂を水源とする川が山を巡って海に注ぐなどといった補陀落のイメージである。智定房が到着した補陀落世界に関して、『冥応集』には

岸に上りて山の姿を拝みめぐるに、山径危く、険しく、岩容幽邃なり。山の頂きに池あり。大河を流して、山を巡りて海に入る。池のほとりに、石の天宮あり。観世音菩薩遊行し給ふ所なり。

とある。こうした観音浄土のイメージは、まさに中国的大陸的なものであるが、日本の山上他界の地にも移入された。日本の補陀落山や蓬萊山は、外来のイメージと形のうえでは変わりはないが、やや死の

暗い翳を伴っている点が日本の特徴になっている。三山という形も、中国の東方の海中にあると想像された蓬萊《ほうらい》・方丈《ほうじょう》・瀛州《えいしゅう》の三神山の影響によるものと思われるが、日本の蓬萊山＝富士山の山頂も「富士参詣曼陀羅」にあるように三つ山の形で描かれる習慣がある。

ユートピアは、小さな孤立した空間に秩序化された全宇宙が収容されたものであり、それゆえユートピア小説では島、船、庭といったものが主舞台となる。(7) 日本の祭礼や祝い事では、蓬萊、島台《しまだい》、山車《だし》、山鉾《やまぼこ》といった神仙の国＝ユートピアを象徴する装置がつきものになっている。(8) そうしたユートピアの雛形やつくり物を提示することで、現世の空間もおめでたい空間に変換できると考えたのである。日本文化の特徴をかつて「縮み志向」（李御寧）という概念で解説した試みがあったが、すべてをコンパクトな形に収納する技は工業技術だけでなく、衣食住などの日常生活や、盆栽・作庭・茶・華・香などの芸道の世界にも一貫してみることができる。ユートピアは孤立し永遠に単純生産をくりかえす場所として想定され、四方四季の無時間的な世界とされる。どこにもありそうだが、しかしどこか不思議な感じのする世界である。一つ一つの場面は見慣れた情景だが、それらが一つの場所にすべて存在したり、どこか普通とは異なるといった違和感が不思議さや怖さを生んでいるのである。すべてが存在するということは、何も存在しないことに通じるのであり、ユートピアがただちに反ユートピアに反転するように、それは危機的な状況における一瞬の幻視、一場の夢想にすぎないのではなかろうか。柳田国男は、「隠れ里」に関して、「西日本の隠れ里には夢幻的のものが多く、東北の方へ進むほどおいおいそれがもっともらしくなって来る」（「隠れ里」『一目小僧その他』ちくま文庫版全集六巻、一九八九年、三九六頁）と指摘している。東日本では隠れ里は見えないが必ずしも行き着けない場所ではないとみなされ、身近な情景のなかに「竜宮淵」や「椀貸塚」などの形でその雛形を見いだしたりしてきた。しかし、この隠れ里の信仰が衰弱すると、それはしだいに幻想的な世界に想像されていくとともに、江戸などの大都会では吉原のような「悪場所」を異次元の時空間の支配する隠れ里とみなすようにもなる。どこにもない楽土のユートピアは常人には接近不能な世界とされると同時に、現実世界にユートピア的世界を現出させようともしたのである。いわば雛形として現実世界の変革の一端を担ってきたのである。日本のユートピアは遥かかなたの空想的な世界に想定されるとともに、身近な場所にいくらでもその雛形を想像したりつくりだしてきたのであり、現実と非現実の間を信仰や想像力を介しつつ感得してきたのであった。これは先祖の霊が死後十万億土のかなたに去るのではなく、村の背後の山の上から子孫をずっと守護し時を定めて訪れてくると信じていたのと同じことである。

3　ユートピアと民俗学

仏教思想に説く「弥勒浄土」への憧憬は、古代中世には上流の貴族・武士層に強くみられたが、その後は阿弥陀や観音信仰にその人気をとって替わられ、むしろ辺境の東国の民衆の間に豊年万作でおだやかな豊熟な世への憧れが「ミロクの世」と結びつけられて、民俗宗教として「ミロク信仰」が広まっていった。東北や中部地方では、座敷に飾った小正月のマユダマを見て「まるでミロクの世だ」という素朴な心情が近年までみられた。新潟県北部の朝日村でも、ミロクの世ではただ口さえ開けていればマユダマの団子が落ちてきて食物には困らないのだと言っている。やや幼児退行の印象があるが、外界に対して「身を丸める」防御姿勢をとることは大きな危機や転換期を迎えた際に人や共同体の「身体」によく生じることである。宮田登は、ミロク信仰の中核をなすミロク世への世直し観を民衆の伝承意識のなかに探り出し、伝統的な世直し観を豊年型と神送り型の二類型に分けている。[9]「豊年型」は、稲の生産過程に応じて新しい世に稲米の豊熟なミロクの世を期待するもので豊年祭のオルギー状態のなかで顕在化する型式であり、一方、「神送り型」は流行病や飢饉など災難の多い世にそれらの災厄の原因をなす悪神を追放して平和で幸運に満ちたミロクの世を迎えようとするもので、「鹿島信仰」と結びつく神送りのオルギー状態のなかに顕在化する型式である。鹿島は、古代には「常世の国」に喩えられた常陸の国のランドマークであり、大和朝廷の東国進出の軍事拠点でもあった。鹿島はいわば日本の東端に位置し、ミロク船のやってくる東方浄土と関係の深い場所で、西端の出雲や「ミミラク」(長崎県下五島列島の福江島にある三井楽《みいらく》町に比定)に対応した神聖な場所ともされた。しかし、豊饒な浄土が背後に控えている西や南の端とは異なり、「鹿島の事触れ」「鹿島送り」「地震鯰」を押さえる神や要石の信仰などむしろ悪霊を送り出したり災難を予言・予防する方面で、鹿島信仰はこれまで重要な役割を果たしてきた。

現実生活の行き詰まりや閉塞感に際して、潜在的な「世直し」は民衆の間にくりかえし待望され、「常世虫」の運動以降も政治体制や社会の変動・転換期などには熱狂的な群舞が突如として出現ししばしば大流行してきた。しかし、伝統的な世直し観はむしろ静態的現実的性格が濃厚で、漸進的改革をめざし、すべてを破壊し一挙に新たな世界に大変革することは期待していない。地震・津波などの終末観を伴う自然の大破局《カタストロフィー》では、地震は一瞬にして世界を破壊し泥海と化して世直しを実現する。地震は破壊と同時に雇用を創出し、救済米や御用金の分配など一時的だがある種の解放感をもたらし、世直しを実感させてくれた。地震を地新=世直しととらえ、金詰まりの世の循環を回復させるものとする民衆の感覚には、それがよく示されているが、こうした急激な世直しは元来民衆の求めるところではなかったと指摘されている。[10]それゆえ、日本の民衆意識のなかの世直し観では、強力なカリスマ性をもったメシアは期待されていないのである。世の中の改革は、少しずつ繰り返し行なわれるべきものという意識はいぜん根強いものがあり、現実の社会の諸改革も内からはなかなか進展しないのが現状である。

ところで、日本の民俗学も関東大震災を機にその体系化が進んだ。柳田国男は、ロンドンで震災の報に接すると、国際連盟の委任統治委員を辞してただちに帰国し、大正後半から昭和はじめにかけて民俗学の理論的な体系化や組織化に専念するようになる。柳田が、言葉に強い関心を抱くようになり、民俗語彙をとおして日本の常民や伝承世界を把握するようになるのは、いわゆるジュネーブ以後のことである（永池健二「柳田学の転回」『柳田国男・ジュネーブ以後』三一書房、一九九六年）。こうして柳田は、西欧の民俗学とは異なった柳田独自の民間伝承の学問を言葉を中心に据えることで築いていったのである。大正半ばに、ロシア革命の影響を受けて、白樺派の文学者を中心に「新しき村」が建設されて一種のユートピア世界がめざされた。同時期に農政学から分離した民俗学の運動も、民俗語彙という断片の大収集をとおして「日本人とは何か」を問う試みということはできないだろうか。高山宏は、日本では関東大震災の直後に大収集者が簇生したことに関連して、

あらゆる「収集」は、夥しい断片をつくりだす大災害と結びつく。訳のわからなくなった自分の位置と存在意義を、そこいらにころがった断片を可能な限り集め、その総和として確認したい。それがハイデッガーのいわゆる「世界夜」に行き暮れた人間を襲う「収集」癖の正体である。（高山宏「狂王ルドルフの影の下に」『アーガマ』一二九号、三七―八頁）

と述べている。人が物や書物を収集するのは、心理学的には幼児退行的な行為であるが、全世界を一つ

ところに集め分類することは世界を知ることでもある。それが博物館や近代の分類学、学問を用意したのである。そうした収集の極限にあるものは「言葉」という記号体系である。柳田は震災によってバラバラになった日本の民俗の断片を民俗語彙の形でカード化し分類していった。中山太郎も震災の際には家財道具の類にはいっさい目もくれず、膨大な読書による抜き書きカードを行李に詰めたものを引きずって避難したという。小さな空間にすべてのものを秩序だてて収容するのがユートピアであるならば、民俗学は、ある意味でそうした民俗語彙という言葉を発明することによって民俗や常民という一つのユートピア的世界をつむぎだしたといえるのである。

註

(1) 川端香男里『ユートピアの幻想』講談社学術文庫、一九九三年。
(2) 折口信夫「古代生活の研究」『折口信夫全集』二巻、中公文庫、一九七五年、三七―四一頁。
(3) 益田勝実「古代の想像力」『秘儀の島』筑摩書房、一九七六年、二五六頁。
(4) 松田修「補陀落詣でたち」『日本逃亡幻譚』朝日新聞社、一九七八年、一二〇頁。
(5) 松田、同前、一二四―五頁。
(6) 松田、同前、一二五頁。
(7) 高山宏「狂王ルドルフの影の下に」『アーガマ』一二九号、阿含宗出版社、一九九四年、四〇頁。
(8) 郡司正勝『風流の図像誌』三省堂、一九八七年。
(9) 宮田登『ミロク信仰の研究』未来社、一九七七年、三三〇頁。
(10) 宮田、同前、三三〇頁。

あとがき

平成二年に長年住み慣れた関東地方から奈良に移り住んで、すでに十余年が過ぎてしまった。「十年ひと昔」とは言うが、振り返ってみるとあっという間の出来事のような気がする。この間ずっと単身赴任生活だったため月に何度かは東京に帰京してはいたが、一九九〇年代はほぼ関西で過ごしたことになる。学生時代に考古学実習で初めて天理を訪れ、天理大学附属の参考館に集合し天理教の詰所に宿泊しながら、金関恕先生に大和の代表的な古墳をはじめ平城京址や明日香の史跡などを案内していただいたことは今でもよく覚えている。その二十年後に縁あって天理大学に奉職することになるとは、当然のことながら当時は予想さえできなかった。昭和四十五年に東京教育大学に入学し、文学部史学科史学方法論専攻に所属して民俗学を学びはじめたが、史学方法論教室は一学年の定員五名で考古学と民俗学の両方が学べるユニークな専攻であった。文化人類学が新しい学問として魅力的な輝きを見せはじめていた時期でもあったので、研究室に閉じこもって研究するスタイルよりも、むしろフィールドワークに基づいて研究する学問分野に進もうと考えたのである。当時は激しい学園闘争の時代でもあったので、国内外に旅をして一種の自分さがしをする学生が多かった。私も学生時代には一年のうちかなりな期間をトカラ列島など南西諸島に出かけたり考古学の発掘作業に加わったりして過ごし、自宅には半年ほどしかいなかったように思う。実は現在の職場である天理大学でも文学部考古学専攻に所属していて、やはり考古学・民俗学の融合をめざしている研究室で教育研究活動をしているのである。偶然の一致というべきであろうか。

本書は、ここ十年余りの間に発表した諸論考で構成されており、ほぼ天理大学に転職後の仕事といえるものである。主要なテーマは、序文でも触れたように性と犠牲のフォークロアであるが、結局は民俗的な宇宙観を問題としたものなので、瓢箪やユートピアなどの論考も一部所収した。とくに瓢箪は宇宙自体を表象する卵のごとき不思議な植物であり、これまで魅惑されつづけてきたテーマの一つでもある。日本では、瓢箪は場面や状況によっては男性器や母胎ともみなされたり、男女両原理の統合や不老不死を象徴したものともされ、時空間の変換である変身や再生、さらには魔除けの呪具としても民間伝承にはよく登場する。中国の伝統的な宇宙観では、桃源郷や西の果ての崑崙山などの山中他界も、蓬萊山（蓬壺ともいう）を代表とする海上他界たる東海の三神山も、その形態と本質において瓢箪（＝胡蘆）と通底するものともみなされてきた（中野美代子『ひょうたん漫遊録』朝日選書、一九九一年および同「桃源郷をめぐる風水」『奇景の図像学』紀伊國屋書店、一九九六年）。桃源郷へ至る一条の隘路や洞窟も、海中の仙山をかたどった博山炉と称する香炉をささえる細い柱も、瓢箪や壺などのように狭い入り口を通り抜けると広い宇宙に至るという点でまったく同質のものなのである。しかも、俗界であるこの世と異界である仙郷とは時間の長さが異なるように、この二つの世界をつなぐ洞窟や瓢箪の構造はしばしば女性器など性的なアナロジーでみられ、変身や時空間を変換する機能も有したのである。最近、中国茶への関心から中国宜興産の茶壺（急須）を愛用しているが、茶壺にも瓢箪と通じる点が多くあり、それゆえ茶壺をみがき養い育てているとまるで永遠の時間に身をまかせて瞑想に耽るかように心身を癒すことができるのである。

平成十三年は新しい世紀を迎えた記念すべき年であるが、私自身も一月に五十歳の大台にのってしまった。そこで、この区切りのよい年にこれまでの仕事をまとめてみることは、今後の研究方向を探る上でも意味があるのではないかと考えたのである。この十年の間には、大学院時代の指導教官であった恩師の直江廣治、北見俊夫、宮田登の諸先生が相次いで亡くなられ、また私自身の父親にも先立たれてしまって、公私ともにもはや頼るべき存在を失い、甘えは許されず何ごとにも一人で立ち向かわねばならなくなったのである。人生五十年という時代であれば、当然成熟していい年齢であるが、私自身は身体機能があちこち衰えを見せているにもかかわらず、いまだに若者気質が抜けないままである。昨年二月に急逝された宮田登先生からは、早く仕事をまとめるようにと絶えず叱咤されていたのだが、その期待に応えることができないまま今日に到ってしまった。このたび、新曜社の渦岡謙一氏のお世話で、前著『子供の民俗学』につづいて本書を公刊する機会にめぐまれた。ささやかな仕事ではあるが、ここまで辿り着くことができたのは先輩や同僚からの多大な学恩や支援の賜物であると考えている。本書の出版に際して、各論考の再録を快諾された編集者や関係各位にも謝意を表したい。また本書の煩瑣な編集作業を直接担当され、このような形で出版できたのは渦岡氏の熱意のたまものであり、末尾ながら記して感謝の意をささげたい。

平成十三年秋　東京の寓居にて記す

飯島吉晴

初出一覧

序文	書き下ろし

Ⅰ　一つ目小僧とタタラ

放浪人と一つ目小僧	『情況』1995年 6 月，情況出版
タタラと錬金術	鉄の歴史村編『地球と鉄』第 1 回シンポジウム報告書，1992年 3 月，鉄の歴史村地域振興事業団出版（島根県飯石郡吉田村）
目の民俗	『季刊 自然と文化』通巻11号，1985年12月，観光資源保護財団＝日本ナショナルトラスト
柳田国男の妖怪論	ちくま文庫版『柳田國男全集』第 6 巻解説，筑摩書房，1989年

Ⅱ　裸回りと柱の民俗

裸回りの民俗	『天理教学研究』30号，天理大学宗教学科，1991年10月
日本の柱信仰	『日中文化研究』 8 号，勉誠出版，1995年12月
神話のこころ・性の原風景	『性をめぐる基礎知識』自由国民社，1994年

Ⅲ　性の神と家の神

性の神	『文化人類学』 4 号，アカデミア出版会，1987年10月
「火伏せ」の呪物	『あしなか』198輯，山村民俗の会，1986年10月
陸前の竈神信仰	北見俊夫編『日本民俗学の展開』雄山閣出版，1988年
薩南の火の神祭り	『季刊 悠久』45号，鶴岡八幡宮，1991年 4 月
烏枢沙摩明王と厠神	『俗信と仏教』仏教民俗学大系 8，名著出版，1992年
住居のアルケオロジー	『住宅金融月報』475号，住宅金融普及協会，1991年 8 月

Ⅳ　異人と闇の民俗

祭りと夜	網野善彦ほか編『立ち現れる神――古代の祭りと芸能』大系・日本歴史と芸能第 1 巻，平凡社，1990年
異人歓待・殺戮の伝説	荒木博之ほか編『日本伝説大系別巻 1　研究編』みずうみ書房，1989年
瓢箪の民俗学	網野善彦ほか編『踊る人々――民衆宗教の展開』大系・日本歴史と芸能第 5 巻，平凡社，1991年
狐の境界性	『朱』32号，伏見稲荷大社，1988年 6 月
蝶のフォークロア	金関恕先生の古稀をお祝いする会編『宗教と考古学』勉誠出版，1997年
ユートピア論と民俗思想	宮田登編『民俗の思想』現代民俗学の視点 3，朝倉書店，1998年

著者紹介

飯島吉晴（いいじま　よしはる）

1951年，千葉県生まれ。

1974年，東京教育大学文学部卒業。民俗学専攻。

現在，天理大学文学部教授。

主な著書：『子供の民俗学』（新曜社），『幸福祈願』（編，ちくま新書），『竈神と厠神』（人文書院），『笑いと異装』（海鳴社），『民話の世界』（編，有精堂）ほか。

主な訳書：アウエハント『鯰絵』（共訳，せりか書房）ほか。

新曜社

一つ目小僧と瓢箪
性と犠牲のフォークロア

初版第1刷発行　2001年11月30日©

著　者　飯島吉晴
発行者　堀江　洪
発行所　株式会社　新曜社
〒101-0051 東京都千代田区神田神保町 2-10
電話 (03)3264-4973（代）・Fax (03)3239-2958
URL http://www.shin-yo-sha.co.jp/

印刷　星野精版印刷　Printed in Japan
製本　イマヰ製本
ISBN4-7885-0785-4　C1039